eXamen.press ist eine Reihe, die Theorie und Praxis aus allen Bereichen der Informatik für die Hochschulausbildung vermittelt.

Petra Hofstedt · Armin Wolf

Einführung in die Constraint-Programmierung

Grundlagen, Methoden, Sprachen, Anwendungen

Mit 49 Abbildungen

 Springer

Petra Hofstedt
Fakultät für Elektrotechnik und Informatik
Technische Universität Berlin
Franklinstr. 28/29
10587 Berlin
ph@cs.tu-berlin.de

Armin Wolf
Fraunhofer-Institut für
Rechnerarchitektur und Softwaretechnik
Kekuléstr. 7
12489 Berlin
armin.wolf@first.fraunhofer.de

Bibliografische Information der Deutschen Nationalbibliothek
Die Deutsche Nationalbibliothek verzeichnet diese Publikation in der Deutschen
Nationalbibliografie; detaillierte bibliografische Daten sind im Internet über
http://dnb.d-nb.de abrufbar.

ISSN 1614-5216
ISBN 978-3-540-23184-4   Springer Berlin Heidelberg New York

Springer ist ein Unternehmen von Springer Science+Business Media

springer.de

© Springer-Verlag Berlin Heidelberg 2007

Satz: Druckfertige Daten der Autoren
Herstellung: LE-TEX, Jelonek, Schmidt & Vöckler GbR, Leipzig
Umschlaggestaltung: KünkelLopka Werbeagentur, Heidelberg
Gedruckt auf säurefreiem Papier   33/3142 YL   –   5 4 3 2 1 0

Für Stephan und Frank

Für Silke

Vorwort

Die Constraint-Programmierung ist eine sehr elegante Form der Programmierung, die es dem Nutzer erlaubt, in einfacher Weise deklarativ Probleme zu beschreiben und mit fortgeschrittenen Techniken zu lösen.

Ein Ausgangspunkt der Entwicklung der Constraint-Programmierung waren die logischen Sprachen mit ihrem bekanntesten Vertreter PROLOG, die inzwischen meist als Untermenge der Constraint-Sprachen betrachtet werden. Sprachen dieser Form der Programmierung haben sich seit etwa Anfang bis Mitte der 80er Jahre herausgebildet, mittlerweile gibt es eine große Anzahl solcher Sprachen, viele Constraint-Domänen und -Lösungsmechanismen sind entwickelt und ausführlich untersucht worden und haben Anwendung in der Praxis gefunden. Die Constraint-Programmierung ist heute ein bedeutendes und stetig wachsendes Forschungs- und Anwendungsfeld. In der Praxis wird Constraint-Programmierung zum Schließen mit unvollständigem Wissen, zum Lösen kombinatorischer Probleme, zur Modellierung, Simulation und Diagnose und in vielen anderen Bereichen auch industriell angewendet.

Unser Lehrbuch gibt eine kompakte Einführung in die Constraint-Programmierung. Dabei werden neben allgemeinen theoretischen Grundlagen auch Sprachen, Methoden und Verfahren zur Modellierung und Lösung von Constraint-Problemen vorgestellt sowie deren Anwendungsfelder betrachtet und anhand typischer Beispiele wie Terminplanung, Optimierung, Analyse, Simulation und Diagnose vergegenständlicht. Wir haben dabei auch Entwicklungen und Anwendungen aus unseren eigenen Arbeitsbereichen einfließen lassen. Die Kapitel 1 bis 3 sowie 5 bis 7 gehen im Wesentlichen auf Petra Hofstedt zurück, die Kapitel 8, 10 bis 12 und 14 hauptsächlich auf Armin Wolf. Die Kapitel 4, 9 und 13 haben wir gemeinsam verfasst.

Das Buch ist aus einer Vorlesung im Hauptstudium der Technischen Universtität Berlin hervorgegangen und richtet sich an Studierende der Informatik und Ingenieurwissenschaften sowie an Anwender in der Praxis.

An dieser Stelle möchten wir uns bei all jenen bedanken, die am Gelingen dieses Buchs Anteil hatten. Zuerst zählen hierzu unsere Kollegen der Arbeitsgruppen Übersetzerbau und Programmiersprachen an der Technischen Universität Berlin und Planungstechnik am Fraunhofer Institut Rechnerarchitektur und Softwaretechnik sowie deren Leiter Peter Pepper und Ulrich Geske, die uns bei diesem Projekt unterstützt und bestärkt haben. Unser besonderer Dank gilt (in alphabetischer Reihenfolge) Silke Bartsch, Martin Grabmüller, Matthias Hoche, Dirk Kleeblatt, Olaf Krzikalla, Florian Lorenzen und Henry Müller für viele fruchtbare Diskussionen, die sorgfätige Durchsicht von Teilen unseres Buchs sowie für viele wertvolle Vorschläge und Anmerkungen. Aber vor allem schulden wir Stephan Frank besonderen Dank, der inhaltlich durch Diskussionen, Hinweise und Korrekturen einen großen Beitrag geleistet hat und uns auch technisch stets mit Rat und Tat zur Seite stand. Schließlich möchten wir den Mitarbeitern des Springer-Verlags für die freundliche und kompetente Unterstützung und Beratung unseren Dank aussprechen. Sie haben die Entstehung dieses Buchs erst möglich gemacht.

Berlin, im Dezember 2006   *Petra Hofstedt*
                                                            Armin Wolf

Inhaltsverzeichnis

Teil V Lösung von Constraint-Problemen

Teil I

Einführung

Auch wenn man Constraints heute nicht mehr nur in Verbindung mit logischen Sprachen findet, waren diese doch ein wichtiger Ausgangspunkt der Constraint-Programmierung und gehören zu den Sprachen, die am häufigsten um Constraints erweitert wurden. Das liegt daran, dass man die Constraint-logische Programmierung als Generalisierung der logischen Programmierung betrachten kann und logische Sprachen in einfacher Weise um Constraints erweiterbar sind.

Basis sowohl der logischen Sprachen als auch der Constraint-Programmierung ist die Prädikatenlogik. Wir wiederholen daher in Kapitel 1 zunächst wichtige Grundbegriffe der Prädikatenlogik, bevor wir uns in Kapitel 2 mit Theorie und Praxis der logischen Programmierung beschäftigen und schließlich den Übergang zur Constraint-logischen Programmierung (Constraint Logic Programming, CLP) skizzieren.

1

Prädikatenlogik

Die Constraint-logische Programmierung basiert auf der Prädikatenlogik: Constraints sind prädikatenlogische Formeln und logische Sprachen wie PROLOG machen einen Ausschnitt der Prädikatenlogik ausführbar. Daher wiederholen wir in diesem Kapitel wichtige Grundbegriffe der Prädikatenlogik und illustrieren diese anhand von Beispielen. Eine ausführliche Darstellung hierzu findet man z. B. in [38, 131]. Unsere Darstellung orientiert sich an [38, 89].

Wir beginnen mit der Definition zweier zentraler Begriffe: Signaturen und Strukturen.

1.1 Signaturen und Strukturen

Mit Hilfe einer *Signatur* legen wir die Syntax fest, d. h. die Symbole, mit denen wir Ausdrücke wie Terme und Constraints bilden können. Wie diese dann interpretiert werden, also deren Semantik, wird durch eine passende *Struktur* definiert.

Definition 1.1 (Signatur)

Eine (mehrsortige) **Signatur** $\Sigma = (S, F, R)$ ist definiert durch

- eine Menge S von *Sorten*,
- eine Menge F von *Funktionssymbolen* und
- eine Menge R von *Prädikat-* oder *Relationssymbolen*.

Dabei sind S, F und R wechselseitig disjunkt.

Jedem Funktionssymbol $f \in F$ und jedem Prädikatsymbol $r \in R$ ist eine *Deklaration* $f : s_1 \ldots s_n \rightarrow s$ bzw. $r : s_1 \ldots s_m$, $s, s_i \in S$, $n, m \geq 0$, und damit eine *Stelligkeit* n bzw. m zugeordnet.[1] Ist $n = 0$, nennen wir f auch ein *Konstantensymbol*.

---

[1] Im Folgenden schreiben wir auch f/n und r/m für ein n-stelliges Funktionssymbol und ein m-stelliges Prädikat- oder Relationssymbol.

X^s bezeichnet eine Menge von Variablen der Sorte $s \in S$. Eine Menge von Variablen passend zu Σ, oder kurz eine Menge von Σ-*Variablen*, ist eine mehrsortige Menge $X = \bigcup_{s \in S} X^s$, wobei die X^s gegenseitig disjunkt sind und für alle $s \in S$ die Menge X^s nichtleer ist.

Beispiel 1.1   Die Signatur $\Sigma_5 = (S, F, R)$ besteht aus der Sortenmenge $S = \{num\}$, der Menge der Funktionssymbole $F = \{succ, plus, mul, 0, 1, 2, 3, 4\}$ und den Prädikatssymbolen $R = \{eq, geq\}$. Für die Symbole geben wir folgende Deklarationen an und fassen dabei solche mit gleicher Deklaration jeweils zusammen:

$succ : num \to num$

$plus, mul : num\ num \to num$

$0, 1, 2, 3, 4 : num$

$eq, geq : num\ num$

$\Diamond$

Bis jetzt haben wir nur die Syntax – also Symbole – festgelegt. Wir wissen noch nicht, was diese Symbole, wie z. B. *succ* oder *plus* oder auch 1 und 2 bedeuten sollen (auch wenn wir es schon ahnen). Die Zuordnung der Bedeutung wird durch die *Struktur* geregelt.

Definition 1.2 (Σ-Struktur)

Sei $\Sigma = (S, F, R)$ eine Signatur. Eine Σ-***Struktur*** $\mathcal{D} = (\{\mathcal{D}^s \mid s \in S\}, \{f^{\mathcal{D}} \mid f \in F\}, \{r^{\mathcal{D}} \mid r \in R\})$ besteht aus

- einer S-sortigen Menge nichtleerer *Trägermengen* $\mathcal{D}^s$, wobei $s \in S$,
- einer Menge von *Funktionen* $f^{\mathcal{D}}$ mit $f \in F$ und
- einer Menge von *Prädikaten* bzw. *Relationen* $r^{\mathcal{D}}$ mit $r \in R$.

Für ein Funktionssymbol $f \in F$ mit $f : s_1 \ldots s_n \to s$ sei $f^{\mathcal{D}}$ eine n-stellige Funktion, so dass $f^{\mathcal{D}} : \mathcal{D}^{s_1} \times \ldots \times \mathcal{D}^{s_n} \to \mathcal{D}^s$ gilt.
Für ein Prädikatssymbol $r \in R$ mit $r : s_1 \ldots s_m$ sei $r^{\mathcal{D}}$ ein m-stelliges Prädikat, so dass $r^{\mathcal{D}} \subseteq \mathcal{D}^{s_1} \times \ldots \times \mathcal{D}^{s_m}$ gilt.

Beispiel 1.2   Der Signatur $\Sigma_5 = (S, F, R)$ aus Beispiel 1.1 ordnen wir nun eine Σ-Struktur $\mathcal{D}_5 = (\{\mathcal{D}^{num}\}, \{f^5 \mid f \in F\}, \{r^5 \mid r \in R\})$ mit den folgenden Bestandteilen zu:

- Die Trägermenge $\mathcal{D}^{num} = \{0, 1, 2, 3, 4\}$ enthält die Menge der natürlichen Zahlen von 0 bis 4.
- Die Funktionsmenge $\{succ^5, plus^5, mul^5, 0^5, 1^5, 2^5, 3^5, 4^5\}$ ordnet jedem Funktionssymbol eine Funktion zu.
- Die Prädikatmenge $\{eq^5, geq^5\}$ definiert für die Prädikatssymbole entsprechende Prädikate.

Die Funktionen und Prädikate sind wie folgt definiert (mit den Symbolen 0, ..., 4 wird – wie wir es erwartet haben – die jeweilige natürliche Zahl assoziiert):

$succ^5 \colon \mathcal{D}^{num} \to \mathcal{D}^{num}$ und für alle $x \in \mathcal{D}^{num}$ gilt: $succ^5(x) = (x+1) \bmod 5$,

$plus^5 \colon \mathcal{D}^{num} \times \mathcal{D}^{num} \to \mathcal{D}^{num}$,
    wobei für alle $x, y \in \mathcal{D}^{num}$ gilt: $plus^5(x, y) = (x+y) \bmod 5$,

$mul^5 \colon \mathcal{D}^{num} \times \mathcal{D}^{num} \to \mathcal{D}^{num}$,
    wobei für alle $x, y \in \mathcal{D}^{num}$ gilt: $mul^5(x, y) = (x * y) \bmod 5$.

$0^5 \colon \mathcal{D}^{num}$ mit $0^5 = 0$,
$1^5 \colon \mathcal{D}^{num}$ mit $1^5 = 1$,
$2^5 \colon \mathcal{D}^{num}$ mit $2^5 = 2$,
$3^5 \colon \mathcal{D}^{num}$ mit $3^5 = 3$,
$4^5 \colon \mathcal{D}^{num}$ mit $4^5 = 4$.

$eq^5 \subseteq \mathcal{D}^{num} \times \mathcal{D}^{num}$,
    wobei für alle $x, y \in \mathcal{D}^{num}$ gilt: $eq^5(x, y)$ gdw. $x = y$,

$geq^5 \subseteq \mathcal{D}^{num} \times \mathcal{D}^{num}$,
    wobei für alle $x, y \in \mathcal{D}^{num}$ gilt: $geq^5(x, y)$ gdw. $x \geq y$.

Da die Trägermenge nur die natürlichen Zahlen von 0 bis 4 enthält, haben wir die Operationen modulo 5 definiert; man beachte, dass dies für die Relationen eq^5 und geq^5 nicht notwendig ist.   ◊

1.2 Terme, Formeln und Gültigkeit

In diesem Abschnitt geben wir eine kurze Einführung in die *Syntax und Semantik der Prädikatenlogik*. Diese werden durch die Menge der prädikatenlogischen *Formeln* einerseits und die sog. *Gültigkeitsrelation* andererseits festgelegt.

Sei im Folgenden $\Sigma = (S, F, R)$ eine Signatur, sei X eine Menge von Σ-Variablen und sei $\mathcal{D}$ eine Σ-Struktur. Mit Hilfe der Symbole der Signatur können wir *Terme* bilden. Diese brauchen wir später als Bestandteile von Formeln.

Definition 1.3 (Term, Grundterm)

Die Menge der **Terme** $\mathcal{T}(F, X)$ über Σ und X ist wie folgt definiert: $\mathcal{T}(F, X) = \bigcup_{s \in S} \mathcal{T}(F, X)^s$, wobei für jede Sorte $s \in S$ die Menge $\mathcal{T}(F, X)^s$ der Terme der Sorte s die kleinste Menge ist, die

1. jede Variable $x \in X^s$ (der Sorte s) enthält sowie
2. jedes nullstellige Funktionssymbol $f \in F$ mit $f : s$, d.h. jedes Konstantensymbol, und

3. jeden Ausdruck $f(t_1, \ldots, t_n)$, $n \geq 1$, wobei $f \in F$ ein Funktionssymbol mit der Deklaration $f : s_1 \ldots s_n \to s$ ist und jedes $t_i, i \in \{1, \ldots, n\}$ ein Term aus $\mathcal{T}(F, X)^{s_i}$.

Terme, die keine Variablen enthalten, werden **Grundterme** genannt.

Terme sind also induktiv definiert: Zu ihnen zählen einerseits die Variablen und Konstantensymbole und weiterhin aus Termen zusammengesetze Ausdrücke, bei deren Bildung die Deklaration der beteiligten Funktionssymbole zu berücksichtigen ist.

Beispiel 1.3   Wir betrachten die Signatur $\Sigma_5 = (S, F, R)$ aus Beispiel 1.1 und eine Menge X von Σ_5-Variablen mit $\{x, y, z\} \subseteq X$.

Terme aus $\mathcal{T}(F, X)^{num}$ sind z. B. 2, x, y, $succ(2)$, $succ(z)$, $plus(x, succ(z))$, $plus(succ(4), 1)$ und $mul(3, plus(x, succ(y)))$. Dabei sind 2, $succ(2)$ sowie $plus(succ(4), 1)$ Grundterme, denn sie enthalten keine Variablen.

Hingegen sind beispielsweise $succ(plus(4))$ und $mul(succ(0), 6)$ keine Terme aus $\mathcal{T}(F, X)$; für $succ(plus(4))$ ist die Stelligkeit bzw. Deklaration von $plus$ nicht korrekt berücksichtigt, $mul(succ(0), 6)$ enthält ein Symbol 6, das in der Signatur gar nicht vorkommt.

Da die Signatur Σ_5 nur die Sorte num enthält, also einsortig ist, gilt $\mathcal{T}(F, X) = \mathcal{T}(F, X)^{num}$.   ◊

Während Funktions- und Prädikatsymbolen durch eine Σ-Struktur eine Bedeutung gegeben wird, ist das für Variablen nicht der Fall. Wenn wir einen Term auswerten, also seine Bedeutung bezüglich einer konkreten Struktur feststellen wollen, müssen wir den Variablen Werte zuordnen. Das tun wir mit Hilfe von *Variablenbelegungen*:

Definition 1.4 (Variablenbelegung)

Eine S-sortierte Familie von Abbildungen $\varsigma \colon X \to \mathcal{D} = (\varsigma^s : X^s \to \mathcal{D}^s)^{s \in S}$, die jeder Variablen $x \in X^s$ ein Element der Trägermenge $\mathcal{D}^s$, $s \in S$, zuordnet, ist eine **Variablenbelegung**.

Im Folgenden werden wir abkürzend auch einfach den Begriff „Belegung" verwenden. Jetzt können wir einen Term bezüglich einer Struktur und einer Belegung auswerten.

Definition 1.5 (Termauswertung)

Sei $\varsigma \colon X \to \mathcal{D}$ eine Variablenbelegung. Die **Termauswertung** $\tilde{\varsigma} \colon \mathcal{T}(F, X) \to \mathcal{D}$ bezüglich der Struktur $\mathcal{D}$ und der Belegung ς ist eine Familie von Abbildungen $(\tilde{\varsigma}^s : \mathcal{T}(F, X)^s \to \mathcal{D}^s)^{s \in S}$ mit:

- $\tilde{\varsigma}^s(x) = \varsigma^s(x)$ für jede Variable x der Sorte s,
- $\tilde{\varsigma}^s(f) = f^{\mathcal{D}}$ für jedes Konstantensymbol $f \in F$ mit $f : s$ und

- $\tilde{\varsigma}^s(f(t_1,\ldots,t_n)) = f^{\mathcal{D}}(\tilde{\varsigma}^{s_1}(t_1),\ldots,\tilde{\varsigma}^{s_n}(t_n))$ für jedes Funktionssymbol $f \in F$ mit $f : s_1 \ldots s_n \to s$, alle Sorten $s_1,\ldots,s_n,s \in S$ und alle Terme $t_i \in \mathcal{T}(F,X)^{s_i}, i \in \{1,\ldots,n\}$.

Die Auswertung einer Variablen ergibt einfach die entsprechende Variablenbelegung, die eines Konstantensymbols ihre Konstante aus der Struktur. Bei zusammengesetzen Termen werten wir die Unterterme aus und wenden darauf die Funktion aus der Struktur an, die dem Funktionssymbol zugeordnet ist. Das lässt sich wieder am besten an einem Beispiel demonstrieren:

Beispiel 1.4 Wir betrachten $\Sigma_5 = (S,F,R)$, die Menge $\{x,y,z\} \subseteq X$ von Σ_5-Variablen und die Struktur $\mathcal{D}_5$ aus Beispiel 1.2. Sei ς eine Belegung mit $\varsigma(x) = 1$, $\varsigma(y) = 2$ und $\varsigma(z) = 3$.

Wir werten die Terme aus Beispiel 1.3 bezüglich ς aus:

Für Variablen erhalten wir die Variablenbelegung und für Konstantensymbole die entsprechenden Konstanten:

$\tilde{\varsigma}(x) = 1$, $\tilde{\varsigma}(y) = 2$, $\tilde{\varsigma}(2) = 2$.

Bei zusammengesetzen Termen werten wir die Unterterme aus und wenden die entsprechenden Funktionen aus der Struktur an:

$\tilde{\varsigma}(succ(2)) = succ^5(2) = (2+1) \bmod 5 = 3,$

$\tilde{\varsigma}(succ(z)) = succ^5(3) = (3+1) \bmod 5 = 4,$

$\tilde{\varsigma}(plus(x,succ(z))) = plus^5(1,succ^5(3)) = plus^5(1,4) = (1+4) \bmod 5 = 0,$

$\tilde{\varsigma}(plus(succ(4),1)) = plus^5(succ^5(4),1)$
$\qquad\qquad\qquad\qquad = (((4+1) \bmod 5) + 1) \bmod 5 = 1$ und

$\tilde{\varsigma}(mul(3,plus(x,succ(y)))) = mul^5(3,plus^5(1,succ^5(2)))$
$\qquad\qquad\qquad\qquad = (3*((1+((2+1) \bmod 5)) \bmod 5)) \bmod 5$
$\qquad\qquad\qquad\qquad = (3*((1+3) \bmod 5)) \bmod 5$
$\qquad\qquad\qquad\qquad = (3*4) \bmod 5 = 2.$

Bei der Auswertung von Grundtermen spielt, wie wir gesehen haben, die Belegung der Variablen keine Rolle. $\qquad\qquad\qquad\qquad\qquad\qquad\qquad\qquad\qquad \Diamond$

Jetzt können wir die Menge $Formulae(\Sigma,X)$ der Formeln der Prädikatenlogik erster Stufe und damit die *Syntax der Prädikatenlogik* definieren.

Definition 1.6 (Formeln der Prädikatenlogik)

Die Menge der **Formeln der Prädikatenlogik** über Σ und X, bezeichnet durch $Formulae(\Sigma,X)$, ist induktiv wie folgt definiert:

1. Für alle Prädikatsymbole $r : s_1 \ldots s_m$ und alle Terme $t_i \in \mathcal{T}(F,X)^{s_i}$, $i \in \{1,\ldots,m\}$, ist $r(t_1,\ldots,t_m)$ eine (atomare) Formel.
2. *true* und *false* sind (atomare) Formeln.
3. Für jede Formel ϕ ist auch $\neg\phi$ eine Formel.

4. Für alle Formeln ϕ und ψ sind auch $(\phi \vee \psi)$, $(\phi \wedge \psi)$, $(\phi \longrightarrow \psi)$ und $(\phi \longleftrightarrow \psi)$ Formeln.

5. Wenn ϕ eine Formel und $x \in X$ eine Variable ist, so sind auch $(\forall x.\phi)$ und $(\exists x.\phi)$ Formeln.

Beispiel 1.5   Wir betrachten die Signatur Σ_5 aus den vorangegangenen Beispielen.

Neben *true* und *false* und einfachen, aus Prädikatsymbolen und Termen aufgebauten Formeln wie $eq(succ(2), succ(x))$ oder $eq(plus(2,2), mul(2,2))$ können Formeln auch mit Hilfe von Negation $\neg$, Konjunktion $\wedge$, Disjunktion $\vee$, Implikation $\longrightarrow$ und Äquivalenz $\longleftrightarrow$ aufgebaut sein, z. B.:
$eq(2,x) \longleftrightarrow eq(succ(2), succ(x))$, $geq(2,x) \vee true$ und $eq(2,y) \wedge true$.

Außerdem sind auch der *Allquantor* $\forall$ und der *Existenzquantor* $\exists$ erlaubt:
$\exists x.eq(succ(y), succ(x))$, $\forall z.eq(2, succ(z)) \longrightarrow geq(2,z)$, $\forall x.\exists y.eq(x,y)$ und $eq(y,2) \wedge \forall y.eq(y, plus(y,1))$ sind Formeln. $\Diamond$

Die Quantoren $\forall$ und $\exists$ *binden* Variablen in Formeln. Eine solche Formel $\forall x.\phi$ liest man als „Für alle x gilt ϕ.", die Formel $\exists x.\phi$ als „Es existiert ein x, so dass ϕ gilt." und $\forall x.\exists y.\phi$ als „Für alle x existiert ein y mit ϕ."

Für $\forall x.\forall y.\phi$ schreiben wir meist abkürzend $\forall x, y.\phi$ (Analoges gilt für den Existenzquantor).

Definition 1.7 (Gebundene und freie Variablen)

Ein Vorkommen einer Variablen x in einer Formel ϕ bezeichnen wir als **gebunden**, wenn x in einer Teilformel von ϕ der Form $\exists x.\psi$ oder $\forall x.\psi$ vorkommt. Andernfalls bezeichnen wir x als **freie** Variable.

Definition 1.8 (Geschlossene und offene Formeln)

Eine Formel ϕ ohne Vorkommen freier Variablen nennt man **geschlossen**, anderenfalls nennt man ϕ **offen**.

Beispiel 1.6   Wir betrachten die Signatur Σ_5 und die Variablenmenge $\{x, y, z\} \subseteq X$.

Variablen in Formeln ohne Quantoren sind frei, z. B. ist x frei in $\phi = eq(2,x)$. Die Formel ϕ ist eine offene Formel. Im Gegensatz dazu ist $\psi = \exists x.eq(2,x)$ geschlossen und die Variable x ist gebunden.

Ebenso ist x gebunden in $\exists x.eq(succ(y), succ(x))$ und die Variable y ist in dieser Formel frei.

Und schließlich zeigt die Formel $eq(y,2) \wedge \forall y.eq(y, plus(y,1))$, dass Variablen in einer Formel sowohl frei als auch gebunden auftreten können. $\Diamond$

Wenn wir später in Kapitel 3 über Constraint-Löser sprechen, werden wir noch folgende Begriffe benötigen:

Definition 1.9 (Universeller und existenzieller Abschluss)

Sei $\phi \in Formulae(\Sigma, X)$ eine Formel der Prädikatenlogik, und sei $\{x_1, \ldots, x_n\}$ die Menge der freien Variablen in ϕ. Der **universelle Abschluss** $\forall\phi$ und der **existenzielle Abschluss** $\exists\phi$ einer Formel ϕ sind definiert durch:

$$\forall\phi = \forall x_1 \ldots \forall x_n.\ \phi,$$
$$\exists\phi = \exists x_1 \ldots \exists x_n.\ \phi.$$

Der Ausdruck $\tilde{Y}$ mit $Y \subseteq X$ bezeichne eine (beliebige) Sequenz der Variablen der Menge Y. Durch $\exists_{-\tilde{Y}}\psi$ bezeichnen wir den existenziellen Abschluss der Formel ψ außer für die Variablen, die in $\tilde{Y}$ auftreten.

Beispiel 1.7 Sei $Y = \{x, y\}$. Dann gilt:
$$\exists_{-\tilde{Y}}\ eq(z, plus(x, y)) = \exists_{-x,y}\ eq(z, plus(x, y)) = \exists z.\ eq(z, plus(x, y)). \qquad \Diamond$$

Noch haben wir nichts über die Bedeutung oder Auswertung einer Formel ausgesagt. Die *Semantik der Prädikatenlogik* ist dadurch bestimmt, dass man jeder Formel eine Bedeutung – wieder bezüglich der jeweils betrachteten Struktur – gibt. Wir definieren die Gültigkeitsrelation zwischen Strukturen und Formeln (analog zu [38]).

Definition 1.10 (Gültigkeit, $\vDash$, Modell)

Seien $\phi, \psi \in Formulae(\Sigma, X)$ Formeln der Prädikatenlogik.

Sei $\varsigma : X \to \mathcal{D}$ eine Belegung. Mit $\varsigma[x/a] : X \to \mathcal{D}$ bezeichnen wir die Belegung, die die Variable $x \in X^s$ auf $a \in \mathcal{D}^s$, $s \in S$, abbildet und alle anderen Variablen y auf $\varsigma(y)$, d. h.

$$\varsigma[x/a](y) = \begin{cases} \varsigma(y) & \text{wenn } y \neq x \\ a & \text{sonst.} \end{cases}$$

Die Relation $\vDash$ ist folgendermaßen definiert:

$(\mathcal{D}, \varsigma) \vDash r(t_1, \ldots, t_m)$ gdw. $(\tilde{\varsigma}(t_1), \ldots, \tilde{\varsigma}(t_n)) \in r^{\mathcal{D}}$,

$(\mathcal{D}, \varsigma) \vDash true$,

$(\mathcal{D}, \varsigma) \nvDash false$,

$(\mathcal{D}, \varsigma) \vDash \neg\phi$ gdw. $(\mathcal{D}, \varsigma) \nvDash \phi$,

$(\mathcal{D}, \varsigma) \vDash \phi \wedge \psi$ gdw. $(\mathcal{D}, \varsigma) \vDash \phi$ und $(\mathcal{D}, \varsigma) \vDash \psi$,

$(\mathcal{D}, \varsigma) \vDash \phi \vee \psi$ gdw. $(\mathcal{D}, \varsigma) \vDash \phi$ oder $(\mathcal{D}, \varsigma) \vDash \psi$,

$(\mathcal{D}, \varsigma) \vDash \phi \longrightarrow \psi$ gdw. $(\mathcal{D}, \varsigma) \nvDash \phi$ oder $(\mathcal{D}, \varsigma) \vDash \psi$,

$(\mathcal{D}, \varsigma) \vDash \phi \longleftrightarrow \psi$ gdw. $(\mathcal{D}, \varsigma) \vDash \phi \longrightarrow \psi$ und $(\mathcal{D}, \varsigma) \vDash \psi \longrightarrow \phi$,

$(\mathcal{D}, \varsigma) \vDash \forall x.\phi$ gdw. $(\mathcal{D}, \varsigma[x/a]) \vDash \phi$ für alle $a \in \mathcal{D}^s, s \in S, x \in X^s$,

$(\mathcal{D}, \varsigma) \vDash \exists x.\phi$ gdw. $(\mathcal{D}, \varsigma[x/a]) \vDash \phi$ für mindestens ein $a \in \mathcal{D}^s$, $s \in S, x \in X^s$.

Eine Formel $\phi \in Formulae(\Sigma, X)$ ist **gültig** *in* $\mathcal{D}$, d.h. es gilt $\mathcal{D} \vDash \phi$, wenn für jede Belegung $\varsigma : X \to \mathcal{D}$ gilt: $(\mathcal{D}, \varsigma) \vDash \phi$. Wir nennen $\mathcal{D}$ dann ein **Modell** von ϕ.

Beispiel 1.8 Wir betrachten die Belegung ς mit $\varsigma(x) = 1$, $\varsigma(y) = 2$ und $\varsigma(z) = 3$ und prüfen die Gültigkeit der Formeln aus Beispiel 1.5 bezüglich ς und der Struktur $\mathcal{D}_5$. Es gilt:

$(\mathcal{D}_5, \varsigma) \vDash true$ und $(\mathcal{D}_5, \varsigma) \nvDash false$.

$(\mathcal{D}_5, \varsigma) \nvDash eq(succ(2), succ(x))$, denn $succ^5(2) = 3 \neq succ^5(1) = 2$.

$(\mathcal{D}_5, \varsigma) \vDash eq(plus(2, 2), mul(2, 2))$, denn $plus^5(2, 2) = 4 = mul^5(2, 2)$.

$(\mathcal{D}_5, \varsigma) \vDash eq(2, x) \longleftrightarrow eq(succ(2), succ(x))$, denn
$\qquad (2, 1) \notin eq^5$ bzw. $2 \neq 1$ und $(3, 2) \notin eq^5$ bzw. $3 \neq 2$.

$(\mathcal{D}_5, \varsigma) \vDash geq(2, x) \vee true$, denn $(\mathcal{D}_5, \varsigma) \vDash true$.

$(\mathcal{D}_5, \varsigma) \vDash eq(2, y) \wedge true$, denn sowohl $(2, 2) \in eq^5$ als auch $true$ gelten.

$(\mathcal{D}_5, \varsigma) \vDash \exists x.eq(succ(y), succ(x))$, denn
$\qquad (\mathcal{D}_5, \varsigma[x/2]) \vDash eq(succ(y), succ(x))$ und $(3, 3) \in eq^5$.

$(\mathcal{D}_5, \varsigma) \vDash \forall z.eq(2, succ(z)) \longrightarrow geq(2, z)$, denn für alle Belegungen von z gilt:
$\qquad$ Wenn $2 = (z + 1) \bmod 5$, dann $2 \geq z$.

$(\mathcal{D}_5, \varsigma) \vDash \forall x.\exists y.eq(x, y)$, denn
$\qquad$ für alle Belegungen von x können wir eine Belegung von y finden
$\qquad$ (nämlich genau die gleiche Belegung wie für x), so dass $x = y$.

$(\mathcal{D}_5, \varsigma) \nvDash eq(y, 2) \wedge \forall y.eq(y, plus(y, 1))$, denn
$\qquad$ es gilt zwar $(2, 2) \in eq^5$ bzw. $2 = 2$, jedoch für keine Belegung von
$\qquad y$ gilt: $(y, plus^5(y, 1)) \in eq^5$ bzw. $y = y + 1 \bmod 5$.

Einige Formeln von den oben angegebenen sind gültig in $\mathcal{D}_5$, d.h., sie gelten in dieser Struktur unter jeder beliebigen Belegung:

$\mathcal{D}_5 \vDash true$,
$\mathcal{D}_5 \vDash eq(plus(2, 2), mul(2, 2))$,
$\mathcal{D}_5 \vDash eq(2, x) \longleftrightarrow eq(succ(2), succ(x))$,
$\mathcal{D}_5 \vDash geq(2, x) \vee true$,
$\mathcal{D}_5 \vDash \forall z.eq(2, succ(z)) \longrightarrow geq(2, z)$ und
$\mathcal{D}_5 \vDash \forall x.\exists y.eq(x, y)$.

$\Diamond$

Wie man für Formeln deren Gültigkeit bezüglich einer Struktur überprüft und wie man Belegungen berechnet, so dass eine Formel in einer Struktur gilt, werden wir für ganz bestimmte Formelmengen und Strukturen in Kapitel 2 bei der logischen Programmierung und in den Kapiteln 4 und 5 für Constraints untersuchen.

1.3 Aufgaben

Aufgabe 1.1 (Signaturen und Strukturen)   Geben Sie passend zur Signatur Σ_5 aus Beispiel 1.1 eine Struktur $\mathcal{D}_3$ an, die eine „Modulo-3-Arithmetik" definiert!

Aufgabe 1.2 (Terme, Formeln, Variablen)   Geben Sie für folgende prädikatenlogischen Formeln alle Terme sowie die freien und gebundenen Vorkommen der Variablen an!

1. $\forall z, x.eq(z, x) \longrightarrow geq(z, x)$
2. $\forall z.eq(z, succ(4)) \longleftrightarrow true$
3. $eq(z, succ(plus(x, 1))) \longleftrightarrow true$
4. $\exists z.(eq(z, x) \longrightarrow (\forall x.eq(z, x)))$

Aufgabe 1.3 (Gültigkeit)   Wir betrachten die Signatur Σ_5 und die Struktur $\mathcal{D}_5$ aus Abschnitt 1.1. Untersuchen Sie die Gültigkeit der Formeln aus Aufgabe 1.2 bezüglich $\mathcal{D}_5$ und der Belegung ς mit $\varsigma(x) = 1$ und $\varsigma(z) = 3$.

Aufgabe 1.4 (Prädikatenlogische Formeln)   Gegeben seien die Prädikatsymbole $pet/1$, $parrot/1$, $fish/1$, $green/1$, $likes/2$, $=/2$ und eine entsprechende Struktur, die Eigenschaften wie die, ein Haustier, Papagei oder Fisch zu sein oder auch grün gefärbt zu sein, näher festlegt, sowie die Relationen $likes$ und $=$ zwischen je 2 Haustieren.

Welche Aussagen treffen die folgenden Formeln?

1. $\forall X.parrot(X) \longrightarrow pet(X)$
2. $\forall X, Y.((parrot(X) \wedge green(Y) \wedge fish(Y)) \longrightarrow likes(X, Y))$
3. $\exists X.(parrot(X) \wedge \forall Y.fish(Y) \longrightarrow likes(X, Y))$

Geben Sie für folgende Aussagen prädikatenlogische Formeln an!

4. Alle grünen Papageien sind Haustiere.
5. Es gibt genau einen grünen Papagei.
6. Wenn Papageien Fische mögen, dann sind diese grün.

Logische Programmierung

Ein Ausgangspunkt der Entwicklung der Constraint-Programmierung war die Erweiterung logischer Sprachen um Constraints. Beide, sowohl logische Sprachen als auch Constraints, basieren auf der Prädikatenlogik. Die Constraint-logische Programmierung ist eine Generalisierung der logischen Programmierung, indem sie neben Gleichungen über Termen auch Constraints beliebiger anderer Bereiche zulässt.

Wir werden uns daher in diesem Kapitel mit der logischen Programmierung beschäftigen. Wir betrachten die Syntax und die Semantik logischer Programme in den Abschnitten 2.1 bis 2.3. Danach gehen wir in Abschnitt 2.4 von der theoretischen Betrachtung zur Anwendung über und behandeln einige Aspekte der Programmiersprache PROLOG, darunter Arithmetik, außerlogische Prädikate und die Negation. Schließlich motivieren wir in Abschnitt 2.5 die Erweiterung logischer Sprachen um Constraints an einem Beispiel. Auf die sog. *Constraint-logische Programmierung* (Constraint Logic Programming, CLP) gehen wir später in Kapitel 6 noch einmal im Detail ein.

Ausführliche Darstellungen zur logischen Programmierung mit PROLOG findet man z. B. in [23, 30, 116, 137, 157].

2.1 Syntax

Zuerst betrachten wir die Syntax logischer Programme.

Im Folgenden stellen wir, wie es bei dieser Form der Programmierung üblich ist, Variablen durch Großbuchstaben dar bzw. lassen sie mit solchen beginnen. Im Gegensatz dazu bezeichnen wir Variablen in mathematischen Ausdrücken weiterhin mit Kleinbuchstaben.

Definition 2.1 (Logisches Programm)

Ein **logisches Programm** P ist eine Folge von *Klauseln* der Form

$$Q \text{ :- } Q_1, \ldots, Q_n.$$

wobei Q und Q_i, $i \in \{1, \ldots, n\}$, Atome (d.h. atomare Formeln) sind. Eine Klausel mit $n > 0$ nennt man eine *Regel*. Gilt $n = 0$, so hat die Klausel die Form

$$Q.$$

und wird als *Fakt* bezeichnet.

Der Ausdruck Q auf der linken Seite einer Klausel, wird als *Kopf* (engl. *head*), die Folge $Q_1, \ldots, Q_n$ der rechten Seite einer Klausel als *Körper* (engl. *body*) bezeichnet.

Beispiel 2.1   Die beiden Klauseln

```
≤(0,X).                          (1)
≤(s(X),s(Y)) :- ≤(X,Y).          (2)
```

definieren ein Prädikat $\leq$ zum Vergleich natürlicher Zahlen. Diese sind hier durch die 0 und das einstellige Nachfolger-Symbol s (engl. *successor*) dargestellt. Die erste Klausel ist ein Fakt, die zweite eine Regel.   ◇

Eine *Variante* einer Regel (oder eines Fakts) R erhält man durch Umbenennung der Variablen aus R, so dass keine zwei Variablen von R durch die gleiche Variable ersetzt werden. Eine Variante der Regel (2) des obigen Beispiels ist

```
≤(s(W),s(X)) :- ≤(W,X).
```

Jede Klausel repräsentiert eine Formel der Prädikatenlogik und alle Klauseln eines Programms sind implizit konjunktiv verknüpft. Eine Regel

$$Q :- Q_1, \ldots, Q_n.$$

steht für die Formel

$$\forall \tilde{X}.\, Q \longleftarrow Q_1 \wedge \ldots \wedge Q_n$$

wobei X die Menge der Variablen in Q, Q_1, ..., Q_n ist. Mit $\tilde{X}$ beschreiben wir wieder eine Sequenz dieser Variablen. Wegen der logischen Äquivalenz von $a \longleftarrow b$ und $a \vee \neg b$ kann man natürlich auch schreiben

$$\forall \tilde{X}.\, (Q \ \vee \ \neg Q_1 \vee \ldots \vee \neg Q_n).$$

Man nennt die atomare Formel Q auch ein *Atom* und $\neg Q_i$ ein *negiertes Atom*. Beides sind *Literale*; Q ist ein *positives*, $\neg Q_i$ ein *negatives* Literal.

Ein Fakt

$$Q.$$

repräsentiert die Formel

$$\forall \tilde{X}.\, Q.$$

Regeln und Fakten sind universell quantifizierte Disjunktionen von Literalen, bei denen genau ein Literal positiv ist. Man nennt solche Formeln auch *definite Klauseln*.

Beispiel 2.2 Das Programm aus Beispiel 2.1 repräsentiert die Formel

$$(\forall X. \quad 0 \leq X) \tag{1}$$
$$\wedge \ (\forall X, Y. \ s(X) \leq s(Y) \longleftarrow (X \leq Y)) \tag{2}$$

Das bedeutet, 0 ist kleiner oder gleich zu allen natürlichen Zahlen, d.h., 0 ist die kleinste natürliche Zahl (1), und für alle natürlichen Zahlen X und Y gilt $s(X) \leq s(Y)$, falls $X \leq Y$. $\diamond$

Zu einem logischen Programm kann man eine *Anfrage* bzw. ein sog. *Ziel* angeben, mit dem man nach Folgerungen aus dem Programm fragt.

Definition 2.2 (Ziel, Anfrage)

Ein **Ziel** oder eine **Anfrage** (engl. *goal*) zu einem logischen Programm P hat die Form

$$?\text{-} \ Q_1, \ldots, Q_m.$$

Die Literale Q_i, $i \in \{1, \ldots, m\}$, sind dabei wieder atomare Formeln.

Wie die Klauseln eines Programms repräsentiert auch ein Ziel eine Formel der Prädikatenlogik. Das Ziel

$$?\text{-} \ Q_1, \ldots, Q_m.$$

steht für die Formel

$$\forall \tilde{X}.(\neg Q_1 \vee \ldots \vee \neg Q_m)$$

bzw.

$$\neg \exists \tilde{X}.(Q_1 \wedge \ldots \wedge Q_m).$$

Beispiel 2.3 Das Ziel

$$G = ?\text{-} \leq (A, s(0)).$$

steht für die Formel

$$\neg \exists \ A. \ A \leq s(0).$$

Bei der Programmauswertung (s. Abschnitt 2.3) mit dem Ziel G wird dann nach Werten für A gesucht, die $A \leq s(0)$ erfüllen, z.B. 0 und $s(0)$. $\diamond$

Schließlich werden wir noch die sog. *leere (Ziel)-Klausel* $\square$ bzw. $(? - .)$ benötigen. Diese repräsentiert die Formel *false* $\longleftarrow$ *true*, d.h. *false*.

Man nennt Regeln, Fakten und Ziele auch *Hornklauseln*.

2.1.1 Listen

Listen sind in deklarativen Sprachen häufig verwendete Datentypen. Da viele unserer Beispiele auf Listen beruhen werden, gehen wir hier etwas detaillierter auf diesen Datentyp ein.

Eine Liste kann entweder *leer* sein – dies stellen wir durch [] dar – oder es handelt sich um eine *zusammengesetzte* Liste. Eine zusammengesetze Liste besteht aus einem Element, z.B. 2, und einer (Rest-)Liste, z.B. []. Element und Restliste werden durch einen *Verknüpfungsoperator* [_|_] miteinander verbunden: Es entsteht z.B. die Liste [2|[]]. Das ist eine Liste, die nur das Element 2 enthält. Wir schreiben hierfür auch abkürzend [2]. Eine Liste mit zwei Elementen können wir dann durch Verkettung eines Elements mit einer einelementigen Liste bilden, z.B. [5|[2|[]]] bzw. verkürzt dargestellt und besser lesbar: [5|[2]] oder [5,2].

Wir haben schon gesehen, dass in unseren Programmen Variablen auftreten können. Wenn wir hier schreiben [X|R], dann stellt dies eine Liste bestehend aus einem sog. *Kopfelement* oder *Kopf* X der Liste und einer *Restliste* R dar. Die Variable R kann dabei für eine leere oder für eine zusammengesetzte Liste stehen. Der Ausdruck [X|R] repräsentiert also eine Liste, die mindestens das Element X enthält. Im Gegensatz dazu stellt der Ausdruck [X,R] eine zweielementige Liste dar, wie wir oben schon gesehen haben.

Beispiel 2.4   Das folgende Programm besteht aus zwei Klauseln für das Prädikat append, das die Verkettung (Konkatenation) zweier Listen beschreibt.

```
append([],X,X).                              (1)
append([X|XS],YS,[X|ZS]) :- append(XS,YS,ZS).   (2)
```

Wir geben wieder die prädikatenlogische Formel dazu an:

$$
\begin{array}{ll}
(\ \forall\, X. \qquad\qquad \texttt{append([],X,X)} \ ) & (1) \\
\wedge\ (\ \forall\, X,\ XS,\ YS,\ ZS.\ \texttt{append([X|XS],YS,[X|ZS])} & \\
\qquad\quad \longleftarrow \texttt{append(XS,YS,ZS)}\ ) & (2)
\end{array}
$$

Die erste Klausel beschreibt den Fakt, dass eine leere Liste [] verkettet mit einer beliebigen Liste X die Liste X selbst ergibt. Es gilt also z.B. append([],[1,2],[1,2]).

Die Regel (2) definiert den allgemeinen Fall der Listenkonkatenation: Das Ergebnis der Verkettung von [X|XS] und YS ist [X|ZS], wenn die Verkettung von XS und YS das Ergebnis ZS liefert. Da also append([],[1,2],[1,2]) gilt, ist auch append([6],[1,2],[6,1,2]) gültig.   ◊

Man beachte, dass die Klauseln eines logischen Programms *Relationen* beschreiben. Das wird beim Beispiel append jetzt noch deutlicher klar, als bei der Relation ≤ im vorherigen Abschnitt 2.1.

Das heißt, die append-Klauseln beschreiben nicht nur, wie man zwei gegebene Listen X und Y zu einer Liste Z verkettet (wie es bei einer Funktion der Fall wäre), sondern z.B. auch, wie man eine gegebene Liste Z in zwei Listen X und Y zerlegt. Natürlich können dabei auch wieder X und/oder Y vorgegeben sein.

Schließlich betrachten wir noch einmal ein Ziel an Hand des **append**-Beispiels:

Beispiel 2.5   Das Ziel

$$\text{?- append(A,[1|B],[6,1,2]).}$$

repräsentiert die Formel

$$\neg\exists \text{ A, B. append(A,[1|B],[1,2,6]).}$$

Werten wir unser Programm hinsichtlich dieses Ziels aus, so werden wir nach Listen A und B suchen, die append(A,[1|B],[1,2,6]) erfüllen. Dazu mehr in Abschnitt 2.3.   ◇

2.2 Substitutionen und Unifikation

Bevor wir uns die Semantik logischer Programme ansehen können, brauchen wir noch einige wichtige Begriffe und Notationen.

Wir gehen wieder von einer Signatur $\Sigma = (S, F, R)$ und einer Menge X von Σ-Variablen aus; $\mathcal{D}$ sei eine Σ-Struktur.

Definition 2.3 (Substitution)

Eine **_Substitution_** σ ist eine Funktion $\sigma : X \to \mathcal{T}(F, X)$ mit $\sigma(x) \in \mathcal{T}(F, X)^s$ für alle $x \in X^s$, die jeder Variable einen Term zuordnet.

Die Funktion σ wird erweitert zu $\tilde{\sigma} : \mathcal{T}(F, X) \to \mathcal{T}(F, X)$, d.h. zu ihrer Anwendung auf Terme, durch

- $\tilde{\sigma}(x) = \sigma(x)$ für alle Variablen $x \in X$,
- $\tilde{\sigma}(f(t_1, \ldots, t_n)) = f(\tilde{\sigma}(t_1), \ldots, \tilde{\sigma}(t_n))$ für alle Terme $f(t_1, \ldots, t_n)$.

In analoger Weise wird σ erweitert zu ihrer Anwendung auf Formeln. Im Folgenden werden wir eine Substitution σ mit ihrer Erweiterung $\tilde{\sigma}$ identifizieren, d.h., wir schreiben statt $\tilde{\sigma}$ auch σ.

Substitutionen ersetzen in Termen und Formeln Variablen durch Terme. Wir arbeiten hier mit endlichen Substitutionen σ, d.h., nur für endlich viele Variablen x gilt $\sigma(x) \neq x$. Eine Substitution σ können wir daher auch in der Form $\sigma = \{x/\sigma(x) \mid \sigma(x) \neq x\}$ darstellen, d.h., wir zählen ihre Elemente explizit auf.

Beispiel 2.6   Wir betrachten wieder die Signatur $\Sigma_5 = (S, F, R)$ aus Beispiel 1.1 mit $F = \{succ, plus, mul, 0, 1, 2, 3, 4\}$ sowie die Variablenmenge X mit $\{x, y, z\} \subseteq X$.

Es sei σ eine Substitution mit $\sigma = \{x/4, y/plus(3, z)\}$. Wir erweitern diese zu $\tilde{\sigma} : \mathcal{T}(F, X) \to \mathcal{T}(F, X)$ (und lassen beim Schreiben die Tilde weg). Es gilt:

$$\sigma(succ(2)) = succ(\sigma(2)) = succ(2)$$
$$\sigma(succ(x)) = succ(\sigma(x)) = succ(4)$$
$$\begin{aligned}
\sigma(plus(x, succ(z))) &= plus(\sigma(x), \sigma(succ(z))) \\
&= plus(4, succ(\sigma(z))) \\
&= plus(4, succ(z))
\end{aligned}$$
$$\begin{aligned}
\sigma(mul(3, plus(x, succ(y)))) &= mul(\sigma(3), \sigma(plus(x, succ(y)))) \\
&= mul(3, plus(\sigma(x), \sigma(succ(y)))) \\
&= mul(3, plus(4, succ(\sigma(y)))) \\
&= mul(3, plus(4, succ(plus(3, z))))
\end{aligned}$$

Man kann deutlich beobachten, dass die Substitution bei ihrer Anwendung auf einen Term (oder genauso auf eine Formel) schrittweise „nach innen" wandert bis sie schließlich angewendet wird. Da eine Substitution auf Konstanten- und Funktions- oder Prädikatsymbole keine Auswirkungen hat, hätten wir die Berechnung auch entsprechend abkürzen können:

$$\begin{aligned}
\sigma(mul(3, plus(x, succ(y)))) &= mul(3, plus(\sigma(x), succ(\sigma(y)))) \\
&= mul(3, plus(4, succ(plus(3, z))))
\end{aligned}$$

$\Diamond$

Wenn man mehrere Substitutionen nacheinander auf Terme oder Formeln anwendet, dann nennt man das eine *Komposition von Substitutionen*.

Definition 2.4 (Komposition von Substitutionen)

Die **Komposition zweier Substitutionen σ und ϕ** ist definiert durch $(\phi \circ \sigma)(e) = \phi(\sigma(e))$ für alle Ausdrücke $e \in T(F, X) \cup Formulae(\Sigma, X)$.

Beispiel 2.7 Es seien $\sigma = \{x/4, y/plus(3, z)\}$ und $\phi = \{z/1\}$ Substitutionen. Wir wenden die Komposition $\phi \circ \sigma$ der Substitutionen σ und ϕ auf die Terme aus dem vorherigen Beispiel 2.6 an:

$$(\phi \circ \sigma)(succ(2)) = \phi(\sigma(succ(2))) = \phi(succ(2)) = succ(2)$$
$$(\phi \circ \sigma)(succ(x)) = \phi(\sigma(succ(x))) = \phi(succ(4)) = succ(4)$$
$$\begin{aligned}
(\phi \circ \sigma)(plus(x, succ(z))) &= \phi(\sigma(plus(x, succ(z)))) \\
&= \phi(plus(4, succ(z))) \\
&= plus(4, succ(\phi(z))) \\
&= plus(4, succ(1))
\end{aligned}$$
$$\begin{aligned}
(\phi \circ \sigma)(mul(3, plus(x, succ(y)))) &= \phi(\sigma(mul(3, plus(x, succ(y))))) \\
&= \phi(mul(3, plus(4, succ(plus(3, z))))) \\
&= mul(3, plus(4, succ(plus(3, \phi(z))))) \\
&= mul(3, plus(4, succ(plus(4, 1))))
\end{aligned}$$

$\Diamond$

Wenn wir die Auswertung logischer Programme behandeln, werden wir Substitutionen betrachten, die zwei (oder mehrere) Terme oder Literale *unifizieren*, d. h. gleich machen. Eine solche Substitution nennt man *Unifikator*.

Definition 2.5 (Unifikator, allgemeinster Unifikator, *mgu*)

Seien s und t Terme bzw. Literale. Eine Substitution σ mit $\sigma(s) = \sigma(t)$ wird **Unifikator** von s und t genannt.

Ein Unifikator σ von s und t wird **allgemeinster Unifikator** (engl. *most general unifier*) von s und t genannt (wir schreiben $\sigma = mgu(s, t)$), wenn es für jeden Unifikator ϕ von s und t eine Substitution ψ gibt, so dass $\phi = \psi \circ \sigma$ gilt.

Als allgemeinsten Unifikator bezeichnen wir also einen Unifikator, aus dem jeder andere Unifikator durch Anwendung einer Substitution abgeleitet werden kann.

Beispiel 2.8 Wir betrachten die Literale $s = p(x, g(z))$ und $t = p(1, y)$. Die Substitution $\sigma = \{x/1, y/g(z)\}$ ist Unifikator von s und t, denn es gilt

$$\sigma(s) = p(1, g(z)) = \sigma(t)$$

Ebenso ist die Substitution $\phi = \{x/1, y/g(2), z/2\}$ ein Unifikator von s und t mit

$$\phi(s) = p(1, g(2)) = \phi(t)$$

Wir behaupten (allerdings zeigen wir dies hier nicht), dass σ allgemeinster Unifikator von s und t ist. Für σ und ϕ gibt es ein $\psi = \{z/2\}$, so dass $\phi = \psi \circ \sigma$ gilt. $\diamond$

Es lässt sich zeigen, dass allgemeinste Unifikatoren bis auf Variablenumbenennung eindeutig bestimmt sind. Daher genügt es, einen solchen *mgu* zu berechnen. Bei der Auswertung logischer Programme muss man solche allgemeinste Unifikatoren von je zwei Literalen berechnen.

Der klassische Unifikationsalgorithmus geht auf Robinson [127] zurück. Wir betrachten eine vereinfachte Version des Algorithmus nach [63].

Algorithmus 2.1 prüft, ob zwei Literale unifizierbar sind und liefert im Falle der Unifizierbarkeit einen allgemeinsten Unifikator. Die zu unifizierenden Literale werden schrittweise in Unterterme zerlegt und paarweise unifiziert (Zeile 19). Die dabei berechneten Substitutionen werden miteinander komponiert (Zeile 21) und jeweils auf die nächsten zu unifizierenden Unterterme angewendet (Zeile 19).

Der sog. *occur check* (Zeile 7) verhindert zirkuläre, unendliche Terme, die entstehen würden, wenn eine Variable an einen (zusammengesetzen) Term gebunden wird, der diese Variable enthält. Dabei gelte $occur(x, t)$ genau dann, wenn die Variable x im Term t vorkommt.

Algorithmus 2.1 : (Vereinfachter) Unifikationsalgorithmus nach [127, 63]

Gegeben : Zwei Literale s und t.
Resultat : Ein Tupel $(bool, \sigma)$, wobei

- $bool = true$ und $\sigma = mgu(s,t)$ gdw. s und t unifizierbar sind,
- $bool = false$ sonst.

```
 1  unify(s,t) ≡
 2  if s oder t ist eine Variable then
 3  │   x sei der variable Term, r der andere.
 4  │   if x = r then
 5  │   │   bool := true; σ := ∅;
 6  │   else
 7  │   │   if occur(x,r) then
 8  │   │   │   bool := false;
 9  │   │   else
10  │   │   │   bool := true; σ := {x/r};
11  else
12  │   Sei s = p(s₁,...,sₘ) und t = q(t₁,...,tₙ).
13  │   if p ≠ q ∨ m ≠ n then
14  │   │   bool := false;
15  │   else
16  │   │   k := 0; bool := true; σ := ∅;
17  │   │   while k < n ∧ bool do
18  │   │   │   k := k + 1;
19  │   │   │   (bool,σ') := unify(σ(sₖ),σ(tₖ));
20  │   │   │   if bool then
21  │   │   │   │   σ := σ' ∘ σ;
22  return (bool, σ);
```

Wir wollen einige illustrierende Beispiele betrachten. Dabei werden x, y, z und w Variablen bezeichnen, p, q und r sind Prädikatsymbole und g, h und a sind Funktionssymbole.

Beispiel 2.9 Wir wollen die Literale $s = p(g(y), w, a)$ und $t = p(x, h(z), y)$ unifizieren und für sie einen allgemeinsten Unifikator berechnen. Dazu nutzen wir Algorithmus 2.1:

$$unify(s,t)$$
$$= unify(p(g(y), w, a), p(x, h(z), y))$$
$$\rightsquigarrow unify(g(y), x) = (true, \{x/g(y)\}) \quad \text{mit } \sigma = \sigma' = \{x/g(y)\}$$
$$\rightsquigarrow unify(w, h(z)) = (true, \{w/h(z)\}) \quad \text{mit } \sigma = \{x/g(y), w/h(z)\}$$
$$\rightsquigarrow unify(a, y) = (true, \{y/a\}) \quad \text{mit } \sigma = \{x/g(a), w/h(z), y/a\}$$
$$= (true, \{x/g(a), w/h(z), y/a\})$$

Der berechnete allgemeinste Unifikator ist $\sigma = \{x/g(a), w/h(z), y/a\}$.

Als Nächstes suchen wir einen allgemeinsten Unifikator für die Literale $s_1 = q(g(a), y, h(x))$ und $t_1 = q(g(h(y)), g(x), h(a))$.

$unify(s_1, t_1)$
$= unify(q(g(a), y, h(x)), q(g(h(y)), g(x), h(a)))$
$\rightsquigarrow unify(g(a), g(h(y)))$
$\qquad \rightsquigarrow unify(a, h(y)) = (false, \_)$
$= (false, \_)$

Die Literale s_1 und t_1 sind nicht unifizierbar, denn die Funktionssymbole a und h unterscheiden sich und auch ihre Stelligkeit stimmt nicht überein.

Schließlich betrachten wir die Unifikation der Literale $s_2 = r(g(z), y, h(x))$ und $t_2 = r(x, g(x), h(y))$.

$unify(s_2, t_2)$
$= unify(r(g(z), y, h(x)), r(x, g(x), h(y)))$
$\rightsquigarrow unify(g(z), x) = (true, \{x/g(z)\})$
$\rightsquigarrow unify(y, g(g(z))) = (true, \{y/g(g(z))\})$
$\rightsquigarrow unify(h(g(z)), h(g(g(z))))$
$\qquad \rightsquigarrow unify(g(z), g(g(z)))$
$\qquad\qquad \rightsquigarrow unify(z, g(z)) = (false, \_)$
$= (false, \_)$

Auch s_2 und t_2 sind nicht unifizierbar, denn es gilt $occur(z, g(z)) = true$, d. h., z kommt im Term $g(z)$ vor.

$\Diamond$

2.3 Die Semantik logischer Programme

Wir gehen zuerst auf die *deklarative* Semantik ein, d. h. darauf, *was* ein Programm repräsentiert. Danach zeigen wir, *wie* ein logisches Programms ausgewertet wird und sprechen über die sog. *operationale* Semantik.

2.3.1 Logische Konsequenz und korrekte Antwort

Tatsächlich haben wir schon in Abschnitt 2.1 über Semantik gesprochen, als wir Regeln, Fakten und Zielen prädikatenlogische Formeln zugeordnet haben. Mit Hilfe dieser Formeln können wir weitere Aussagen aus dem Programm folgern.

Definition 2.6 (Logische Konsequenz, $\models$)

Eine geschlossene Formel F wird **logische Konsequenz** eines logischen Programms P genannt, bezeichnet durch $P \models F$, wenn F in jedem Modell von P gilt.

Logische Konsequenzen sind also solche Formeln, die aus den Klauseln des Programms folgen. Durch sie ist die *deklarative Semantik* logischer Programme bestimmt.

Beispiel 2.10 Wir betrachten das `append`-Programm aus Beispiel 2.4 und bezeichnen es mit P_{app}.

Die Formel $F = \texttt{append([],[1,2],[1,2])}$ ist logische Konsequenz von P_{app}, d. h. $P_{app} \models F$, denn auf Grund von Klausel (1) gilt in jedem Modell von P_{app} die Formel $\forall\,\texttt{X. append([],X,X)}$.

Analog können wir durch Anwendung dieser Klausel weitere Folgerungen aufzählen, z. B.

```
append([],[1],[1]),
append([],[2],[2]),
∃ X. append([],[2],X),
∃ Y. append([],Y,Y).
```

Wenn wir auch die zweite Klausel aus P_{app} hinzunehmen, erhalten wir weitere logische Konsequenzen.

Beispielsweise gilt $P_{app} \models \texttt{append([6],[1,2],[6,1,2])}$:
Aus Klausel (1) folgt $P_{app} \models \texttt{append([],[1,2],[1,2])}$ (wie wir eben schon gesehen haben). Und es gilt $\forall \texttt{X,XS,YS,ZS.append([X|XS],YS,[X|ZS])} \longleftarrow$ $\texttt{append(XS,YS,ZS)}$ wegen Klausel (2). Und indem wir $\texttt{XS = []}$, $\texttt{YS = ZS =}$ $\texttt{[1,2]}$ und $\texttt{X = 6}$ setzen, können wir schließlich $\texttt{append([6],[1,2],[6,1,2])}$ aus P_{app} folgern.

Analog können wir weitere logische Konsequenzen aus P ableiten, z. B.

```
append([7,6],[1,2],[7,6,1,2]),
∃ X. append([6],[2],[6,X]),
∃ Y. append([7,6],Y,[7,6|Y]).
```

$\Diamond$

Bei der *Auswertung* logischer Programme, auf die wir im folgenden Abschnitt eingehen, will man dann überprüfen, ob eine gegebene Formel logische Konsequenz eines Programms ist.

Wie wir eben schon gesehen haben, können logische Konsequenzen auch Variablen enthalten. In diesem Fall sind wir zusätzlich auch daran interessiert, entsprechende konkrete Werte für die Variablen zu finden, für die die Formel aus dem Programm folgt. Eine solche Zuordnung nennen wir *korrekte Antwort*.

Definition 2.7 (Antwort, korrekte Antwort)

Sei P ein Programm und G ein Ziel mit $G =$?- $Q_1, \ldots, Q_m$. Eine Substitution σ (für die Variablen aus G) wird **Antwort** für (P, G) genannt. Eine Antwort σ für (P, G) wird **korrekt** genannt, gdw. die Formel

$$\forall \tilde{X}.(\sigma(Q_1) \wedge \ldots \wedge \sigma(Q_m))$$

logische Konsequenz von P ist.

Beispiel 2.11   Gegeben sei das Ziel $G =$?- append([6],[2],[6,X]). Die Substitution $\sigma = \{X/2\}$ ist eine korrekte Antwort für (P_{app}, G), denn die Formel $\forall$ X. $\sigma(\text{append([6],[2],[6,X])}) = \text{append([6],[2],[6,2])}$ ist eine logische Konsequenz von P.

Im Gegensatz dazu ist die Substitution $\sigma' = \{X/4\}$ zwar eine Antwort für (P_{app}, G), aber keine korrekte Antwort. $\Diamond$

2.3.2 SLD-Resolution und berechnete Antwort

Mit der *operationalen Semantik* legen wir fest, wie logische Programme ausgewertet und korrekte Antworten für Ziele berechnet werden.

In Beispiel 2.10 haben wir ausgehend vom Programm logische Konsequenzen aufgezählt. Wenn wir für eine gegebene Formel F zeigen möchten, dass sie logische Konsequenz eines Programms P ist, ist dieses Vorgehen, alle logische Konsequenzen aufzuzählen bis wir F erreichen, aber zu aufwändig. Günstiger ist es, stattdessen zu zeigen, dass $\neg F$ unerfüllbar in jedem Modell von P ist bzw. dass die Menge $P \cup \{\neg F\}$ kein Modell besitzt.

Lemma 2.1. *Sei P ein Programm und F eine geschlossene Formel. F ist logische Konsequenz von P, d. h. es gilt $P \vDash F$, gdw. $P \cup \{\neg F\}$ unerfüllbar ist.*

Beweis.

1. $P \vDash F \longrightarrow P \cup \{\neg F\}$ ist unerfüllbar.
   Sei I ein Modell von P. Aus $P \vDash F$ folgt, dass I auch ein Modell von F ist. Damit kann I kein Modell von $P \cup \{\neg F\}$ sein. Es folgt, dass es kein Modell für $P \cup \{\neg F\}$ geben kann. Somit ist $P \cup \{\neg F\}$ unerfüllbar.
2. $P \vDash F \longleftarrow P \cup \{\neg F\}$ ist unerfüllbar.
   Sei I ein Modell für P. Da $P \cup \{\neg F\}$ unerfüllbar ist, kann I kein Modell für $\neg F$ sein. Daher muss I ein Modell für F sein und somit ist F logische Konsequenz von P.

Ein Ziel $G =$?- $Q_1, \ldots, Q_m$. steht für die Formel $\neg \exists \tilde{X}.(Q_1 \wedge \ldots \wedge Q_m)$. Bei der Auswertung eines Programms P mit einem Ziel G versucht man, eine Widerlegung von G aus P zu finden. Kann man zeigen, dass G widersprüchlich zu P ist, dann folgt $\exists \tilde{X}.Q_1 \wedge \ldots \wedge Q_m$ (also $\neg G$) aus P. Die Berechnung liefert dabei Werte für die Variablen aus G, d. h. eine sog. Antwortsubstitution σ, so dass $P \vDash \forall\, \sigma(Q_1 \wedge \ldots \wedge Q_m)$ gilt.

Beispiel 2.12 Wenn wir wissen möchten, welche Listen A und B miteinander verkettet die Liste [6,3,2] ergeben, dann können wir unsere Frage durch die Formel $F = \exists$ A, B. append(A,B,[6,3,2]) formalisieren.

Gemäß Lemma 2.1 werden wir später versuchen, einen Widerspruch aus P und $G = \neg F$ herzuleiten. Dabei entspricht G dem logischen Ziel
?- append(A,B,[6,3,2]).   ◊

Zur Herleitung eines Widerspruchs aus einem Programm und einem Ziel benutzen wir die sog. *SLD-Resolution*.

Definition 2.8 (SLD-Resolutionsschritt)

Gegeben seien ein logisches Programm P und ein Ziel $G = \text{?- } R_1, \ldots, R_m$. mit $m \geq 1$.

Wenn es eine Variante $C = (Q \text{ :- } Q_1, \ldots, Q_n.)$, $n \geq 0$ einer Klausel aus P gibt, so dass keine Variable in G und C gleichzeitig auftritt und es für ein $i \in \{1, \ldots, m\}$ einen allgemeinsten Unifikator σ von R_i und Q gibt, dann nennen wir

$$G \rightsquigarrow_{\sigma,C} G'$$

mit

$$G' = \text{?- } \sigma(R_1), \ldots, \sigma(R_{i-1}), \sigma(Q_1), \ldots, \sigma(Q_n), \sigma(R_{i+1}), \ldots, \sigma(R_m).$$

einen **SLD-Resolutionsschritt.**

Im Folgenden schreiben wir auch $G \rightsquigarrow_\sigma G'$ und lassen die Klauselvariante C aus, wenn sie klar aus dem Kontext hervorgeht.

Die Bezeichnung *SLD*-Resolution steht für *L*ineare Resolution (der Resolvent, d. h. das Ergebnis eines Resolutionsschrittes, wird jeweils im nächsten Resolutionsschritt weiter abgeleitet) mit *S*elektionsfunktion (bzw. Literal-Auswahl-Funktion). Dabei werden *D*efinite Klauseln abgeleitet.

Wenn $P \cup \{G\}$ unerfüllbar ist, dann kann ein Widerspruch mit beliebiger Selektionsfunktion hergeleitet werden. Wir wählen von nun an *immer* das erste Literal Q_1 eines Ziels $G = \text{?- } Q_1, \ldots, Q_m$. und verwenden damit eine Selektionsfunktion analog zu üblichen PROLOG-Implementierungen.

Definition 2.9 (SLD-Ableitung, SLD-Refutation)

Gegeben seien ein logisches Programm P und ein Ziel G.

Eine **SLD-Ableitung** von (P, G) ist eine (möglicherweise unendliche) Sequenz $G \rightsquigarrow_{\sigma_1, C_1} G_1 \rightsquigarrow_{\sigma_2, C_2} G_2 \rightsquigarrow_{\sigma_3, C_3} G_3 \rightsquigarrow \ldots$ von Resolutionsschritten.

Eine **SLD-Refutation** von (P, G) ist eine endliche SLD-Ableitung $G \rightsquigarrow_{\sigma_1, C_1} G_1 \rightsquigarrow_{\sigma_2, C_2} G_2 \rightsquigarrow \ldots \rightsquigarrow_{\sigma_n, C_n} G_n$ von (P, G) mit $G_n = \square$.

Wir wollen uns einige SLD-Ableitungen und -Refutationen an Hand von Beispielen ansehen.

Beispiel 2.13   Wir betrachten wieder unser append-Programm P_{app}:

```
append([],X,X).                                    (1)
append([X|XS],YS,[X|ZS]) :- append(XS,YS,ZS).      (2)
```

und das Ziel $G = $?- append(A,B,[6,3,2]).

?- append(A,B,[6,3,2]).

   $\leadsto \sigma_1 = \{$A/[], B/[6,3,2], X/[6,3,2]$\}$, (1)

□

Bei dieser Refutation haben wir Klausel (1) angewendet und konnten so die leere Klausel ableiten. Für G gibt es aber alternative Ableitungen, z. B.:

?- append(A,B,[6,3,2]).

   $\leadsto \delta_1 = \{$A/[6|XS], YS/B, X/6, ZS/[3,2]$\}$, (2)

?- append(XS,B,[3,2]).

   $\leadsto \delta_2 = \{$XS/[], B/[3,2], X1/[3,2]$\}$, (1)

□

SLD-Ableitungen müssen nicht endlich sein, wie das folgende Beispiel für das Ziel $G' = $?- append(X,[1],Y). zeigt:

?- append(X,[1],Y).

   $\leadsto \gamma_1 = \{$X/[X1|XS1], Y/[X1|ZS1], YS1/[1]$\}$, (2)

?- append(XS1,[1],ZS1).

   $\leadsto \gamma_2 = \{$XS1/[X2|XS2], ZS1/[X2|ZS2], YS2/[1]$\}$, (2)

?- append(XS2,[1],ZS2).

   $\leadsto \ldots$

Die wiederholte Anwendung von Klausel (2) führt hier offenbar zu einer unendlichen SLD-Ableitungsfolge.

Dabei haben wir im ersten Resolutionsschritt alle Variablen in der angewendeten Klausel umbenannt, indem wir eine 1 angehängt haben (X zu X1, XS zu XS1 usw.) und damit eine neue Klauselvariante erhalten. Analog sind wir beim zweiten Resolutionsschritt vorgegangen.

Eine solche Umbenennung ist einerseits notwendig, wenn die gleichen Variablennamen sowohl im Ziel als auch in der Klausel auftreten wie im ersten Ableitungsschritt. Andererseits kommt es oft vor, dass man die gleiche Klausel mehrfach anwendet. Und auch hierbei muss man durch Variablenumbenennung verhindern, dass ein und derselbe Variablenname für unterschiedliche Variablen immer wieder neu eingeführt wird. Wir werden im Folgenden häufig so vorgehen, dass wir an alle Klauselvariablen einen Index anhängen, den wir in jedem Resolutionsschritt um eins erhöhen.

Weiterhin gibt es Ziele, für die wir keine passende Klausel finden können. Wenn wir beispielsweise $G'' = $?- append([1],A,[2]). ableiten wollen, dann bricht die Ableitung ab, sie *scheitert*:

?- append([1],A,[2]).

Zuletzt wollen wir noch das aus zwei Teilzielen zusammengesetzte Ziel $G''' = $?- append(A,[3],B), append([5,4],B,[5,4,C,3]). ableiten. Entsprechend PROLOGs Selektionsfunktion wählen wir (wie oben festgelegt) zur Ableitung immer das erste Teilziel.

?- append(A,[3],B), append([5,4],B,[5,4,C,3]).

    $\leadsto\theta_1 = $ {A/[X1|XS1], YS1/[3], B/[X1|ZS1]}, (2)

?- append(XS1,[3],ZS1), append([5,4],[X1|ZS1],[5,4,C,3]).

Bei diesem Schritt sehen wir noch einmal deutlich, dass wir bei der Resolution die berechnete Substitution jeweils auch auf die anderen Unterziele anwenden, hier also θ_1 auf den Ausdruck append([5,4],B,[5,4,C,3]).

    Wir leiten weiter ab:

?- append(XS1,[3],ZS1), append([5,4],[X1|ZS1],[5,4,C,3]).

    $\leadsto\theta_2 = $ {XS1/[], X2/[3], ZS1/[3]}, (1)

?- append([5,4],[X1,3],[5,4,C,3]).

    $\leadsto\theta_3 = $ {X3/5, XS3/[4], YS3/[X1,3], ZS3/[4,C,3]}, (2)

?- append([4],[X1,3],[4,C,3]).

    $\leadsto\theta_4 = $ {X4/4, XS4/[], YS4/[X1,3], ZS4/[C,3]}, (2)

?- append([],[X1,3],[C,3]).

    $\leadsto\theta_5 = $ {X1/C, X5/[X1,3]}, (1)

□

                                        $\Diamond$

Die während der SLD-Ableitung eines Ziels berechneten Substitutionen liefern Bindungen für die Variablen, unter denen das Ziel aus dem Programm folgt. Wir nennen diese Variablenbindungen eine *berechnete Antwort*.

    Sei $var(F)$ die Menge der in der Formel F vorkommenden Variablen.

Definition 2.10 (Berechnete Antwort)

Gegeben seien ein logisches Programm P und ein Ziel G.

    Für eine SLD-Refutation $G \leadsto_{\sigma_1,C_1} G_1 \leadsto_{\sigma_2,C_2} G_2 \leadsto \ldots \leadsto_{\sigma_n,C_n} \square$ wird die Substitution $\sigma = \sigma'|_{var(G)}$, die aus der Beschränkung der Substitution $\sigma' = \sigma_n \circ \sigma_{n-1} \circ \ldots \circ \sigma_1$ auf die Variablen aus G entsteht, **berechnete Antwort** von (P, G) genannt.

Beispiel 2.14 Mit den Ableitungen in Beispiel 2.13 haben wir folgende Antworten berechnet:

- Das Ziel $G =$?- append(A,B,[6,3,2]) haben wir mit zwei verschiedenen SLD-Refutationen abgeleitet. Dementsprechend erhalten wir zwei berechnete Antworten:

$$\sigma = \sigma'|_{var(G)} = \{A/[], B/[6,3,2]\} \text{ mit } \sigma' = \sigma_1 \text{ und}$$

$$\delta = \delta'|_{var(G)} = \{A/[6], B/[3,2]\} \text{ mit}$$

$$\delta' = \delta_2 \circ \delta_1 = \{A/[6], X/6, XS/[], YS/[3,2], ZS/[3,2], B/[3,2],$$
$$X1/[3,2]\}.$$

- Für die Ziele G' und G'' haben wir keine Refutationen und damit keine Antwortsubstitutionen berechnet.
- Für das Ziel $G''' =$?- append(A,[3],B), append([5,4],B,[5,4,C,3]). ist die Substitution $\theta = \{A/[C], B/[C,3]\}$ eine berechnete Antwort.

$\Diamond$

Lemma 2.2 legt die Beziehung zwischen berechneten und korrekten Antworten und damit zwischen der *operationalen* und der *deklarativen Semantik* von logischen Programmen fest.

Lemma 2.2 (Korrektheit und Vollständigkeit der SLD-Resolution).
Sei P ein logisches Programm und G ein Ziel.

1. *Jede berechnete Antwort ist auch eine korrekte Antwort für (P,G).*
2. *Für jede korrekte Antwort σ für (P,G) gibt es eine berechnete Antwort ϕ und eine Substitution ψ mit $\sigma(x) = (\psi \circ \phi)(x)$ für alle $x \in var(G)$.*

Während jede berechnete Antwort also korrekt ist, muss sich nicht jede korrekte Antwort durch eine SLD-Refutation berechnen lassen. Das liegt darin begründet, dass die SLD-Resolution allgemeinste Unifikatoren berechnet. Immerhin können wir damit aber für jede korrekte Antwort eine „allgemeinere" Antwort berechnen, aus der wir die erste mit einer Substitution erhalten können.

Beispiel 2.15 Sei P ein logisches Programm, das nur den Fakt p(f(a,X)). enthält, und sei $G =$?- p(Y). ein Ziel. Mit einem Resolutionsschritt können wir die leere Klausel ableiten:

?- p(Y).

$\quad \leadsto \phi = \{Y/f(a,X)\}$

$\square$

Die Substitution $\sigma = \{Y/f(a,a)\}$ ist eine korrekte Antwort für (P,G), denn es gilt $\forall$ X. p(f(a,X)) $\vDash \sigma(p(Y))$ bzw. $\forall$ X. p(f(a,X)) $\vDash$ p(f(a,a)).

Hingegen liefert jede SLD-Refutation von (P,G) eine berechnete Antwort für (P,G), die bis auf Umbenennung von X gleich ist zu $\phi = \{Y/f(a,X)\}$. $\Diamond$

Alle möglichen SLD-Ableitungen für ein Programm P und ein Ziel G unter einer gewählten einheitlichen Selektionsfunktion können in einem *SLD-Baum* (oder *Suchbaum*) zusammengefasst werden.

Definition 2.11 (SLD-Baum)

Gegeben seien ein logisches Programm P und ein Ziel G sowie eine Selektionsfunktion zur Literal-Auswahl. Ein **SLD-Baum** für (P, G) ist ein endlicher oder unendlicher Baum mit folgenden Eigenschaften:

- Die Wurzel ist mit G markiert.
- Ist ein Knoten mit G_i markiert und es gibt einen SLD-Resolutionsschritt $G_i \rightsquigarrow_{\sigma_{i+1}, C_{i+1}} G_{i+1}$ entsprechend der gewählten Selektionsfunktion, dann hat G_i einen Kindknoten mit Markierung G_{i+1}. Die verbindende Kante wird mit der Klausel C_{i+1} und der Substitution σ_{i+1} markiert. Die Klausel kann ausgelassen werden, wenn sie klar aus dem Kontext ersichtlich ist.
- Ist ein Knoten mit einem Ziel G_i (ausgenommen $\square$) markiert, für das es keinen SLD-Resolutionsschritt gibt, erhält der Knoten einen Blattknoten mit der Markierung „failure" als Kind.

Beispiel 2.16 Abbildung 2.1 zeigt einen SLD-Ableitungsbaum für P_{app}[2] und das Ziel ?- append(A,B,[6,3,2]).   ◊

Jeder Pfad in einem SLD-Baum entspricht genau einer SLD-Ableitung. Die beiden SLD-Ableitungen für das Ziel ?- append(A,B,[6,3,2]). aus Beispiel 2.13 finden wir in Abbildung 2.1 in den beiden am weitesten links liegenden Pfaden wieder. Dementsprechend kann ein SLD-Baum drei Arten von Pfaden enthalten:

- erfolgreiche Berechnungen, die mit der leeren Klausel enden,
- scheiternde Ableitungen, die wir mit einem Blattknoten „failure" kennzeichnen, und
- unendliche Ableitungsfolgen.

Abbildung 2.1 zeigt ausschließlich erfolgreiche Ableitungsfolgen. SLD-Bäume mit scheiternden und unendlichen Ableitungen werden wir in den folgenden Abschnitten aber noch sehen.

Während sich die Auswahl der anzuwendenden Klausel nur auf die Reihenfolge der SLD-Ableitungen im Baum auswirkt, hat die Literal-Auswahl, d. h. die Selektionsfunktion, im Allgemeinen Einfluss auf die gesamte Struktur des SLD-Baums, beispielsweise auch auf seine Endlichkeit (s. Beispiel 2.19).

---

[2]Teilweise haben wir hier (und im Folgenden) Bindungen in Substitutionen, die später nicht mehr gebraucht werden, ausgelassen, wie beispielsweise X/[6,3,2] im am weitesten links liegenden Zweig des Baums.

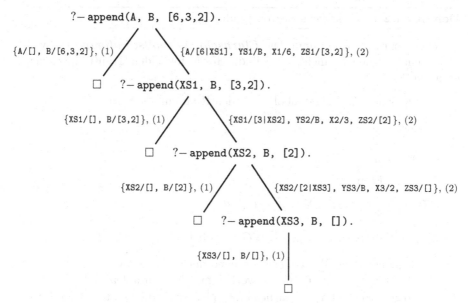

Abb. 2.1. Suchbaum für das Ziel ?- append(A,B,[6,3,2]).

2.3.3 Negation und Clarksche Vervollständigung

Mit definiten Klauseln, also Fakten und Regeln, können wir ausschließlich positives Wissen beschreiben. Das bedeutet: Wir können mit einem logischen Programm zwar ausdrücken, wann eine Relation gilt, aber nicht, für welche Elemente sie nicht gilt. Daher kann man mit definiten Klauseln auch keine widersprüchlichen Aussagen formulieren, d. h., die aus einem Programm resultierende Formelmenge kann nicht unerfüllbar sein.

Beispiel 2.17   Gegeben sei das folgende Programm:

```
q(a).
q(b).
p(a,Y) :- q(a), q(Y).
```

Wir können zwar q(a), q(b) sowie p(a,a) und p(a,b) ableiten, aber keine negativen Aussagen über die Relationen q oder p. Wir können also nicht wissen, ob z. B. p(b,b) oder q(c) gelten oder etwa deren Negationen ¬ p(b,b) bzw. ¬ q(c).   ◊

Wenn man hingegen davon ausgeht, dass ein Programm alle positiven Aussagen explizit enthält bzw. diese daraus ableitbar sind, dann kann man auch Aussagen über negatives Wissen folgern. Dies lässt sich durch die sog. *Clarksche Vervollständigung* (engl. *Clark Completion*) formal beschreiben:

Definition 2.12 (Clarksche Vervollständigung)

Sei P ein logisches Programm. Die *Clarksche Vervollständigung* $P^{\leftrightarrow}$ von P besteht aus den Formeln, die wir durch die folgenden Transformationen erhalten:

- Ersetze jedes Prädikatsymbol p mit den Klauseln der Form

$$p(\tilde{t_1}) \text{ :- } G_1.$$
$$\ldots$$
$$p(\tilde{t_n}) \text{ :- } G_n.$$

durch die Formel

$$\forall \tilde{X_1}.\ p(\tilde{X_1}) \longleftrightarrow \exists \tilde{Y_1}.(\tilde{X_1} = \tilde{t_1} \wedge G_1) \vee$$
$$\ldots$$
$$\forall \tilde{X_n}.\ p(\tilde{X_n}) \longleftrightarrow \exists \tilde{Y_n}.(\tilde{X_n} = \tilde{t_n} \wedge G_n), \text{ wobei}$$

$\tilde{t_i}$ Sequenzen von Termen entsprechend der Stelligkeit von p sind,
Y_i die Mengen der in G_i und $\tilde{t_i}$ vorkommenden Variablen und
$\tilde{X_i}$ Folgen von unterschiedlichen Variablen sind, die nicht in G_i oder $\tilde{t_i}$ auftreten.

- Ersetze jedes Prädikatsymbol q, das nur auf der rechten Seite einer Regel auftritt, durch die Formel
$$\forall \tilde{X}.\ \neg\, q(\tilde{X})$$

- Füge die folgenden Gleichheitsaxiome hinzu:

$$\forall\ x = x \tag{1}$$
$$\forall\ x = y \longrightarrow y = x \tag{2}$$
$$\forall\ x = y \wedge y = z \longrightarrow x = z \tag{3}$$
$$\forall\ x_1 = y_1 \wedge \ldots x_n = y_n \longrightarrow f(x_1, \ldots, x_n) = f(y_1, \ldots, y_n) \tag{4}$$
$$\forall\ x_1 = y_1 \wedge \ldots x_n = y_n \longrightarrow (p(x_1, \ldots, x_n) \longrightarrow p(y_1, \ldots, y_n)) \tag{5}$$
$$\forall\ f(x_1, \ldots, x_n) = f(y_1, \ldots, y_n) \longrightarrow x_1 = y_1 \wedge \ldots x_n = y_n \tag{6}$$
$$\forall\ f(x_1, \ldots, x_m) = g(y_1, \ldots, y_n) \longrightarrow false, \text{ wenn } f \neq g \text{ oder } m \neq n \tag{7}$$
$$\forall\ x = t \rightarrow false, \text{ wenn } x \text{ eine Variable ist und in } t \text{ vorkommt.} \tag{8}$$

Die Axiome (1) bis (3) sichern, dass = eine Äquivalenzrelation, die Axiome (4) und (5), dass = eine Kongruenzrelation ist. Durch die Axiome (6) bis (8) werden die Eigenschaften der Unifikation formalisiert.

Mit der Clarkschen Vervollständigung $P^{\leftrightarrow}$ bleiben alle positiven Literale A, die aus P folgerbar waren, weiterhin folgerbar, d. h.:

$$\text{Wenn } P \vDash A \text{ dann gilt auch } P^{\leftrightarrow} \vDash A.$$

Ebenso wird keine positive Information hinzugefügt:

$$\text{Wenn } P^{\leftrightarrow} \vDash A \text{ dann gilt } P \vDash A.$$

Es geht also kein Wissen aus P verloren, aber es wird negative Information hinzugefügt, d. h. nun können negative Literale logische Konsequenz eines definiten Programms P, genauer seiner Vervollständigung $P^{\leftrightarrow}$, sein.

Beispiel 2.18 Wir betrachten das Programm P, das wir durch die Erweiterung des Programms aus Beispiel 2.17 um eine Regel erhalten:

```
q(a).
q(b).
p(a,Y) :- q(a), q(Y).
p(Y,b) :- r(Y).
```

Die Clarksche Vervollständigung $P^{\leftrightarrow}$ ist durch die Menge der Gleichheitsaxiome (1) bis (8) sowie folgende (schon vereinfachte) Formeln (in Konjunktion) gegeben:

$$\forall\ X.\ q(X) \longleftrightarrow (X = a \lor X = b)$$
$$\forall\ X,\ Z.\ p(X,Z) \longleftrightarrow \exists\ Y.\ (X = a \land Z = Y \land q(a) \land q(Y))\ \lor$$
$$(X = Y \land Z = b \land r(Y))$$
$$\forall\ X.\ \neg\ r(X)$$

Aus dieser Formelmenge können wir jetzt auch negative Literale wie $\neg\ p(b,b)$, $\neg\ q(c)$ oder $\forall\ \neg\ r(X)$ und $\neg\ r(a)$ folgern. $\Diamond$

Im Wesentlichen haben wir mit der Clarkschen Vervollständigung eines Programms die Implikationen durch Äquivalenzen ersetzt. Bei der SLD-Resolution können wir nun davon ausgehen, dass $\neg\ G$ gilt, wenn das Ziel ?- G. endlich scheitert, d. h., sein SLD-Baum also endlich ist und sämtliche Zweige mit „failure" abschießen. Dieses Vorgehen wird *Negation als endlicher Fehlschlag (Negation as finite Failure (NAF))* genannt.

Lemma 2.3 (Korrektheit und Vollständigkeit der Negation als endlichem Fehlschlag). *Sei P ein logisches Programm und ?- G. ein Ziel.*

1. *Wenn ?- G. einen endlich scheiternden SLD-Baum hat, dann gilt $P^{\leftrightarrow} \vDash \forall\ \neg\ G$.*
2. *Wenn $P^{\leftrightarrow} \vDash \forall\ \neg\ G$ gilt, dann gibt es einen endlich scheiternden SLD-Baum für (P, G).*

Die Vollständigkeitsaussage besagt lediglich die Existenz eines endlich scheiternden SLD-Baums. SLD-Bäume für ein Ziel können sich aber je nach Selektionsfunktion unterscheiden.

Beispiel 2.19 Wir betrachten das folgende logische Programm P und das Ziel ?- p(a).

```
q(a).
q(b).
p(Y) :- q(X), r(X,Y).
r(c,Z) :- « unendliche Berechnung »
```

Abbildung 2.2(a) zeigt einen endlichen SLD-Baum, der keinen erfolgreichen Zweig hat. Das Ziel ?- p(a). scheitert endlich. Daher können wir aus P ableiten: ¬ p(a).

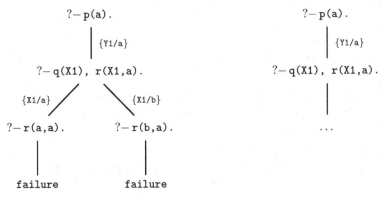

(a) Endlich scheiternder SLD-Baum   (b) Unendlicher SLD-Baum

Abb. 2.2. SLD-Bäume für das Ziel ?- p(a).

In Abbildung 2.2(b) sehen wir einen Ausschnitt aus einem zweiten Suchbaum für das Ziel ?- p(a). Wenn wir hierbei eine Selektionsfunktion annehmen, die im zweiten Schritt das Literal r(X1,a) wählt, so gerät unsere Berechnung in einen unendlichen Zweig. In diesem Fall können wir nichts über die Gültigkeit von p(a) aussagen.   ◊

Aufgrund seiner Selektionsfunktion können wir für PROLOG nicht garantieren, dass ein existierender endlich scheiternder SLD-Baum gefunden wird. Dies gilt nach [87] nur für *faire* SLD-Bäume, also für Bäume, deren sämtliche Ableitungen fair sind. Dabei ist eine SLD-Ableitung fair, wenn sie entweder endlich ist oder jedes Unterziel in endlicher Zeit ausgewählt wird. Und das ist bei PROLOG im Allgemeinen nicht der Fall. Weiteres zur Negation in Verbindung mit PROLOG betrachten wir in Abschnitt 2.4.4.

Ausführlichere Diskussionen zu diesem Thema und Beweise zu den Lemmata finden sich in [47, 87, 116].

2.4 PROLOG

In diesem Abschnitt betrachten wir die logische Programmierung in der Praxis und diskutieren, wie die Programmiersprache PROLOG die in den vorhergehenden Abschnitten beschriebenen Konzepte umsetzt und erweitert.

PROLOG steht für *Pro*grammieren mit *Lo*gik und bezeichnet eine ganze Familie von logischen Programmiersprachen. Typische Vertreter sind z. B.

ECL^{i}PS^e-Prolog, SICStus-Prolog, SWI-Prolog oder GNU-Prolog. Wenn wir im Folgenden von PROLOG sprechen, meinen wir eine typische logische Programmiersprache aus dieser Sprachfamilie. Für eine eingehendere Betrachtung der Programmierung mit PROLOG empfehlen wir z. B. [138, 5, 116].

2.4.1 Die Berechnungsstrategie von PROLOG

Für ein gegebenes Programm P und ein Ziel ?- G. versucht PROLOG mit Hilfe der SLD-Resolution, so wie in Abschnitt 2.3.2 beschrieben, eine bzw. eine Folge von Antwortsubstitutionen zu berechnen. Die Berechnungsstrategie von PROLOG lässt sich gut an Hand der SLD-Bäume demonstrieren.

Ein SLD-Baum repräsentiert mögliche Berechnungspfade eines Ziels G bezüglich eines Programms P. An der Wurzel des SLD-Baums befindet sich das Ziel G. Die Pfade im Baum stellen SLD-Ableitungen dar. Wir haben schon erwähnt, dass PROLOG-Implementierungen durch ihre Selektionsfunktion immer das jeweils erste Literal eines Ziels zur Ableitung auswählen. Für ein gewähltes Literal können mehrere Klauseln von P anwendbar sein. Der Auswertungsmechanismus von PROLOG probiert die passenden Klauseln von oben nach unten im Programm durch. Die entsprechenden möglichen Ableitungsfolgen stellen wir im SLD-Baum von links nach rechts dar.

Abbildung 2.3 zeigt einen SLD-Baum für das Ziel ?- append(A,[3],B), append([4],B,[4,C]).

Theoretisch kann man nun einen solchen SLD-Baum mit unterschiedlichen Strategien durchsuchen: Die sog. *Breitensuche* (engl. *breadth first search*) durchläuft den Baum Ebene für Ebene. Auf diese Weise kann man die Vollständigkeit der SLD-Resolution sichern, weil man nicht in unendliche Zweige läuft, wenn endliche existieren. Allerdings kann die Breitensuche sehr aufwändig werden, da man sämtliche bisher noch nicht abgeleitete Ziele (einschließlich der berechneten Substitutionen) aufbewahren muss. Die sog. *Tiefensuche* (engl. *depth first search*) vermeidet das. PROLOG arbeitet nach dieser Suchstrategie. Dabei wird immer der am weitesten links liegende, noch nicht durchsuchte Pfad des SLD-Baums verfolgt. Gerät der Suchprozess in eine Sackgasse (`failure`), dann wird nach oben zurückgegangen und der jeweils nächste alternative Weg betrachtet, man spricht hierbei von *Backtracking*. Dabei kann es aber passieren, dass man einem unendlichen Zweig folgt, d. h. die Auswertung nicht terminiert, obwohl eine endliche Ableitungsfolge existiert. Das heißt, dass die PROLOG-Suchstrategie Tiefensuche die Vollständigkeit der SLD-Resolution nicht erhält. Die Suchstrategie von PROLOG ist also *unvollständig*.

2.4.2 Arithmetik

Bisher haben wir nur relativ einfache logische Programme untersucht. Wenn man aber praktischere Beispiele programmieren möchte, dann wird man meist Arithmetik und andere (oft nicht mehr rein logische) Erweiterungen von PROLOG brauchen, auf die wir in diesem und den folgenden Abschnitten kurz

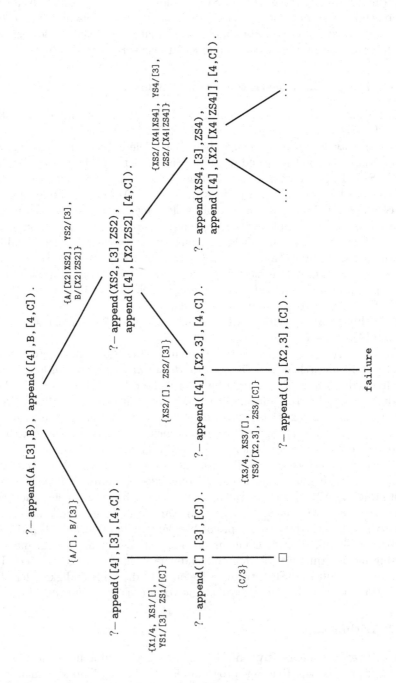

Abb. 2.3. SLD-Baum für das Ziel ?- append(A,[3],B), append([4],B,[4,C]).

eingehen werden. Wir betrachten zunächst die Implementierung von arithmetischen Operationen. Zur Vereinfachung beschränken wir uns auf die natürlichen Zahlen.

In einer reinen logischen Sprache[3] würde man die natürlichen Zahlen durch eine Konstante 0 und eine Nachfolgerfunktion s (engl. *successor*) darstellen. Darauf aufbauend definiert man dann arithmetische Operationen, z. B. die Addition:

```
sum(0,X,X).                          (1)
sum(s(X),Y,s(Z)) :- sum(X,Y,Z).     (2)
```

Hierbei stellen die beiden ersten Positionen in sum(X,Y,Z) die Argumente der Addition dar, und an dritter Stelle finden wir das Ergebnis.

Die Multiplikation kann man wiederum basierend auf der Addition darstellen usw. Man kann sich vorstellen, dass dieses einfache Schema zwar für andere Operationen erweitert werden kann und auch die gebrochenen Zahlen so darstellbar sind, allerdings führt dieses Vorgehen bei der Abarbeitung zu Ineffizienzen. Das rührt daher, dass bei der Auswertung von Ausdrücken die Zahlen jeweils Schritt für Schritt zerlegt werden und bis auf die 0 zurückgeführt werden. Wertet man z. B. den Ausdruck sum(s(s(s(s(0)))),s(0),X) aus, so wird das erste Argument s(s(s(s(0)))) schrittweise zerlegt:

?- sum(s(s(s(s(0)))),s(0),X).

$\rightsquigarrow \sigma_1 = \{$X1/s(s(s(0))), Y1/s(0), X/s(Z1)$\}$, (2)

?- sum(s(s(s(0))),s(0),Z1).

$\rightsquigarrow \sigma_2 = \{$X2/s(s(0)), Y2/s(0), Z1/s(Z2)$\}$, (2)

?- sum(s(s(0)),s(0),Z2).

$\rightsquigarrow \sigma_3 = \{$X3/s(0), Y3/s(0), Z2/s(Z3)$\}$, (2)

?- sum(s(0),s(0),Z3).

$\rightsquigarrow \sigma_4 = \{$X4/0, Y4/s(0), Z3/s(Z4)$\}$, (2)

?- sum(0,s(0),Z4).

$\rightsquigarrow \sigma_5 = \{$X5/s(0), Z4/s(0)$\}$, (1)

$\square$

Die Substitution $\sigma = (\sigma_5 \circ \sigma_4 \circ \ldots \circ \sigma_1)|_{\{X\}} = \{$X/s(s(s(s(s(0)))))$\}$ ist eine berechnete Antwort für das Ziel $G = $?- sum(s(s(s(s(0)))),s(0),X). und wir haben $4 + 1 = 5$ berechnet.

Diese Art der Darstellung kann beim Rechnen mit großen Zahlen sehr ineffizient werden. Daher bietet PROLOG gewöhnlich sog. *built-in-Arithmetik*. Diese erlaubt die üblichen Operationen +, -, *, /, div, mod usw. mit Präzedenzen und Assoziativität.

---

[3]Eine reine logische Sprache (engl. *pure*) beschränkt sich auf Hornklausel-Programme und Resolution und erlaubt keine Konstrukte höherer Ordnung (z. B. call), Meta-Prädikate (z. B. functor oder retract), Cut oder built-in-Arithmetik.

Zur Auswertung arithmetischer Ausdrücke gibt es in PROLOG das *built-in-Prädikat* is. Ein entsprechendes Ziel ist z. B. ?- X is 4 + 1. Bei der Auswertung arithmetischer Ziele wird vom üblichen Resolutionsprinzip allerdings abgewichen. Die rechte Seite eines so gebildeten Ausdrucks wird zunächst ausgewertet. Dazu müssen alle darin vorkommenden Variablen an Grundterme gebunden sein, sonst tritt ein Laufzeitfehler auf. Danach wird das Resultat der Auswertung mit der linken Seite des is-Ausdrucks unifiziert.

Beispielsweise lässt sich das Ziel ?- X is 4 + 1. erfolgreich auswerten, dabei wird X an 5 gebunden. Und natürlich wird auch ?- 5 is 4 + 1. erfolgreich ausgewertet. Hingegen liefert ?- 3 is 4 + 1. einen Fehlschlag, genauso wie das Ziel ?- 3 + 2 is 4 + 1., weil hier nur die rechte Seite ausgewertet und danach versucht wird, die linke mit dem Ergebnis der rechten zu unifizieren. Dies scheitert, da sich die Ausdrücke 3 + 2 und 5 syntaktisch unterscheiden.

Bei der Auswertung von ?- 5 is Y + 1. tritt ein Laufzeitfehler auf, da Y + 1 nicht ausgewertet werden kann, solange Y nicht an einen Grundterm gebunden ist. Das Ziel ?- Y is 4, 5 is Y + 1. hingegen lässt sich (erfolgreich) auswerten, da zum Zeitpunkt der Auswertung von 5 is Y + 1 die Variable Y an 4 gebunden ist.

Beispiel 2.20 Wenn wir die Länge einer Liste berechnen wollen, können wir das mit Hilfe des built-in-Prädikats is tun:

```
length([],0).
length([_|XS],L) :- length(XS,XL), L is XL + 1.
```

Für Variablen im Klauselkopf, die im Klauselkörper nicht mehr auftreten, kann man in PROLOG übrigens auch einen Unterstrich „_" schreiben, so wie hier im Kopf length([_|XS],L) der zweiten Klausel gezeigt.   ◇

Außerdem bietet PROLOG Vergleichsoperationen <, >, =<, >=, =:=, =\= für arithmetische Ausdrücke.

Im Gegensatz zu is werden bei der Auswertung eines Ausdrucks sowohl dessen rechte Seite als auch die linke Seite ausgewertet, danach werden die Ergebnisse verglichen. Das Ziel ?- 3 + 2 =:= 4 + 1. würde z. B. erfolgreich ausgewertet. Bei den Vergleichsoperationen wird demgegenüber aber keine Unifikation ausgeführt. Das bedeutet, dass zum Zeitpunkt der Auswertung alle Variablen, die im Ausdruck auftreten, an Grundterme gebunden sein müssen. Das Ziel ?- X =:= 4 + 1. lässt sich also nicht auswerten und führt zu einem Laufzeitfehler.

2.4.3 Cut

In PROLOG kann der Durchlauf durch den SLD-Baum durch ein weiteres außerlogisches Prädikat, den sog. *Cut*, beeinflusst werden. Der Cut ist ein nullstelliges Prädikat, das immer erfüllt ist und im Programm durch ein Ausrufezeichen

„!" dargestellt wird. Seine Funktion ist, Teile des SLD-Baumes abzuschneiden und damit von der Berechnung auszuschließen.

Ein Cut kann nur auf der rechten Seite einer Regel K auftreten. Wird er während der Programmauswertung durchlaufen, d. h. bewiesen, dann werden alle Klauseln desselben Prädikats, die nach K im Programm stehen, an dieser Stelle im SLD-Baum nicht mehr berücksichtigt. Ebenso werden innerhalb der Klausel alternative Lösungen für Ziele, die vor dem Cut stehen, nicht mehr gesucht.

Das lässt sich am besten anhand eines Beispiels erklären. Nehmen wir an, wir haben ein Programm P mit folgenden Klauseln:

```
q :- c, !, d.
q :- e.
c.
c :- a.
a.
d.
```

Ignorieren wir zunächst den Cut in der ersten Regel und nehmen an, er wäre nicht da. In diesem Fall ergäbe sich für P und die Anfrage ?- q. der SLD-Baum in Abbildung 2.4(a). Fügen wir jetzt in die erste Regel einen Cut zwischen c und d ein, dann erhalten wir den in Abbildung 2.4(b) gezeigten SLD-Baum.

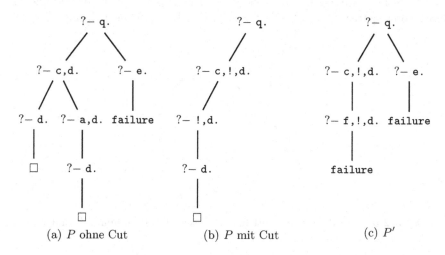

(a) P ohne Cut   (b) P mit Cut   (c) P'

Abb. 2.4. SLD-Bäume für die Programme P und P'

In unserem Beispiel schneidet der Cut große Teile des SLD-Baums ab. Wenn das Prädikat q aufgerufen wird, wird zunächst c bewiesen, im ersten Fall passt sofort der Fakt und wir durchlaufen nun den Cut. Das bedeutet, dass sämtliche Unterbäume des SLD-Baumes, die auf weitere Klauseln des Prädikats q zurückgehen, die bisher noch nicht versucht worden sind, abgeschnitten werden und ebenso alle noch nicht versuchten Unterbäume des Prädikats c. Glücklicherweise ist das Ziel d erfolgreich, denn die alternativ mögliche Lösung können wir nun nicht mehr erreichen.

Wird der Cut hingegen nicht durchlaufen, dann werden keine Zweige aus dem SLD-Baum entfernt. Dazu betrachten wir das folgende leicht modifizierte Programm P'.

```
q :- c, !, d.
q :- e.
c :- f.
a.
d.
```

Der SLD-Baum für P' in Abbildung 2.4(c) ist für beide Fälle, d. h. für P' mit und P' ohne Cut identisch.

Klauseln des Prädikats q, die über der Regel mit dem Cut stehen, werden durch diesen nicht berührt, genauso wenig wie Prädikate, die das Ziel q aufrufen. Wir können unserem Programm z. B. folgende Klauseln *voransetzen*

```
r :- q.
r :- d.
q :- a.
```

und im SLD-Baum in Abbildung 2.5 jeden der SLD-Bäume aus Abbildung 2.4 am Knoten q (rechts vom Zweig a und grau gekennzeichnet) einsetzen.

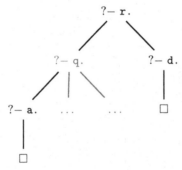

Abb. 2.5. SLD-Baumausschnitt für die erweiterten Programme P und P'

In der Literatur wird oft zwischen sog. *grünen* und *roten* Cuts unterschieden. Grüne Cuts verändern die Semantik der Programme nicht, da sie lediglich Unterbäume abschneiden, deren Ziele ohnehin zu keinen neuen Lösungen führen. Man möchte so die Effizienz erhöhen. Grüne Cuts verwendet man z. B. für deterministische Prädikate, d. h. Prädikate, deren Klauseln sich gegenseitig ausschließen.

Ein typisches und oft zitiertes Beispiel ist die Bestimmung des Maximums zweier Zahlen A und B:

```
max(A,B,A)  :- A >= B.
max(A,B,B)  :- B > A.
```

Die Ziele A >= B und B > A schließen sich aus. War die erste Regel erfolgreich, dann kann die zweite nur noch fehlschlagen. Ein Backtracking ist hier daher nicht erwünscht und man kann, ohne die Menge der Lösungen einzuschränken, einen Cut einfügen:

```
max(A,B,A)  :- A >= B, !.
max(A,B,B)  :- B > A.
```

Rote Cuts dagegen schließen mögliche Lösungen aus und verändern dadurch die Semantik des Programms, wir verlieren Vollständigkeit. Rote Cuts sollte man möglichst vermeiden.

Das Prädikat **and** stellt die logische Verknüpfung $\wedge$ dar und enthält rote Cuts:

```
and(0,A,0)  :- !.
and(A,0,0)  :- !.
and(1,A,A)  :- !.
and(A,1,A)  :- !.
```

Die Klauselköpfe schließen sich hier nicht aus (sie sind unifizierbar). Die Verwendung der Cuts ist daher kritisch.

Wenn wir das Ziel ?- and(X,1,X). auswerten, dann passt bereits die erste Klausel, der Cut ist erfolgreich und wir erhalten als berechnete Antwort die Substitution $\sigma = \{X/0\}$. Es gilt also and(0,1,0) bzw. $0\wedge1=0$. Da wir den Cut durchlaufen haben, wird ein Backtracking und damit die Suche in den nachfolgenden Klauseln verhindert. Wir erhalten keine weiteren Lösungen, obwohl solche existieren.

Und auch sonst sollte man mit Cuts vorsichtig, also sparsam, umgehen. Betrachten wir noch einmal das max-Prädikat mit grünem Cut. Wenn man sich die zweite Klausel ansieht, könnte man folgern, dass der Nachweis von B > A hier unnötig ist. Schließlich wird B <= A in der ersten Klausel geprüft, dann kann in der zweiten doch nur noch gelten B > A, oder? Also modifizieren wir unser Programm:

```
max(A,B,A)  :- A >= B, !.
max(A,B,B).
```

Die Semantik dieses Programms ist nun aber tatsächlich eine andere: Werten wir z. B. ?- max(1,5,X). oder ?- max(5,1,X). aus, dann funktioniert alles wie bisher. Da es sich um eine Relation handelt, könnten wir aber beispielsweise auch das Ziel ?- max(5,1,1). auswerten. Hier schlägt die erste Klausel bei der Unifikation des Klauselkopfes fehl. Der Cut wird nicht durchlaufen, es kommt zum Backtracking. Die zweite Klausel ist erfolgreich. Unser Programm hat als Maximum von 5 und 1 den Wert 1 bestätigt.

2.4.4 Negation

Über Negation in logischen Programmen haben wir bereits in Abschnitt 2.3.3 gesprochen. Wie dort dargestellt, verwendet PROLOG die sog. *Negation als (endlichen) Fehlschlag*, d. h., die Negation von G ist wahr, wenn das Ziel ?- G. endlich scheitert. Auf Grund der Selektionsfunktion von PROLOG ist aber nicht garantiert, dass ein existierender endlich scheiternder SLD-Baum auch gefunden wird (vgl. Beispiel 2.19). Auch die Negation in PROLOG ist also unvollständig.

Um direkt in einem Programm auch negative Literale verwenden zu können, bietet PROLOG ein Prädikat not, das wie folgt implementiert ist:

```
not(G) : - call(G), !, fail.
not(G).
```

Das Prädikat call(G) ist ein außerlogisches built-in-Prädikat, das sein Argument G aufruft, d. h., zunächst wird G ausgewertet. Ist diese Auswertung erfolgreich, dann durchlaufen wir den Cut und danach schlägt unser Ziel fehl; fail ist ein nullstelliges, fehlschlagendes built-in-Prädikat. Der Cut verhindert ein Backtracking. War hingegen die Auswertung von call(G) nicht erfolgreich, dann wird der Cut nicht ausgewertet, und durch Backtracking erreichen wir die zweite Klausel: Es gilt not(G). Allerdings können wir, wie schon erwähnt, auch nur dann not(G) folgern, wenn G einen endlichen fehlgeschlagenen SLD-Baum hat.

Dieser Mechanismus funktioniert, solange G keine Variablen enthält, die nicht an Grundterme gebunden sind. Dazu betrachten wir als Beispiel eine Familie, die als Haustiere Fische und Papageien hält. Jedes Haustier, das kein Fisch ist, muss also ein Papagei sein (und umgekehrt). Wir wissen, dass Bruno ein Fisch ist; Kiki ist ein Papagei.

```
parrot(X) :- not(fish(X)), pet(X).
fish(bruno).
pet(bruno).
pet(kiki).
```

Ziele sollten zum Zeitpunkt der Auswertung keine Variablen mehr enthalten, die nicht an Grundterme gebunden sind. So werden z. B. die Anfragen

```
? - parrot(kiki).
yes
? - parrot(bruno).
no
```

korrekt berechnet. Das Ziel ?- parrot(A). schlägt aber fehl, obwohl kiki eine Lösung ist.

Das liegt daran, dass man für negative Ziele not(G) mit ungebundenen Variablen mit dieser Definition von not Variablenbindungen, unter denen G fehlschlägt, nicht berechnen kann. Mit der Anfrage ?- not(fish(X)). wird es uns also nicht gelingen, alle Haustiere aufzuzählen, die keine Fische sind. Genausowenig wie wir mit `?- not(pet(X)).` feststellen können, was oder wer kein Haustier ist.

Nicht immer, aber in unserem Programm können wir das Problem zumindest noch ausbessern, indem wir einfach die Reihenfolge der Ziele auf der rechten Seite der Regel des Prädikats `parrot` umdrehen. Dann finden wir zuerst konkrete Haustiere und können dann für diese prüfen, ob sie keine Fische sind.

```
parrot(X) :- pet(X), not(fish(X)).
```

Jetzt wird bei der Anfrage `?- parrot(A).` die Variable A durch das Prädikat `pet` gebunden und wir können die korrekte Antwort {A/kiki} berechnen.

2.5 Logische Programmierung mit Constraints – CLP

In diesem Abschnitt wollen wir von der logischen zur Constraint-logischen Programmierung übergehen. Dazu betrachten wir ein Beispiel eines logischen Programms und programmieren das gleiche Problem danach noch einmal mit Hilfe von Constraints. Anhand von SLD- bzw. CLP-Suchbäumen diskutieren wir Vorteile der Constraint-Programmierung.

Das folgende Beispiel ist aus [51] entnommen und für unsere Zwecke modifiziert.

Beispiel 2.21 (Logische Programmierung)   Wir wollen ein Diät-Menü zusammenstellen. Dazu ist eine Datenbank von Lebensmitteln mit Kalorienwerten vorgegeben. Unser Menü soll aus Vorspeise, Hauptgericht und einem Dessert bestehen und einen Gesamt-Kalorienwert von 10 Einheiten nicht überschreiten. In PROLOG schreiben wir das z. B. so:[4]

```
lightmeal(A,M,D) :-
    appetizer(A,I), main(M,J), dessert(D,K),
    10 >= I+J+K.

appetizer(pasta,4).
appetizer(radishes,1).

main(pork,11).
main(beef,7).

dessert(fruit,2).
dessert(icecream,6).
```

---

[4]Wir setzen positive Werte für I, J und K voraus.

Wir verwenden hier die *built-in*-Arithmetik der Sprache PROLOG (vgl. Abschnitt 2.4.2). Dabei müssen wir darauf achten, dass bei der Auswertung eines arithmetischen Ausdrucks die Variablen in den Argumenten vollständig instanziiert, d.h. an Grundterme gebunden sind. Im Programm betrifft das die Variablen I, J und K, die an Werte gebunden sein müssen, wenn der Ausdruck 10 >= I+J+K ausgewertet wird. Andernfalls bricht die Auswertung mit einem Laufzeitfehler ab („INSTANTIATION ERROR").

Abbildung 2.6 zeigt den *Suchbaum* für das Ziel ?- lightmeal(A,M,D). Wie sprechen von nun an häufig auch von (SLD-)Suchbäumen an Stelle von SLD-Bäumen, da wir bei der Auswertung außerlogischer Prädikate, wie z.B. bei der Arithmetik und später bei der Lösung von Constraints, keine SLD-Resolutionsschritte ausführen, sondern Berechnungen auf der Basis anderer Mechanismen.

Im Suchbaum in Abbildung 2.6 sind die Ziele, die auf Grund ihrer aktuellen Variablenbindungen nicht mehr erfüllbar sind, grau markiert. Während der Leser einfach erkennen kann, dass z.B. 10 >= 4+11+K unerfüllbar ist, muss PROLOG zunächst noch eine Bindung für K erzeugen, bevor es den Ausdruck auswerten darf. Das hat eine Reihe von Auswertungsschritten zur Folge, die nur noch mit einem Fehlschlag enden können, trotzdem aber ausgeführt werden müssen.   ◊

Ein Ausgangspunkt der Entwicklung der Constraint-Programmierung war die Erweiterung logischer Sprachen um *Constraints*.[5]

Bei der *Constraint-logischen Programmierung* lässt man zusätzlich zu den Prädikaten auf den rechten Seiten der Regeln und im auszuwertenden Ziel Constraints zu. Constraints sind Bedingungen, oft arithmetische Einschränkungen wie z.B. 10 >= I+J+K. Mit einem wichtigen Unterschied zur built-in-Arithmetik in PROLOG: Bei der Auswertung von Constraints dürfen die darin vorkommenden Variablen jetzt auch ungebunden sein. Damit wir solche Ausdrücke dann auch auswerten können, wird in den PROLOG-Auswertungsmechanismus ein entsprechender Lösungsmechanismus für die Constraints eingebettet.

Beispiel 2.22 (Constraint-logische Programmierung) Ein Constraint-logisches Programm für unser Diät-Menü sieht nicht wesentlich anders aus als das vorherige logische Programm. Wir haben lediglich das Relationssymbol des arithmetischen Constraints mit einem „#" gekennzeichnet, um das Constraint von PROLOGs built-in-Arithmetik abzuheben. Außerdem haben wir in der ersten Klausel die Ziele umgeordnet.

```
lightmeal(A,M,D) :- 10 #>= I+J+K,
    appetizer(A,I), main(M,J), dessert(D,K).

appetizer(pasta,4).
```

---

[5]Tatsächlich kann man bereits PROLOG-Prädikate als Constraints betrachten, die wir mit Hilfe der Resolution auswerten (vgl. Abschnitt 6.4).

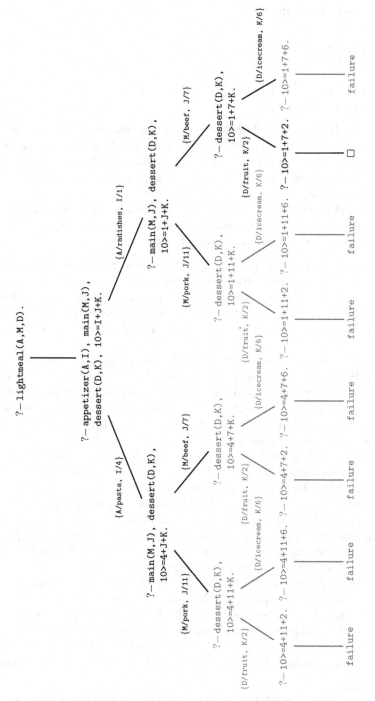

Abb. 2.6. Suchbaum für das Ziel ?- lightmeal(A,M,D).

```
appetizer(radishes,1).
```

```
main(pork,11).
main(beef,7).
```

```
dessert(fruit,2).
dessert(icecream,6).
```

Der Ausdruck 10 #>= I+J+K ist jetzt ein Constraint. Es wird durch einen ganz speziellen Lösungsalgorithmus behandelt (vgl. Kapitel 4 oder Kapitel 5), der es erlaubt, dass bei der Auswertung Variablen nun auch ungebunden sein dürfen. Daher dürfen wir das Constraint jetzt an den Anfang der rechten Klauselseite stellen.

Alles andere bleibt unverändert. Für appetizer, main und dessert gibt es weiterhin definierende Klauseln im Programm, so dass entsprechende Ziele wie bisher durch Resolution ausgewertet werden können.   ◊

Bei der Auswertung eines Constraint-logischen Programms werden die Prädikate weiterhin mit Resolution ausgewertet. Die Constraints werden durch *Constraint-Löser* (engl. *constraint solver*) aufgesammelt und auf Erfüllbarkeit überprüft.[6] Wir nehmen an, dass unser Constraint-Löser für jede der auftretenden Constraint-Konjunktionen deren Erfüllbarkeit oder Nichterfüllbarkeit feststellen kann.[7]

Die Auswertung eines Constraint-logischen Programms können wir wieder mit Hilfe eines Suchbaums visualisieren. Wir müssen unsere Suchbäume allerdings nun erweitern, um die vom Constraint-Löser aufgesammelten Constraints darzustellen. Wir definieren *CLP-Suchbäume* formal in Abschnitt 6.2 und skizzieren sie hier nur informal bzw. am Beispiel, um die Auswertung logischer und Constraint-logischer Programme zu vergleichen.

Die Knoten eines CLP-Suchbaums (im Folgenden kurz: Suchbaum) bestehen aus einem 2-Tupel. Das erste Element des Tupels, der sog. *Pool*, ist wie bisher die Folge abzuleitender Ziele bzw. initial die Anfrage ?- G. Das zweite Tupelelement C, der sog. *Store*, enthält das bei der Auswertung der Anfrage gesammelte Wissen in Form einer Konjunktion. Diese enthält einerseits die aufgesammelten (und ggf. vereinfachten) Constraints und andererseits die während der Resolution berechneten Substitutionen in Form von Gleichheitsconstraints (s. Definition 6.4). Initial setzen wir C zu *true*.

Der Wurzelknoten des Suchbaums ist $\langle$?- $G., true\rangle$. Kanten zwischen zwei Knoten stellen Ableitungsschritte dar. Während der Berechnung entnehmen wir dem Pool ?- G. schrittweise (gemäß der PROLOG-Selektionsregel) Constraints und Teilziele. Ausgewählte Constraints prüfen wir auf ihre Erfüllbarkeit in Konjunktion mit dem Store und fügen sie ggf. dem Store an. Ist ein Constraint zusammen mit dem Store unerfüllbar, so bricht die Berechnung an

---

[6]Constraint-Löser sehen wir uns in den Kapiteln 3, 4 und 5 noch genauer an.

[7]Solche Constraint-Löser nennt man *vollständig* (vgl. Definition 3.6).

dieser Stelle mit einem Kindknoten $\langle\Box, false\rangle$ ab. Für Teilziele werden Resolutionsschritte nachgebildet, indem ein gewähltes Ziel Z im Pool durch die rechte Seiten der gewählte Klausel und dem allgemeinsten Unifikator zwischen Z und der linken Klauselseite ersetzt wird. Ist die linke Seite des Tupels eines Knotens K schließlich leer, d. h. $K = \langle\Box, C\rangle$, so beschreibt die Constraint-Konjunktion C Lösungen des Ziels ?- G.

Beispiel 2.23 (Constraint-logische Programmierung, Fortsetzung von Beispiel 2.22) Für das Diätmenü erhalten wir den in Abbildung 2.7 angegebenen Suchbaum. Die Wurzel des Baums enthält das abzuleitende Ziel ?- `lightmeal(A,M,D).` und die „leere" Constraint-Konjunktion *true*. Schritt für Schritt werden die Ziele auf der linken Seite ausgewertet und dabei Constraints auf der rechten Seite gesammelt und auf Erfüllbarkeit überprüft.

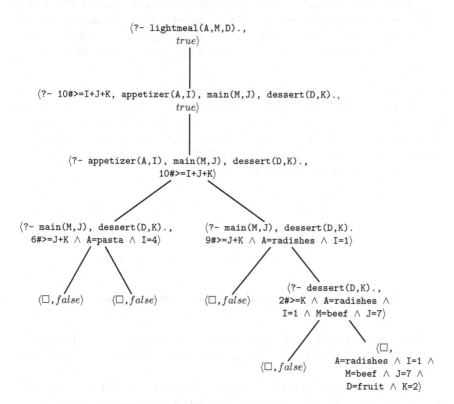

Abb. 2.7. CLP-Suchbaum für das Ziel ?- `lightmeal(A,M,D).`

Vergleicht man die Suchbäume aus den Abbildungen 2.6 und 2.7, so sieht man zweierlei:[8] Einerseits ist die Anzahl der Knoten im CLP-Suchbaum geringer. Und: Während im ersten Suchbaum in Abbildung 2.6 grau markierte,

---

[8]s. auch die Anmerkung auf Seite 136

d. h. erkennbar widersprüchliche Ziele noch weiter ausgewertet werden müssen, ist dies beim CLP-Suchbaum in Abbildung 2.7 nicht mehr der Fall. Die Ursache dafür ist, dass Constraints auch mit ungebundenen Variablen (z. B. 10#>=I+11+K) ausgewertet werden können und wir daher die Ziele in der ersten Klausel jetzt umsortieren durften.   ◊

Wie in unserem Beispiel, sind CLP-Suchbäume im Vergleich zu entsprechenden Suchbäumen von logischen Programmen im Allgemeinen kürzer, da widersprüchliche Ziele eher erkannt werden. Die Auswertung eines Constraint-logischen Programms erfordert im Vergleich daher weniger Berechnungsschritte.

Die Constraints, wie z. B. 10 #>= I+J+K, können unvollständige Information enthalten; ihre Variablen müssen zum Zeitpunkt der Auswertung nicht gebunden sein. Daher darf in unserem Beispiel das Constraint 10 #>= I+J+K in der Regel vor den logischen Prädikaten appetizer(A,I), main(M,J) und dessert(D,K) stehen und es darf auch vorher ausgewertet werden. Dies reduziert den Suchbaum und verringert damit die Anzahl der notwendigen Berechnungsschritte.

Typische und oft gezeigte Beispiele für die Constraint-logische Programmierung sind krypto-arithmetische Puzzles und hierbei insbesondere das sog. SEND-MORE-MONEY-Problem. Es soll die Gleichung SEND + MORE = MONEY gelten, wobei jeder Buchstabe eine Ziffer repräsentiert und unterschiedliche Buchstaben für verschiedene Ziffern stehen. Abbildung 2.8 zeigt das Problem und die einzige Lösung mit M=1.

	S	E	N	D			9	5	6	7
+	M	O	R	E		+	1	0	8	5
M	O	N	E	Y		1	0	6	5	2

Abb. 2.8. Das SEND-MORE-MONEY-Problem und eine Lösung

Ein Constraint-logisches Programm für diese Aufgabe ist in Abbildung 2.9 im Stil von ECL^{i}PS^e-Prolog (s. http://eclipse.crosscoreop.com/) angegeben.

Das einzige Prädikat des Programms ist smm. Mit dem Ziel ?- smm(List). können wir eine Lösung des Problems berechnen:

Zuerst werden die Problemvariablen und deren mögliche Werte festgelegt. Dazu wird List mit der Liste der Variablen S, E, N, D, M, O, R, Y aus der Gleichung unifiziert. Das built-in-Prädikat ::/2[9] legt für jede Variable

---

[9]Die Notation „::/2" kennzeichnet die Stelligkeit 2 des Prädikats :: und wird im Kontext von PROLOG und anderen (Constraint-) logischen Sprachen häufig genutzt.

```
smm(List) :-
    List = [S, E, N, D, M, O, R, Y],
    List :: 0..9,
    alldifferent(List),
                 1000*S + 100*E + 10*N + D
    +            1000*M + 100*O + 10*R + E
    #= 10000*M + 1000*O + 100*N + 10*E + Y,
    labeling(List).
```

Abb. 2.9. Ein Constraint-logisches Programm: SEND-MORE-MONEY

aus List die Menge $\{0,1,2,3,4,5,6,7,8,9\}$ als Menge der möglichen Werte fest.

Das Constraint `alldifferent(List)` sichert nun, dass alle Variablen verschieden belegt werden. Die arithmetische Gleichung wird ebenfalls durch ein Constraint angegeben. Bis zu diesem Punkt haben wir lediglich Bedingungen aufgezählt, die gelten sollen. Wenn das Programm zur Abarbeitung kommt, dann werden durch die angegebenen Constraints die Mengen der möglichen Werte für die Variablen mit Hilfe des Constraint-Lösers bereits eingeschränkt. Das bedeutet, dass Werte, die auf Grund der Constraints gar nicht mehr zu einer Lösung führen können, bereits ausgeschlossen werden, z. B. kann M nun nur noch die Werte 0 und 1 annehmen.

Aus den verbleibenden Wertemengen werden schließlich mit Hilfe des Constraints `labeling` den Variablen aus List Werte zugeordnet, so dass alle Constraints erfüllt sind.

Auch wenn das SEND-MORE-MONEY-Problem fast keine logischen Prädikate mehr enthält, hat es strukturell einen entscheidenden Punkt mit dem Diät-Menü-Programm aus Beispiel 2.22 gemeinsam: In beiden Fällen legen wir zuerst die Constraints über den Variablen fest, bevor wir konkrete Werte für die Variablen (entweder via `labeling` oder mittels logischer Fakten) erzeugen. Der Constraint-Löser sammelt die Constraints nach und nach im Programm auf, prüft dabei deren Erfüllbarkeit und schränkt ggf. die Mengen der möglichen Werte für die Variablen ein. Dadurch können Inkonsistenzen zeitig erkannt werden. Wenn schließlich den Variablen konkrete Werte zugeordnet werden, sind die Mengen der noch möglichen Werte im Allgemeinen schon stark eingeschränkt, so dass nur noch eine verhältnismäßig geringe Anzahl von Kombinationen überprüft werden muss.

Im Gegensatz dazu werden in der logischen Programmierung (ohne Constraints) zuerst den Variablen Werte zugeordnet und danach werden für die jeweilige Zuordnung die Bedingungen überprüft. Das impliziert einen im Allgemeinen größeren Suchraum und ist damit meist deutlich ineffizienter.

2.6 Aufgaben

Aufgabe 2.1 (Substitutionen)   Definieren Sie formal die Erweiterung von Substitutionen zu ihrer Anwendung $\tilde{\sigma} : Formulae(\Sigma, X) \to Formulae(\Sigma, X)$ auf Formeln!

Aufgabe 2.2 (PROLOG: Quicksort)   Geben Sie ein zweistelliges Prädikat `quicksort(X,Y)` an, das eine Liste `X` von natürlichen Zahlen nach dem Quicksort-Verfahren aufsteigend sortiert, Ergebnis ist die Liste `Y`. Verwenden Sie den cut („!"), um unnötiges Backtracking zu unterbinden.

Untersuchen Sie was passiert, wenn Sie zu Ihrem Programm jeweils folgende Anfragen stellen und begründen Sie das Verhalten Ihres Programms.

```
?- quicksort([1,3,2],X).
?- quicksort(X,Y).
?- quicksort([1,X,Y,3,Z],L).
?- quicksort(X,[1,2,3,4]).
```

Aufgabe 2.3 (Suchbäume)   Gegeben sei das folgende logische Programm:

```
lb([],0).
lb([H|T],L) :- bool(H), lb(T,C), L is C+1.

bool(0).
bool(1).
```

Was tut das Prädikat `lb`?

Untersuchen Sie den Suchbaum für das Ziel `?- lb(X,L).` hinsichtlich folgender Fragen:

- Wenn wir den Suchbaum entsprechend der PROLOG-Auswertungsstrategie Tiefensuche durchsuchen, welche Lösung wird zuerst, welche als zweite und welche als dritte berechnet?
- Wenn wir diesen Baum stattdessen mit Breitensuche durchsuchen, d.h. ihn von links nach rechts Ebene für Ebene absuchen, welche Lösung wird dann zuerst, welche als zweite und welche als dritte berechnet?
- Ändert sich die Reihenfolge der berechneten Lösungen bei Auswertung mit Tiefen- bzw. Breitensuche, wenn wir die beiden Klauseln des Prädikats `lb` in umgekehrter Reihenfolge aufschreiben?

Aufgabe 2.4 (PROLOG)   Geben Sie ein logisches Programm (ohne Constraints) an, das das SEND-MORE-MONEY-Problem löst.

Aufgabe 2.5 (CLP: Allgemeine krypto-arithmetische Puzzles)   Schreiben Sie ein Constraint-logisches Programm, das krypto-arithmetische Puzzles mit einer beliebigen Anzahl von Summanden löst, wie z. B. das SEND-MORE-MONEY-Problem durch das Ziel

?- krypto([[S,E,N,D],[M,O,R,E],[M,O,N,E,Y]]).

Das Prädikat krypto soll dabei eine Liste von n Listen von Variablen erhalten, so dass die Summe der ersten $n-1$ (jeweils durch eine Liste repräsentierten) Zahlen die durch die letzte Liste repräsentierte Zahl ist.

Teil II

Constraints, Constraint-Systeme und Constraint-Löser

In diesem Teil setzen wir uns mit den wichtigsten Begriffen der Constraint-Programmierung auseinander.

Constraints sind spezielle prädikatenlogische Formeln, die Bedingungen oder Einschränkungen beschreiben. Wörtlich übersetzt bedeutet der Begriff „Constraint" Zwang oder Nebenbedingung. Und im mathematischen Sinn ist damit auch eine Nebenbedingung gemeint, die z. B. bei der Lösung mathematischer (Optimierungs-)Probleme zu berücksichtigen ist.

Wir können z. B. das Ohmsche Gesetz $U = R * I$ als ein Constraint ansehen. Es stellt eine wichtige Randbedingung dar, wenn man die Verlustleistung von Stromleitungen minimieren möchte. Die Variablen U, R und I sind Platzhalter für Werte bestimmter Bereiche (sog. *Domänen*); in unserem Beispiel sind das elektrische Größen.[10] Constraints und Domänen werden wir in *Constraint-Systemen* zusammenfassen.

Durch die Belegung der Variablen mit Werten wird ein Constraint entweder erfüllt (*true*) oder verletzt (*false*). Das Ohmsche Gesetz ist mit $U = 3$, $R = 15$, $I = 0.2$ erfüllt, während die Belegung $U = 5$, $R = 15$, $I = 0.2$ das Constraint verletzt. Natürlich gibt es auch Constraints, die unabhängig von einer Wertebelegung immer erfüllt oder immer verletzt sind; so gilt für jede reelle Zahl $X^2 \geq 0$, jedoch für keine $X^2 < 0$. *Constraint-Löser* stellen Operationen zum Arbeiten und zur Programmierung mit Constraints bereit. Mit

---

[10]Zur Vereinfachung werden wir im Folgenden meist die Maßeinheiten weglassen und einfach nur mit Zahlen arbeiten.

ihrer Hilfe können wir z. B. überprüfen, ob Constraints erfüllbar sind, d. h. ob es erfüllende Belegungen gibt. Wir können solche berechnen und prüfen, ob ein Constraint aus einem anderen folgt.

In Kapitel 3 führen wir Constraints und Constraint-Systeme formal ein und betrachten typische Ausprägungen. Weiterhin stellen wir das Konzept des Constraint-Lösers aus der Sicht seiner Anwendung vor. Wie man hingegen für bestimmte Constraint-Systeme konkrete Löser implementiert, betrachten wir in den Kapiteln 4 und 5 für sog. *Finite-Domain-Constraints* und für *lineare Constraints über reellen Zahlen.*

3

Constraints und Constraint-Löser

Constraints legen Bedingungen oder Einschränkungen auf Objekten oder Beziehungen zwischen diesen fest. Formal repräsentieren wir Constraints durch prädikatenlogische Formeln. Wenn wir auf diese Weise ein Problem, wie in Abschnitt 2.5 das SEND-MORE-MONEY-Problem, beschrieben haben, können wir mit Hilfe eines *Constraint-Lösers* prüfen, ob die Constraints der Problembeschreibung erfüllbar sind und ausrechnen, wie entsprechende Lösungen aussehen. Ein Constraint-Löser ist dabei auf eine bestimmte Klasse von Constraints eingeschränkt, z. B. auf lineare arithmetische Constraints, Boolesche Constraints oder Finite-Domain-Constraints. Das liegt daran, dass die Algorithmen, mit denen man beispielsweise arithmetische Constraints untersuchen kann, im Allgemeinen ganz andere sind als jene, mit denen man Boolesche Constraints behandelt.

In diesem Kapitel werden wir in den Abschnitten 3.1 und 3.2 formal definieren, was wir meinen, wenn wir von Constraints, von Constraint-Systemen und von Lösungen sprechen. Danach sehen wir uns in Abschnitt 3.3 das Konzept des Constraint-Lösers genauer an und lernen seine wichtigsten und gängigen Operationen formal und am Beispiel kennen.

3.1 Constraints und Constraint-Systeme

Aus formaler Sicht sind Constraints spezielle prädikatenlogische Formeln, mit deren Hilfe man Eigenschaften von Problemen und deren Lösungen beschreibt. Das können z. B. Gleichungen oder Ungleichungen über Zahlen sein, aber auch andere Ausdrücke über Zahlen, Booleschen Werten oder beliebigen anderen Mengen wie Buchstaben oder Wörtern.

Beispiel 3.1 Beim Ohmschen Gesetz $U = R * I$ stehen die Variablen U, R und I für elektrische Größen.

Beispielsweise können wir für eine Taschenlampe, die mit zwei Batterien in Reihenschaltung von je 1.5 Volt betrieben wird, fordern, dass hier ein Strom von mindestens 0.2 Ampere fließt, damit die Lampe hell genug leuchtet. Dann können wir das mit einer Constraint-Konjunktion darstellen:

$$U = R * I \ \wedge \ I \geq 0.2 \ \wedge \ U = 2 * 1.5$$

$$\Diamond$$

Hat man mit Hilfe von Constraints ein Problem oder eine Situation beschrieben, dann kann man zunächst prüfen, ob die Constraint- bzw. Formelmenge erfüllbar ist. Denn ist sie das nicht, dann ist unser Problem entweder nicht lösbar oder wir haben bei unserer Beschreibung einen Fehler gemacht. Im zweiten Schritt möchte man in der Praxis dann meist auch konkrete Lösungen oder Lösungsbereiche berechnen.

Beispiel 3.2 (Fortsetzung von Beispiel 3.1)   Die Bedingungen für die Werte von Spannung U und Stromstärke I beeinflussen den Bereich der möglichen Widerstandwerte R. Wir können für R zwar keinen genauen Wert folgern, aber immerhin eine Einschränkung der möglichen Widerstände angeben: R darf maximal 15 Ohm sein. Unsere Problembeschreibung ist also erfüllbar. Für alle Lösungen muss gelten: $R \leq 15$.

Zwei (von hier unendlich vielen) Lösungen sind

$$U = 3 \ \wedge \ I = 0.2 \ \wedge \ R = 15 \quad \text{und} \quad U = 3 \ \wedge \ I = 0.3 \ \wedge \ R = 10.$$

$$\Diamond$$

Um Lösungen zu erhalten, haben wir in diesem Beispiel einfach die Gleichung $U = R * I$ nach R aufgelöst, dann jeweils einen zulässigen Wert für I gewählt und diesen sowie den Wert für U eingesetzt. Bei anderen Problemen müsste man unter Umständen natürlich ganz anders vorgehen.

Algorithmen, mit denen wir die Erfüllbarkeit von Constraints prüfen oder konkrete Werte berechnen können, arbeiten im Allgemeinen immer nur auf ganz speziellen Klassen von Constraints. Zum Beispiel kann man mit Unifikation Substitutionen berechnen, unter denen zwei Terme gleich sind, der Gaußsche Algorithmus dient der Lösung linearer Gleichungssysteme und für nichtlineare Gleichungs- und Ungleichungssysteme kann man Lösungen z. B. mit Intervallschachtelung annähern. Durch *Constraint-Systeme* klassifizieren wir Constraints und ordnen ihnen passende Lösungsmechanismen zu. Ein Constraint-System gibt die Syntax und Semantik aller Constraints seiner jeweiligen Klasse an.

Definition 3.1 (Constraint, Constraint-System)

Es sei $\Sigma = (S, F, R)$ eine Signatur, wobei die Menge R mindestens ein Prädikatsymbol $=^s$ für jede Sorte $s \in S$ enthalte. X sei eine Menge von Σ-Variablen. Weiterhin sei $\mathcal{D}$ eine Σ-Struktur mit Gleichheit, d. h., für jedes Prädikatsymbol $=^s$ gibt es ein Gleichheitsprädikat, das eine Kongruenzrelation ist. Es sei $\mathcal{T}$ eine Σ-Theorie, d. h. eine Menge geschlossener Σ-Formeln.

Ein **Constraint** (über Σ) hat die Form $r(t_1, \ldots, t_m)$, wobei $r \in R$ ein Prädikatsymbol und die t_i Terme passender Sorten sind. Die Menge aller Constraints (über Σ) wird mit $\mathcal{C}$ bezeichnet, sie enthält außerdem die beiden Constraints *true* und *false* mit $\mathcal{D} \models true$ und $\mathcal{D} \not\models false$.

Ein 5-Tupel $\zeta = (\Sigma, \mathcal{D}, \mathcal{T}, X, \mathcal{CS})$, wobei $\{true, false\} \subseteq \mathcal{CS} \subseteq \mathcal{C}$, wird **Constraint-System** genannt.

Die Constraint-Menge $\mathcal{CS}$ des Constraint-Systems ζ ist im Allgemeinen nur eine Teilmenge der Menge $\mathcal{C}$ aller bildbaren Constraints und enthält die Constraints, mit denen dann tatsächlich gearbeitet wird. Ein Beispiel hierfür sehen wir in Beispiel 3.3.

Die Theorie $\mathcal{T}$ ist dazu vorgesehen, wichtige Eigenschaften von $\mathcal{D}$ zu axiomatisieren. Daher setzen wir im Folgenden voraus, dass $\mathcal{T}$ die Struktur $\mathcal{D}$ hinreichend beschreibt bzw. widerspiegelt, d. h. dass $\mathcal{D}$ und $\mathcal{T}$ *korrespondieren*, und arbeiten dann meist mit $\mathcal{D}$.

Definition 3.2 (Korrespondenz von $\mathcal{D}$ und $\mathcal{T}$, [89])

Sei $\zeta = (\Sigma, \mathcal{D}, \mathcal{T}, X, \mathcal{CS})$ ein Constraint-System. Die Struktur $\mathcal{D}$ und die Theorie $\mathcal{T}$ **korrespondieren** bezüglich der Constraints aus $\mathcal{CS}$, wenn

- $\mathcal{D}$ ein Modell von $\mathcal{T}$ ist und
- für jedes Constraint $c \in \mathcal{CS}$ gilt: $\mathcal{D} \models \exists c$ gdw. $\mathcal{T} \models \exists c$.

Zur Illustration dieser Begriffe sehen wir uns einige typische Constraint-Systeme an:

Beispiel 3.3 (Lineare (Un-)Gleichungssysteme)   Der Ursprung der Erweiterung logischer Programmiersprachen mit Constraints war der Wunsch nach einer adäquaten Behandlung arithmetischer Ausdrücke und Relationen. Wie wir in Abschnitt 2.4.2 gesehen haben, kann man zwar mit den Konstruktorsymbolen $s/1$ und $0/0$ die natürlichen Zahlen darstellen und darauf basierend auch die gebrochenen Zahlen und viele Rechenoperationen. Aber das Rechnen auf dieser Basis ist im Allgemeinen sehr ineffizient. Daher führte man zunächst built-in-Prädikate für Arithmetik ein. Aber wir haben schon in Abschnitt 2.4.2 gesehen, dass diese verlangen, dass zur Auswertungszeit alle Argumente an Grundterme gebunden sind. Zu einer komfortableren Behandlung arithmetischer Ausdrücke (auch mit ungebundenen Variablen) sind daher schließlich Constraints (und entsprechende Lösungsmechanismen) in viele PROLOG-Systeme integriert worden. Eine solches häufig integriertes Constraint-System ist die lineare Arithmetik über reellen (oder rationalen) Zahlen.

Ein entsprechendes Constraint-System ist

$$\zeta_{\mathbb{R}_{lin}} = (\Sigma_{\mathbb{R}}, \mathcal{D}_{\mathbb{R}}, \mathcal{T}_{\mathbb{R}_{lin}}, X_{\mathbb{R}}, \mathcal{CS}_{\mathbb{R}_{lin}})$$

Die Signatur $\Sigma_{\mathbb{R}}$ enthält neben Konstantensymbolen (also nullstelligen Funktionssymbolen) für die reellen Zahlen, die binären Funktionssymbole $+$, $-$, $*$ und $/$ sowie die binären Prädikatsymbole $=$, $>$, $<$, $\leq$, $\geq$ und $\neq$.

$$\Sigma_{\mathbb{R}} = (S_{\mathbb{R}}, F_{\mathbb{R}}, R_{\mathbb{R}}) = (\{real\}, \{0, 1, -1, 2, \ldots, +, -, *, /\}, \{=, >, <, \leq, \geq, \neq\}).$$

Die Struktur $\mathcal{D}_{\mathbb{R}}$ besteht aus der Menge der reellen Zahlen $\mathbb{R}$, entsprechenden Konstanten sowie den Funktionen $+^{\mathbb{R}}$, $-^{\mathbb{R}}$, $*^{\mathbb{R}}$, $/^{\mathbb{R}}$ und den Prädikaten $=^{\mathbb{R}}$, $>^{\mathbb{R}}$, $<^{\mathbb{R}}$, $\leq^{\mathbb{R}}$, $\geq^{\mathbb{R}}$ und $\neq^{\mathbb{R}}$, die in üblicher Art und Weise definiert sind.

$$\mathcal{D}_{\mathbb{R}} = (\{\mathbb{R}\}, \{0^{\mathbb{R}}, 1^{\mathbb{R}}, -1^{\mathbb{R}}, 2^{\mathbb{R}}, \ldots, +^{\mathbb{R}}, -^{\mathbb{R}}, *^{\mathbb{R}}, /^{\mathbb{R}}\}, \{=^{\mathbb{R}}, >^{\mathbb{R}}, <^{\mathbb{R}}, \leq^{\mathbb{R}}, \geq^{\mathbb{R}}, \neq^{\mathbb{R}}\}).$$

Wir beschränken $\mathcal{CS}_{\mathbb{R}_{lin}}$ auf lineare Constraints und $\mathcal{T}_{\mathbb{R}_{lin}}$ entsprechend auf lineare Arithmetik. Das bedeutet, dass in der Menge $\mathcal{CS}_{\mathbb{R}_{lin}}$ der Constraints neben *true* und *false* lediglich Constraints folgender Form enthalten sind:

$$a_1 * x_1 + \ldots + a_n * x_n \odot b$$

Dabei sind $x_1, \ldots, x_n \in X_{\mathbb{R}}$ Variablen, $a_1, \ldots, a_n, b \in \{0, 1, -1, 2, \ldots\}$ sind reelle Zahlen, und $\odot \in \{=, >, <, \leq, \geq, \neq\}$ ist ein Prädikatsymbol.

Ausdrücke wie $(2 * x - 1 * z < 1)$ und $(3 * x = 4)$ mit $x, z \in X_{\mathbb{R}}$ sind lineare Constraints. Wir werden auch $((3 + 2) * (x - y) < z)$ oder $(3.2 * x - 1 = 0)$ als lineare Constraints betrachten, genauso wie auch alle anderen Ausdrücke, die durch äquivalentes Umformen in obige Form überführbar sind.

Die Menge $\mathcal{CS}_{\mathbb{R}_{lin}}$ ist eine echte Teilmenge von $\mathcal{C}_{\mathbb{R}}$, da nichtlineare Constraints, wie z. B. $(x * x + y * y = z * z)$ zwar in der Menge $\mathcal{C}_{\mathbb{R}}$ enthalten sind aber nicht in der Menge $\mathcal{CS}_{\mathbb{R}_{lin}}$.

Aber warum schränken wir uns überhaupt auf lineare Constraints ein? Die Ursache dafür ist, dass Algorithmen zur Constraint-Behandlung und -Lösung eine solche Beschränkung der Constraint-Menge erfordern können. Wenn wir – wie hier – nur lineare Constraints betrachten, dann können wir als Lösungsverfahren den Simplex-Algorithmus verwenden (s. Kapitel 5), der aber die Linearität der Constraints voraussetzt.[11]   ◇

Viele Probleme lassen sich auch als aussagenlogische Erfüllbarkeitsprobleme (sog. *SAT-* oder *Satisfiability-Probleme*) formulieren.

Beispiel 3.4 (Boolesche Constraints) Dabei handelt es sich um Boolesche Gleichungen, deren Variablen entweder die Gültigkeit einer Aussage (*true*) oder deren Ungültigkeit (*false*) repräsentieren. Gesucht sind Lösungen, also Belegungen für die Variablen, die die Gleichungen erfüllen.

Das Constraint-System

$$\zeta_{\mathbb{B}} = (\Sigma_{\mathbb{B}}, \mathcal{D}_{\mathbb{B}}, \mathcal{T}_{\mathbb{B}}, X_{\mathbb{B}}, \mathcal{CS}_{\mathbb{B}})$$

---

[11]Natürlich gibt es auch Lösungsverfahren zur Behandlung nichtlinearer Constraints, s. z. B. [31, 111, 16, 69].

basiert auf der Booleschen Algebra. Die Constraints aus $\mathcal{CS}_\mathbb{B}$ sind aussagen-logische Gleichungen über Variablen, die ausschließlich mit den Werten *true* und *false* belegbar sind.

Die Signatur $\Sigma_\mathbb{B}$ enthält neben den Konstantensymbolen *true* und *false* das einstellige Funktionssymbol $\neg$, die binären Funktionssymbole $\wedge$ und $\vee$ sowie das Gleichheitssymbol $=$:

$$\Sigma_\mathbb{B} = (S_\mathbb{B}, F_\mathbb{B}, R_\mathbb{B}) = (\{bool\}, \{true, false, \neg, \wedge, \vee\}, \{=\}).$$

Die Struktur $\mathcal{D}_\mathbb{B}$ besteht entsprechend aus der Menge der Wahrheitswerte $\mathbb{B} = \{0, 1\}$, den Konstanten $0^\mathbb{B}, 1^\mathbb{B}$, der Negation $\neg^\mathbb{B}$, der Konjunktion $\wedge^\mathbb{B}$, der Disjunktion $\vee^\mathbb{B}$ und der Gleichheit $=^\mathbb{B}$:

$$\mathcal{D}_\mathbb{B} = (\{\mathbb{B}\}, \{0^\mathbb{B}, 1^\mathbb{B}, \neg^\mathbb{B}, \wedge^\mathbb{B}, \vee^\mathbb{B}\}, \{=^\mathbb{B}\}).$$

Die Menge der Constraints $\mathcal{CS}_\mathbb{B}$ umfasst alle Booleschen Constraints, d. h., es gilt $\mathcal{CS}_\mathbb{B} = \mathcal{C}_\mathbb{B}$. $\diamond$

Mit Booleschen Constraints kann man z. B. Färbungsprobleme darstellen:

Beispiel 3.5 Auf einer Landkarte sollen benachbarte Länder jeweils unter-schiedlich eingefärbt werden. Wir betrachten ein sehr kleines Problem mit nur drei Ländern, von denen jeweils zwei benachbart sind; und wir haben nur zwei Farben zur Verfügung.

Wir repräsentieren die Länder durch die Variablen $x, y, z \in X_\mathbb{B}$, die Far-ben jeweils durch *true* bzw. *false*. So erhalten wir folgende (unerfüllbare) Constraint-Konjunktion:

$$((x \wedge \neg y) \vee (\neg x \wedge y)) \wedge ((x \wedge \neg z) \vee (\neg x \wedge z)) \wedge ((y \wedge \neg z) \vee (\neg y \wedge z)) = true.$$

$\diamond$

Schließlich wollen wir uns noch eine Ausprägung eines oft verwendeten Constraint-Systems ansehen, das zur Modellierung und Lösung kombinatori-scher Probleme, z. B. in der Personal- oder Stundenplanung, eingesetzt wird.

Beispiel 3.6 (Finite-Domain-Constraints) *Finite-Domain-Constraints* haben die Eigenschaft, dass den beteiligten Variablen von vornherein immer endliche Wertebereiche (engl. *Finite Domains*) zugeordnet sind.

In einer einfachen Ausprägung erlaubt ein solches Constraint-System

$$\zeta_{\mathcal{FD}} = (\Sigma_{\mathcal{FD}}, \mathcal{D}_{\mathcal{FD}}, \mathcal{T}_{\mathcal{FD}}, X_{\mathcal{FD}}, \mathcal{CS}_{\mathcal{FD}})$$

die Formulierung arithmetischer Gleichungen und Ungleichungen über Varia-blen, deren Wertebereiche endliche, ganzzahlige Mengen sind.

Die Signatur $\Sigma_{\mathcal{FD}}$ enthält Ganzzahlsymbole, Funktionssymbole der arith-metischen Operationen, unäre Prädikatsymbole zur Festlegung endlicher Wer-tebereiche und binäre Prädikatsymbole zur Festlegung von Gleichheiten und Ungleichheiten:

$$\Sigma_{\mathcal{FD}} = (\{int\}, \{0, 1, -1, 2, \ldots, +, -, *, /\},$$
$$\{\in \{e_1, \ldots, e_k\} \mid e_i \in \mathbb{Z}\} \cup \{=, \neq, <, > \leq, \geq\}).$$

Die Struktur $\mathcal{D}_{\mathcal{FD}}$ besteht aus der Menge der ganzen Zahlen $\mathbb{Z}$ sowie zu den Funktions- und Prädikatsymbolen passenden Funktionen und Prädikaten. Die Funktionen und Prädikate – insbesondere die Division – seien als ganzzahlige Operationen definiert.

Die Menge der Constraints $\mathcal{CS}_{\mathcal{FD}}$ schließt alle Constraints über endlichen Domänen ein. Beispiele für Finite-Domain- (oder FD-) Constraints sind $x \in \{3, 6, 9, 10\}$, $x \neq 7$ oder $x * y \leq 8$. $\qquad \Diamond$

Dass man die logische Programmierung auch als Constraint-Programmierung betrachten kann, haben wir schon erwähnt. Wir skizzieren hier kurz das entsprechende Constraint-System.

Beispiel 3.7 (Logische Programmierung) Ausgehend von einem logischen Programm enthält die Signatur $\Sigma_{\mathcal{H}}$ des Constraint-Systems

$$\zeta_{\mathcal{H}} = (\Sigma_{\mathcal{H}}, \mathcal{D}_{\mathcal{H}}, \mathcal{T}_{\mathcal{H}}, X_{\mathcal{H}}, \mathcal{CS}_{\mathcal{H}})$$

alle im Programm vorkommenden Symbole. $\mathcal{D}_{\mathcal{H}}$ ist eine Herbrand-Struktur, d. h., ihre Grundmenge ist das sog. Herbrand-Universum $\mathcal{H}$ und alle Terme werden „durch sich selbst" interpretiert. Die Klauseln des Programms legen die Interpretation der Prädikatsymbole fest.

Ziele zu einem logischen Programm kann man dann als Constraints von $\zeta_{\mathcal{H}}$ ansehen. Das zugrundeliegende Prinzip der Programmauswertung, die Resolution, ist der Constraint-Lösungsmechanismus. $\qquad \Diamond$

3.2 Erfüllbarkeit und Lösungen

Hat man ein Problem durch Constraints beschrieben, dann möchte man wissen, ob die Constraints erfüllbar sind und wie eine mögliche Lösung zur Problembeschreibung aussehen könnte. Die Fragen nach der *Erfüllbarkeit* von Constraints und nach konkreten *Lösungen* sind eng miteinander verbunden. Denn ist eine Lösung eines Constraint-Problems bekannt, so weiß man, dass die Constraints auch erfüllbar sind; umgekehrt gibt es (mindestens) eine Lösung, wenn die Constraints erfüllbar sind. Allerdings ist die Berechnung einer Lösung oft schwieriger als die bloße Feststellung der Erfüllbarkeit.

Wenn wir uns mit Erfüllbarkeit und Lösungen auseinandersetzen wollen, müssen wir diese Begriffe zunächst klar definieren. Im Folgenden gehen wir von einem Constraint-System $\zeta = (\Sigma, \mathcal{D}, \mathcal{T}, X, \mathcal{CS})$ aus.

Definition 3.3 (Erfüllbarkeit)

Eine Konjunktion $C = \bigwedge_{i \in \{1, \ldots, n\}} c_i$ von Constraints $c_1, \ldots, c_n \in \mathcal{CS}$ ist

erfüllbar oder **konsistent** in $\mathcal{D}$ wenn $\mathcal{D} \models \exists C$ gilt,
unerfüllbar oder **inkonsistent** in $\mathcal{D}$ wenn $\mathcal{D} \models \neg \exists C$ gilt.

Definition 3.4 (Lösung)

Eine Belegung $\varsigma : X \to \mathcal{D}$ ist eine **Lösung** einer Konjunktion $C = \bigwedge_{i \in \{1,\dots,n\}} c_i$ von Constraints $c_1, \dots, c_n \in \mathcal{CS}$, wenn $(\mathcal{D}, \varsigma) \models C$ gilt.

Lösungen sind Belegungen, also Zuordnungen von Elementen der Träger-mengen der Struktur zu Variablen. Während wir in unseren Beispielen 3.3 und 3.4 Trägermengen einerseits und Sorten andererseits bzw. Konstanten (in der Struktur) und deren Symbole (in der Signatur) klar trennen, verzichtet man insbesondere in Beispielen in der Literatur auf eine deutliche Unterscheidung und geht davon aus, dass man eine Lösung immer auch als Menge von Gleichheitsconstraints darstellen kann. Wir werden das im Folgenden in der Regel ebenso handhaben.

Eine Lösung ς einer Constraint-Konjunktion C stellen wir daher im Folgenden oft auch als eine Konjunktion

$$\bigwedge_{x \in var(C)} (x = f_x)$$

von Gleichheitsconstraints dar, so dass die f_x nullstellige Funktionssymbole der Signatur Σ sind und es gilt

$$(\mathcal{D}, \varsigma) \models \bigwedge_{x \in var(C)} (x = f_x).$$

Beispiel 3.8 Sei $c = (x + y \geq 0)$ ein Constraint des Constraint-Systems $\zeta_{\mathbb{R}_{lin}}$ aus Beispiel 3.3. Eine Lösung (von unendlich vielen) von c ist $\varsigma : X \to \mathcal{D}_{\mathbb{R}}$ mit $\varsigma(x) = 1^{\mathbb{R}}$ und $\varsigma(y) = 0^{\mathbb{R}}$. Vereinfachend stellen wir diese Lösung auch als Konjunktion von Gleichheitsconstraints dar: $x = 1 \wedge y = 0$.   ◊

Eine naheliegende Idee zur Entscheidung der Erfüllbarkeit und zur Bestimmung von Lösungen wäre es, einfach alle möglichen Belegungen der Variablen mit Werten durchzuprobieren. Das geht im Allgemeinen aber leider nicht, denn oft ist die Zahl der möglichen Belegungen von vornherein schon unendlich. Und auch bei FD-Problemen, die zwangsläufig eine endliche Menge möglicher Belegungen haben, ist das meist unpraktikabel. Für die Constraint-Konjunktion

$$(x + 2 < y) \wedge (x + y > 15) \wedge (x \in \{1, 2, \dots, 10\}) \wedge (y \in \{1, 2, \dots, 10\})$$

müssten wir einhundert Belegungen $(x = 1 \wedge y = 1), (x = 1 \wedge y = 2), \dots, (x = 10 \wedge y = 9), (x = 10 \wedge y = 10)$ durchprobieren. Kommen weitere Variablen hinzu, wird der (immer noch endliche) Suchraum entsprechend größer. Wie man, statt mit einer solchen naiven „generate-and-test"-Methode, Constraints (auch mit unendlichen Wertebereichen) auf Erfüllbarkeit überprüft und löst, sehen wir uns in den Kapiteln 4 und 5 genauer an.

3.3 Constraint-Löser

Bevor wir konkrete Algorithmen zur Behandlung von Constraints betrachten, führen wir das Konzept des Constraint-Lösers ein. Wir orientieren uns in unserer Darstellung an [75].

Ein **Constraint-Löser** (engl. *constraint solver*) ist eine Menge oder Bibliothek von Tests und Operationen auf Constraints eines Constraint-Systems. Mit Hilfe eines solchen Lösers kann man oft nicht nur die Erfüllbarkeit von Constraint-Konjunktionen prüfen oder konkrete Lösungen berechnen, sondern auch weitere Operationen auf Constraints durchführen. Wir werden uns die typischen Operationen und Tests jeweils allgemein und an einem Beispiel ansehen.

Wir gehen wieder von einem Constraint-System $\zeta = (\Sigma, \mathcal{D}, \mathcal{T}, X, \mathcal{CS})$ aus. Es bezeichne

$$\Delta\mathcal{CS} = \{c_1 \wedge \ldots \wedge c_m \mid m \in \mathbb{N} \text{ und } c_1, \ldots, c_m \in \mathcal{CS}\}$$

die *Menge aller Konjunktionen von Constraints* von ζ und

$$\nabla\Delta\mathcal{CS} = \{C_1 \vee \ldots \vee C_l \mid l \in \mathbb{N} \text{ und } C_1, \ldots, C_l \in \Delta\mathcal{CS}\}$$

die *Menge aller Disjunktionen von Constraint-Konjunktionen*.

Ein Constraint-Löser bietet typischerweise Instanzen der Tests und Operationen an, die wir in den folgenden Abschnitten 3.3.1 bis 3.3.5 darstellen.

3.3.1 Erfüllbarkeit

Die wichtigste Operation eines Constraint-Lösers ist der *Erfüllbarkeitstest* (engl. *satisfiability test*). Der Test

$$\mathsf{solve} : \Delta\mathcal{CS} \rightarrow \{true, false, unknown\}$$

prüft, ob eine Constraint-Konjunktion C in der Struktur $\mathcal{D}$ erfüllbar ist. Dabei muss gelten:

Wenn $\mathsf{solve}(C) = true$, dann ist C erfüllbar in $\mathcal{D}$: $\mathcal{D} \models \exists C$ und

wenn $\mathsf{solve}(C) = false$, dann ist C unerfüllbar in $\mathcal{D}$: $\mathcal{D} \models \neg\exists C$.

Den Erfüllbarkeitstest können wir uns als eine Box vorstellen, in die wir eine Constraint-Konjunktion C hineinstecken und als Antwort *true*, *false* oder *unknown* erhalten. Ist die Antwort *true*, dann war C erfüllbar, erhalten wir *false*, war C unerfüllbar. Wenn der Löser die Erfüllbarkeit von C nicht entscheiden konnte, dann bekommen wir die Antwort *unknown*.

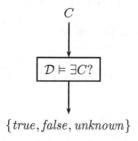

$$\{ true, false, unknown \}$$

Definition 3.5 ((Un)vollständiger Erfüllbarkeitstest)

Ein Erfüllbarkeitstest solve : $\Delta\mathcal{CS} \rightarrow \{true, false, unknown\}$ ist **vollständig**, wenn er für alle $C \in \Delta\mathcal{CS}$, deren Erfüllbarkeit in $\mathcal{D}$ entscheidet, d. h. wenn für alle C gilt: solve$(C) \in \{true, false\}$. Andernfalls bezeichnen wir den Test als **unvollständig**.

Dementsprechend werden auch Constraint-Löser als vollständig oder unvollständig charakterisiert.

Definition 3.6 ((Un)vollständiger Constraint-Löser)

Ein Constraint-Löser, dessen implementierter Erfüllbarkeitstest vollständig ist, wird als **vollständig** bezeichnet. Anderenfalls ist der Löser **unvollständig**.

Ein unvollständiger Constraint-Löser kann also nicht für jede Constraint-Konjunktion C seines zugeordneten Constraint-Systems ζ feststellen, ob Lösungen existieren oder nicht. Ein Löser ist nur dann vollständig, wenn für jedes C das Ergebnis des Erfüllbarkeitstests *true* oder *false* ist.

Schließlich wollen wir uns noch ein Beispiel der Anwendung dieser Operation ansehen. Die Implementierung konkreter Erfüllbarkeitstests ist Thema der Kapitel 4 und 5.

Beispiel 3.9 Wir betrachten unser Constraint-System $\zeta_{\mathbb{R}_{lin}}$ aus Beispiel 3.3. Ein Standard-Löser für lineare Constraints über reellen (oder rationalen) Zahlen basiert auf dem Simplex-Algorithmus. Im Detail sehen wir uns diesen Algorithmus in Kapitel 5 an. Hier nehmen wir den Löser als gegeben an und prüfen die Erfüllbarkeit von vorgegebenen Constraint-Konjunktionen.

Die Konjunktion
$$C_1 = (y \leq 4x) \wedge (x \leq 4y)$$
ist erfüllbar in $\mathcal{D}_{\mathbb{R}}$, es gilt
$$\mathcal{D}_{\mathbb{R}} \models \exists C_1.$$
Der Erfüllbarkeitstest berechnet entsprechend

$$\mathsf{solve}(C_1) = \textit{true}.$$

Abbildung 3.1 zeigt die Lösungsmenge von C_1 als schattiertes Gebiet.

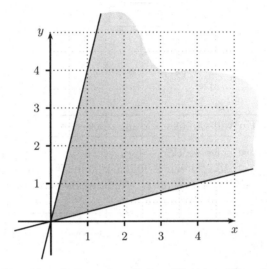

Abb. 3.1. $C_1 = (y \le 4x) \wedge (x \le 4y)$

Im Gegensatz dazu ist die Konjunktion

$$C_2 = (4y < x) \wedge (4x < y) \wedge (0 < x + y)$$

unerfüllbar, d. h., es gilt

$$\mathcal{D}_{\mathbb{R}} \models \neg \exists C_2$$

und

$$\mathsf{solve}(C_2) = \textit{false}.$$

Abbildung 3.2 illustriert dies. Die gestrichelten Linien repräsentieren dabei die Ungleichungen $(4y < x)$, $(4x < y)$ und $(0 < x + y)$. Das Gebiet an einer solchen Linie, in dessen Richtung die Pfeile zeigen, stellt die Lösungsmenge der entsprechenden Ungleichung dar, so dass die Punkte der Linie selbst nicht in der Lösungsmenge enthalten sind. Wir beobachten, dass es keinen Punkt gibt, der in der Lösungsmenge aller drei Ungleichungen zugleich enthalten ist.

Ein Constraint-Löser sollte *Wohlverhalten* aufweisen. Das bedeutet, dass das Ergebnis seines Erfüllbarkeitstests immer unabhängig von der Reihenfolge und einer mehrfachen Nennung von Constraints sowie von der Benennung der Variablen sein sollte. Er sollte sich außerdem monoton verhalten.

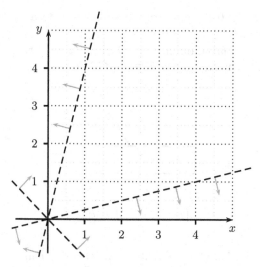

Abb. 3.2. $C_2 = (4y < x) \wedge (4x < y) \wedge (0 < x + y)$

Definition 3.7 (Wohlverhalten [105])

Ein Constraint-Löser **verhält sich wohl**, wenn er für je zwei Constraint-Konjunktionen $C, C' \in \Delta\mathcal{CS}$ die folgenden Eigenschaften erfüllt:

- *Mengenbasiertheit:*
  Für $C = c_1 \wedge \ldots \wedge c_n$ und $C' = c'_1 \wedge \ldots \wedge c'_m$ mit $\{c_1, \ldots, c_n\} = \{c'_1, \ldots, c'_m\}$
  gilt: $\mathsf{solve}(C) = \mathsf{solve}(C')$.

- *Monotonie:*
  Wenn $\mathsf{solve}(C) = \mathit{false}$, dann gilt auch $\mathsf{solve}(C \wedge C') = \mathit{false}$.

- *Unabhängigkeit von Variablenumbenennungen:*
  Ist C eine Variante[12] von C', dann gilt $\mathsf{solve}(C) = \mathsf{solve}(C')$.

3.3.2 Folgerbarkeit

Der *Folgerbarkeitstest* (engl. *entailment test*) ist eine weitere wichtige Operation von Constraint-Lösern. Auf diesen Test werden wir insbesondere noch einmal in Kapitel 7 zurückkommen, wo wir ihn zur Koordination nebenläufiger Prozesse anwenden, sowie in Kapitel 8. Der Test

$$\mathsf{entail} : \Delta\mathcal{CS} \times \nabla\Delta\mathcal{CS} \to \{\mathit{true}, \mathit{false}, \mathit{delay}\}$$

prüft, ob aus einer Constraint-Konjunktion C eine ebenfalls gegebene Disjunktion E folgt.

---

[12]Der Begriff Variante ist dabei analog zu dem einer Regel-Varianten (vgl. Abschnitt 2.1) zu verstehen.

Wenn entail$(C, E) = true$, dann gibt es erfüllende Belegungen und E folgt aus C in $\mathcal{D}$: $\mathcal{D} \vDash (\exists C) \wedge \forall(C \longrightarrow E)$.

Wenn entail$(C, E) = false$, dann ist E nicht aus C folgerbar. Dabei muss C gelten, darf also nicht $false$ sein: $\mathcal{D} \vDash \neg \exists(C \wedge (C \longrightarrow E))$.

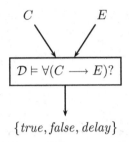

$$\{true, false, delay\}$$

Der Resultatwert $delay$ berücksichtigt zunächst den Fall, dass für C und E gleichzeitig $\mathcal{D} \vDash \exists(C \wedge (C \longrightarrow E))$ und $\mathcal{D} \vDash \neg((\exists C) \wedge \forall(C \longrightarrow E))$ gelten. Im nachfolgenden Beispiel 3.10 werden wir einen solchen Fall ansehen. Der Test antwortet dann mit $delay$, man sagt „er wird verzögert" (engl. $delayed$ oder $suspended$) bis er entschieden werden kann. Ein Hinzufügen von Constraints zu C kann das ermöglichen.[13]

Das Ergebnis $delay$ kann aber auch ausdrücken, dass der Löser C oder E (noch) nicht behandeln kann, d. h. nicht feststellen kann, ob $\mathcal{D} \vDash (\exists C) \wedge \forall(C \longrightarrow E)$ oder $\mathcal{D} \vDash \neg \exists(C \wedge (C \longrightarrow E))$ gilt.

Beispiel 3.10 Wir betrachten wieder den Constraint-Löser für lineare Constraints aus Beispiel 3.9 und wollen die Folgerbarkeit von Constraints aus einer gegebenen Constraint-Konjunktion überprüfen.

Schauen wir uns noch einmal die Konjunktion

$$C_1 = (y \leq 4x) \wedge (x \leq 4y)$$

an. Die schattierte Fläche in Abbildung 3.1 zeigt die Lösungsmenge von C_1. Für alle Punkte dieser Fläche gilt $(0 \leq x)$, d. h., C_1 impliziert das Constraint $E = (0 \leq x)$. Setzen wir einen Folgerbarkeitstest voraus, der das erkennt, so erhalten wir

$$\text{entail}(C_1, E) = true.$$

Abbildung 3.3 illustriert den Lösungsraum des Constraints

$$C_3 = (x \geq 2).$$

Ein idealer Folgerbarkeitstest (d. h. ein Test mit „genau dann, wenn"-Bedingungen und nicht nur mit „wenn-dann"-Bedingungen, wie oben verlangt, s. auch Aufgabe 3.1) würde hier folgende Ergebnisse berechnen:

---

[13]Dieses Vorgehen ist eine Grundidee bei der Auswertung von Programmen nebenläufiger Constraint-Programmiersprachen (vgl. Kapitel 7).

$$\text{entail}(C_3, (x \geq 1)) = \textit{true},$$
$$\text{entail}(C_3, (x < 1)) = \textit{false}.$$

Aus $(x \geq 2)$ folgt offensichtlich $(x \geq 1)$. Und es gibt keine Belegung, für die $(x \geq 2)$ und gleichzeitig $(x < 1)$ gilt.

Für das Constraint

$$E = (x \geq 4)$$

liefert unser Folgerbarkeitstest ein *delay*, d. h.

$$\text{entail}(C_3, (x \geq 4)) = \textit{delay},$$

denn es gibt Belegungen, die C_3 und E erfüllen, z. B. $\varsigma(x) = 5$, aber gleichzeitig gibt es andere, die bei geltendem C_3 das Constraint E verletzen, wie $\varsigma(x) = 3$.

Fügen wir zu C_3 noch das Constraint $x > 5$ hinzu, dann folgt $E = (x \geq 4)$ aus der neugebildeten Konjunktion und unser Constraint-Löser berechnet *true*:

$$\text{entail}((C_3 \wedge (x > 5)), (x \geq 4)) = \textit{true}.$$

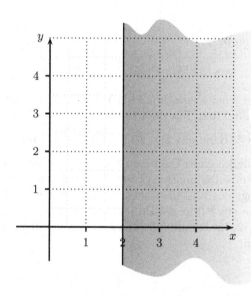

Abb. 3.3. $(x \geq 2)$

◊

Ist die Menge $\mathcal{CS}$ der Constraints eines Constraint-Systems ς gegen Negation abgeschlossen, d. h., es gibt zu jedem Constraint $c \in \mathcal{CS}$ ein Constraint $\overline{c} \in \mathcal{CS}$ (bzw. eine Constraint-Konjunktion $\overline{c} \in \Delta\mathcal{CS}$) mit $\mathcal{D} \vDash \forall((\neg c) \longleftrightarrow \overline{c})$, dann lässt sich die Folgerbarkeit von c auf (Un-)Erfüllbarkeitstests zurückführen, denn es gilt:

$$\mathcal{D} \vDash \forall(C \longrightarrow c) \text{ gdw.}$$

$$\mathcal{D} \vDash \neg\neg\forall(C \longrightarrow c) \text{ gdw.}$$

$$\mathcal{D} \vDash \neg\exists\neg(C \longrightarrow c) \text{ gdw.}$$

$$\mathcal{D} \vDash \neg\exists\neg(\neg C \vee c) \text{ gdw.}$$

$$\mathcal{D} \vDash \neg\exists(C \wedge \neg c) \text{ gdw.}$$

$$\mathcal{D} \vDash \neg\exists(C \wedge \bar{c}).$$

Ein Folgerbarkeitstest für Constraint-Konjunktionen $E = c_1 \wedge c_2 \wedge \ldots \wedge c_n$ vom Typ

$$\text{entail} : \Delta\mathcal{CS} \times \Delta\mathcal{CS} \rightarrow \{true, false, delay\}$$

kann vereinfacht werden zu einer Folge von Folgerbarkeitstests für einzelne Constraints c_i, denn

$$\mathcal{D} \vDash \forall(C \longrightarrow (c_1 \wedge c_2 \wedge \ldots \wedge c_n)) \quad \text{gdw.} \quad \forall i \in \{1, \ldots, n\}. \ \mathcal{D} \vDash \forall(C \longrightarrow c_i).$$

3.3.3 Projektion

Die *Projektion* (engl. *projection*)

$$\text{proj} : \Delta\mathcal{CS} \times \mathcal{P}(X) \rightarrow \nabla\Delta\mathcal{CS}$$

extrahiert Wissen über einer eingeschränkten Variablenmenge aus einer gegebenen Constraint-Konjunktion. Für die Projektion gilt:

Wenn $\text{proj}(C, Y) = C'$, dann gilt $\mathcal{D} \vDash \forall((\exists_{-\tilde{Y}}C) \longleftrightarrow C')$ mit $Y \subseteq var(C)$.

Wir projizieren C bezüglich einer Teilmenge Y der in C vorkommenden Variablen. Das Ergebnis ist eine Disjunktion C' von Constraint-Konjunktionen, die nur noch eine Teilmenge des Wissens aus C enthält, nämlich die Beziehungen zwischen den Variablen aus Y. Bei der Projektion spricht man daher auch von *Variablenelimination*, da im Resultat C' alle anderen Variablen außer denen in Y eliminiert werden.

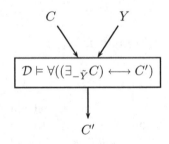

Die Projektion ist eine *partielle* Funktion, denn nicht jede Constraint-Konjunktion kann man bezüglich jeder Variablenmenge projizieren.

Beispiel 3.11   Es gilt für die Constraint-Konjunktion

$$C_1 = (y \leq 4x) \wedge (x \leq 4y) :$$

$$\mathcal{D}_{\mathbb{R}} \models \forall x.((\exists_{-x} C_1) \longleftrightarrow (0 \leq x)), \text{ d.h.}$$
$$\mathcal{D}_{\mathbb{R}} \models \forall x.((\exists y. C_1) \longleftrightarrow (0 \leq x)) \text{ und}$$

$$\mathcal{D}_{\mathbb{R}} \models \forall y.((\exists_{-y} C_1) \longleftrightarrow (0 \leq y)).$$

Wenn wir also C_1 bezüglich $\{x\}$ oder $\{y\}$ projizieren – eine geeignete Projektionsfunktion vorausgesetzt – so erhalten wir folgende Resultate:

$$\mathsf{proj}(C_1, \{x\}) = (0 \leq x) \text{ und}$$

$$\mathsf{proj}(C_1, \{y\}) = (0 \leq y).$$

Betrachtet man die Lösungsmenge von C_1 in Abbildung 3.1, dann erkennt man, dass die Operation Projektion auch geometrisch als eine solche zu interpretieren ist.

Wir werden es im Folgenden meist mit Projektionen bezüglich einelementiger Variablenmengen zu tun haben. Im Allgemeinen ist die Projektion aber bezüglich einer Menge von mehreren Variablen definiert.

Betrachten wir z. B. das Constraint

$$C_4 = (x + y = z)$$

eines Constraint-Systems $\zeta_{\mathbb{Q}^+}$ über den *nichtnegativen* rationalen Zahlen. Wenn wir C_4 bezüglich der einelementigen Mengen $\{x\}$, $\{y\}$ oder $\{z\}$ projizieren, erhalten wir einfach *true*, z. B.:

$$\mathsf{proj}(C_4, \{x\}) = true.$$

Eine Projektion bezüglich $\{x, y\}$ liefert ebenso *true*, da x und y voneinander unabhängig sind. Projizieren wir hingegen bezüglich der Mengen $\{x, z\}$ oder $\{y, z\}$, dann erhalten wir Constraints, die die Relationen zwischen diesen Variablen beschreiben:

$$\mathsf{proj}(C_4, \{x, y\}) = true,$$
$$\mathsf{proj}(C_4, \{x, z\}) = x \leq z,$$
$$\mathsf{proj}(C_4, \{y, z\}) = y \leq z.$$

Die Projektion von C_4 bezüglich der Menge $\{x, y, z\}$ aller seiner Variablen liefert schließlich C_4 selbst (bzw. ein zu C_4 äquivalentes Constraint):

$$\mathsf{proj}(C_4, \{x, y, z\}) = C_4.$$

$\Diamond$

Da man einerseits nicht für jede Constraint-Konjunktion bezüglich jeder Variablenmenge eine Projektion bilden kann und andererseits die Operation Projektion sehr aufwändig werden kann, begnügt man sich in realen Constraint-Löser-Implementierungen häufig auch mit Implikationen an Stelle von Äquivalenzen, d. h.:

Wenn $\mathsf{proj}(C, Y) = C'$, dann gilt $\mathcal{D} \vDash \forall((\exists_{-\tilde{Y}} C) \longrightarrow C')$ mit $Y \subseteq var(C)$.

3.3.4 Determination

Der Test
$$\mathsf{det} : \Delta\mathcal{CS} \times X \to \mathcal{CS}$$

(*Determination*, engl. *determination detection*) prüft, ob der Wert einer Variablen x durch eine gegebene Konjunktion C eindeutig bestimmt ist und berechnet, falls möglich, eine entsprechende Konstante z. Es gilt:

Wenn $\mathsf{det}(C, x) = (x = z)$, dann $\mathcal{D} \vDash \forall(C \longrightarrow x = z)$.

Alternativ erhalten wir die Antwort *true*.

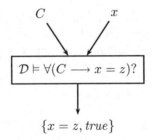

Beispiel 3.12   Für die Constraint-Konjunktion
$$C_1 = (y \leq 4x) \wedge (x \leq 4y)$$

erhalten wir:

$$\mathsf{det}(C_4, x) = true \text{ und}$$
$$\mathsf{det}(C_4, y) = true.$$

Für keine der beiden Variablen ist durch C_4 der Wert determiniert. Fügen wir hingegen zu C_4 das Constraint $x + y = 0$ hinzu, dann erhalten wir

$$C_5 = C_4 \wedge (x + y = 0) \text{ und}$$
$$\mathsf{det}(C_5, x) = (x = 0),$$
$$\mathsf{det}(C_5, y) = (y = 0).$$

3.3.5 Simplifikation

Schließlich verfügt ein Constraint-Löser meist noch über die Operation *Simplifikation* bzw. *Vereinfachung* (engl. *simplification*). Die Simplifikation

$$\text{simplify} : \Delta \mathcal{CS} \to \Delta \mathcal{CS}$$

„*vereinfacht*" eine Konjunktion C und bildet dabei eine äquivalente, aber in irgendeinem Sinne „*einfachere*" Konjunktion C'. Es gilt:

Wenn $\text{simplify}(C) = C'$, dann $\mathcal{D} \vDash \forall(C \longleftrightarrow C')$.

Das lässt sich wieder durch ein einfaches Diagramm visualisieren:

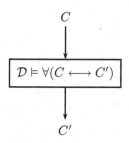

Natürlich muss man für einen konkreten Constraint-Löser die Relation „ist einfacher als" auch konkret definieren. Meist handelt es sich dabei um sog. *Normalformen*, die vom jeweiligen Constraint-System abhängig sind.

Beispiel 3.13 Wenn wir z. B. annehmen, dass für unseren Löser für lineare Constraints (vgl. Beispiel 3.9) Gleichungen der Form $x = t$ für einzelne Variable x und Terme t (bzw. Konstantensymbole) „einfacher" sind als andere Constraints, dann erhalten wir für

$$C_5 = (y \le 4x) \wedge (x \le 4y) \wedge (x + y = 0) :$$

$$\text{simplify}(C_5) = (x = 0 \wedge y = 0),$$

denn es gilt

$$\mathcal{D}_{\mathbb{R}} \vDash \forall x, y. \ C_5 \longleftrightarrow (x = 0 \wedge y = 0).$$

$\Diamond$

3.3.6 Constraint-Löser in der Praxis

In Sprachen oder Programmiersysteme integrierte Constraint-Löser sind im Allgemeinen mit einem *Constraint-Speicher* (engl. *Store*) ausgerüstet, in dem sie propagierte Constraints nach und nach sammeln.

Unsere Constraint-Löser-Operationen berücksichtigen diesen Speicher jeweils in einem ihrer Argumente vom Typ $\Delta \mathcal{CS}$, d. h., sie arbeiten auf dem Store.

So prüft der Erfüllbarkeitstest im Allgemeinen die Erfüllbarkeit des Stores in Konjunktion mit einem weiteren Constraint, der zum Store hinzugefügt werden soll. Der Folgerbarkeitstest prüft die Folgerbarkeit von Constraints aus diesem Store und die Projektion projiziert ihn.

Praktische Constraint-Löser sind meist auch *inkrementell.* Das bedeutet, dass Constraints schrittweise zum Store hinzugefügt werden, wobei dieses Hinzufügen nicht dazu führt, dass alle Constraints, ausgehend von ihrer ursprünglichen Darstellung, jeweils erneut gelöst werden müssen. Stattdessen liegt der Store meist in einer Zwischen- oder Normalform vor, von der die Konsistenzprüfung beim Hinzufügen von Constraints ausgeht, sie daher Lösungsschritte spart und der Löser effizienter arbeitet.

3.4 Aufgaben

Aufgabe 3.1 (Folgerbarkeit)   Gegeben sei ein Constraint-System ζ, dessen Menge $\mathcal{CS}$ von Constraints gegen Negation abgeschlossen sei. Weiterhin setzen wir einen *vollständigen* Erfüllbarkeitstest voraus.

Wie kann man auf dieser Basis einen Folgerbarkeitstest vom Typ

$$\text{entail} : \Delta\mathcal{CS} \times \mathcal{CS} \rightarrow \{true, false, delay\}$$

mit den folgenden Eigenschaften realisieren?

entail$(C, E) = true$ gdw. $\mathcal{D} \vDash (\exists C) \wedge \forall(C \longrightarrow E)$,
d. h. C ist erfüllbar und E folgt aus C,

entail$(C, E) = false$ gdw. $\mathcal{D} \vDash \neg\exists(C \wedge (C \longrightarrow E))$,
d. h. es gibt keine Belegung, so dass C gilt und E aus C folgerbar ist,

entail$(C, E) = delay$ sonst.

Aufgabe 3.2 (Constraint-Löser-Operationen)   Gegeben sei das Constraint-System $\zeta_{\mathcal{FD}}$ aus Beispiel 3.6 und die Constraint-Konjunktion

$$C = (x + y + 1 = z + z) \wedge (x > y) \wedge$$
$$(x \in \{3, 4, 5, 6, 7\}) \wedge (y \in \{2, 3, 4, 5, 6, 7, 8\}) \wedge (z \in \{1, 2, 3, 4, 5\}).$$

Wir setzen einen *vollständigen* Erfüllbarkeitstest, einen „idealen" Folgerbarkeitstest wie aus Aufgabe 3.1 und eine partielle (echte) Projektionsfunktion (d. h. äquivalente Constraints projizierend) voraus.

Geben Sie Ergebnisse für folgende Operationen an!

1. Erfüllbarkeit: solve(C)
2. Folgerbarkeit: entail$(C, z < 5)$, entail$(C, y < 6)$, entail$(C, y = 6)$
3. Projektion: proj$(C, \{x\})$, proj$(C, \{y\})$, proj$(C, \{x, y\})$, proj$(C, \{x, y, z\})$

Constraints über endlichen Wertebereichen – Finite-Domain-Constraints

Bisher haben wir kennen gelernt, was Constraints und Constraint-Systeme sind und was Constraint-Löser leisten sollten. In Beispiel 3.6 haben wir eine einfache Ausprägung eines Constraint-Systems über endlichen Wertebereichen, sog. endlichen Domänen (engl. *finite domains*, *FD*), definiert. Dieses Constraint-System ist breit und tiefgehend untersucht worden und hat in der Praxis eine große Bedeutung bei der Lösung kombinatorischer Probleme, wie z. B. zur Behandlung von Planungs-, Diagnose- und Konfigurationsproblemen. Dabei interessiert uns nun natürlich insbesondere, wie man wichtige Constraint-Löser-Operationen für ein solches Constraint-System implementiert.

Wir betrachten im Folgenden das Constraint-System

$$\zeta_{\mathcal{FD}} = (\Sigma_{\mathcal{FD}}, \mathcal{D}_{\mathcal{FD}}, \mathcal{T}_{\mathcal{FD}}, X_{\mathcal{FD}}, \mathcal{CS}_{\mathcal{FD}})$$

mit der Signatur $\Sigma_{\mathcal{FD}}$ und der Struktur $\mathcal{D}_{\mathcal{FD}}$:

$$\Sigma_{\mathcal{FD}} = (\{int\}, \{0, 1, -1, 2, \ldots, +, -, *\},$$
$$\{\in \{e_1, \ldots, e_k\} \mid e_i \in \mathbb{Z}\} \cup \{=, \neq, <, > \leq, \geq\}) \text{ und}$$

$$\mathcal{D}_{\mathcal{FD}} = (\{\mathbb{Z}\}, \{0^{\mathcal{FD}}, 1^{\mathcal{FD}}, -1^{\mathcal{FD}}, 2^{\mathcal{FD}}, \ldots, +^{\mathcal{FD}}, -^{\mathcal{FD}}, *^{\mathcal{FD}}\},$$
$$\{\in \{e_1, \ldots, e_k\}^{\mathcal{FD}}, =^{\mathcal{FD}}, \neq^{\mathcal{FD}}, <^{\mathcal{FD}}, >^{\mathcal{FD}}, \leq^{\mathcal{FD}}, \geq^{\mathcal{FD}}\}).$$

Die Signatur $\Sigma_{\mathcal{FD}}$ besteht aus den Ganzzahlsymbolen, den Funktionssymbolen arithmetischer Operationen, aus unären Prädikatsymbolen zur Festlegung endlicher Wertebereiche und binären Prädikatsymbolen zur Festlegung von Gleichheiten und Ungleichungen.

Die Struktur $\mathcal{D}_{\mathcal{FD}}$ stellt die entsprechenden Funktionen und Relationen bereit. Die Relation $\in \{e_1, \ldots, e_k\}^{\mathcal{FD}}$ ist einstellig, $e_1, \ldots, e_k$ sind Konstantensymbole und für alle $x \in \mathbb{Z}$ gilt $x \in \{e_1, \ldots, e_k\}^{\mathcal{FD}}$ genau dann, wenn $x \in \{e_1^{\mathcal{FD}}, \ldots, e_k^{\mathcal{FD}}\}$.

Zur Vereinfachung der Darstellung werden wir im Folgenden, insbesondere in den Beispielen, wenn wir über die Elemente der Struktur, also über Werte, Funktionen und Relationen sprechen, den Index „$\mathcal{FD}$" auslassen.

Die Menge $\mathcal{CS}_{\mathcal{FD}}$ schließt alle FD-Constraints ein, d. h., es gilt $\mathcal{CS}_{\mathcal{FD}} = \mathcal{C}_{\mathcal{FD}}$. Eine Konjunktion von Constraints des Constraint-Systems $\zeta_{\mathcal{FD}}$ ist z. B. $(y \geq 3) \wedge (x > y) \wedge (x \in \{1, 3, 5, 7\})$.

4.1 Constraint-Satisfaction-Probleme

Die Menge $\mathcal{CS}_{\mathcal{FD}}$ des Constraint-Systems $\zeta_{\mathcal{FD}}$ legt zwar die zulässigen Constraints fest, beschränkt die Mengen der möglichen Werte für die Variablen aber nicht von vornherein endlich. Im obigen Beispiel ist die Variable x durch $(x \in \{1, 3, 5, 7\})$ endlich eingeschränkt, für y gilt das hingegen nicht.

Eine wesentliche Voraussetzung der Lösungsmechanismen für FD-Constraints ist aber, dass allen an einem Constraint-Problem beteiligten Variablen von vornherein immer nur endliche Wertebereiche zugeordnet sind, daher auch der Name „Finite Domain". So genannte *Constraint-Satisfaction-Probleme* führen eine solche endliche Beschränkung für die Variablen ein:

Definition 4.1 (Constraint-Satisfaction-Problem (CSP))

Ein ***Constraint-Satisfaction-Problem (CSP)*** ist eine Konjunktion $C = C' \wedge E_1 \wedge \ldots \wedge E_n$ von Constraints aus $\mathcal{CS}_{\mathcal{FD}}$ über den Variablen $x_1, \ldots, x_n \in X_{\mathcal{FD}}$, so dass

- die Constraint-Konjunktion C' keine Constraints der Form $x \in D$ enthält,
- $var(C) \subseteq \{x_1, \ldots, x_n\}$ gilt und
- die Constraints E_i die Form $x_i \in \{e_{i,1}, \ldots, e_{i,k_i}\}$ haben. Das Constraint E_i ordnet der Variablen x_i eine endliche Menge von Werten zu. Wir bezeichnen die Menge $D(x_i) = \{e_{i,1}^{\mathcal{FD}}, \ldots, e_{i,k_i}^{\mathcal{FD}}\}$ als die *Domäne* (engl. *domain*) der Variablen x_i.

Die Constraints *true* und *false* sind ebenfalls CSPs.

Hinweis: *Um bei der späteren Darstellung von Algorithmen Verwechslungen zu vermeiden: Mit E_i bezeichnen wir hier also Domänen-Constraints, z. B. bezeichne E_1 das Constraint $x_1 \in \{1, 2, 3\}$. Dabei werden wir die* syntaktische *Darstellung der Domäne häufig auch einzeln verwenden und D_i nennen: Das Constraint $E_1 = (x_1 \in \{1, 2, 3\})$ können wir also auch schreiben als $x_1 \in D_1$ mit $D_1 = \{1, 2, 3\}$. Und schließlich bezeichnen wir die eigentliche Domäne, d. h. die einer Variablen zugeordnete Menge semantischer Werte, mit $D(x_i)$. Für E_1 gilt $D(x_1) = \{1^{\mathcal{FD}}, 2^{\mathcal{FD}}, 3^{\mathcal{FD}}\}$.*

Beispiel 4.1   Die Constraint-Konjunktion

$$C_1 = (y \geq 3) \wedge (x > y) \wedge (x \in \{1, 3, 5, 7\}) \wedge (y \in \{2, 4, 6, 8\})$$

ist ein CSP.   ◊

Binäre CSPs, d. h. Constraint-Satisfaction-Probleme, deren Constraints jeweils höchstens zwei Variablen enthalten, lassen sich mit sog. *Constraint-Netzwerken* graphisch darstellen. Dabei werden Variablen durch Knoten repräsentiert, Zuweisungen von Domänen durch Mengen an den Knoten-Variablen und unäre bzw. binäre Constraints durch annotierte Kanten.

Das CSP C_1 aus Beispiel 4.1 wird durch das Constraint-Netzwerk in Abbildung 4.1 dargestellt.

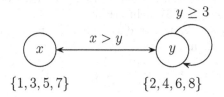

$\{1, 3, 5, 7\}$ $\qquad\qquad$ $\{2, 4, 6, 8\}$

Abb. 4.1. Ein Constraint-Netzwerk

4.2 Konsistenztechniken

Die Prüfung der Erfüllbarkeit von Constraints, die Berechnung von Projektionen und von Lösungen und die Implementierung weiterer Operationen wie dem Folgerbarkeitstest beruhen bei FD-Constraint-Lösern auf *Konsistenztechniken* und auf *Suchverfahren*.

Ein CSP kann im Allgemeinen einen sehr großen Suchraum haben. Mit Hilfe von Konsistenztechniken schränkt man den Suchraum des CSP, der durch die Domänen der Variablen aufgespannt wird, zunächst ein. Wir werden das grundlegende Vorgehen dieser Techniken hier skizzieren. Meist kann man den Suchraum auf diese Weise sehr stark verkleinern, so dass man danach durch Suche (z. B. mit *Backtracking*, vgl. Abschnitt 4.3) über die verbleibenden Alternativen Lösungen effizienter ermitteln kann.

4.2.1 Knotenkonsistenz

Die einfachste Form der Konsistenz eines CSP ist die *Knotenkonsistenz*. Diese ist gegeben, wenn die Domänen der Variablen die einstelligen Constraints des CSP erfüllen.

Definition 4.2 (Knotenkonsistenz)

Gegeben sei ein CSP $C = C' \wedge x_1 \in D_1 \wedge \ldots \wedge x_n \in D_n$ mit $C' = c_1 \wedge \ldots \wedge c_k$.

Ein *unäres* (bzw. einstelliges) Constraint c der Konjunktion C' mit $var(c) = \{x\}$ ist **knotenkonsistent** (engl. *node consistent*), wenn für jedes Element $d^{\mathcal{FD}}$ der Domäne $D(x)$ die Belegung $\varsigma : \{x\} \to \mathcal{D}$ mit $\varsigma(x) = d^{\mathcal{FD}}$ das Constraint c erfüllt.

Das CSP C ist *knotenkonsistent*, wenn alle unären Constraints von C' knotenkonsistent sind.

Beispiel 4.2 Das CSP

$$C_1 = (y \geq 3) \land (x > y) \land (x \in \{1,3,5,7\}) \land (y \in \{2,4,6,8\})$$

ist nicht knotenkonsistent: Für den Wert 2 aus der Domäne von y ist das einstellige Constraint $(y \geq 3)$ nicht erfüllt.

Löschen wir diesen Wert aus der Domäne von y, dann erhalten wir ein äquivalentes, knotenkonsistentes CSP:

$$C_2 = (y \geq 3) \land (x > y) \land (x \in \{1,3,5,7\}) \land (y \in \{4,6,8\}).$$

$\Diamond$

Für ein gegebenes CSP kann man einfach durch Löschen unzulässiger Domänenwerte entsprechend der unären Constraints ein äquivalentes, knotenkonsistentes CSP erhalten. Algorithmus 4.1 gibt eine Implementierung dazu an. Es gilt

$$\mathcal{D}_{\mathcal{FD}} \models \forall(C \longleftrightarrow \mathsf{nodeConsistency}(C)).$$

Der Algorithmus $\mathsf{nodeConsistency}$ prüft für jedes unäre Constraint die Domäne der zugehörigen Variablen und schränkt sie auf die Menge der erfüllenden Werte ein. Daher hat $\mathsf{nodeConsistency}$ eine Komplexität von $\mathcal{O}(ed)$, wobei e die Anzahl der (unären) Constraints und d die Größe der größten Domäne ist.

4.2.2 Kantenkonsistenz

Die *Kantenkonsistenz* berücksichtigt binäre Constraints. Sie sichert, dass es für jedes binäre Constraint c – jeweils für sich allein betrachtet – zu jedem Element in der Domäne der einen Variablen auch Elemente in der Domäne der anderen Variablen gibt, die c zusammen erfüllen.

Definition 4.3 (Kantenkonsistenz)

Gegeben sei ein CSP $C = C' \land x_1 \in D_1 \land \ldots \land x_n \in D_n$ mit $C' = c_1 \land \ldots \land c_k$.

Ein *binäres* Constraint c der Konjunktion C' mit $var(c) = \{x, y\}$ ist **kantenkonsistent** (engl. *arc consistent*), wenn es

- für jedes Element $d^{\mathcal{FD}}$ der Domäne $D(x)$ ein Element $e^{\mathcal{FD}}$ in $D(y)$ und
- für jedes Element $e^{\mathcal{FD}}$ aus $D(y)$ ein Element $d^{\mathcal{FD}}$ in $D(x)$ gibt,

so dass die Belegung $\varsigma : \{x, y\} \to \mathcal{D}$ mit $\varsigma(x) = d^{\mathcal{FD}}$ und $\varsigma(y) = e^{\mathcal{FD}}$ das Constraint c erfüllt.

Algorithmus 4.1 : Knotenkonsistenz

Gegeben : Ein CSP $C = C' \wedge D$ mit

$C' = c_1 \wedge \ldots \wedge c_k$ und

$D = x_1 \in D_1 \wedge \ldots \wedge x_n \in D_n.$

Resultat : Ein äquivalentes knotenkonsistentes CSP (bzw. *false*).

```
1  nodeConsistency(C) ≡
2  for m = 1 to k do
3      if cₘ ist ein unäres Constraint über der Variablen xᵢ then
4          foreach d ∈ Dᵢ do
               /* Lösche alle Elemente d aus Dᵢ, die cₘ nicht
                  erfüllen.                                          */
5              if (D, ς) ⊭ cₘ mit ς(x) = d^{FD} then
6                  ⌊ Dᵢ := Dᵢ\{d};
7          if Dᵢ = ∅ then
8              ⌊ return false;

9  return C' ∧ D;
```

Das CSP C ist *kantenkonsistent*, wenn alle binären Constraints von C' kantenkonsistent sind.

Beispiel 4.3 Das CSP

$$C_2 = (y \geq 3) \wedge (x > y) \wedge (x \in \{1,3,5,7\}) \wedge (y \in \{4,6,8\})$$

ist nicht kantenkonsistent. Für den Wert 1 aus der Domäne von x gibt es kein Element in der Domäne von y, so dass $(x > y)$ erfüllt ist.   ◇

Um Kantenkonsistenz eines CSP zu erreichen, müssen also unter Umständen wieder Werte aus den Variablendomänen entfernt werden, diesmal an Hand der binären Constraints. Algorithmus 4.2 formt ein CSP in ein äquivalentes, kantenkonsistentes CSP um. Dabei gilt

$$\mathcal{D}_{\mathcal{FD}} \models \forall (C \longleftrightarrow \mathsf{arcConsistency}(C))$$

und $\mathsf{arcConsistency}(C)$ berechnet ein äquivalentes, kantenkonsistentes CSP.

Der Kantenkonsistenz-Algorithmus durchläuft die Menge aller Constraints und schränkt für jedes binäre Constraint jeweils die Domänen der beteiligten beiden Variablen ein. Der komplette Durchlauf über alle Constraints wird solange wiederholt bis sich dabei entweder die Domänen nicht mehr ändern oder eine Domäne leer wird. Eine leere Domäne zeigt ein unerfüllbares CSP an, denn für die entsprechende Variable gibt es in diesem Fall keine mögliche Zuordnung mehr.

Algorithmus 4.2 : Kantenkonsistenz

Gegeben : Ein CSP $C = C' \wedge D$ mit

$C' = c_1 \wedge \ldots \wedge c_k$ und

$D = x_1 \in D_1 \wedge \ldots \wedge x_n \in D_n$.

Resultat : Ein äquivalentes kantenkonsistentes CSP (bzw. *false*).

```
 1  arcConsistency(C) ≡
 2  repeat
 3  │   D' := D;
 4  │   for m = 1 to k do
 5  │   │   if c_m ist ein binäres Constraint über den Variablen x_i und x_j then
 6  │   │   │   foreach d ∈ D_i do
        │   │   │   /* Lösche alle Elemente d aus D_i, für die es kein
        │   │   │      Element e in D_j gibt, so dass c_m erfüllt ist.   */
 7  │   │   │   if es existiert kein e ∈ D_j so dass (D, ς) ⊨ c_m mit
        │   │   │      ς(x_i) = d^{FD}, ς(x_j) = e^{FD} then
 8  │   │   │   │   D_i := D_i\{d};
 9  │   │   │   foreach e ∈ D_j do
        │   │   │   /* Lösche alle Elemente e aus D_j, für die es kein
        │   │   │      Element d in D_i gibt, so dass c_m erfüllt ist.   */
10  │   │   │   if es existiert kein d ∈ D_i so dass (D, ς) ⊨ c_m mit
        │   │   │      ς(x_i) = d^{FD}, ς(x_j) = e^{FD} then
11  │   │   │   │   D_j := D_j\{e};
12  │   │   │   if D_i = ∅ oder D_j = ∅ then
13  │   │   │   │   return false;
14  until D' = D ;
15  return C' ∧ D;
```

Das dargestellte Verfahren ist sehr einfach, seine Komplexität ist $\mathcal{O}(ned^3)$, wobei n die Anzahl der Variablen, e die Anzahl der (binären) Constraints und d die Größe der größten Domäne ist. Die **repeat**-Schleife wird im schlimmsten Fall nd-mal durchlaufen, nämlich dann, wenn jeweils nur ein Wert ausgefiltert wird bis am Ende alle Domänen einelementig sind oder ggf. eine leer ist, die **for**-Schleife wird je e-mal durchlaufen und die **foreach**-Schleifen prüfen für jedes binäre Constraint alle (maximal) d^2 Wertepaare.

Beispiel 4.4 Wenn wir Algorithmus 4.2 auf das CSP

$$C_2 = (y \geq 3) \wedge (x > y) \wedge (x \in \{1, 3, 5, 7\}) \wedge (y \in \{4, 6, 8\})$$

aus Beispiel 4.3 anwenden, erhalten wir das äquivalente, kantenkonsistente CSP

$$C_3 = (y \geq 3) \wedge (x > y) \wedge (x \in \{5, 7\}) \wedge (y \in \{4, 6\}).$$

Abbildung 4.2 zeigt ein Constraint-Netzwerk für C_3.

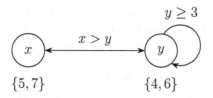

Abb. 4.2. Das knoten- und kantenkonsistente CSP C_3

◊

Die gezeigten Konsistenz-Algorithmen verändern die Domänen eines CSP bezüglich seiner Constraints, die dabei isoliert betrachtet werden. Knoten- und Kantenkonsistenz sind im Allgemeinen geeignet, um die Wertebereiche von CSPs mit unären und binären Constraints einzuschränken und um die Erfüllbarkeit *unvollständig* zu prüfen. Das folgende Beispiel demonstriert diese Unvollständigkeit. Es zeigt, dass ein knoten- und kantenkonsistentes CSP mit nichtleeren Domänen nicht erfüllbar sein muss.

Beispiel 4.5   Gegeben sei das CSP

$$C_4 = (x \neq y) \wedge (y \neq z) \wedge (z \neq x) \wedge (x \in \{0,1\}) \wedge (y \in \{0,1\}) \wedge (z \in \{0,1\}).$$

In Abbildung 4.3 haben wir ein entsprechendes Constraint-Netzwerk angegeben. Das CSP C_4 ist knoten- und kantenkonsistent, trotzdem ist C_4 unerfüllbar.

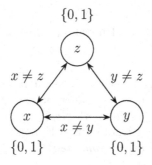

Abb. 4.3. Ein lokal konsistentes, aber unerfüllbares CSP

◊

Anmerkungen und Literaturhinweise

Verfahren zur Herstellung der Kantenkonsistenz wurden vielfach untersucht und verbessert. Hierbei entstanden die Varianten AC-1 bis AC-3 [101, 102],

AC-4 [110], AC-5 [68, 119], AC-6 [17] und AC-7 [18]. Unser Algorithmus 4.2 entspricht dem Verfahren AC-1, das sehr undifferenziert vorgeht: Bei Änderung von nur einer Domäne werden alle binären Constraints erneut betrachtet. AC-3 ist mit einer Komplexität von $\mathcal{O}(ed^3)$[14] im schlimmsten Fall schon wesentlich effizienter und betrachtet nur noch die Constraints, die Variablen enthalten, deren Domänen gerade beschränkt wurden. Nur diese Constraints können unmittelbar eine Änderung einer weiteren Domäne zur Folge haben. In ähnlicher Weise verfeinern AC-4 bis AC-7 diese Idee. Der Berechnungsaufwand der modernsten Verfahren AC-4, AC-6 und AC-7 ist im schlimmsten Fall nur noch $\mathcal{O}(ed^2)$. AC-6 und AC-7 reduzieren dabei weiterhin den Speicheraufwand gegenüber von AC-4. Ihre Implementierung ist jedoch im Gegensatz zu AC-3 und AC-4 aufwändiger und zahlt sich nur für spezielle Anwendungsfälle aus.

Mackworth setzt in seiner ursprünglichen Definition von Kantenkonsistenz [101] die Knotenkonsistenz voraus. Das ist auch sinnvoll, da man immer zuerst Knotenkonsistenz sichern wird und so die Anzahl der Wertepaare, die bei der Herstellung der Kantenkonsistenz überprüft werden müssen, im Allgemeinen schon beträchtlich verringern kann.

4.2.3 Lokale Konsistenz

Bisher haben wir unäre und binäre Constraints betrachtet. Oft besteht ein CSP jedoch auch aus *mehrstelligen* Constraints.

Beispiel 4.6 Wir erweitern das CSP C_1 aus Beispiel 4.1 um eine Variable z und das dreistellige Constraint $x + y = z$:

$$C_5 = (y \geq 3) \wedge (x > y) \wedge (x + y = z) \wedge$$
$$(x \in \{1, 3, 5, 7\}) \wedge (y \in \{2, 4, 6, 8\}) \wedge (z \in \{4, 5, 6, 7, 8, 9, 10, 11, 12\})$$

$$\Diamond$$

Auch CSPs mit mehrstelligen Constraints kann man mit einem Constraint-Netzwerk darstellen; man braucht dazu aber eine zusätzliche Kantenart. Abbildung 4.4 zeigt ein Constraint-Netzwerk für C_5.

Eine Verallgemeinerung der Knoten- und Kantenkonsistenz auf n-stellige Constraints mit $n \geq 1$ ist die *lokale Konsistenz*.

Definition 4.4 (Lokale Konsistenz)

Gegeben sei ein CSP $C = C' \wedge x_1 \in D_1 \wedge \ldots \wedge x_n \in D_n$ mit $C' = c_1 \wedge \ldots \wedge c_k$.

Ein Constraint c mit $var(c) = \{y_1, \ldots, y_m\} \subseteq \{x_1, \ldots, x_n\}$ der Konjunktion C' ist **lokal konsistent** (engl. *locally consistent*), wenn es für jedes $x \in \{y_1, \ldots, y_m\}$ zu jedem Element $d^{\mathcal{FD}}$ aus der Domäne $D(x)$ für alle $y_j \neq x$

---

[14]Hierbei ist wieder e die Anzahl der Constraints und d die Größe der größten Domäne.

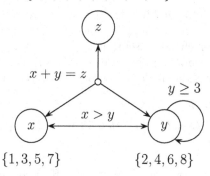

Abb. 4.4. Das CSP C_5 mit mehrstelligem Constraint $(x + y = z)$

Elemente $d_j^{\mathcal{FD}}$ aus den Domänen $D(y_j)$ gibt, die c erfüllen; d. h., so dass es eine Belegung $\varsigma : var(c) \to \mathcal{D}$ gibt, mit $(\mathcal{D}, \varsigma) \models c$, $\varsigma(x) = d^{\mathcal{FD}}$ und $\varsigma(y_j) = d_j^{\mathcal{FD}}$, $j \in \{1, \ldots, m\}$, $x \neq y_j$.

Das CSP C ist *lokal konsistent*, wenn alle Constraints $c_1, \ldots, c_k$ von C' lokal konsistent sind.

Ein Verfahren zur Umformung eines CSP in ein äquivalentes, lokal konsistentes CSP mit

$$\mathcal{D}_{\mathcal{FD}} \models \forall (C \longleftrightarrow \mathsf{localConsistency}(C))$$

wobei $\mathsf{localConsistency}(C)$ ein äquivalentes, lokal konsistentes CSP berechnet, lässt sich in einfacher Weise aus den Algorithmen 4.1 und 4.2 zur Knoten- und Kantenkonsistenz ableiten. In Aufgabe 4.1 soll auf diese Weise ein einfacher lokaler Konsistenz-Algorithmus angegeben werden.

Wir nehmen im Folgenden an, dass die Operation $\mathsf{localConsistency}$ schon zur Verfügung steht.

Beispiel 4.7 Mit Hilfe der Operation $\mathsf{localConsistency}$ transformieren wir das CSP

$$C_5 = (y \geq 3) \wedge (x > y) \wedge (x + y = z) \wedge$$
$$(x \in \{1, 3, 5, 7\}) \wedge (y \in \{2, 4, 6, 8\}) \wedge (z \in \{4, 5, 6, 7, 8, 9, 10, 11, 12\})$$

in ein äquivalentes, lokal konsistentes CSP C_6. Dabei werden die ein- und zweistelligen Constraints wie bisher durch Knoten- und Kantenkonsistenz-Algorithmen behandelt und sie führen auch zu den gleichen Domäneneinschränkungen wie bisher; d. h. wir erhalten ein CSP C_5' mit den gleichen $\in$-Constraints für die Variablen x und y wie C_3:

$$C_5' = (y \geq 3) \wedge (x > y) \wedge (x + y = z) \wedge$$
$$(x \in \{5, 7\}) \wedge (y \in \{4, 6\}) \wedge (z \in \{4, 5, 6, 7, 8, 9, 10, 11, 12\}).$$

Wir betrachten nun das dreistellige Constraint $(x+y=z)$. Hierbei müssen wir für jede seiner Variablen für jedes Domänenelement das Vorhandensein erfüllender Belegungen für die anderen beiden Variablen überprüfen und die Domänen ggf. entsprechend einschränken. In unserem Beispiel entfernen wir dabei ausschließlich Domänenelemente von z, im Allgemeinen kann das natürlich auch Werte der anderen Variablen betreffen. Wir erhalten so:

$$C_6 = (y \geq 3) \wedge (x > y) \wedge (x + y = z) \wedge$$
$$(x \in \{5, 7\}) \wedge (y \in \{4, 6\}) \wedge (z \in \{9, 11\}).$$

$\Diamond$

Wir haben schon erwähnt, dass wir mit Knoten- und Kantenkonsistenz und auch mit lokaler Konsistenz zwar die Wertebereiche von CSPs einschränken können, dabei aber Werte in den Domänen verbleiben können, die zu keiner Lösung führen. Das liegt daran, dass die Erfüllbarkeit immer für jedes Constraint einzeln, also *lokal* überprüft wird. Daher nennen wir diese Form der Konsistenz auch *lokale Konsistenz*.

Beispiel 4.8 Das CSP C_6 ist lokal konsistent. Trotzdem enthält die Domäne von y das Element 6, das an keiner Lösung beteiligt ist. Die Ursache ist, dass wir für jedes einzelne Constraint erfüllende Werte in den Domänen von x und z finden konnten, die mit $y = 6$ kompatibel sind: Für $(x > y)$ wählen wir $x = 7$ und für $(x + y = z)$ passt $x = 5$ und $z = 11$. $\Diamond$

4.2.4 Erfüllbarkeit

Mit Hilfe von localConsistency können wir einen einfachen *Erfüllbarkeitstest* formulieren.

Sei C ein CSP mit $C = C' \wedge x_1 \in D_1 \wedge \ldots \wedge x_n \in D_n$. Wir definieren:

$$\text{solve}_{lc}(C) = \begin{cases} true & \text{falls localConsistency}(C) \\ & = C' \wedge x_1 \in \{e_1\} \wedge \ldots \wedge x_n \in \{e_n\}, \\ false & \text{falls localConsistency}(C) = false, \\ unknown & \text{sonst.} \end{cases}$$

Im vorigen Abschnitt haben wir darüber gesprochen, dass der lokale Konsistenz-Algorithmus die Variablendomänen im Allgemeinen nur unvollständig beschränkt, so dass Elemente verbleiben können, die in keiner Lösung vorkommen. In Beispiel 4.5 haben wir gesehen, dass das auch für unerfüllbare CSPs gilt. Somit können wir aus der lokalen Konsistenz eines CSP noch nicht auf seine Erfüllbarkeit schließen. In einem Fall allerdings dürfen wir das doch: nämlich dann, wenn die Domänen aller Variablen jeweils nur noch einen Wert enthalten. In diesem Fall stellt die Zuordnung genau dieses jeweils verbliebenen Wertes eine, und zwar die einzige Lösung dar, denn genau mit dieser Zuordnung wird jedes Constraint (lokal) erfüllt. Daher können wir folgern, dass in diesem Fall das CSP erfüllbar ist.

Stellt der Algorithmus localConsistency eine Inkonsistenz fest und liefert das Ergebnis *false*, dann ist unser CSP natürlich auch *global* inkonsistent, also unerfüllbar. Und in allen anderen Fällen können wir weder seine Erfüllbarkeit noch seine Unerfüllbarkeit folgern, der Constraint-Löser liefert das Ergebnis *unknown*. Unser Erfüllbarkeitstest ist damit *unvollständig*.

Das Verfahren solve$_{lc}$ *verhält sich wohl*, denn es ist mengenbasiert, monoton und unabhängig von den Variablenbenennungen.

4.2.5 Grenzenkonsistenz

Da die Untersuchung eines CSP auf lokale Konsistenz bzw. die Herstellung dieser Eigenschaft (insbesondere bei sehr großen Domänen) sehr ineffizient sein kann, verwendet man bei arithmetischen Constraints häufig eine schwächere Form der Konsistenz, die *Grenzenkonsistenz* [132, 28].

Die Grenzenkonsistenz-Algorithmen basieren auf der Darstellung der Variablendomänen in Form von *Intervallen*. Daher müssen wir, um mit der Grenzenkonsistenz arbeiten zu können, *erstens* das zugrunde liegende Constraint-System und *zweitens* die Definition des Begriffs „CSP" anpassen.

Wir betrachten das Constraint-System

$$\zeta_{\mathcal{FD},I} = (\Sigma_{\mathcal{FD},I}, \mathcal{D}_{\mathcal{FD},I}, \mathcal{T}_{\mathcal{FD},I}, X_{\mathcal{FD},I}, \mathcal{CS}_{\mathcal{FD},I})$$

mit der Signatur $\Sigma_{\mathcal{FD},I}$ und der Struktur $\mathcal{D}_{\mathcal{FD},I}$:

$$\Sigma_{\mathcal{FD},I} = (\{real\}, \{0, 1, -1, 2, \ldots, +, -, *\},$$
$$\{\in [min, max] \mid min, max \in \mathbb{Z}, min \leq max\}$$
$$\cup \{=, \neq, <, >, \leq, \geq\}) \text{ und}$$

$$\mathcal{D}_{\mathcal{FD},I} = (\{\mathbb{R}\}, \{0^{\mathcal{FD}}, 1^{\mathcal{FD}}, -1^{\mathcal{FD}}, 2^{\mathcal{FD}}, \ldots, +^{\mathcal{FD}}, -^{\mathcal{FD}}, *^{\mathcal{FD}}\},$$
$$\{\in [min, max]^{\mathcal{FD}}, =^{\mathcal{FD}}, \neq^{\mathcal{FD}}, <^{\mathcal{FD}}, >^{\mathcal{FD}}, \leq^{\mathcal{FD}}, \geq^{\mathcal{FD}}\}).$$

Im Gegensatz zu $\zeta_{\mathcal{FD}}$ enthält das Constraint-System $\zeta_{\mathcal{FD},I}$ nun eine Relation $\in [min, max]^{\mathcal{FD}}$ zur Festlegung von Domänen in Form von Intervallen. Die Relation $\in [min, max]^{\mathcal{FD}}$ ist einstellig und *min* und *max* sind ganzzahlige Konstantensymbole, die ein Intervall festlegen. Außerdem haben wir die Trägermenge von $\mathcal{D}_{\mathcal{FD},I}$ zu $\mathbb{R}$ erweitert.

Die Menge der Constraints $\mathcal{CS}_{\mathcal{FD},I}$ enthalte zunächst alle Constraints über $\Sigma_{\mathcal{FD},I}$. Wir werden diese Menge im Folgenden allerdings noch anpassen müssen.

Auch die Form der CSPs müssen wir anpassen:

Definition 4.5 (Constraint-Satisfaction-Problem (CSP))

Ein ***Constraint-Satisfaction-Problem (CSP)*** ist eine Konjunktion $C = C' \wedge E_1 \wedge \ldots \wedge E_n$ von Constraints aus $\mathcal{CS}_{\mathcal{FD}}$ über den Variablen $x_1, \ldots, x_n \in X_{\mathcal{FD}}$, so dass

- die Constraint-Konjunktion C' keine Constraints der Form $x \in D$ enthält,
- $var(C') \subseteq \{x_1, \ldots, x_n\}$ gilt und
- die Constraints E_i die Form $x_i \in [min_i, max_i]$ haben. Das Constraint E_i ordnet der Variablen x_i ein Intervall von (Ganzzahl-)Werten zu. Die Menge $D(x_i) = \{min_i^{\mathcal{FD}}, (min_i + 1)^{\mathcal{FD}}, \ldots, (max_i - 1)^{\mathcal{FD}}, max_i^{\mathcal{FD}}\}$ bezeichnen wir als die *Domäne* (engl. *domain*) der Variablen x_i.

Die Constraints *true* und *false* sind ebenfalls CSPs.

Wir übertragen die Idee der Domäneneinschränkung von der lokalen Konsistenz auf die Grenzenkonsistenz.

Definition 4.6 (Grenzenkonsistenz)

Gegeben sei ein CSP $C = C' \wedge x_1 \in [min_1, max_1] \wedge \ldots \wedge x_n \in [min_n, max_n]$ mit $C' = c_1 \wedge \ldots \wedge c_k$.

Ein Constraint c mit $var(c) = \{y_1, \ldots, y_m\} \subseteq \{x_1, \ldots, x_n\}$ der Konjunktion C' ist **grenzenkonsistent** (engl. *bounds consistent*), wenn für jede Variable $x \in var(c)$ mit Domänen-Constraint $x \in [min, max]$ gilt:
Für alle anderen Variablen $y_j \in var(c)$, $y_j \neq x$, gibt es Werte $d_j^{\mathcal{FD}}, e_j^{\mathcal{FD}} \in \mathbb{R}$ mit

$$min_j^{\mathcal{FD}} \leq d_j^{\mathcal{FD}} \leq max_j^{\mathcal{FD}} \text{ und } min_j^{\mathcal{FD}} \leq e_j^{\mathcal{FD}} \leq max_j^{\mathcal{FD}},$$

so dass die Belegungen $\varsigma, \tau : X \to \mathcal{D}$ mit

$$\varsigma(x) = min^{\mathcal{FD}}, \varsigma(y_j) = d_j^{\mathcal{FD}} \quad \text{und} \quad \tau(x) = max^{\mathcal{FD}}, \tau(y_j) = e_j^{\mathcal{FD}},$$

jeweils das Constraint c erfüllen.
Ein CSP C ist *grenzenkonsistent*, wenn alle $c_1, \ldots, c_k$ von C' grenzenkonsistent sind.

Beispiel 4.9   Das CSP

$$C_7 = (x \neq 2) \wedge (x \in \{1, 2, 3, 4\})$$

ist auf Grund des Elements 2 in der Domäne von x nicht knotenkonsistent. Demgegenüber ist das CSP

$$C_7' = (x \neq 2) \wedge (x \in [1, 4])$$

grenzenkonsistent, da wir hier ausschließlich die Grenzen der Domäne von x untersuchen. $\Diamond$

Grenzenkonsistenz ist gegenüber der lokalen Konsistenz abgeschwächt. Einerseits betrachten wir nur die Intervallgrenzen der Variablen. Das kann – wie eben in Beispiel 4.9 – zu „Löchern" in den Domänen führen, die nicht erkannt werden.

Andererseits muss es zu den Intervallgrenzen der Domäne einer Variablen nun nicht mehr konkrete Elemente in den Domänen der anderen Variablen geben, die das jeweilige Constraint erfüllen; es genügen nun erfüllende *reelle* Werte innerhalb der Intervallgrenzen.

Beispiel 4.10   Gegeben sei das CSP

$$C_8 = (x * x + y * y = z * z) \land (x \in [1,3]) \land (y \in [1,3]) \land (z \in [2,4]).$$

C_8 ist grenzenkonsistent, obwohl hierfür keine Lösung existiert. Die Werte 4, 9 und 16 für $z * z$ lassen sich nicht als Summe der Quadrate von ganzzahligen x und y innerhalb der Intervallgrenzen darstellen, wohl aber von reellwertigen x und y.   ◊

Trotz der gezeigten schwächeren Einschränkung der Variablendomänen ist die Grenzenkonsistenz in vielen Fällen vorteilhaft, weil ihre Prüfung bzw. Herstellung im Vergleich zu der der lokalen Konsistenz oft deutlich effizienter möglich ist.

Die Idee hierbei ist, statt wie bisher die Erfüllbarkeit der Constraints für eine große Anzahl konkreter Wertetupel zu überprüfen, dies nur für die Intervallgrenzen zu tun und unerfüllbare Teilintervalle mit Hilfe von arithmetischen Operationen zu bestimmen und auszuschließen. Beispiel 4.11 skizziert das generelle Vorgehen zur Herstellung von Grenzenkonsistenz eines CSP.

Beispiel 4.11   Wir betrachten das CSP

$$C_9 = (x + 2 < y) \land (x + y \geq 16) \land (x \in [1,10]) \land (y \in [1,10]).$$

Statt einer naiven Überprüfung mittels lokaler bzw. Kantenkonsistenz, bei der wir die Erfüllbarkeit jedes Constraints mit jedem möglichen Wert für die Variablen x und y (mehrfach) überprüfen müssen, bis sich die Domänen nicht mehr ändern, setzen Grenzenkonsistenz-Algorithmen *Intervallarithmetik* ein.

Die Intervallarithmetik überträgt mathematische Operationen auf Zahlen, wie die Addition oder die Multiplikation, auf Intervalle. Wir betrachten dabei jedes Constraint einzeln und schließen daraus neue Intervallgrenzen für die Variablen.

Aus $(x + 2 < y)$ folgern wir, dass $x_{max} < y_{max} - 2$ und $x_{min} + 2 < y_{min}$ gelten muss, also $x_{max} < 10 - 2 = 8$ und $1 + 2 = 3 < y_{min}$. Daher können die Werte $8, 9, 10$ für x und $1, 2, 3$ für y an keiner Lösung beteiligt sein und wir können diese Teilintervalle in einem ersten Schritt ausschließen:

$$C_{10} = (x + 2 < y) \land (x + y \geq 16) \land (x \in [1,7]) \land (y \in [4,10]) \text{ mit}$$

$$\mathcal{D}_{\mathcal{FD},I} \models \forall (C_9 \longleftrightarrow C_{10}).$$

Die zweite Ungleichung $x + y \geq 16$ liefert die Beschränkungen $x_{min} \geq 16 - y_{max} = 16 - 10 = 6$ und $y_{min} \geq 16 - x_{max} = 16 - 7 = 9$:

$$C_{11} = (x + 2 < y) \land (x + y \geq 16) \land (x \in [6,7]) \land (y \in [9,10]) \text{ mit}$$

$$\mathcal{D}_{\mathcal{FD},I} \models \forall (C_{10} \longleftrightarrow C_{11}).$$

Das resultierende CSP C_{11} ist äquivalent zum ursprünglichen CSP C_9, d. h., wir haben die Domänen eingeschränkt, ohne Lösungen zu verlieren. $\Diamond$

Grenzenkonsistenz für gewichtete Summen

Beispiel 4.11 zeigt, dass die Berechnung einer Intervallbeschränkung mit Hilfe der Intervallarithmetik immer auch von der Form des betrachteten Constraints abhängt. Aus dem Constraint $(x + 2 < y)$ haben wir zwei $<$-Constraints gewonnen, aus dem Constraint $(x + y \geq 16)$ entsprechend zwei $\geq$-Constraints. Je nach Relation und Operation können wir unterschiedliche Folgerungen berechnen.

In diesem Abschnitt betrachten wir als Beispiel hierfür CSPs

$$C = C' \wedge E_1 \wedge \ldots \wedge E_k,$$

deren Constraints aus C' sog. *gewichtete Summen* sind. Ein solches Constraint hat die Form

$$a_1 * x_1 + \ldots + a_m * x_m + b_1 * y_1 + \ldots + b_n * y_n = c,$$

wobei die $a_1, \ldots, a_m \in \mathbb{Q}^+$ positive und die $b_1, \ldots, b_n \in \mathbb{Q}^-$ negative rationale Zahlen sind; $c \in \mathbb{Q}$ ist eine beliebige rationale Zahl.

Die Constraints $E_1, \ldots, E_k$ beschränken die Domänen der Variablen:

$$v \in [min_v, max_v], \ v \in \{x_i \mid i \in \{1, \ldots, m\}\} \cup \{y_j \mid j \in \{1, \ldots, n\}\}.$$

Wir schränken die Menge $\mathcal{CS}_{\mathcal{FD},I}$ der Constraints unseres Constraint-Systems $\zeta_{\mathcal{FD},I}$ also auf *lineare* Gleichungen und Domänen-Constraints ein.[15]

Ein CSP mit gewichteten Summen beschreibt somit Skalarmultiplikationen wie $a_i \odot \overline{x}_i$ und Summen von Intervallen $a_1 \odot \overline{x}_1 \oplus \ldots \oplus a_m \odot \overline{x}_m$. Wir schreiben dabei $\overline{x}_i$, um die Ganzzahlintervalle $\overline{x}_i$ von den ganzen Zahlen x_i aus den Constraints zu unterscheiden. Ebenso verwenden wir $\oplus$ und $\odot$ als Operationssymbole für die Intervalloperationen.

Wenn wir für solche Constraints die Grenzenkonsistenz überprüfen oder neue Intervalleinschränkungen berechnen wollen, müssen wir mit diesen Operationen über konkreten Intervallen arbeiten können.

Intervalladdition $\oplus$

Die Summe zweier Ganzzahlintervalle $[a, b]$ und $[c, d]$ mit $a, b, c, d \in \mathbb{Z}$, $a \leq b$ und $c \leq d$ ist gegeben durch

$$[a, b] \oplus [c, d] = [a + c, b + d].$$

---

[15]Gleichzeitig müssen wir $\zeta_{\mathcal{FD},I}$ um Symbole zur Darstellung rationaler Zahlen erweitern.

Das Intervall $[a, b] \oplus [c, d]$ enthält genau die Werte, die sich durch Addition zweier beliebiger Werte aus den beiden ursprünglichen Intervallen ergeben:

$$[a, b] \oplus [c, d] = \{x + y \mid x \in [a, b] \wedge y \in [c, d]\}$$

Im Übrigen ist die Definition kompatibel zur Ganzzahladdition, wenn wir Ganzzahlen $e \in \mathbb{Z}$ als Intervalle $[e, e]$ interpretieren: Für $a = b$ und $c = d$ gilt $[a, b] \oplus [c, d] = [a, a] \oplus [c, c] = [a + c, a + c]$.

Skalarmultiplikation $\odot$

Die Multiplikation eines Skalars $r \in \mathbb{Q}$ und eines Ganzzahlintervalls $[a, b]$ mit $a, b \in \mathbb{Z}$ und $a \leq b$ ist gegeben durch[16]

$$r \odot [a, b] = \begin{cases} [\lceil r \cdot a \rceil, \lfloor r \cdot b \rfloor] & \text{für } r \geq 0, \\ [\lceil r \cdot b \rceil, \lfloor r \cdot a \rfloor] & \text{für } r < 0. \end{cases}$$

Das Intervall $r \odot [a, b]$ enthält mindestens die ganzzahligen r-fachen von Werten aus $[a, b]$:

$$r \odot [a, b] \supseteq \{r \cdot x \mid x \in [a, b], r \cdot x \in \mathbb{Z}\}.$$

Für ganzzahlige r, d. h. $r \in \mathbb{Z}$, ist die Skalarmultiplikation kompatibel zur Ganzzahlmultiplikation: Für $a = b$ gilt $r \odot [a, b] = r \odot [a, a] = [r \cdot a, r \cdot a]$.

Gegeben sei nun ein gewichtetes Summen-Constraint

$$a_1 * x_1 + \ldots + a_m * x_m + b_1 * y_1 + \ldots + b_n * y_n = c$$

mit $a_1, \ldots, a_m \in \mathbb{Q}^+$, $b_1, \ldots, b_n \in \mathbb{Q}^-$, $c \in \mathbb{Q}$ sowie die Domänen-Constraints

$$x_i \in [min_{x_i}, max_{x_i}], \quad i \in \{1, \ldots, m\} \quad \text{und}$$
$$y_j \in [min_{y_j}, max_{y_j}], \quad j \in \{1, \ldots, n\}.$$

Dann ist

$$I(x_h) = \frac{1}{a_h} \odot [c, c] \oplus \bigoplus_{i=1, i \neq h}^{m} \left(-\frac{a_i}{a_h}\right) \odot [min_{x_i}, max_{x_i}]$$

$$\oplus \bigoplus_{j=1}^{n} \left(-\frac{b_j}{a_h}\right) \odot [min_{y_j}, max_{y_j}]$$

das kleinste Intervall, das alle möglichen Werte der Variablen x_h enthält und

$$I(y_h) = \frac{1}{b_h} \odot [c, c] \oplus \bigoplus_{i=1}^{m} \left(-\frac{a_i}{b_h}\right) \odot [min_{x_i}, max_{x_i}]$$

$$\oplus \bigoplus_{j=1, j \neq h}^{n} \left(-\frac{b_j}{b_h}\right) \odot [min_{y_j}, max_{y_j}]$$

---

[16]wobei $\lfloor x \rfloor = max_{k \in \mathbb{Z}, k \leq x}(k)$ und $\lceil x \rceil = min_{k \in \mathbb{Z}, k \geq x}(k)$

das kleinste Intervall, das den möglichen Wertebereich der Variablen y_h über-deckt.[17]

Mit Hilfe der Intervallarithmetik-Operationen $\oplus$ und $\odot$ können wir daraus Einschränkungen für die Domänengrenzen der Variablen x_h und y_h berechnen.

$$min_{x_h} \geq \left\lceil \frac{c - \sum_{i=1,i\neq h}^{m} a_i \cdot max_{x_i} - \sum_{j=1}^{n} b_j \cdot min_{y_j}}{a_h} \right\rceil$$

$$max_{x_h} \leq \left\lfloor \frac{c - \sum_{i=1,i\neq h}^{m} a_i \cdot min_{x_i} - \sum_{j=1}^{n} b_j \cdot max_{y_j}}{a_h} \right\rfloor$$

für $h = 1, \ldots, m$ und

$$min_{y_h} \geq \left\lceil \frac{c - \sum_{i=1}^{m} a_i \cdot min_{x_i} - \sum_{j=1,j\neq h}^{n} b_j \cdot max_{y_j}}{b_h} \right\rceil$$

$$max_{y_h} \leq \left\lfloor \frac{c - \sum_{i=1}^{m} a_i \cdot max_{x_i} - \sum_{j=1,j\neq h}^{n} b_j \cdot min_{y_j}}{b_h} \right\rfloor$$

für $h = 1, \ldots, n$.

Algorithmus 4.3 gibt eine Implementierung eines Grenzenkonsistenz-Algorithmus an. Dabei besteht das betrachtete CSP C aus nur einer gewichteten Summe sowie den Domänen-Constraints. Der Algorithmus durchläuft jeweils alle Domänen-Constraints und berechnet anhand der eben abgeleiteten Formeln neue Intervallbeschränkungen bis keine Veränderungen mehr auftreten.

Für ein CSP $C =$

$$a_1 * x_1 + \ldots + a_m * x_m + b_1 * y_1 + \ldots + b_n * y_n = c \ \wedge$$

$$\bigwedge_{i=1}^{m}(x_i \in [min_{x_i}, max_{x_i}]) \wedge \bigwedge_{j=1}^{n}(y_j \in [min_{y_j}, max_{y_j}])$$

mit den positiven Koeffizienten $a_1, \ldots, a_m \in \mathbb{Q}^+$, den negativen Koeffizienten $b_1, \ldots, b_n \in \mathbb{Q}^-$ und $c \in \mathbb{Q}$ gilt

$$\mathcal{D}_{\mathcal{FD}} \models \forall(C \longleftrightarrow \mathsf{boundsConsistency}_{sum}(C)).$$

Beispiel 4.12   Wir betrachten das CSP

$$C_{12} = (17 * a + 13 * b + 11 * c + 97 * d + 177 * e = 999) \ \wedge$$
$$(a \in [1, 1000]) \wedge (b \in [1, 1000]) \wedge \ldots \wedge (e \in [1, 1000]).$$

---

[17]Zur Vereinfachung der Darstellung lassen wir hier jeweils den Index $\mathcal{FD}$ aus.

Algorithmus 4.3 : Grenzenkonsistenz für eine gewichtete Summe

Gegeben : CSP $C = C' \wedge D$ mit

$C' = (a_1 * x_1 + \ldots + a_m * x_m + b_1 * y_1 + \ldots + b_n * y_n = c)$ und
$D = (\bigwedge_{i=1}^{m}(x_i \in [min_{x_i}, max_{x_i}]) \wedge \bigwedge_{j=1}^{n}(y_j \in [min_{y_j}, max_{y_j}]))$.

Resultat : Ein äquivalentes grenzenkonsistentes CSP (bzw. *false*).

1 $\mathsf{boundsConsistency}_{sum}(C) \equiv$
2 **repeat**
3 $\quad$ $D' := D$;
4 $\quad$ **for** $h = 1$ **to** m **do**
5 $\quad\quad$ $l_{x_h} := max\{min_{x_h}, \lceil \frac{c - \sum_{i=1, i \neq h}^{m} a_i \cdot max_{x_i} - \sum_{j=1}^{n} b_j \cdot min_{y_j}}{a_h} \rceil\}$;
6 $\quad\quad$ $u_{x_h} := min\{max_{x_h}, \lfloor \frac{c - \sum_{i=1, i \neq h}^{m} a_i \cdot min_{x_i} - \sum_{j=1}^{n} b_j \cdot max_{y_j}}{a_h} \rfloor\}$;
7 $\quad\quad$ **if** $l_{x_h} \leq u_{x_h}$ **then**
8 $\quad\quad\quad$ $min_{x_h} := l_{x_h}$;
9 $\quad\quad\quad$ $max_{x_h} := u_{x_h}$;
10 $\quad\quad$ **else**
11 $\quad\quad\quad$ **return** *false*;

12 $\quad$ **for** $h = 1$ **to** n **do**
13 $\quad\quad$ $l_{y_h} := max\{min_{y_h}, \lceil \frac{c - \sum_{i=1}^{m} a_i \cdot min_{x_i} - \sum_{j=1, j \neq h}^{n} b_j \cdot max_{y_j}}{b_h} \rceil\}$;
14 $\quad\quad$ $u_{y_h} := min\{max_{y_h}, \lfloor \frac{c - \sum_{i=1}^{m} a_i \cdot max_{x_i} - \sum_{j=1, j \neq h}^{n} b_j \cdot min_{y_j}}{b_h} \rfloor\}$;
15 $\quad\quad$ **if** $l_{y_h} \leq u_{y_h}$ **then**
16 $\quad\quad\quad$ $min_{y_h} := l_{y_h}$;
17 $\quad\quad\quad$ $max_{y_h} := u_{y_h}$;
18 $\quad\quad$ **else**
19 $\quad\quad\quad$ **return** *false*;

20 **until** $D = D'$;
21 **return** $C' \wedge D$;

Die Berechnung eines äquivalenten, lokal konsistenten CSP könnte hier (schlimmstenfalls) eine Betrachtung von Wertetupeln in der Größenordnung von 10^{15} erfordern, d. h., wir haben es mit einem Aufwand zu tun, der exponentiell in der Anzahl der Variablen des Summen-Constraints ist.

Wir begnügen uns daher mit der Grenzenkonsistenz, die trotzdem noch eine starke Einschränkung zulässt, und erhalten bereits nach einem Durchlauf der **repeat**-Schleife das CSP

$C_{13} = (17 * a + 13 * b + 11 * c + 97 * d + 177 * e = 999) \wedge$
$\qquad (a \in [1, 41]) \wedge (b \in [1, 53]) \wedge (c \in [1, 63]) \wedge (d \in [1, 8]) \wedge (e \in [1, 4])$.

Man kann sich nun entweder mit diesem wesentlich kleineren Suchraum zufrieden geben oder hierauf einen Algorithmus zur Herstellung der lokalen Konsistenz anwenden. $\Diamond$

Ein allgemeiner Grenzenkonsistenz-Algorithmus

In Algorithmus 4.3 untersuchen und berechnen wir mit $\mathsf{boundsConsistency}_{sum}$ die Grenzenkonsistenz für sehr eingeschränkte CSPs, nämlich nur für solche, die neben den Domänen-Constraints genau ein weiteres Constraint in Form einer gewichteten Summe enthalten dürfen.

Wenn wir die Grenzenkonsistenz für ein CSP mit mehreren FD-Constraints beliebiger Formen, z. B. auch von Ungleichungen, Minima oder Maxima, prüfen bzw. herstellen wollen, dann brauchen wir zunächst für jede Constraint-Form F ein entsprechendes Intervallarithmetik-Verfahren $\mathsf{boundsConsistency}_F$.

In einem allgemeinen Algorithmus $\mathsf{boundsConsistency}$ (s. Algorithmus 4.4) werden diese verwendet, um Domäneneinschränkungen für jeweils alle Variablen und jeweils alle Constraints zu berechnen, bis keine Änderung mehr auftritt, d. h. ein Fixpunkt erreicht ist.

Algorithmus 4.4 : Grenzenkonsistenz

Gegeben : Ein CSP $C = C' \wedge D$ mit

$C' = E_1 \wedge \ldots \wedge E_k$, wobei E_i von der Form F_i ist und

$D = \bigwedge_{i=1}^{n} x_i \in [min_{x_i}, max_{x_i}]$.

Resultat : Ein äquivalentes grenzenkonsistentes CSP (bzw. *false*).

1 $\mathsf{boundsConsistency}(C) \equiv$
2 $K := \bigcup_{i \in \{1, \ldots, k\}} \{E_i\}$;
3 **while** $K \neq \emptyset$ **do**
4      $E := arb(K); \ K := K \backslash \{E\}$;
5      $B := \mathsf{boundsConsistency}_F(E \wedge D)$;
6   **if** $B = false$ **then**
7          $\lfloor$ **return** *false*;
8   **else**
9          $\lfloor$ B hat die Form $E \wedge D'$
10   Sei X die Menge der Variablen, deren Domänen sich durch die Anwendung von $\mathsf{boundsConsistency}_F(E \wedge D)$ geändert haben.
11   **for** $i = 1$ **to** k **do**
12   **if** $var(E_i) \cap X \neq \emptyset$ **then**
13             $\lfloor$ $K := K \cup \{E_i\}$;
14     $\lfloor$ $D := D'$;
15 **return** $C' \wedge D$;

Es gilt

$$\mathcal{D}_{\mathcal{FD}} \models \forall (C \longleftrightarrow \mathsf{boundsConsistency}(C))$$

und $\mathsf{boundsConsistency}(C)$ ist grenzenkonsistent.

Algorithmus 4.4 hat einen Aufwand von $\mathcal{O}(n^2 dg)$, wobei n die Anzahl der Variablen, d die Größe der größten Domäne und g der Aufwand von boundsConsistency$_F$ ist. Aber auch dieses Verhalten kann noch sehr ineffizient sein.

Beispiel 4.13 Für die Ungleichung $x < y$ mit $x \in [min_x, max_x]$ und $y \in [min_y, max_y]$ können wir neue Intervallgrenzen max'_x und min'_y ganz einfach berechnen:

$$max'_x = min(max_x, max_y - 1)$$

$$min'_y = max(min_y, min_x + 1)$$

Die Werte max'_x und min'_y entsprechen u_x und l_y in Algorithmus 4.3 und wenn wir dort die Berechnung von l_x und u_y „ausblenden", dann können wir einen Grenzenkonsistenz-Algorithmus boundsConsistency$_{x<y}$ für Constraints der Form $x < y$ ganz ähnlich zu Algorithmus 4.3 gestalten.

Wir wenden boundsConsistency (Algorithmus 4.4) auf das CSP

$$C_{14} = (a < b) \wedge (b < a) \wedge (a \in [-10000, 10000]) \wedge (b \in [-10000, 10000])$$

an. Bei wechselnder Auswahl der Constraints $(a < b)$ und $(b < a)$ (Zeile 4) durchläuft der Algorithmus 10000 Iterationen bis die offensichtliche Inkonsistenz entdeckt wird:

$a \in$	$[-10000, 10000]$	$b \in$	$[-10000, 10000]$
$a \in$	$[-10000, 9999]$	$b \in$	$[-9999, 10000]$
$a \in$	$[-9998, 9999]$	$b \in$	$[-9999, 9998]$
$a \in$	$[-9998, 9997]$	$b \in$	$[-9997, 9998]$
$a \in$	$[-9996, 9997]$	$b \in$	$[-9997, 9996]$
$\vdots$		$\vdots$	
$a \in$	$[-2, 1]$	$b \in$	$[-1, 2]$
$a \in$	$[0, 1]$	$b \in$	$[-1, 0]$
$false$			

Dieser Aufwand lässt sich z. B. durch symbolische Constraintverarbeitung vermeiden; mit Hilfe von Regeln kann man hier aus $(a < b) \wedge (b < a)$ sofort $false$ folgern (vgl. Kapitel 8). $\Diamond$

Erfüllbarkeit

Auf Basis der Grenzenkonsistenz formulieren wir einen *Erfüllbarkeitstest* für CSP

$$C = C' \wedge x_1 \in [min_1, max_1] \wedge \ldots \wedge x_n \in [min_n, max_n],$$

$var(C') \subseteq \{x_1, \ldots, x_n\}$, mit Domänen-Constraints in Form von Intervallen (nach Definition 4.5):

$$\text{solve}_{bc}(C) = \begin{cases} true & \text{falls boundsConsistency}(C) \\ & = C' \wedge x_1 \in [e_1, e_1] \wedge \ldots \wedge x_n \in [e_n, e_n], \\ false & \text{falls boundsConsistency}(C) = false, \\ unknown & \text{sonst.} \end{cases}$$

Das Verfahren solve_{bc} *verhält sich wohl,* denn es ist mengenbasiert, monoton und unabhängig von den Variablenbenennungen.

4.3 Lösungssuche durch Rücksetzen (Backtracking)

Beide gezeigten Erfüllbarkeitstests solve_{lc} und solve_{bc} für FD-Constraint-Löser sind unvollständig. Zwar können sie für viele CSPs die Domänen der Variablen einschränken, allerdings selten bis auf genau einen Wert je Variable (für erfüllbare CSPs). Daher erhalten wir häufig als Lösung *„unknown".*

Wenn wir einen vollständigen Erfüllbarkeitstest realisieren wollen, müssen wir nach der Herstellung bzw. Prüfung der lokalen Konsistenz oder der Grenzenkonsistenz eines CSP in einem zweiten Schritt seine globale Konsistenz nachweisen, d. h. die tatsächliche Existenz einer Lösung. Wir tun dies durch eine „Suche mit Rücksetzen" (engl. *Backtracking*).

Algorithmus 4.5 zeigt eine Implementierung der Suche, die, wenn das gegebene CSP erfüllbar ist, als Ergebnis eine konkrete Lösung liefert und anderenfalls *false*.

Die Herstellung der lokalen Konsistenz und die Suche sind hier verschränkt: Zunächst stellen wir für das jeweils aktuelle CSP C lokale Konsistenz her (Zeile 2). Danach wählen wir eine Variable x_i (Zeile 9) und für diese Variable einen Wert $e_{i,j}$ aus ihrer Domäne D_i (bzw. E, Zeile 12) und fügen schließlich das Constraint $x = e_{i,j}$ zum CSP C hinzu. Für dieses neue CSP $(x_i = e_{i,j}) \wedge C$ rufen wir dann backtrackSolve auf und beginnen erneut mit der Herstellung der lokalen Konsistenz. Stellen wir dabei eine Inkonsistenz fest, wird für die zuletzt betrachtete Variable x_i ein anderer Wert gewählt (Zeile 12) und die Suche fortgesetzt. Ist kein alternativer Wert für x_i mehr möglich, wird stattdessen ein alternativer Wert für die unmittelbar zuvor ausgewählte Variable x_j untersucht und für x_i die bisher zulässige Domäne E erneut betrachtet. Dieses Vorgehen nennt man Suche mit Rücksetzen (bzw. engl. *Backtracking*). Die Suche bricht ab, sobald eine konkrete Lösung gefunden wurde.

In Algorithmus 4.5 haben wir ein CSP nach Definition 4.1, d. h. mit Domänen-Constraints in Form von Mengen, vorausgesetzt und zur Domäneneinschränkung die lokale Konsistenz verwendet. Analog kann man hier bei CSPs mit Domänen in Form von Intervallen (Definition 4.5) den Grenzenkonsistenz-Algorithmus boundsConsistency anwenden.

Für ein CSP $C = C' \wedge D$ über den Variablen $x_1, \ldots, x_n$ mit $C' = c_1 \wedge \ldots \wedge c_k$ und $D = x_1 \in D_1 \wedge \ldots \wedge x_n \in D_n$ gilt

---

Algorithmus 4.5 : Lösen eines CSP mit Tiefensuche

Gegeben : Ein CSP $C = C' \land D$ (Definition 4.1) mit

$C' = c_1 \land \ldots \land c_k$ und

$D = x_1 \in D_1 \land \ldots \land x_n \in D_n$.

Resultat : Eine Lösung von C oder *false*.

1 backtrackSolve(C) $\equiv$
2 $F := \text{localConsistency}(C)$;
3 **if** $F = \textit{false}$ **then**
4 $\quad$ | $\quad$ **return** *false*;
5 **else if** $F = C' \land x_1 \in \{e_1\} \land \ldots \land x_n \in \{e_n\}$ **then**
6 $\quad$ | $\quad$ **return** $x_1 = e_1 \land \ldots \land x_n = e_n$;
7 **else**
8 $\quad$ | $\quad$ Sei $F = C' \land x_1 \in \{e_{1,1}, \ldots, e_{1,m_1}\} \land \ldots \land x_n \in \{e_{n,1}, \ldots, e_{n,m_n}\}$.
9 $\quad$ | $\quad$ Wähle ein x_i mit $m_i \geq 2$.
10 $\quad$ | $\quad$ Sei $E = \{e_{i,1}, \ldots, e_{i,m_i}\}$.
11 $\quad$ | $\quad$ **while** $E \neq \emptyset$ **do**
12 $\quad$ | $\quad$ | $\quad$ Wähle ein $e_{i,j} \in E$.
13 $\quad$ | $\quad$ | $\quad$ $E := E \setminus \{e_{i,j}\}$;
14 $\quad$ | $\quad$ | $\quad$ $B := \text{backtrackSolve}((x_i = e_{i,j}) \land F)$;
15 $\quad$ | $\quad$ | $\quad$ **if** $B \neq \textit{false}$ **then**
16 $\quad$ | $\quad$ | $\quad$ | $\quad$ **return** B;
17 $\quad$ | $\quad$ **return** *false*;

---

backtrackSolve(C)

$$= \begin{cases} \textit{false} & \text{wenn } C \text{ unerfüllbar ist,} \\ x_1 = e_1 \land \ldots \land x_n = e_n & \text{wenn } C \text{ erfüllbar ist.} \end{cases}$$

Hierbei sind $e_1, \ldots, e_n$ Konstanten und repräsentieren eine Lösung von C.

Beispiel 4.14 Wir wenden backtrackSolve auf das CSP

$$C_{15} = (x > y) \land (x + y = z) \land (v + y > x) \land$$
$$(x \in \{1, 3, 5, 7\}) \land (y \in \{2, 4, 6, 8\}) \land (z \in \{4, 5, 6, 7, 8\}) \land (v \in \{1, 2, 3\})$$

an:

Schritt 1: Zuerst berechnen wir mit Hilfe von localConsistency in Zeile 2 das äquivalente und lokal konsistente CSP

$$C'_{15} = \ldots \land (x \in \{3, 5\}) \land (y \in \{2, 4\}) \land (z \in \{5, 7\}) \land (v \in \{1, 2, 3\})$$

Die „..." stehen dabei hier und im Folgenden für die sich während der Berechnung nicht ändernden Constraints $(x > y) \land (x + y = z) \land (v + y > x)$.

Schritt 2: Da C'_{15} weder *false* ist noch seine Domänen auf einelementige Mengen eingeschränkt werden konnten, wählen wir jetzt eine Variable mit mehrelementiger Domäne (Zeile 9), hier z, und als Element seiner Domäne den Wert 7 (Zeile 12). Damit bilden wir ein neues CSP

$$C_{16} = (z = 7) \wedge \ldots \wedge (x \in \{3,5\}) \wedge (y \in \{2,4\}) \wedge (z \in \{5,7\}) \wedge (v \in \{1,2,3\}),$$

auf das wir erneut backtrackSolve anwenden (Zeile 14).

Schritt 3: Wir wenden auf C_{16} localConsistency (Zeile 2) an und erhalten

$$C'_{16} = (z = 7) \wedge \ldots \wedge (x \in \{3,5\}) \wedge (y \in \{2,4\}) \wedge (z \in \{7\}) \wedge (v \in \{1,2,3\}).$$

Schritt 4: Erneut wählen wir eine Variable mit mehrelementiger Domäne und einen Wert für diese und fügen ein neues Gleichheitsconstraint zu C'_{16} hinzu. Wir erhalten C_{17} und rufen hierauf backtrackSolve auf.

$$C_{17} = (z = 7) \wedge (x = 3) \wedge \ldots \wedge$$
$$(x \in \{3,5\}) \wedge (y \in \{2,4\}) \wedge (z \in \{7\}) \wedge (v \in \{1,2,3\}).$$

Schritt 5: Die Constraint-Konjunktion C_{17} ist unerfüllbar, somit berechnet der Aufruf localConsistency(C_{17}) das Ergebnis *false* und ebenso der Aufruf backtrackSolve(C_{17}) im vorhergehenden Schritt. Wir wählen einen anderen Wert für die zuletzt gewählte Variable x (Zeile 12). Dieses „Zurücksetzen der Wertauswahl" nennen wir *Backtracking*. Wir erhalten:

$$C_{18} = (z = 7) \wedge (x = 5) \wedge \ldots \wedge$$
$$(x \in \{3,5\}) \wedge (y \in \{2,4\}) \wedge (z \in \{7\}) \wedge (v \in \{1,2,3\}).$$

Schritt 6: Auch backtrackSolve(C_{18}) scheitert, d.h. liefert *false*. Wir können nun keinen alternativen Wert für x mehr auswählen, d.h. $E_x = \emptyset$ (Zeile 11). Somit liefert auch backtrackSolve(C_{16}) aus Schritt 2 das Resultat *false*.

Wir befinden uns daher jetzt wieder in Zeile 12 in der Berechnung von backtrackSolve(C'_{15}). Wir wählen einen alternativen Wert für z (*Backtracking*) und erhalten

$$C_{19} = (z = 5) \wedge \ldots \wedge (x \in \{3,5\}) \wedge (y \in \{2,4\}) \wedge (z \in \{5,7\}) \wedge (v \in \{1,2,3\}).$$

Weitere Schritte: Wir berechnen ein lokal konsistentes CSP

$$C'_{19} = (z = 5) \wedge \ldots \wedge (x \in \{3\}) \wedge (y \in \{2\}) \wedge (z \in \{5\}) \wedge (v \in \{2,3\}),$$

wählen dann wieder eine Variable mit mehrelementiger Domäne (es bleibt nun nur v) und für diese einen Wert und erhalten ein lokal konsistentes CSP mit einelementigen Domänen:

$$C_{20} = (z = 5) \wedge (v = 2) \wedge \ldots \wedge (x \in \{3\}) \wedge (y \in \{2\}) \wedge (z \in \{5\}) \wedge (v \in \{2\}).$$

Wir geben die berechneten einelementigen Domänen als Ergebnis der Berechnung backtrackSolve(C_{15}) aus (Zeile 6).

$$x = 3 \land y = 2 \land z = 5 \land v = 2$$

repräsentiert eine Lösung des gegebenen CSP C_{15}.   ◊

In Abschnitt 2.4.1 haben wir erstmalig über eine Suche mit *Backtracking* gesprochen, als wir die Berechnungsstrategie von PROLOG diskutiert haben. Wie dort spannt auch unsere imperative Beschreibung in Algorithmus 4.5 einen *Suchbaum* auf. Abbildung 4.5 zeigt den Suchbaum für die Berechnung in Beispiel 4.14. Wie bei der Berechnung von PROLOG-Programmen haben wir diesen Suchbaum von links nach rechts durchlaufen. Wenn der Suchprozess in eine Sackgasse geriet (d. h. *false* berechnet wurde), dann sind wir nach oben zurückgegangen und haben den jeweils nächsten alternativen Weg betrachtet. Den grau markierte Unterbaum des Knotens C_{19} haben wir nicht mehr berechnet, nachdem wir mit C_{20} eine Lösung gefunden haben.

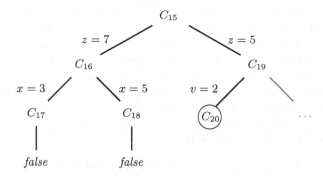

Abb. 4.5. Aufgespannter Suchbaum der Lösungssuche backtrackSolve(C_{15})

Der Algorithmus backtrackSolve ist nichtdeterministisch, sowohl

- in der Auswahl der Variablen, deren Wert im nächsten Schritt festgelegt wird (Zeile 9),
- als auch in der Auswahl des jeweiligen Wertes für diese Variable (Zeile 12).

Mit sog. Auswahl-Heuristiken legt man daher im Allgemeinen die Reihenfolgen fest, in denen die Variablen und ihre Werte betrachtet werden. Ziel solcher Heuristiken ist, die Anzahl der Rücksetzschritte zu minimieren, um möglichst schnell die erste oder auch alle Lösungen eines CSP zu berechnen bzw. seine Inkonsistenz festzustellen. Wir betrachten einige allgemeine und problemspezifische Auswahl-Heuristiken sowie weitere Suchverfahren in Kapitel 13.

Erfüllbarkeit

Auf Basis der Suche mit Backtracking können wir nun einen *vollständigen* Erfüllbarkeitstest für CSPs

$$C = C' \wedge x_1 \in D_1 \wedge \ldots \wedge x_n \in D_n$$

mit $var(C') \subseteq \{x_1, \ldots, x_n\}$ definieren:

$$\mathsf{solve}_{bt}(C) = \begin{cases} \textit{true} \text{ falls } \mathsf{backtrackSolve}(C) \neq \textit{false}, \\ \textit{false} \text{ falls } \mathsf{backtrackSolve}(C) = \textit{false}. \end{cases}$$

Das Verfahren solve_{bt} *verhält sich wohl,* denn es ist mengenbasiert, monoton und unabhängig von den Variablenbenennungen.

4.4 Praktische Programmierung

Neben den Relationen und Funktionen, die wir für unsere mehr theoretischen Betrachtungen und zur Diskussion der Konsistenz- und Suchalgorithmen für das Constraint-System $\zeta_{\mathcal{FD}}$ angegeben haben, bieten Constraint-Programmiersysteme wie ECL^{i}PS^e-Prolog im Allgemeinen eine Reihe weiterer Konstrukte zur FD-Programmierung an. Um einen Eindruck zur praktischen Programmierung zu gewinnen und die Beispiele und Aufgaben besser verstehen zu können, geben wir hier eine typische Auswahl an.

Bei Sprachen und Systemen mit FD-Constraints betrifft dies vor allem sog. globale Constraints und Such-Prädikate:

- *Globale Constraints* entsprechen einer Konjunktion von Constraints. Man betrachtet diese Constraints zusammen und kann daher stärkere Lösungsalgorithmen einsetzen. In Kapitel 10 gehen wir detaillierter auf globale Constraints ein und diskutieren ihre Implementierung und Anwendung an Hand von Beispielen. Wir geben im Folgenden einige Beispiele aus ECL^{i}PS^e-, SICStus- oder SWI-Prolog an; Argumentanzahl und konkrete Schreibung der Prädikat-Namen sowie die tatsächliche Verfügbarkeit der Prädikate können dabei variieren.

  alldifferent(List) sichert, dass alle Elemente der Liste List verschieden sind.

  cumulative(StartTimes,Durations,Resources,Limit) prüft die Kompatibilität von Tasks. StartTimes, Durations und Resources sind Listen der Länge n von Integer-Variablen oder -Werten und geben Startzeiten, Dauern und Ressourcenverbrauch von n Tasks an. Die Summe der Ressourcenverbräuche darf das gegebene Limit, ein Integer-Wert, zu keinem Zeitpunkt überschreiten.

global_cardinality(Xs,Vals) verallgemeinert das alldifferent-Constraint: Xs $= [x_1, \ldots, x_d]$ ist eine Liste von Integer-Variablen, Vals $= [(k_1, min_1, max_1), \ldots, (k_n, min_n, max_n)]$ eine Liste von Tripeln, wobei die k_i Integer-Keys sind und die min_i und max_i mit $min_i \leq max_i$ Integer-Werte. Die k_i stellen die möglichen Werte für die Variablen aus Xs dar. global_cardinality beschränkt die Häufigkeit der Zuordnung von Werten für die Variablen aus Xs durch die Minimal- und Maximal-Werte min_i und max_i.

- *Prädikate zur Suche und Optimierung:*

  labeling(Vars) instanziiert alle Variablen der Liste Vars mit Werten ihrer jeweiligen Domäne.

  minimize(Goal,C) bzw. maximize(Goal,C) findet eine Lösung des Ziels Goal, das die Zielfunktion C minimiert bzw. maximiert.

  search(...) wird von einigen Systemen als generische Suchfunktion für unterschiedliche Suchmethoden angeboten.

- *Weitere Prädikate:*

  #(Min,Constraints,Max) wird auch Kardinalitätsoperator genannt und sichert, dass mindestens Min und höchstens Max der Constraints der Liste Constraints erfüllt sind.

  Vars :: Domain ordnet den Variablen Vars die Domäne Domain zu.

  atmost(N,List,V) sichert, dass höchstens N Elemente der Liste List von Variablen den Wert V haben.

  maxdomain(Var,Max) liefert bzw. überprüft das maximale Element Max der Domäne der Variablen Var.

4.5 Aufgaben

Aufgabe 4.1 (Lokale Konsistenz)   Geben Sie einen Algorithmus localConsistency an, der bei Eingabe eines CSP (gemäß Definition 4.1) ein äquivalentes, lokal konsistentes CSP berechnet.

Aufgabe 4.2 (Termination)   Warum terminieren die Algorithmen 4.1, 4.2, 4.3 und 4.4? Terminiert Ihr Verfahren localConsistency aus Aufgabe 4.1? Wenn ja, warum, wenn nein, warum nicht?

Aufgabe 4.3 (Implementierung von Folgerbarkeit und Projektion)   Wie kann man für das Constraint-System $\zeta_{\mathcal{FD}}$ (Seite 71) auf der Basis der in diesem Kapitel vorgestellten Algorithmen folgende (hier eingeschränkte) Operationen realisieren?

- Folgerbarkeit vom Typ entail : $\Delta \mathcal{CS} \times \mathcal{CS} \to \{true, false, delay\}$ und
- Projektion vom Typ proj : $\Delta \mathcal{CS} \times X \to \Delta \mathcal{CS}$

Aufgabe 4.4 (Anwendung eines FD-Constraint-Lösers)   Gegeben sei das Constraint-System $\zeta_{\mathcal{FD}}$ (Seite 71) und die Constraint-Konjunktion

$$C = (x + 1 > y - z) \wedge (x < z) \wedge (x > 2) \wedge$$
$$(x \in \{1, 2, 3, 4, 5, 6, 7\}) \wedge (y \in \{9, 10, 11, 12\}) \wedge (z \in \{1, 2, 3, 4, 5, 6\}).$$

1. Geben Sie ein äquivalentes knoten- und kantenkonsistentes CSP an!
2. Geben Sie ein äquivalentes lokal konsistentes CSP an!
3. Prüfen Sie die Erfüllbarkeit von C in $\mathcal{D}_{\mathcal{FD}}$!
4. Gegeben sei ein Folgerbarkeitstest

$$\text{entail} : \Delta\mathcal{CS} \times \mathcal{CS} \rightarrow \{true, false, delay\}$$

   mit

   $\text{entail}(C, E) = true$ gdw. $\mathcal{D} \models (\exists C) \wedge \forall(C \longrightarrow E)$,
   $\text{entail}(C, E) = false$ gdw. $\mathcal{D} \models \neg\exists(C \wedge (C \longrightarrow E))$,
   $\text{entail}(C, E) = delay$ sonst.

   Was berechnet dieser Test für
   - $\text{entail}(C, (y > x + x))$,
   - $\text{entail}(C, (z > x + x))$,
   - $\text{entail}(C, (z \leq 4))$,
   - $\text{entail}(C, (z \leq 5))$ und
   - $\text{entail}(C, (z \leq 6))$?

5. Projizieren Sie die Constraint-Konjunktion C bezüglich der Mengen $\{z\}$, $\{x, z\}$ und $\{x, y, z\}$!

Lineare Arithmetische Constraints

In diesem Kapitel beschäftigen wir uns mit *linearen arithmetischen Constraints*. Wir legen zunächst in Abschnitt 5.1 ein entsprechendes Constraint-System $\zeta_{\mathbb{R}_{lin}}$ fest und betrachten die Constraints dieses Systems genauer. Danach werden wir in Abschnitt 5.2 die Simplex-Methode kennen lernen, mit deren Hilfe man über die Erfüllbarkeit einer Menge linearer Constraints entscheiden und Projektionen berechnen kann. Die Realisierung wichtiger Constraint-Löser-Operationen auf der Basis der Simplex-Methode diskutieren wir schließlich in Abschnitt 5.3.

Andere Verfahren, die zur Implementierung von Constraint-Lösern für (lineare) arithmetische Constraints eingesetzt werden, auch in Kombination untereinander, sind beispielsweise die Gauß-Jordan-Elimination [6, 105], die Fourier-Motzkin-Elimination [6, 33] und die Intervallarithmetik [6, 71] (vgl. auch Abschnitt 4.2.5).

5.1 Lineare (Un-)Gleichungen

In Beispiel 3.3 haben wir das Constraint-System

$$\zeta_{\mathbb{R}_{lin}} = (\Sigma_{\mathbb{R}}, \mathcal{D}_{\mathbb{R}}, \mathcal{T}_{\mathbb{R}_{lin}}, X_{\mathbb{R}}, \mathcal{CS}_{\mathbb{R}_{lin}}) \text{ mit}$$

$$\Sigma_{\mathbb{R}} = (S_{\mathbb{R}}, F_{\mathbb{R}}, R_{\mathbb{R}}) = (\{real\}, \{0, 1, -1, 2, \dots, +, -, *, /\}, \{=, >, <, \leq, \geq, \neq\})$$

für lineare Arithmetik über reellen Zahlen bereits kennen gelernt, das wir auch im Folgenden verwenden werden.

Die Menge der Constraints $\mathcal{CS}_{\mathbb{R}_{lin}}$ ist auf **lineare Constraints** eingeschränkt. Neben *true* und *false* haben wir also nur Constraints der Form

$$\sum_{i=1}^{n} a_i * x_i \odot b$$

zur Verfügung, wobei $a_1, \dots, a_n, b$ reelle Zahlen sind, $x_1, \dots, x_n \in X_{\mathbb{R}}$ sind Variablen und $\odot$ ist ein Relationssymbol aus der Menge $R_{\mathbb{R}}$.

Im zweidimensionalen Raum können diese Relationen einfach geometrisch dargestellt werden. Dabei wird die Gleichheit = durch eine Gerade repräsentiert, $\geq$ und $\leq$ bilden Halbräume, genauso wie $>$ und $<$, wobei diese den jeweiligen „Rand" nicht mit enthalten. Die Relation $\neq$ beschreibt einen Raum, wobei eine Gerade ausgeschlossen wird. Abbildung 5.1 illustriert dies.

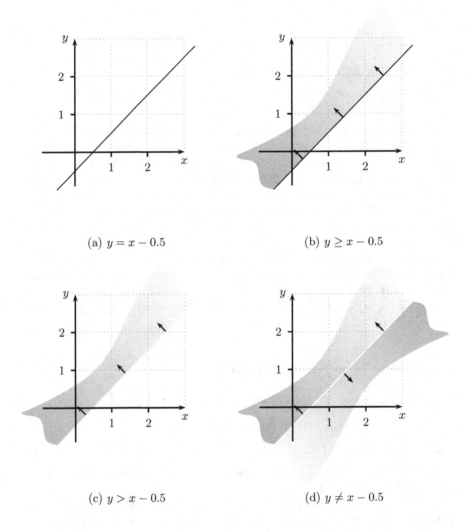

(a) $y = x - 0.5$

(b) $y \geq x - 0.5$

(c) $y > x - 0.5$

(d) $y \neq x - 0.5$

Abb. 5.1. Lineare Constraints im zweidimensionalen Raum

5.2 Die Simplex-Methode

Eine Möglichkeit zur Behandlung linearer Constraints, also um z. B. ihre Erfüllbarkeit zu prüfen oder Projektionen zu bilden, stellt die *Simplex-Methode* [120, 117, 35] dar, die in der Mathematik bei der linearen Optimierung verwendet wird.

5.2.1 Lineare Optimierungsprobleme

Bei der *linearen Optimierung* geht es meist um Probleme der Kapazitätsauslastung oder der Gewinnmaximierung, d. h. um Probleme mit einer Menge von möglichen Lösungen, wobei man von diesen hinsichtlich bestimmter Bedingungen optimale Lösungen sucht. Eine *Zielfunktion* legt fest, wann eine Lösung optimal ist. Unsere linearen Constraints treten bei der Problembeschreibung als sog. *Nebenbedingungen* auf.

Beispiel 5.1 (Lineare Optimierung)   Gegeben sei folgendes Optimierungsproblem: Eine Fabrik stellt aus den Rohstoffen Alpha und Beta die Produkte Psi und Omega her. Um 1 t des Produkts Psi zu produzieren, werden 800 kg Alpha und 300 kg Beta benötigt; zur Herstellung von 1 t Omega braucht man 700 kg Alpha und 500 kg Beta. Dabei kostet 1 t Alpha 120 Euro und 1 t Beta 80 Euro. Psi kann man zum Preis von 150 Euro/t verkaufen, für 1 t Omega erhält man 200 Euro.

Mit diesen Werten können wir die Kosten K und die Einnahmen E gegenüberstellen; p und q bezeichnen die Mengen der hergestellten Produkte Psi bzw. Omega in t. Wir erhalten die Funktion Z, mit der wir den Profit (in Euro) berechnen können:

$$K = (0,8 * 120 * p + 0,3 * 80 * p) + (0,7 * 120 * q + 0,5 * 80 * q)$$
$$E = 150 * p + 200 * q$$

$$Z = E - K = 30 * p + 76 * q$$

Diesen Profit wollen wir maximieren. So erhalten wir unsere *zu maximierende Zielfunktion*:

$$Z = 30 * p + 76 * q \tag{5.1}$$

Weiterhin gibt es einige *lineare Nebenbedingungen*. Dies sind Constraints aus dem Constraint-System $\zeta_{\mathbb{R}_{lin}}$. Da wir Produkte herstellen (und nicht vernichten), brauchen wir die beiden folgenden *Nichtnegativitätsbedingungen*:

$$p \geq 0 \tag{5.2}$$
$$q \geq 0 \tag{5.3}$$

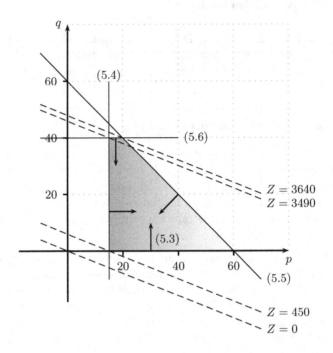

Abb. 5.2. Maximierungsproblem, Graphische Darstellung

Es sollen insgesamt pro Monat mindestens 15 t Psi hergestellt werden:

$$p \geq 15 \tag{5.4}$$

Außerdem ergeben sich durch die Kapazitäten der Maschinen bzw. der Lager noch folgende Einschränkungen:

$$p + q \leq 60 \tag{5.5}$$

$$q \leq 40 \tag{5.6}$$

In Abbildung 5.2 ist das Problem graphisch dargestellt. Der schraffierte Bereich zeigt die Menge der möglichen Belegungen für die Variablen p und q. Das ist die Lösungsmenge der linearen Constraints und sie ist nichtleer. Die Lösungsmenge bildet ein konvexes Polyeder.

Die Eckpunkte des Lösungspolyeders sind jeweils Optimallösungen hinsichtlich verschiedener linearer Zielfunktionen. Natürlich kann es auch für eine Zielfunktion verschiedene Optimallösungen geben. Diese liegen dann auf einer zur Zielfunktion parallelen Geraden, die die Lösungsmenge beschränkt.

Das Bild zeigt (gestrichelte) Geraden für unsere Zielfunktion $Z = 30 * p + 76 * q$ mit unterschiedlichen Zielfunktionswerten. Da sich die Geraden nur in Z unterscheiden, sind sie zueinander parallel. Wir suchen nun das größte Z, unter dem unsere Constraint-Menge noch erfüllt ist, d. h. die Zielfunktion den Lösungsraum noch schneidet. Die Gerade $Z = 0 = 30 * p + 76 * q$ schneidet den Lösungsraum nicht. Erstmalig scheidet die Gerade $Z = 450$ den Lösungsraum. Mit größer werdenden p und q wird auch Z größer. Die Gerade $Z = 3640$ schneidet den zulässigen Bereich schließlich nur noch in einem Punkt. Der Wert für unsere Zielfunktion ist hier bei gültigen Belegungen von p und q maximal, es gilt $Z = 3640$ und $p = 20$, $q = 40$.

Wir haben unser Problem hier *geometrisch* gelöst, indem wir den Lösungsraum als konvexes Polyeder aufgezeichnet haben (das klappt natürlich so nur im zweidimensionalen Raum) und mit Hilfe der Parallelverschiebung den maximalen Zielfunktionswert von Z bestimmt haben.   ◊

Solche linearen Optimierungsprobleme können immer in einer Standardform angegeben werden.

Definition 5.1 (Lineares Optimierungsproblem (LOP))

Ein *lineares Optimierungsproblem (LOP)* ist definiert durch eine zu *minimierende lineare Zielfunktion*

$$Z = c_1 x_1 + c_2 x_2 + \ldots c_n x_n \tag{5.7}$$

über den Variablen $x_1, x_2, \ldots x_n$ unter den *Nebenbedingungen* bzw. linearen Constraints

$$a_{1,1} x_1 + a_{1,2} x_2 + \ldots + a_{1,n} x_n \leq a_1 \tag{5.8}$$
$$a_{2,1} x_1 + a_{2,2} x_2 + \ldots + a_{2,n} x_n \leq a_2$$
$$\ldots$$
$$a_{m,1} x_1 + a_{m,2} x_2 + \ldots + a_{m,n} x_n \leq a_m$$

$$x_1 \geq 0 \tag{5.9}$$
$$x_2 \geq 0$$
$$\ldots$$
$$x_n \geq 0$$

Die Koeffizienten c_j, $a_{i,j}$ und a_i mit $i \in \{1, \ldots, m\}$ und $j \in \{1, \ldots, n\}$ sind reelle Zahlen.

Die Nebenbedingungen (5.9) nennt man *Nichtnegativitätsbedingungen*.

Um ein gegebenes lineares Problem in diese Standardform zu überführen, müssen ggf. eine Reihe von *Transformationen* durchgeführt werden:

Maximierungsprobleme:

Im Gegensatz zur Minimierung von Z in Gleichung (5.7) verlangte unser Optimierungsproblem in Beispiel 5.1 eine Maximierung seines Zielfunktionswertes. Um ein gegebenes Optimierungsproblem in einem solchen Fall in die

Standardform zu überführen, multipliziert man die zu maximierende Zielfunktion Z_{max} einfach mit (-1) und erhält so eine neue, zu minimierende Funktion Z_{min}.

Nebenbedingungen:

Auch die gegebene Form der Constraints (5.8) schränkt uns in der Beschreibung eines Problems nicht tatsächlich ein, denn durch einfache Transformationen können wir gegebene lineare Constraints in diese Form überführen:

- Eine $\geq$-Ungleichung können wir wieder durch Multiplikation mit (-1) in die gewünschte Form bringen.
- Eine Gleichung

$$a_1 x_1 + a_2 x_2 + \ldots + a_n x_n = a$$

  wird durch zwei Ungleichungen

$$a_1 x_1 + a_2 x_2 + \ldots + a_n x_n \leq a$$
$$a_1 x_1 + a_2 x_2 + \ldots + a_n x_n \geq a$$

  ersetzt.
- Problematisch sind echte Ungleichungen: Constraints mit den Relationssymbolen $<$ und $>$ müssen gesondert behandelt werden. Dazu führen wir für jede solche Ungleichung eine neue Variable ein, die echt größer Null sein muss. Beispielsweise transformieren wir $(x < 3)$ zu $(x + \epsilon \leq 3)$. Wie man sicherstellt, dass $\epsilon > 0$ erfüllt bleibt, übergehen wir hier und verweisen auf [90].
- Ähnlich behandeln wir die echte Ungleichheit $\neq$. Wir transformieren z. B. $(x \neq 3)$ zu $(x > 3) \vee (x < 3)$ und müssen dann zwei Optimierungsprobleme untersuchen, wobei einmal das Constraint $(x > 3)$ und einmal das Constraint $(x < 3)$ enthalten ist. Eine andere Möglichkeit zur Behandlung von $\neq$-Relationen wird in [84, 85] beschrieben. Hierbei können $\neq$-Relationen direkt behandelt werden, während man echte $<$- und $>$-Relationen in $\neq$- und $\leq$- bzw. $\geq$-Relationen umformt.

Nichtnegativitätsbedingungen:

Um sicherzustellen, dass für alle Variablen $x_i \geq 0$ gilt (5.9), müssen ggf. noch neue Variablen eingeführt werden. Eine Bedingung $(x \leq -4)$ wird beispielsweise in $(x' - x'' \leq -4)$ überführt, wobei $x', x'' \geq 0$ gilt.

Man kann zeigen [35], dass die Lösungsmenge eines LOP in Standardform immer *konvex* ist und endlich viele Eckpunkte hat. Die Lösungsmenge kann dabei auch unbeschränkt sein, d. h., sie muss kein Polyeder sein. Sie befindet sich (wegen $x_i \geq 0$, $i \in \{1, \ldots, n\}$) im ersten Quadranten eines Koordinatensystems im Raum.

Beispiel 5.2 Wir überführen unser Produktionsproblem aus Beispiel 5.1 in die allgemeine Form eines LOP und erhalten die zu minimierende Zielfunktion

$$Z' = -30 * p - 76 * q$$

unter den Nebenbedingungen

$$-p \leq -15$$
$$p + q \leq 60$$
$$q \leq 40$$

$$p \geq 0$$
$$q \geq 0$$

◊

Wenn wir eine Konjunktion linearer Constraints gegeben haben, dann können wir diese also als Nebenbedingungen eines linearen Optimierungsproblems betrachten. Sie spannen, wie in Beispiel 5.1 in Abbildung 5.2 schraffiert dargestellt, einen Lösungsraum als konvexe Menge auf.

Unser kleines Beispiel haben wir noch geometrisch lösen können. Die Simplex-Methode erlaubt es, sehr viel größere Aufgaben bequem mit Hilfe eines allgemeinen Rechenschemas zu behandeln, das die Grundidee der Lösung aus dem Beispiel aber beibehält. Auf dieser Basis kann man dann untersuchen, ob Lösungen für die gegebene Constraint-Konjunktion existieren, diese also erfüllbar ist.

5.2.2 Der Lösungsalgorithmus

Ein verbreitetes Lösungsverfahren für lineare Optimierungsprobleme ist die 1947 von G.B. Dantzig eingeführte Simplex-Methode und ihre Varianten (vgl. hierzu z. B. [120, 117, 35]). Wir wollen die Grundprinzipien dieser Methode im Folgenden betrachten.

Die *Simplex-Methode* besteht aus zwei wesentlichen Schritten. Zuerst bildet man (falls möglich) eine zulässige *Basislösung* des Problems. Dies ist eine Lösung, die die Nebenbedingungen erfüllt, hinsichtlich der Zielfunktion aber noch nicht optimal sein muss. Danach verbessert man schrittweise diese erste Lösung bis man zu einer *Optimallösung* gelangt.

Wir geben jeweils das Rechenschema formal an und demonstrieren seine Anwendung an Beispielen. Wer über dieses Thema detaillierter nachlesen möchte, dem empfehlen wir z. B. [120, 117, 35, 104]. Wir orientieren uns an [120, 35].

Die Simplex-Methode hat im schlimmsten Fall einen exponentiellen Aufwand; tatsächlich zeigt sich aber in der Praxis im Durchschnitt nur eine lineare Komplexität bezüglich der Anzahl der Nebenbedingungen.

LOP in Normalform

Zur Anwendung der Simplex-Methode muss ein LOP zunächst noch einmal in die sog. *Normalform* umgeformt werden, mit der die Simplex-Methode dann umgehen kann.

Definition 5.2 (Normalform eines LOP)

Ein *LOP in Normalform* besteht aus einer zu *minimierenden linearen Zielfunktion*

$$Z = c_1 x_1 + c_2 x_2 + \ldots c_n x_n \tag{5.10}$$

über den Variablen $x_1, \ldots, x_n$ unter den *Nebenbedingungen*

$$a_{1,1} x_1 + a_{1,2} x_2 + \ldots + a_{1,n} x_n = a_1 \tag{5.11}$$
$$a_{2,1} x_1 + a_{2,2} x_2 + \ldots + a_{2,n} x_n = a_2$$
$$\ldots$$
$$a_{m,1} x_1 + a_{m,2} x_2 + \ldots + a_{m,n} x_n = a_m$$

$$x_1 \geq 0 \tag{5.12}$$
$$x_2 \geq 0$$
$$\ldots$$
$$x_n \geq 0$$

mit $c_j, a_{i,j}, a_i \in \mathbb{R}$, $i \in \{1, \ldots, m\}$ und $j \in \{1, \ldots, n\}$.

Die Nebenbedingungen (5.12) nennt man *Nichtnegativitätsbedingungen*.

Der einzige wesentliche Unterschied zwischen der Standardform und der Normalform eines LOP liegt offensichtlich darin, dass nun statt $\leq$-Beziehungen in den Nebenbedingungen Gleichheitsconstraints verlangt werden.[18] Eine Ungleichung

$$a_1 x_1 + a_2 x_2 + \ldots + a_n x_n \leq a$$

formt man in eine Gleichung

$$a_1 x_1 + a_2 x_2 + \ldots + a_n x_n + s = a$$

um, indem man eine *Schlupf- oder Zusatzvariable* s einführt. Für s gilt dabei $s \geq 0$.

---

[18]Wenn ein zu lösendes LOP von Anfang an Gleichungen enthält, kann man diese natürlich gleich in die Normalform übernehmen und braucht sie nicht erst in Ungleichungen für die Standardform zu überführen.

Beispiel 5.3   Wir überführen das LOP aus Beispiel 5.2 in Normalform: Minimiere

$$Z' = -30 * p - 76 * q$$

unter den Nebenbedingungen

$$-p + s_1 = -15$$
$$p + q + s_2 = 60$$
$$q + s_3 = 40$$

$$p, q \geq 0$$
$$s_1, s_2, s_3 \geq 0$$

$\Diamond$

Die Phasen des Algorithmus

Ausgehend von der Normalform des LOP P arbeitet die Simplex-Methode wie folgt (vgl. Algorithmus 5.1): Der Algorithmus berechnet zunächst eine erste Lösung des Problems P, d. h. eine erste *zulässige Basislösung* (Zeile 2). Eine *Basislösung* ist eine Lösung der Gleichungen 5.11, so dass genau m der Variablen x_i, $i \in \{1, \ldots, n\}$, von 0 verschieden und die Spaltenvektoren der Matrix der Nebenbedingungen (5.11) linear unabhängig sind. Eine *zulässige Basislösung* erfüllt auch die Nichtnegativitätsbedingungen; sie muss hinsichtlich der Zielfunktion aber noch nicht optimal sein. Eine solche Basislösung entspricht einem Eckpunkt des durch die Nebenbedingungen beschriebenen konvexen Bereichs.

Kann keine zulässige Basislösung berechnet werden (Zeile 3), dann sind die Nebenbedingungen unerfüllbar und der Algorithmus gibt als Resultat *false* zurück.

Haben wir hingegen eine erste zulässige Basislösung gefunden und ist diese Lösung weiterhin bereits bezüglich der Zielfunktion optimal, dann ist die Berechnung beendet (Zeile 6). Anderenfalls werden ausgehend von dieser ersten Basislösung weitere berechnet (**pivoting**(B), Zeile 10) bis eine Optimallösung gefunden wird. Die Simplex-Methode garantiert dabei, dass mit jeder neu gefundenen Basislösung der Zielfunktionswert verbessert wird.

Es ist möglich, dass kein endliches Minimum existiert (Zeilen 8, 9). Dies ist an der aktuellen Basislösung erkennbar (s. Seite 114). Dieser Fall kann auftreten, wenn die konvexe Menge, die den Lösungsraum beschreibt, nicht abgeschlossen ist. In unserem Beispiel 5.1 wäre das z. B. der Fall, wenn das Constraint $p + q \leq 60$ den Lösungsraum nicht „nach rechts" beschränken würde (vgl. Abbildung 5.2).

Wie bereits erwähnt, entsprechen die zulässigen Basislösungen genau den Eckpunkten des konvexen Lösungsbereichs des LOP. Deren Anzahl ist endlich

---

Algorithmus 5.1 : Das allgemeine Schema der Simplex-Methode

Gegeben : Ein LOP $P = (Z, N)$ in Normalform bestehend aus der Zielfunktion Z und der Konjunktion N der Nebenbedingungen.

Resultat :

- Eine bezüglich Z optimale, d. h. minimale Lösung B, falls N erfüllbar ist und ein endliches Minimum B existiert.
- Ist N erfüllbar und gibt es kein endliches Minimum, wird dies mitgeteilt.
- Wir erhalten das Ergebnis *false*, wenn N unerfüllbar ist.

1   simplex(P) $\equiv$
2   $B :=$ basicFeasibleSolution(P);
3   **if** $B = \textit{false}$ **then**
4   $\lfloor$ **return** *false*;

5   **repeat**
6   **if** B *ist optimal bezüglich* Z **then**
7      $\lfloor$ **return** B;
8   **if** *es gibt kein endliches Minimum für* Z **then**
9      $\lfloor$ **return** „*Es existiert kein endliches Minimum für* Z.";
10    $B :=$ pivoting(B);
11   **until** *false* ;

---

und, da wir mit jeder neuen Basislösung den Zielfunktionswert verbessern, ist die Termination des Algorithmus garantiert.

Man kann das Verhalten der Simplex-Methode geometrisch so interpretieren, dass, ausgehend von einer ersten zulässigen Basislösung, d. h. von einem Eckpunkt des Lösungspolyeders, entlang seiner Kanten Eckpunkt für Eckpunkt untersucht wird, bis eine Optimallösung gefunden ist.

Im Folgenden betrachten wie zuerst die Bestimmung einer zulässigen Basislösung und zeigen danach, wie man von dieser ausgehend eine Optimallösung ermittelt.

Bestimmung einer ersten zulässigen Basislösung

In diesem Abschnitt wollen wir zeigen, wie man eine initiale zulässige Basislösung B eines LOP P berechnet bzw. wie man die Funktion basicFeasibleSolution aus Algorithmus 5.1 implementieren kann.

Wenn wir eine zulässige Basislösung B finden können, beweist das zunächst, dass überhaupt eine Lösung der Nebenbedingungen N des LOP P existiert. Das bedeutet, dass die Konjunktion der Nebenbedingungen erfüllbar ist. Können wir kein solches B berechnen, dann waren die Nebenbedingungen N widersprüchlich.

Eine gefundene Basislösung kann bereits optimal bezüglich der Zielfunktion Z des LOP P sein. Meist ist das aber nicht der Fall und man berechnet dann ausgehend von B weitere verbesserte Basislösungen, wie wir es im vorigen Abschnitt diskutiert haben.

Für die Berechnung einer ersten zulässigen Basislösung gibt es eine Reihe von Verfahren, von denen wir eines aus [120] vorstellen wollen. Wir werden dabei den dargestellten Algorithmus Schritt für Schritt an unserem Beispiel illustrieren. Weitere Methoden findet man in der o. g. Literatur.

Schritt 1:

Zuerst überführen wir jede Gleichung der Nebenbedingungen (5.11) des gegebenen LOP P in die Form

$$0 = a_i - \sum_{j=1}^{n} a_{i,j} x_j \quad \text{für } i \in \{1, \ldots, m\}, a_i \geq 0. \tag{5.13}$$

Beispiel 5.4 Wir formen die Nebenbedingungen unseres LOP in die Form (5.13) um:

$$\begin{aligned}
0 &= 15 - (\, p \qquad\ - s_1 \,) \\
0 &= 60 - (\, p + q \qquad + s_2 \,) \\
0 &= 40 - (\qquad q \qquad + s_3 \,)
\end{aligned}$$

$\Diamond$

Schritt 2:

Wenn es in diesen Gleichungen nun Variable gibt, die nur in einer Gleichung vorkommen und deren Koeffizienten positiv sind, dann stellt man die jeweilige Gleichung nach der entsprechenden Variablen um.

Beispiel 5.5 Wir erhalten:

$$\begin{aligned}
0 &= 15 - (\, p \qquad\ - s_1 \,) \\
s_2 &= 60 - (\, p + q \,) \\
s_3 &= 40 - (\qquad q \,)
\end{aligned}$$

$\Diamond$

Schritt 3:

Jede Gleichung der Nebenbedingungen hat nun eine der Formen

$$x_i = a_i - \sum_{j=j_1+1}^{n} a_{i,j} x_j \quad \text{für } i \in \{1, \ldots, j_1\} \text{ und} \tag{5.14}$$

$$0 = a_i - \sum_{j=j_1+1}^{n} a_{i,j} x_j \quad \text{für } i \in \{j_1 + 1, \ldots, m\}, \tag{5.15}$$

die wir wie in [120] als *Gleichungen 1. Art* (5.14) und *Gleichungen 2. Art* (5.15) bezeichnen.[19]

---

[19]Die Koeffizienten a_i und $a_{i,j}$ bezeichnen nun im Allgemeinen natürlich andere Werte als in Gleichung 5.13.

Nun können folgende Fälle auftreten, die uns schon zu einer initialen Basislösung führen:

A. Es sind keine Gleichungen 2. Art vorhanden. Wir setzen $x_i = a_i$ für alle $i \in \{1, \ldots, m\}$ und erhalten so eine initiale zulässige Basislösung. (Diese kann jedoch degeneriert[20] sein.)

B. Sind noch Gleichungen beider Arten vorhanden, gilt jedoch $a_i = 0$ für alle $i \in \{j_1 + 1, \ldots, m\}$ (also für die Gleichungen 2. Art), dann haben wir eine degenerierte Lösung[20] gefunden. Wir setzen $x_i = a_i$ für $i \in \{1, \ldots, j_1\}$ und $x_i = 0$ für $i \in \{j_1 + 1, \ldots, n\}$.

Anderenfalls, wenn also weder (A) noch (B) gelten, setzen wir unsere Berechnung fort: Wir wählen eine Gleichung 2. Art mit $a_i > 0$, die wir mit (i') bezeichnen.

Schritt 4:

Widersprüchliche Nebenbedingungen. Wir betrachten die Gleichung (i'). Gilt für kein j $a_{i',j} > 0$, dann ist unser System von Nebenbedingungen (bzw. Constraints) widersprüchlich. Das wird klar, wenn man sich die Form der Gleichung genauer ansieht:

$$0 = a_{i'} - \sum_{j=j_1+1}^{n} a_{i',j} x_j \quad \text{für } i \in \{j_1 + 1, \ldots, m\}$$

Der Wert $a_{i'}$ ist echt größer Null, für die Variablen x_j gelten die Nichtnegativitätsbedingungen (5.12). Damit muss zwangsläufig für mindestens ein j gelten $a_{i',j} > 0$, um die Gleichung zu erfüllen. Anderenfalls gibt es also keine Lösung und wir geben gemäß Algorithmus 5.1 als Ergebnis $B = false$ zurück.

Schritt 5:

Variablenaustausch. Andernfalls, d. h. wenn es in (i') positive Koeffizienten $a_{i',j} > 0$ gibt, betrachten wir eine Variable x_{j*} in der Gleichung (i') mit $a_{i',j*} > 0$ und bestimmen über allen Nebenbedingungen folgenden minimalen Quotienten:

$$\frac{a_{i*}}{a_{i*,j*}} = \min_{\substack{i \in \{1,\ldots,m\},\\ a_{i,j*} > 0}} \frac{a_i}{a_{i,j*}}. \tag{5.16}$$

Wir sehen uns also die Gleichungen 1. Art und 2. Art an, für die für unsere gewählte Variable x_{j*} der Koeffizient $a_{i,j*}$ echt größer Null ist und bilden jeweils den Quotienten $\frac{a_i}{a_{i,j*}}$. Wir vergleichen diese Quotienten und wählen

---

[20]Eine degenerierte Lösung beschreibt einen besonderen Fall der Redundanz. Im zweidimensionalen Raum bedeutet das beispielsweise, dass sich im gefundenen Eckpunkt des Lösungspolygons mehr als zwei Geraden schneiden (vgl. auch [104]).

eine Gleichung (i^*) mit minimalem Quotienten.[21] Diese stellen wir nach der Variablen x_{j^*} um und setzen das Ergebnis in alle Nebenbedingungen ein.

Beispiel 5.6 Wir betrachten die Schritte 3 bis 5 für unser Beispiel. Die Bedingungen der Fälle (A) noch (B) sind (noch) nicht erfüllt. Daher wählen wir eine Gleichung 2. Art mit $a_i > 0$. Da wir nur noch eine Gleichung dieser Form haben, wählen wir

$$0 = 15 - (\, p - s_1 \,). \quad (i')$$

Nur der Koeffizient von p ist positiv, wir wählen daher diese Variable.

Nun bestimmen wir für die Gleichungen, in denen $a_{i,j^*} > 0$ gilt, in denen also der Koeffizient von p echt größer Null ist, den Quotienten nach (5.16). Das betrifft hier nur die beiden ersten Gleichungen:

$$0 = \ 15 - (\, p \qquad - s_1 \,) \qquad \tfrac{15}{1} = 15$$
$$s_2 = 60 - (\, p + q \,) \qquad \tfrac{60}{1} = 60$$

Offensichtlich ist das Minimum hier 15 und wir wählen daher die erste Gleichung, d. h. $(i') = (i^*)$. Wir lösen sie nach der gewählten Variablen p auf und setzen den Wert in die anderen Gleichungen ein:

$$p \ = 15 - (\qquad - s_1 \,)$$
$$s_2 = 45 - (\, q + s_1 \,)$$
$$s_3 = 40 - (\, q \,)$$

$$\Diamond$$

Schritt 6:

War (i^*) eine Gleichung 2. Art, so hat sich die Anzahl Gleichungen dieser Form um eine verringert und man führt das Verfahren so ab Schritt 3 weiter fort.

War (i^*) eine Gleichung 1. Art, so hat sich $a_{i'}$ verringert.[22] Wir setzen dann bei Gleichung (i') wieder mit einem weiteren positiven Koeffizienten das Verfahren mit Schritt 5 (bzw. Schritt 4) fort. Da es nur endlich viele Möglichkeiten zur Variablenauswahl gibt und sich in jedem Schritt $a_{i'}$ verringert, ist gesichert, dass man keine zyklischen Umstellungen vornimmt und zwangsläufig schließlich (i^*) eine Gleichung 2. Art sein wird. Deren Anzahl nimmt daher kontinuierlich ab. Das Verfahren wird fortgesetzt, bis einer der Fälle (A) oder (B) eintritt oder ein Widerspruch der Nebenbedingungen erkannt wird.

---

[21]Die Wahl des Minimums sichert hierbei, dass auch nach dem darauffolgenden Variablenaustausch die Werte a_i für alle i nichtnegativ bleiben.

[22]Das gilt jedenfalls, wenn wir keine Degeneration (vgl. Fußnote 20) vorliegen haben. Anderenfalls galt $a_{i^*} = 0$, dadurch würde sich auch $a_{i'}$ nicht verringern. Wir lassen diesen Fall, der gesondert behandelt werden muss, aus und verweisen wieder auf [120, 104].

Beispiel 5.7   Unsere Nebenbedingungen sind ausschließlich Gleichungen 1. Art:

$$p = 15 - (\quad - s_1)$$
$$s_2 = 45 - (q + s_1)$$
$$s_3 = 40 - (q)$$

Wir setzen daher nach Fall (A) in Schritt 3 alle $x_i = a_i$ für $i \in \{1, \dots, m\}$ und erhalten eine initiale Basislösung:

$$p = 15$$
$$s_2 = 45$$
$$s_3 = 40$$
$$q, s_1 = 0$$

Die Werte der Schlupfvariablen s_1, s_2 und s_3 zeigen an, welche der ursprünglichen Nebenbedingungen exakt als Gleichungen erfüllt sind.

Setzen wir diese Basislösung in die Zielfunktion unseres ursprünglichen LOP aus Beispiel 5.1 ein, dann erhalten wir

$$Z = 30 * p + 76 * q = 450$$

In unserer geometrische Darstellung in Abbildung 5.2 ist das der linke untere Eckpunkt des Lösungsbereichs. Offensichtlich ist das aber noch nicht das Optimum für unseren Zielfunktionswert Z. Wie man zu einem solchen Optimalwert und einer Optimallösung gelangt, werden wir im folgenden Abschnitt behandeln.   ◊

Zunächst wollen wir aber noch ein Beispiel mit einer widersprüchlichen Menge von Nebenbedingungen betrachten, die der Algorithmus in Schritt 4 erkennt.

Beispiel 5.8   Gegeben sei ein LOP: Minimiere

$$Z = x$$

unter den (widersprüchlichen) Nebenbedingungen

$$x + y \leq 1$$
$$x + y \geq 3$$
$$x, y \geq 0$$

Wir überführen die Nebenbedingungen in Normalform (5.11):

$$x + y + s_1 = 1$$
$$-x - y + s_2 = -3$$
$$x, y, s_1, s_2 \geq 0$$

Nun folgen wir unserem Algorithmus zur Berechnung einer initialen zulässigen Basislösung. Zuerst transformieren wir die Nebenbedingungen in die Form (5.13):

$$0 = 1 - (x + y + s_1)$$
$$0 = 3 - (x + y - s_2)$$

Die Variable s_1 mit positivem Koeffizienten tritt nur in der ersten Gleichung auf; daher stellen wir die Gleichung nach s_1 um und erhalten:

$$s_1 = 1 - (x + y)$$
$$0 = 3 - (x + y - s_2) \quad (i')$$

Die erste Gleichung ist 1. Art und die zweite 2. Art. Wir wählen eine bzw. die Gleichung (i') 2. Art mit $a_{i'} = 3 > 0$ und weiterhin die Variable x mit positivem Koeffizienten. Nun bestimmen wir für die Gleichungen, in denen $a_{i,j^*} > 0$ gilt, den Quotienten nach (5.16). Das betrifft beide Gleichungen:

$$s_1 = 1 - (\ x + y\ ) \qquad \tfrac{1}{1} = 1$$
$$0 = \ 3 - (\ x + y - s_2\ ) \qquad \tfrac{3}{1} = 3$$

Offensichtlich ist das Minimum hier 1 und wir wählen daher die erste Gleichung, lösen sie nach x auf und setzten den Wert ein:

$$x = 1 - (y + s_1)$$
$$0 = 2 - (-s_1 - s_2) \quad (i')$$

Nun gibt es in der Gleichung (i') keine Variable mehr, deren Koeffizient $a_{i',j} > 0$ ist. Das gegebene Optimierungsproblem war widersprüchlich. $\qquad \Diamond$

Schließlich wollen wir noch erwähnen, dass es vorkommen kann, dass während der Berechnung mit Hilfe des Algorithmus eine Gleichung zu $0 = 0$ umgeformt wird. Ursache dafür sind *redundante Nebenbedingungen*. Diese Gleichungen kann man dann einfach löschen.

Die Berechnung einer Optimallösung

Betrachten wir noch einmal unser laufendes LOP in der letzten erreichten Form in Beispiel 5.7. Wie stellen wir nun fest, ob die gefundene Basislösung eine Optimallösung ist, bzw. in unserem Fall, dass sie keine ist? Und wie kommen wir von der aktuellen Basislösung zu einer Optimallösung?

Wir werden dazu das in der Literatur übliche *Simplex-Tableau* verwenden. Dieses stellt eigentlich nur unser LOP in Tabellenform dar, erleichtert uns aber die nachfolgenden Berechnungen und gibt durch seine abstraktere Form schon eine Struktur vor, nach der man das Rechenschema am Computer implementieren könnte.

Die im Folgenden diskutierte Berechnung einer Optimallösung spiegelt die Zeilen 5 bis 11 des Algorithmus 5.1 auf Seite 106 wider.

Basis-Variablen und Nicht-Basis-Variablen

Wir gehen nun davon aus, dass wir für ein gegebenes LOP P bereits eine Basislösung berechnet haben, wie beispielsweise im vorigen Abschnitt gezeigt, und dass die Nebenbedingungen von P als Menge von Gleichungen in folgender Form vorliegen:

$$x_i = a_i - \sum_{j=m+1}^{n} a_{i,j} x_j \quad \text{mit } i \in \{1, \ldots, m\}$$

Dabei treten die x_i von den linken Seiten der Gleichungen nicht auf deren rechten Seiten auf. Man nennt die Variablen der rechten Seiten *Nicht-Basis-Variablen (NBV)* und die der linken Seiten *Basis-Variablen (BV)*. Darauf geht auch der Begriff der *Basislösung* zurück. Die Menge der Basis-Variablen einer Basislösung nennt man dementsprechend auch *Basis*. Die BV stellen wir also in Abhängigkeit der NBV dar.

Beispiel 5.9 Unser LOP besteht derzeit aus der zu minimierenden Zielfunktion

$$Z' = -30 * p - 76 * q$$

und den Nebenbedingungen

$$
\begin{aligned}
p &= 15 - (\quad - s_1) \\
s_2 &= 45 - (q + s_1) \\
s_3 &= 40 - (q) \\
p, q, s_1, s_2, s_3 &\geq 0
\end{aligned}
$$

Die Variablen p, s_2 und s_3 sind BV, und sie sind von den NBV q und s_1 abhängig.   ◇

Das Simplex-Tableau

Der Algorithmus zur Berechnung einer Optimallösung geht so vor, dass er in jedem Schritt eine NBV auswählt und diese gegen eine BV austauscht, wodurch die gewählte NBV zur BV wird und umgekehrt. Dabei werden die auszutauschenden Variablen natürlich nicht willkürlich gewählt, sondern so, dass die neu berechnete Basislösung den Zielfunktionswert verbessert. Dies kann man aus den Koeffizienten ablesen. Wir wollen dazu und für die Austauschschritte das schon genannte Simplex-Tableau verwenden.

Gegeben sei unser LOP in der Form:

$$x_i = a_i - \sum_{j=m+1}^{n} a_{i,j} x_j \quad \text{mit } i \in \{1, \ldots, m\}$$

mit zu minimierender Zielfunktion

$$Z = \sum_{i \in \{1, \ldots, n\}} c_i x_i$$

Variable		x_{m+1}	$\cdots$	x_n	
	ZF-Koeffizient	c_{m+1}	$\cdots$	c_n	Basislösung
x_1	c_1	$a_{1,m+1}$	$\cdots$	$a_{1,n}$	a_i
$\cdot$	$\cdot$	$\cdot$	$\cdots$	$\cdot$	$\cdot$
x_m	c_m	$a_{m,m+1}$	$\cdots$	$a_{m,n}$	a_m
		$Z_{m+1} - c_{m+1}$	$\cdots$	$Z_n - c_n$	Z

Abb. 5.3. Das Simplex-Tableau

Daraus bilden wir das *Simplex-Tableau* in Abbildung 5.3. Der aktuelle Wert der Zielfunktion Z berechnet sich dabei durch

$$Z = \sum_{i \in \{1,\ldots,m\}} c_i a_i.$$

Die Werte $Z_j - c_j$, $j \in \{m+1,\ldots,n\}$, ergeben sich analog:

$$Z_j - c_j = \sum_{i \in \{1,\ldots,m\}} a_{i,j} c_i - c_j.$$

Aus diesen Werten können wir einerseits ablesen, ob bereits eine Optimallösung erreicht ist. Haben wir noch keine Optimallösung gefunden, dann können wir daraus folgern, welche NBV wir im Weiteren gegen welche BV austauschen müssen.

Die aktuelle Basislösung kann man jetzt ganz einfach aus der Spalte „Basislösung" des Tableaus auslesen. Gilt dabei für alle $j \in \{m+1,\ldots,n\}$ die Relation $Z_j - c_j \leq 0$, dann ist unsere aktuelle Lösung bereits eine Optimallösung (Zeilen 6 und 7 des Algorithmus 5.1).

Beispiel 5.10 Wir bilden das Simplex-Tableau für unser LOP aus Beispiel 5.9:

Variable		q	s_1	
	ZF-Koeffizient	-76	0	Basislösung
p	-30	0	-1	15
s_2	0	1	1	45
s_3	0	1	0	40
		76	30	-450

Da für beide NBV gilt $Z'_j - c_j > 0$, ist unsere aktuelle Basislösung noch nicht minimal. $\Diamond$

Die Wahl des Pivot-Elements

Gibt es noch Werte $Z_{j*} - c_{j*} > 0$, dann haben wir noch keine Optimallösung hinsichtlich unserer Zielfunktion gefunden. In diesem Fall müssen wir eine NBV und eine BV auswählen, die wir gegeneinander „austauschen". Wir nehmen damit eine Umstellung des Gleichungssystems der Nebenbedingungen vor, das durch das Tableau dargestellt wird. Man wählt dabei zuerst eine Spalte bzw. Variable x_{j*} mit dem größten positiven Wert $Z_{j*} - c_{j*}$. Danach ermittelt man alle Quotienten $\frac{a_i}{a_{i,j*}}$ für $i \in \{1, \ldots, m\}$ mit $a_{i,j*} > 0$.

Gilt für alle $a_{i,j*} \leq 0$, so haben wir *kein endliches Minimum* (Zeilen 8 und 9 des Algorithmus 5.1). So etwas kann passieren, wenn das Polyeder, das den Lösungsbereich darstellt, nicht abgeschlossen ist. In unserem Beispiel könnte dies auftreten, wenn die Ungleichung (5.5) nicht vorhanden wäre. Dann wäre der Lösungsraum in Abbildung 5.2 für ein wachsendes p nicht beschränkt und somit auch nicht die Zielfunktion $Z = 30 * p + 76 * q$, die ja direkt von p abhängig ist.

Sonst wählen wir den minimalen Quotienten

$$\frac{a_{i*}}{a_{i*,j*}} = \min_{\substack{i \in \{1,\ldots,m\}, \\ a_{i,j*} > 0}} \frac{a_i}{a_{i,j*}}.$$

und legen dadurch die Zeile der auszutauschenden BV x_{i*} fest. Das Element $a_{i*,j*}$ wird **Pivot-Element** genannt.

Beispiel 5.11   Betrachten wir das Tableau aus Beispiel 5.10. Die nach unserem Schema auszutauschende NBV ist q mit dem größten positiven Wert $Z'_{j*} - c_{j*} = 76$. Um die entsprechende BV zu ermitteln, müssen wir das Minimum der Quotienten $\frac{a_i}{a_{i,j*}}$ für die Zeilen s_2 und s_3 berechnen, denn nur für diese beiden Variablen gilt $a_{i,j*} > 0$. Auf diese Weise wählen wir die BV s_3 aus, die wir gegen die NBV q austauschen werden, um schließlich den Zielfunktionswert Z' zu verbessern.   ◊

Ein Austauschschritt

Das Simplex-Tableau stellt eine Menge von Gleichungen in Tabellenform dar. Das haben wir gesehen, als wir die Nebenbedingungen unseres Optimierungsproblems in Beispiel 5.10 ins Tableau eingetragen haben. Und natürlich kann man die Gleichungen genauso wieder aus der Tabelle extrahieren.

Die Basis-Variablen sind die Variablen auf der linken Seite unserer Nebenbedingungen, die Nicht-Basis-Variablen die auf der rechten Seite. Wenn wir eine NBV gegen eine BV austauschen (pivoting(B), Zeile 10 des Algorithmus 5.1), dann heißt das nichts anderes, als dass wir die Gleichung der BV nach der NBV umstellen und danach das Ergebnis in die anderen Gleichungen einsetzen. Das haben wir auch schon so bei der Berechnung der Basislösungen im vorhergehenden Abschnitt gemacht – nur eben nicht innerhalb eines Tableaus.

Wir arbeiten jetzt mit dem Simplex-Tableau und geben zur Berechnung der neuen Koeffizienten und Werte Formeln an, die genau dieses Umstellen von Gleichungen nachbilden. Da das Pivot-Element die BV und NBV kennzeichnet, die gegeneinander ausgetauscht werden, sind die neuen Tableau-Werte immer vom Pivot-Element abhängig. Für den Menschen besser verständlich sind sicherlich direkt die Gleichungen des LOP; wenn man aber den Algorithmus programmieren will, kann man das einfacher auf der Basis des Tableaus und der nachfolgenden Formeln machen.

In unserer Darstellung des Tableaus orientieren wir uns wieder an [120]. Wir gehen vom bisherigen Tableau in der Darstellung in Abbildung 5.4 aus. Das Pivot-Element a_{i^*,j^*} ist durch eine Box markiert.

Var.		x_{m+1}	...	x_h	...	x_{j^*}	...	x_n	
	ZF-Koef.	c_{m+1}	...	c_h	...	c_{j^*}	...	c_n	B.Lsg.
x_1	c_1	$a_{1,m+1}$	...	$a_{1,h}$	...	a_{1,j^*}	...	$a_{1,n}$	a_1
.	.	.	...	.	...	.	...	.	.
x_{i^*}	c_{i^*}	$a_{i^*,m+1}$	...	$a_{i^*,h}$	...	$\boxed{a_{i^*,j^*}}$	...	$a_{i^*,n}$	a_{i^*}
.	.	.	...	.	...	.	...	.	.
x_k	c_k	$a_{k,m+1}$	...	$a_{k,h}$	...	a_{k,j^*}	...	$a_{k,n}$	a_k
.	.	.	...	.	...	.	...	.	.
x_m	c_m	$a_{m,m+1}$	...	$a_{m,h}$	...	a_{m,j^*}	...	$a_{m,n}$	a_m
		$Z_{m+1} - c_{m+1}$	...	$Z_h - c_h$	...	$Z_{j^*} - c_{j^*}$	...	$Z_n - c_n$	Z

Abb. 5.4. Das Simplex-Tableau vor dem Austauschschritt

Abbildung 5.5 zeigt das neue Tableau, das wir durch Anwendung der folgenden Berechnungsvorschriften erhalten. Die neuen Werte sind dabei mit einer Tilde gekennzeichnet, wir schreiben also z. B. $\tilde{a}_k$. Die *Berechnungsvorschriften* setzen genau das oben erwähnte Umstellen der Gleichungen des Tableaus um.

Die Werte $\tilde{a}_{j^*}$ bzw. $\tilde{a}_k$ der Basislösung erhalten wir durch

$$\tilde{a}_{j^*} = \frac{a_{i^*}}{a_{i^*,j^*}} \quad \text{und} \quad \tilde{a}_k = a_k - \frac{a_{i^*}}{a_{i^*,j^*}} a_{k,j^*}, \ k \in \{1, \ldots, m\}, k \neq i^*.$$

Wir berechnen die Werte der Koeffizienten für

das Pivot-Element: $\quad \tilde{a}_{j^*,i^*} = \frac{1}{a_{i^*,j^*}},$

die Elemente der Pivot-Spalte: $\quad \tilde{a}_{k,i^*} = -\frac{a_{k,j^*}}{a_{i^*,j^*}}, \quad k \in \{1, \ldots, m\}, k \neq i^*,$

die Elemente der Pivot-Zeile: $\quad \tilde{a}_{j^*,h} = \frac{a_{i^*,h}}{a_{i^*,j^*}}, \quad h \in \{m+1, \ldots, n\}, h \neq j^*,$

Var.		x_{m+1}	...	x_h	...	x_{i^*}	...	x_n	
	ZF-Koef.	c_{m+1}	...	c_h	...	c_{i^*}	...	c_n	B.Lsg.
x_1	c_1	$\tilde{a}_{1,m+1}$	...	$\tilde{a}_{1,h}$	...	$\tilde{a}_{1,i^*}$	...	$\tilde{a}_{1,n}$	$\tilde{a}_1$
.	.	.	...	.	...	.	...	.	.
x_{j^*}	c_{j^*}	$\tilde{a}_{j^*,m+1}$	...	$\tilde{a}_{j^*,h}$	...	$\tilde{a}_{j^*,i^*}$	...	$\tilde{a}_{j^*,n}$	$\tilde{a}_{j^*}$
.	.	.	...	.	...	.	...	.	.
x_k	c_k	$\tilde{a}_{k,m+1}$	...	$\tilde{a}_{k,h}$	...	$\tilde{a}_{k,i^*}$	...	$\tilde{a}_{k,n}$	$\tilde{a}_k$
.	.	.	...	.	...	.	...	.	.
x_m	c_m	$\tilde{a}_{m,m+1}$	...	$\tilde{a}_{m,h}$	...	$\tilde{a}_{m,i^*}$	...	$\tilde{a}_{m,n}$	$\tilde{a}_m$
		$\tilde{Z}_{m+1} - c_{m+1}$	...	$\tilde{Z}_h - c_h$	...	$\tilde{Z}_{i^*} - c_{i^*}$	...	$\tilde{Z}_n - c_n$	$\tilde{Z}$

Abb. 5.5. Das Simplex-Tableau nach dem Austauschschritt

alle anderen Koeffizienten mit Hilfe der sog. *Dreiecksregel:*

$$\tilde{a}_{k,h} = a_{k,h} - \frac{a_{i^*,h}}{a_{i^*,j^*}} a_{k,j^*},$$

$$k \in \{1, \ldots, m\}, k \neq i^*, \text{ und } h \in \{m+1, \ldots, n\}, h \neq j^*.$$

Die Werte $\tilde{Z}$ und $\tilde{Z}_h$ bzw. $\tilde{Z}_h - c_h$ für $h \in \{m+1, \ldots, n\}$ ergeben sich wie bisher aus den anderen Tableau-Elementen.

An dieser Stelle setzt man mit weiteren Austauschschritten fort, bis eine Optimallösung gefunden ist. Für die BV liest man diese direkt aus der Spalte „Basislösung" aus, für die NBV setzt man den Wert 0 ein.

Beispiel 5.12 Wir hatten zuletzt folgendes Simplex-Tableau erhalten. Dabei hatten wir auch schon ein Pivot-Element ermittelt und festgelegt, dass die Basis-Variable s_3 gegen die Nicht-Basis-Variable q ausgetauscht werden soll.

Variable		q	s_1	
	ZF-Koeffizient	-76	0	Basislösung
p	-30	0	-1	15
s_2	0	1	1	45
s_3	0	$\boxed{1}$	0	40
		76	30	-450

Nun wenden wir die Berechnungsvorschriften an und erhalten dadurch das folgende neue Tableau:

Variable		s_3	s_1	
	ZF-Koeffizient	0	0	Basislösung
p	-30	0	-1	15
s_2	0	-1	$\boxed{1}$	5
q	-76	1	0	40
		-76	30	-3490

Offensichtlich haben wir noch immer keine Optimallösung gefunden, denn für s_1 gilt $Z'_{s_1} - c_{s_1} > 0$. Wir müssen also einen weiteren Austauschschritt durchführen; das Pivot-Element ist in der obigen Tabelle schon gekennzeichnet. Wir tauschen s_2 gegen s_1 und erhalten ein neues Simplex-Tableau.

Variable		s_3	s_2	
	ZF-Koeffizient	0	0	Basislösung
p	-30	-1	1	20
s_1	0	-1	1	5
q	-76	1	0	40
		-46	-30	-3640

Nun gilt für alle $j \in \{m+1, \ldots, n\}$ die Relation $Z'_j - c_j \leq 0$. Wir haben eine Optimallösung gefunden, die wir einfach aus dem Tableau ablesen können:

$$p = 20$$
$$q = 40$$
$$s_1 = 5$$
$$s_2, s_3 = 0$$

Als Zielfunktionswert erhalten wir $Z' = -30 * p - 76 * q = -3640$ bzw. für die ursprüngliche Zielfunktion aus Beispiel 5.1 gilt $Z = -Z' = 3640$.

Unser Ergebnis stimmt mit dem graphisch ermittelten Resultat in Abbildung 5.2 überein.   ◊

5.3 Erfüllbarkeit, Projektion und Folgerbarkeit

Wir haben nun kennen gelernt, wie man mit Hilfe der Simplex-Methode lineare Optimierungsprobleme über den reellen Zahlen lösen kann. Ein solches LOP ist durch seine Nebenbedingungen charakterisiert, die lineare Constraints im Sinne unseres Constraint-Systems $\zeta_{\mathbb{R}_{lin}}$ aus Abschnitt 5.1 sind. Eine naheliegende Idee ist daher, die Simplex-Methode als Basis zur Implementierung eines Constraint-Lösers für Constraints von $\zeta_{\mathbb{R}_{lin}}$ zu benutzen. Und das wird in der Praxis tatsächlich auch so gemacht.

Einen Constraint-Löser haben wir in Abschnitt 3.3 als Bibliothek von Tests und Operationen auf Constraints eines Constraint-Systems definiert. Wir betrachten das System $\zeta_{\mathbb{R}_{lin}} = (\Sigma_{\mathbb{R}}, \mathcal{D}_{\mathbb{R}}, \mathcal{T}_{\mathbb{R}_{lin}}, X_{\mathbb{R}}, \mathcal{CS}_{\mathbb{R}_{lin}})$. Eine Konjunktion von Constraints aus $\mathcal{CS}_{\mathbb{R}_{lin}}$ können wir als Menge von Nebenbedingungen eines linearen Optimierungsproblems darstellen.[23]

Uns interessiert nun die Frage, wie man mit Hilfe der Simplex-Methode die wichtigsten Constraint-Löser-Operationen realisiert.

Erfüllbarkeit

Der *Erfüllbarkeitstest* solve : $\Delta\mathcal{CS} \rightarrow \{true, false, unknown\}$ prüft, ob eine gegebene Konjunktion C von Constraints in der entsprechenden Struktur $\mathcal{D}$ erfüllbar ist.

Unser Erfüllbarkeitstest

$$\text{solve}_{simplex} : \Delta\mathcal{CS}_{\mathbb{R}_{lin}} \rightarrow \{true, false\}$$

betrachtet Constraints aus $\mathcal{CS}_{\mathbb{R}_{lin}}$ bezüglich der Struktur $\mathcal{D}_{\mathbb{R}}$. Er basiert auf der Simplex-Methode und ist in Algorithmus 5.2 angegeben. Wir betrachten C als Nebenbedingungen eines LOP. Diese werden zunächst wie in den Abschnitten 5.2.1 und 5.2.2 gezeigt in Normalform $P = (\_, N)$ transformiert (Zeile 2). Wir bezeichnen dabei die Nebenbedingungen in Normalform mit N; die Zielfunktion ist beliebig und nicht vorgegeben, wir lassen sie daher aus und stellen dies durch „_" dar. Danach suchen wir nach einer ersten zulässigen Basislösung basicFeasibleSolution(P) (Zeile 3). Wenn wir eine solche finden können, dann gibt es eine Lösung für das LOP P und damit auch für unser Constraint-Problem. Ansonsten ist die gegebene Constraint-Konjunktion C unerfüllbar. Offenbar spielt die Zielfunktion des LOP hier noch gar keine Rolle.

Der Erfüllbarkeitstest solve$_{simplex}$ ist vollständig (für $\leq$-, $\geq$- und $=$- Constraints), denn für alle C gilt solve$_{simplex}(C) \in \{true, false\}$.

Projektion

Bei der *Projektion* proj : $\Delta\mathcal{CS} \times \mathcal{P}(X) \rightarrow \nabla\Delta\mathcal{CS}$ wollen wir uns einschränken und nur bezüglich einzelner Variablen projizieren, statt wie bisher bezüglich Variablenmengen. Das Ergebnis unserer Projektion ist eine Constraint-Konjunktion:

$$\text{proj} : \Delta\mathcal{CS}_{\mathbb{R}_{lin}} \times X_{\mathbb{R}} \rightarrow \Delta\mathcal{CS}_{\mathbb{R}_{lin}}$$

---

[23]Wir haben schon erwähnt, dass $<$-, $>$- und $\neq$-Constraints gesondert betrachtet werden müssen, da die Simplex-Methode nur $\geq$-, $\leq$- und $=$-Relationen behandelt.

Algorithmus 5.2 : Ein Erfüllbarkeitstest für lineare Constraints

---

Gegeben : Eine Konjunktion C linearer Constraints.
Resultat : *true*, wenn C erfüllbar ist, sonst *false*.

1 solve$_{simplex}(C) \equiv$
2 $P = (\_, N) :=$ simplexNormalForm(C);
   /* Bilde Normalform $P = (\_, N)$ mit Nebenbedingungen N und
      beliebiger Zielfunktion.   */
3 $B :=$ basicFeasibleSolution(P);
4 **if** $B \neq false$ **then**
5 | **return** *true*;

6 **else**
7 | **return** *false*;

Die Projektion einer Constraint-Konjunktion bezüglich einer Variablen lässt sich geometrisch als Abbildung des Lösungsbereichs auf die entsprechende Koordinaten-Achse interpretieren. Wenn wir eine solche Projektion implementieren, kommt jetzt die Zielfunktion des linearen Optimierungsproblems ins Spiel.

Wollen wir bezüglich einer Variablen x projizieren, so optimieren wir unser LOP einmal bezüglich der Zielfunktion $Z_{min} = x$ und berechnen so eine Basislösung B_{min} mit minimalem Wert $x_{min} = Z_{min}$ für x. Danach optimieren (d. h. minimieren) wir hinsichtlich der Zielfunktion $Z_{max} = -x$. Auf diese Weise erhalten wir ein Maximum $x_{max} = -Z_{max}$ für x. Da die Lösungsmenge eines LOP immer konvex ist, folgt $x_{min} \leq x \leq x_{max}$. Dieses Vorgehen ist in Algorithmus 5.3 dargestellt.

In Zeile 2 stellen wir zunächst die Nebenbedingungen in Normalform um. Danach berechnen wir eine Optimallösung, indem wir die Zielfunktion $Z_{min} = x$ minimieren. Ist C bzw. N unerfüllbar, so erhalten wir hier bereits das Resultat *false*, das wir als Gesamtresultat ausgeben (Zeile 5). Anderenfalls maximieren wir nun das LOP, d. h., wir rechnen mit der Zielfunktion $Z_{max} = -x$. An dieser Stelle wissen wir schon, dass C erfüllbar ist und können daher das Ergebnis *false* ausschließen. Es ist aber noch möglich, dass gar kein endliches Maximum existiert, d. h. der konvexe Lösungsbereich nicht abgeschlossen ist (Zeile 7). Das ist für die Minimierung $Z_{min} = x$ nicht möglich, da die Lösungsmenge im ersten Quadranten liegt und somit zwangsläufig nach „links" bzw. nach „unten" abgeschlossen ist. Entsprechend erhalten wir entweder ein Constraint, das x nur nach „links" oder sowohl hinsichtlich seines Minimums als auch hinsichtlich seines Maximums beschränkt. Die Werte x_{min} und x_{max} sind dabei die Werte der Optimallösungen B_{min} bzw. B_{max} für x.

Algorithmus 5.3 : Eine Projektionsfunktion für lineare Constraints

---

Gegeben : Eine Konjunktion C linearer Constraints und eine Variable $x \in X_{\mathbb{R}}$.
Resultat : Eine Projektion F von C bezüglich x, wenn C erfüllbar ist, sonst
    false.

1 $\text{proj}_{simplex}(C, x) \equiv$
2 $P = (\_, N) := \text{simplexNormalForm}(C)$;
3 $B_{min} := \text{simplex}((Z_{min} = x), N)$; // Minimiere x, berechne x_{min}.
4 **if** $B_{min} = false$ // C ist unerfüllbar.
   then
5 $\quad\lfloor$ **return** *false*;

6 $B_{max} := \text{simplex}((Z_{max} = -x), N)$; // Maximiere x, berechne x_{max}.
7 **if** *es gibt kein endliches Minimum für Z_{max} bzw. kein endliches Maximum
   für x* **then**
8 $\quad\lfloor$ **return** $F = (x_{min} \leq x)$;

9 **else**
10 $\quad\lfloor$ **return** $F = (x_{min} \leq x) \wedge (x \leq x_{max})$;

Folgerbarkeit

Der Test entail : $\Delta \mathcal{CS} \times \nabla \Delta \mathcal{CS} \rightarrow \{true, false, delay\}$ prüft, ob aus einer
Constraint-Konjunktion C eine ebenfalls gegebene Disjunktion E folgt. Wir
betrachten hier o. B. d. A. vereinfacht

$$\text{entail}_{simplex} : \Delta \mathcal{CS}_{\mathbb{R}_{lin}} \times \mathcal{CS}_{\mathbb{R}_{lin}} \rightarrow \{true, false, delay\}.$$

Folgt E aus C, gilt also $\mathcal{D}_{\mathbb{R}_{lin}} \models (\exists C) \wedge \forall (C \longrightarrow E)$, dann ist E *redundant* bezüglich C. Nun haben wir zwar in Abschnitt 5.2.2 auf Seite 111
erwähnt, dass der Algorithmus zur Berechnung der initialen zulässigen Basislösung bereits redundante Nebenbedingungen erkennen kann. Allerdings
erkennt er nicht alle Redundanzen eines gegebenen LOPs. Das liegt daran,
dass durch die Einführung von Schlupfvariablen ursprünglich redundante Nebenbedingungen meist nicht mehr als solche erkennbar sind. Wir brauchen
also andere Methoden zur Erkennung von Implikationen.

Wenn wir die Simplex-Methode so erweitern, dass die Nebenbedingungen
bzw. Constraints die Form $\sum_{i=1}^{n} a_i * x_i \odot b$ mit $\odot \in R_{\mathbb{R}} = \{=, \leq, <, \geq, >, \neq\}$
haben dürfen, also auch echte Ungleichheiten zugelassen sind (s. z. B. [84, 85,
90]), dann kann man die Abgeschlossenheit der Menge $\mathcal{CS}_{\mathbb{R}_{lin}}$ der Constraints
von $\zeta_{\mathbb{R}_{lin}}$ gegenüber der Negation ausnutzen und die Folgerbarkeit auf die
Erfüllbarkeit zurückführen, wie in Abschnitt 3.3.2 bzw. Aufgabe 3.1 gezeigt.

Beispiel 5.13 Wir wollen die Folgerbarkeit von $(x > 0)$ aus $(x \geq 1)$
prüfen. Dazu führen wir den Folgerbarkeitstest auf den Erfüllbarkeitstest
$\text{solve}_{simplex}(C)$ zurück und prüfen an Stelle von

$$\mathcal{D}_{\mathbb{R}_{lin}} \models (\exists (x \geq 1)) \wedge \forall ((x \geq 1) \longrightarrow (x > 0))$$

die Formel

$$\mathcal{D}_{\mathbb{R}_{lin}} \models (\exists (x \geq 1)) \wedge \neg \exists ((x \geq 1) \wedge (x \leq 0)).$$

Wir erhalten

$$\mathsf{solve}_{simplex}(x \geq 1) = true \text{ und}$$

$$\mathsf{solve}_{simplex}((x \geq 1) \wedge (x \leq 0)) = false$$

und somit schließlich

$$\mathsf{entail}_{simplex}((x \geq 1), (x > 0)) = true.$$

$\Diamond$

Wir wollen noch eine weitere Möglichkeit zur Implementierung eines Folgerbarkeitstests $\mathsf{entail}_{simplex}$ kurz skizzieren: Dabei gehen wir wieder von einer Constraint-Konjunktion $C \in \mathcal{ACS}_{\mathbb{R}_{lin}}$ und einem Constraint $E \in \mathcal{CS}_{\mathbb{R}_{lin}}$ mit $E = (\sum_{i=1}^{n} a_i * x_i \odot b)$, $\odot \in \{=, >, <, \leq, \geq, \neq\}$ aus. Wir bezeichnen im Folgenden die „linke" Seite $\sum_{i=1}^{n} a_i * x_i$ von E mit H, d. h. $H = \sum_{i=1}^{n} a_i * x_i$.

Um die Folgerbarkeit von E aus C zu prüfen, minimieren und maximieren wir C bezüglich H, d. h. wir berechnen eine Projektion von C bezüglich H:

$B_{min} := \mathsf{simplex}(H, N)$ und

$B_{max} := \mathsf{simplex}(-H, N)$.

Dabei ist N die Menge der Constraints C in Normalform.

Dabei erhalten wir die Optimalwerte $Z_{B_{min}}$ und $Z_{B_{max}}$ der Zielfunktionen und es gilt $Z_{B_{min}} \leq H \leq Z_{B_{max}}$. Hieraus kann man dann mit Hilfe einer Menge von Regeln Aussagen über die Folgerbarkeit von $E = (H \odot b)$ aus C ableiten, denn es gilt $\mathcal{D}_{\mathbb{R}} \models \forall (C \longrightarrow Z_{B_{min}} \leq H \leq Z_{B_{max}})$.

Beispiel 5.14   Wir untersuchen die Folgerbarkeit der Constraints

$E_1 = (x + y \geq 0)$, $E_2 = (x + y \geq 3)$ und $E_3 = (x + y \geq 5)$

aus der Constraint-Konjunktion

$C = (y \leq 2) \wedge (x \leq 2) \wedge (y \leq -\frac{4}{3} * x + 4) \wedge (x \geq 0) \wedge (y \geq 0)$.

Abbildung 5.6 zeigt das Lösungspolyeder von C zur Illustration des Beispiels.

Wir formen die Constraints aus C in Normalform um und erhalten so die Menge der N der Nebenbedingungen der zu optimierenden LOPs:

$N = (y + s_1 = 2) \wedge (x + s_2 = 2) \wedge (y + \frac{4}{3} * x + s_3 = 4) \wedge$
$\quad (x \geq 0) \wedge (y \geq 0) \wedge (s_1 \geq 0) \wedge (s_s \geq 0) \wedge (s_3 \geq 0)$.

Wir minimieren und maximieren N bezüglich der „linken" Seite $H = (x + y)$ der E_i, $i \in \{1, 2, 3\}$:

$B_{min} := \mathsf{simplex}((x + y), N)$
$B_{max} := \mathsf{simplex}((-x - y), N)$

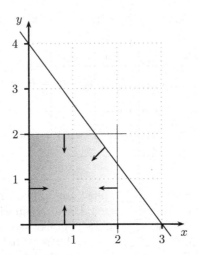

Abb. 5.6. Die Lösungsmenge von C

und erhalten aus den Optimallösungen die Optimalwerte $Z_{B_{min}} = 0$ und $Z_{B_{max}} = 3.5$. Es gilt $0 \leq x + y \leq 3.5$.

Nun können wir über die Folgerbarkeit der E_i, $i \in \{1, 2, 3\}$ entscheiden:

- $E_1 = (x + y \geq 0)$:

  Aus $0 \leq x + y \leq 3.5$ folgt E_1 für alle x, y. Daher gilt

  $$\mathcal{D}_{\mathbb{R}_{lin}} \models (\exists(C)) \land \forall(C \longrightarrow E_1).$$

  und wir erhalten

  $$\mathsf{entail}_{simplex}(C, E_1) = true.$$

- $E_2 = (x + y \geq 3)$:

  Aus $0 \leq x + y \leq 3.5$ können wir E_2 weder folgern noch ausschließen. Es gilt

  $$\mathcal{D}_{\mathbb{R}_{lin}} \models \neg((\exists C) \land \forall(C \longrightarrow E_2)) \land \exists(C \land (C \longrightarrow E_2)).$$

  Wir erhalten

  $$\mathsf{entail}_{simplex}(C, E_2) = delay.$$

- $E_3 = (x + y \geq 5)$:

  Wegen $0 \leq x + y \leq 3.5$ können wir E_3 ausschließen. Es gilt

  $$\mathcal{D}_{\mathbb{R}_{lin}} \models \neg\exists(C \land (C \longrightarrow E_3)).$$

  Wir erhalten

  $$\mathsf{entail}_{simplex}(C, E_3) = false.$$

Unsere Argumentation lässt sich dabei in folgende allgemeine Regeln fassen: Es sei H ein linearer Ausdruck der Form $\sum_{i=1}^{n} a_i * x_i$ und es gelte $min \leq H \leq max$. Wir betrachten die Constraints E der Form $H \geq b$. Es gilt:

- $\mathcal{D}_{\mathbb{R}_{lin}} \vDash \forall((min \leq H \leq max) \longrightarrow (H \geq min - i))$ mit $i \geq 0$, $i \in \mathbb{R}$,

  also z. B. $\mathcal{D}_{\mathbb{R}_{lin}} \vDash \forall x, y.((0 \leq x + y \leq 3.5) \longrightarrow (x + y \geq 0))$.

- $\mathcal{D}_{\mathbb{R}_{lin}} \vDash \neg\exists((min \leq H \leq max) \longrightarrow (H \geq max + j))$ mit $j > 0$, $j \in \mathbb{R}$,

  also z. B. $\mathcal{D}_{\mathbb{R}_{lin}} \vDash \neg\exists x, y.((0 \leq x + y \leq 3.5) \longrightarrow (x + y \geq 5))$.

- $\mathcal{D}_{\mathbb{R}_{lin}} \vDash \exists((min \leq H \leq max) \longrightarrow (H \geq k))$ und
  $\mathcal{D}_{\mathbb{R}_{lin}} \vDash \neg\forall((min \leq H \leq max) \longrightarrow (H \geq k))$ mit $min < k < max$, $k \in \mathbb{R}$,

  also z. B. $\mathcal{D}_{\mathbb{R}_{lin}} \vDash \exists x, y.((0 \leq x + y \leq 3.5) \longrightarrow (x + y \geq 3))$ und
  $\mathcal{D}_{\mathbb{R}_{lin}} \vDash \neg\forall x, y.((0 \leq x + y \leq 3.5) \longrightarrow (x + y \geq 3))$.

Für andere Relationen aus $R_{\mathbb{R}}$ lassen sich ähnliche Regeln aufstellen. $\Diamond$

5.4 Praktische Programmierung

Auch in diesem Kapitel wollen wir wie schon in Abschnitt 4.4 des Kapitels über Finite-Domain-Constraints eine kurze Auswahl weiterer Prädikate und Funktionen angeben, die in der praktischen Programmierung eine Rolle spielen. Interessant sind hier vor allem Optimierungsprädikate wie die beiden folgenden sowie nichtlineare Funktionen.

`minimize(Objective,Cost)` und `maximize(Objective,Cost)`   optimieren (minimieren bzw. maximieren) die lineare Zielfunktion `Objective` und liefern die Kosten `Cost` einer Optimallösung.

`transportation(Supplies,Demands,Costs,Transport)` ist ein sehr spezielles Prädikat zur Modellierung und Lösung von Transportproblemen. Die Listen `Supplies` und `Demands` von Zahlen geben Angebote und Nachfragen an. Ihre jeweiligen Summen müssen gleich sein. `Costs` repräsentiert eine Kostenmatrix für den Transport von Einheiten zwischen verschiedenen Orten. Das Prädikat `transportation` berechnet für diese Angaben einen Transportplan bzw. eine Transportmatrix `Transport` mit minimalen Kosten.

`sin`, `cos`, `tan`, `cot`, `pow`, `exp`, ... sind weitere typische, allerdings nichtlineare Funktionen zur Programmierung mit arithmetischen Constraints. Diese werden entweder mit Hilfe von *Residuation*, d. h. einer Verzögerung bis die Argumente gebunden sind, oder beispielsweise auch mit Intervallarithmetik behandelt und mit dem linearen Löser kombiniert.

5.5 Aufgaben

Aufgabe 5.1 (Lineare Optimierung und Anwendung der Simplex-Methode)
Es sei das folgende lineare Optimierungsproblem P gegeben: Maximieren Sie

$$Z = x_1 + 2 * x_2$$

unter den Nebenbedingungen

$$x_1 + 4 * x_2 \leq 38$$
$$2 * x_1 + 3 * x_2 \leq 36$$

$$x_1, x_2 \geq 0$$

1. Lösen Sie das Optimierungsproblem graphisch!
2. Wie verändert sich die Optimallösung, wenn wir statt der obigen ...

   ... folgende zu maximierende Zielfunktionen betrachten?

$$Z_1 = 3 * x_1 + 3 * x_2$$
$$Z_2 = 4 * x_1 + 6 * x_2$$
$$Z_3 = x_2$$

   ... folgende zu minimierende Zielfunktionen betrachten?

$$Z_4 = -3 * x_1 - 5 * x_2$$
$$Z_5 = x_1$$
$$Z_6 = -x_1$$
$$Z_7 = x_1 - x_2$$

3. Ermitteln Sie die Optimallösung von P für Z mit Hilfe der Simplex-Methode!

Aufgabe 5.2 (Die Simplex-Methode als Constraint-Löser)   Gegeben sei die Constraint-Konjunktion

$$C = (2 * y - x \geq 0) \wedge (y \geq 2) \wedge (y \geq -3 * x + 8) \wedge (y \leq 0.5 * x + 4) \wedge$$
$$(x \geq 0) \wedge (y \geq 0)$$

1. *Erfüllbarkeit:* Überprüfen Sie die Erfüllbarkeit von C mit Hilfe der Simplex-Methode!
2. *Folgerbarkeit:* Folgt aus der Konjunktion der Nebenbedingungen das Constraint $(x > 1)$?
3. *Projektion:* Geben Sie je eine Projektion von C bezüglich x und y an!

Teil III

Constraint-Sprachen

Constraints sind ursprünglich, wie schon in Kapitel 2 erwähnt, als Erweiterung der logischen Programmierung entstanden. Hierfür hat sich der Begriff der *Constraint-logischen Programmierung* (engl. *Constraint Logic Programming, CLP*) etabliert, und es gab und gibt eine große Anzahl von CLP-Sprachen, wie z. B. CLP($\mathcal{R}$) [90], CHIP [34], SICStus-Prolog [138] und ECL^{i}PS^e-Prolog [5].

Da man mit Constraints allein zwar durchaus einfache Probleme direkt beschreiben und lösen, aber beispielsweise keine rekursiven Programme implementieren kann, sind Constraints immer in eine Sprache eingebettet. Wir werden in diesem Kapitel sowohl die generelle Kombination von Constraints mit bestimmten Programmierparadigmen als auch mit konkreten Sprachen als deren Vertreter betrachten.

Ein ***Programmierparadigma*** ist ein grundlegendes Prinzip der Programmierung bzw. eine grundsätzliche „Sichtweise, die bei der Lösung eines Problems mittels einer Programmiersprache eingenommen wird" [59]. Dementsprechend ordnet man Sprachen bestimmten Paradigmen zu: Im Wesentlichen unterscheidet man *deklarative* (zustandsfreie) und *imperative* (zustandsbehaftete) Programmiersprachen, die man weiterhin in funktionale, logische und constraint-basierte bzw. prozedurale und objektorientierte Sprachen differenziert. Viele Programmiersprachen unterstützen auch mehrere Paradigmen, man spricht dann von *Multiparadigmen-Programmiersprachen*, einem aktuellen Gebiet der Programmiersprachen-Forschung ([59, 113, 65, 66, 144]).

Neben der Klassifikation in deklarative und imperative Sprachen gibt es weitere, von dieser Klassifikation prinzipiell unabhängige Sichtweisen, wie z. B. sequenzielle und nebenläufige Sprachen, Parallelität und Verteiltheit, aspekt-orientierte, intensionale und generische Programmierung und weitere.

Constraints sind deklarativ, also zustandslos und können daher besonders gut und semantisch sauber in Sprachen des *deklarativen* Paradigmas integriert werden. Wir betrachten das Paradigma der *Constraint-logischen Programmierung* in Kapitel 6. Ebenso gibt es funktionale Sprachen mit Constraint-Integration, wie Goffin [27], FaCiLe [24] und ConS [81] und echte Multiparadig-men-Sprachen ($\mathcal{TOY}$ [25], Open CFLP [96], Curry [64]) und -Systeme [77, 42], die die logische, funktionale und constraint-basierte Programmierung (und ggf. weitere Konzepte, wie z. B. in der Sprache Oz [114]), kombinieren.

Constraints sind aber auch in *imperative* Sprachen integriert worden, dies führte zur *Constraint-imperativen Programmierung* (engl. *Constraint Imperative Programming, CIP*), mit der wir uns in Kapitel 9 beschäftigen werden.

Darüber hinaus betrachten wir als weitere wichtige und verbreitete Themen die *nebenläufige Constraint-logische Programmierung* (engl. *Concurrent Constraint Logic Programming, CCLP*) in Kapitel 7 und die regelbasierte Sprache *Constraint Handling Rules* (*CHR*) in Kapitel 8.

6

Constraint-logische Programmierung (CLP)

Die Syntax logischer und Constraint-logischer Programme unterscheidet sich lediglich darin, dass in den rechten Seiten der Klauseln Constraint-logischer Programme und in Anfragen neben logischen Prädikaten auch Constraints erlaubt sind. Bei der Auswertung werden die Prädikate wie in logischen Programmen weiterhin mit Resolution abgeleitet, während Constraints mit Hilfe von Constraint-Lösern auf Erfüllbarkeit überprüft werden. Das Zusammenspiel zwischen Resolution und den speziellen Constraint-Lösungsmechanismen wollen wir in diesem Kapitel analysieren und beschreiben.

Dazu führen wir in Abschnitt 6.1 zunächst den Begriff eines Zustandsübergangssystems ein, mit dem wir in Abschnitt 6.2 die operationale Semantik der CLP (und in Kapitel 7 die der nebenläufigen CLP) beschreiben. In Abschnitt 6.3 setzen wir die operationale und die deklarative Semantik zueinander in Relation. Abschnitt 6.4 schließt das Kapitel mit einer Betrachtung der logischen Programmierung im Rahmen der CLP ab.

Auf dem im Folgenden beschriebenen Schema der CLP basieren die meisten der Constraint-logischen Programmiersprachen, wie z. B. CLP($\mathcal{R}$), SICStus-Prolog oder ECL^{i}PS^e-Prolog.

6.1 Zustandsübergangssysteme

Zustandsübergangssysteme (auch *Transitionssysteme*, engl. *state transition systems*) eignen sich zur Beschreibung von Abläufen in Form von Folgen von Zuständen eines Systems. Wir verwenden Zustandsübergangssysteme zur Beschreibung der operationalen Semantik der Constraint-logischen Programmierung in Abschnitt 6.2 und der der nebenläufigen Constraint-logischen Programmierung in Kapitel 7.

Definition 6.1 (Zustandsübergangssystem)

Ein **Zustandsübergangssystem** ist ein Tripel $(S, S_0, \mapsto)$ bestehend aus

- einer Menge S von **Zuständen**,
- einer nichtleeren Menge $S_0 \subseteq S$ von **Startzuständen** und
- einer binären Relation $\mapsto \subseteq S \times S$, der **Zustandsübergangsrelation**, die für jeden Zustand die Menge seiner Nachfolge-Zustände bestimmt.

In Abschnitt 2.3.2 haben wir im Grunde schon ein Beispiel für ein Zustandsübergangssystem betrachtet (ohne dass wir es so genannt hätten), indem wir die Berechnung eines logischen Programms P mit einer Anfrage G als Folge von Resolutionsschritten beschrieben haben. Jedes (Zwischen-)Ziel $G, G_1, G_2, \ldots$ einer SLD-Ableitung $G \leadsto_{\sigma_1, C_1} G_1 \leadsto_{\sigma_2, C_2} G_2 \leadsto \ldots$ stellt dabei einen Zustand dar. Die Anfrage G ist ein Startzustand, die Resolutionsschritte $G_i \leadsto_{\sigma_{i+1}, C_{i+1}} G_{i+1}$ realisieren die Zustandsübergangsrelation. Wir werden auf dieses Zustandsübergangssystem in Abschnitt 6.4 als Instanz des CLP-Zustandsübergangssystems kurz eingehen.

6.2 Syntax und Auswertung Constraint-logischer Programme

Wir betrachten zuerst die *Syntax* Constraint-logischer Programme. Diese unterscheidet sich nicht wesentlich von der logischer Programme, jetzt sind lediglich auch Constraints in den rechten Seiten der Regeln und in den Anfragen zulässig.

Im Folgenden sei $\zeta = (\Sigma, \mathcal{D}, \mathcal{T}, X, \mathcal{CS})$ ein Constraint System, wie beispielsweise $\zeta_{\mathbb{R}_{lin}}$, $\zeta_{\mathbb{B}}$ oder $\zeta_{\mathcal{FD}}$ aus Abschnitt 3.1.

Definition 6.2 (Constraint-logisches Programm)

Ein **Constraint-logisches Programm** P ist eine Folge von *Klauseln* der Form

$$Q :\text{-} Q_1, \ldots, Q_n.$$

wobei Q eine atomare Formel und die Q_i, $i \in \{1, \ldots, n\}$, atomare Formeln oder Constraints aus $\mathcal{CS}$ sind. Eine Klausel mit $n > 0$ nennt man eine *Regel*. Gilt $n = 0$, so hat die Klausel die Form

$$Q.$$

und sie wird *Fakt* genannt.

Der Ausdruck Q auf der linken Seite einer Klausel, wird als *Kopf* (engl. *head*), die Folge $Q_1, \ldots, Q_n$ der rechten Seite als *Körper* (engl. *body*) bezeichnet.

Ein *Ziel* oder eine *Anfrage* (engl. *goal*) zu einem Constraint-logischen Programm P hat die Form

$$?\text{-} Q_1, \ldots, Q_m.$$

Die Literale Q_i, $i \in \{1, \ldots, m\}$, sind dabei wieder Atome (d. h. atomare Formeln) oder Constraints.

Das `lightmeal`-Programm aus Beispiel 2.22 ist ein Constraint-logisches Programm. Einziges Constraint des Programms ist das arithmetische Constraint `10 #>= I+J+K`. Anfragen zu diesem Programm sind beispielsweise `?- lightmeal(X,Y,Z).` und `?- appetizer(A,C), C #<= 3.`

Das in Abbildung 2.9 gezeigte SEND-MORE-MONEY-Programm ist ein Constraint-logisches Programm über Finite-Domain-Constraints.

Zur Repräsentation der *operationalen Semantik* Constraint-logischer Programme geben wir ein Zustandsübergangssystem an. Es beschreibt die schrittweise Berechnung eines Ziels mit Hilfe von Übergängen zwischen Zuständen.

Sei im Folgenden P ein Constraint-logisches Programm. Wir erweitern unser Constraint-System ζ, so dass wir der Betrachtung der CLP-Semantik das Constraint-System ζ und die Clarksche Vervollständigung $P^{\leftrightarrow}$ (s. Definition 2.12) von P zugrunde legen können, d. h., wir lassen zusätzlich Gleichheitsconstraints über Termen aus P zu.

Daneben setzen wir für ζ einen Constraint-Löser mit der Operation solve_ζ (und ggf. der Operation $\mathsf{simplilfy}_\zeta$) voraus. Für den Löser und die Theorie $\mathcal{T}$ gelte für jedes Constraint $c \in \mathcal{CS}$:

$$\text{Wenn } \mathsf{solve}_\zeta(c) = \textit{false}, \text{ dann } \mathcal{T} \vDash \neg \exists c \text{ und}$$
$$\text{wenn } \mathsf{solve}_\zeta(c) = \textit{true}, \text{ dann } \mathcal{T} \vDash \exists c.$$

Das bedeutet, der Löser orientiert sich (erwartungsgemäß) an der Theorie.

Wenn statt der „Wenn-dann"-Beziehung eine „Genau-dann-wenn"-Relation besteht, dann nennen wir den Löser *theorievollständig*. Ist ein Löser darüber hinaus vollständig, dann ist die Theorie $\mathcal{T}$ *erfüllbarkeitsvollständig* bezüglich $\mathcal{CS}$, d. h., für jedes Constraint $c \in \mathcal{CS}$ gilt entweder $\mathcal{T} \vDash \exists c$ oder $\mathcal{T} \vDash \neg c$.

Wir führen nun zuerst die Menge der Zustände unseres Zustandsübergangssystems ein und geben danach die Zustandsübergangsrelation an.

Definition 6.3 (Zustand, Startzustand)

Ein **Zustand** ist ein Paar $Z = \langle G, C \rangle$ aus einem Ziel G und einer Konjunktion von Constraints C aus $\mathcal{CS}$. Wir nennen G den *Pool* und C den *Store* von Z. Die Menge aller Zustände bezeichnen wir mit $\mathcal{Z}_{\zeta,P}$.

Ein **Startzustand** ist ein Zustand der Form $\langle G, \textit{true} \rangle$. Wir bezeichnen die Menge der Startzustände mit $\mathcal{Z}_{0,\zeta,P}$.

Der Pool G eines Zustands Z repräsentiert das aktuelle Ziel. Es besteht aus atomaren Formeln und Constraints, die wir mit Resolution ableiten oder deren Erfüllbarkeit wir testen wollen. Der Store C sammelt die schon geprüften Constraints, sowie Substitutionen, die während der Resolution gebildet werden. Die Funktion unseres Stores entspricht damit der eines Constraint-Speichers eines Constraint-Lösers.

Mit Hilfe der Zustandsübergangsrelation $\mapsto_{\zeta,P}$, die wir im Folgenden definieren, werden schrittweise Constraints und Atome aus dem Pool G in den Store C überführt und dabei ihre Erfüllbarkeit getestet. Die Zustandsübergangsrelation muss also sowohl Resolutionsschritte bezüglich P für Atome als auch Erfüllbarkeitstests für Constraints aus $\mathcal{CS}$ darstellen.

Definition 6.4 ($\mathcal{E}(\sigma)$, Gleichheitsconstraint)

Mit $\mathcal{E}(\sigma) = \bigwedge_{x/t \,\in\, \sigma}(x = t)$ bezeichnen wir die **zu einer Substitution** σ **korrespondierende Konjunktion von Gleichheitsconstraints**.

Definition 6.5 (Zustandsübergangsrelation $\mapsto_{\zeta,P}$)

Sei $Z = \langle G, C \rangle = \langle\text{?-}\ R_1, \ldots, R_m., C \rangle$, $m \geq 1$, ein Zustand. Wir setzen $\mapsto_{\zeta,P}$ aus drei Unterrelationen zusammen:

- *unfold*: R_i sei eine atomare Formel. Wenn es eine Variante $A = Q$:- $Q_1, \ldots, Q_n.$, $n \geq 0$, einer Klausel in P gibt, so dass keine Variable in Z und A gleichzeitig auftritt und es einen allgemeinsten Unifikator σ von R_i und Q gibt, dann gilt

  $\langle G, C \rangle \mapsto_{unfold,\zeta,P} \langle\text{?-}R_1 \wedge \ldots \wedge R_{i-1} \wedge \mathcal{E}(\sigma) \wedge Q_1 \wedge \ldots \wedge Q_n \wedge R_{i+1} \wedge R_m., C \rangle.$

- *failure*: R_i sei eine atomare Formel. Wenn es keine Klausel in P gibt, so dass ein *unfold*-Schritt, wie oben beschrieben, mit R_i durchführbar wäre, dann gilt
  $$\langle G, C \rangle \mapsto_{failure,\zeta,P} \langle\square, false \rangle.$$

- *propagate (1)*: R_i sei ein Constraint. Wenn
  $$\mathsf{solve}_\zeta(R_i \wedge C) \neq false,$$
  dann gilt
  $$\langle G, C \rangle \mapsto_{propagate,\zeta,P} \langle\text{?-}R_1 \wedge \ldots \wedge R_{i-1} \wedge R_{i+1} \wedge R_m., C' \rangle,$$
  wobei C' entweder $R_i \wedge C$ oder ein hierzu äquivalentes vereinfachtes Constraint ist mit
  $$\mathsf{simplilfy}_\zeta(R_i \wedge C) = C', \text{ d.h. } \mathcal{D} \vDash \forall(R_i \wedge C \longleftrightarrow C').$$

- *propagate (2)*: R_i sei ein Constraint. Wenn R_i in Konjunktion mit C unerfüllbar ist, d.h.
  $$\mathsf{solve}_\zeta(R_i \wedge C) = false, \quad \text{und somit } \mathcal{D} \vDash \neg\exists(R_i \wedge C),$$
  dann gilt
  $$\langle G, C \rangle \mapsto_{propagate,\zeta,P} \langle\square, false \rangle.$$

Die **Zustandsübergangsrelation** $\mapsto_{\zeta,P}$ ist definiert durch

$$\mapsto_{\zeta,P} \;=\; \mapsto_{unfold,\zeta,P} \cup \mapsto_{failure,\zeta,P} \cup \mapsto_{propagate,\zeta,P} \;.$$

Wenn P und ζ aus dem Kontext ersichtlich sind, schreiben wir statt $\mapsto_{\zeta,P}$ auch $\mapsto$.

Die Relationen $\mapsto_{unfold,\zeta,P}$ und $\mapsto_{failure,\zeta,P}$ realisieren (weitestgehend) die SLD-Resolution, die Relation $\mapsto_{propagate,\zeta,P}$ die Constraint-Propagation, d. h. die Erweiterung des Stores um Constraints aus dem Pool.

Die *unfold*-Regel wählt eine atomare Formel R_i des Pools G und bildet einen Resolutionsschritt nach. Sowohl die rechte Seite der gewählten Klausel als auch der bei der Unifikation mit dem Klauselkopf gebildete allgemeinste Unifikator σ in Form von Gleichheitsconstraints werden zunächst zum Pool hinzugefügt. Die Gleichheiten können später mit Hilfe von $\mapsto_{propagate,\zeta,P}$-Schritten zum Store propagiert werden.

Die *failure*-Regel wird angewendet, wenn für das gewählte Atom R_i keine Klausel in P existiert, so dass ein Resolutionsschritt möglich wäre. Wir setzen den Store zu *false* und löschen die noch abzuleitenden Ziele aus dem Pool.

Die *propagate*-Regel löscht ein Constraint R_i aus dem Pool und fügt es zum Store C hinzu. Dabei wird der neue Store zu C' vereinfacht. Wir unterscheiden hier zwei Fälle: In Fall (1) ist entweder C in Konjunktion mit R_i erfüllbar oder der Löser kann die Unerfüllbarkeit zumindest nicht feststellen. Im zweiten Fall ist der Store C in Konjunktion mit R_i unerfüllbar; dann vereinfachen wir den Store C zu *false* und löschen die noch abzuleitenden Ziele des Pools. Ein Constraint R_i kann entweder ein Constraint des ursprünglichen Constraint-Systems ζ sein oder eine Gleichheit, die aus einem $\mapsto_{unfold,\zeta,P}$-Schritt resultiert. Die *propagate*-Regel nutzt sowohl den Erfüllbarkeitstest solve$_\zeta$ als auch die Simplifikation simplify$_\zeta$ des Constraint-Lösers.

Definition 6.6 (Operationale Semantik Constraint-logischer Programme)

Die **operationale Semantik Constraint-logischer Programme** bezüglich eines Constraint-Systems ζ und eines Programms P ist definiert durch das Zustandsübergangssystem $(\mathcal{Z}_{\zeta,P}, \mathcal{Z}_{0,\zeta,P}, \mapsto_{\zeta,P})$.

Mit dem Zustandsübergangssystem $(\mathcal{Z}_{\zeta,P}, \mathcal{Z}_{0,\zeta,P}, \mapsto_{\zeta,P})$ können wir ausgehend von einem Startzustand Folgen von Transitionen betrachten, die die Berechnung eines Ziels G bezüglich eines Constraint-logischen Programms P beschreiben.

Definition 6.7 (Ableitung)

Eine **Ableitung** eines Ziels G bezüglich eines Constraint-logischen Programms P ist eine (möglicherweise unendliche) Sequenz $\langle G, true \rangle \mapsto_{\varsigma,P} \langle G_1, C_1 \rangle \mapsto_{\varsigma,P} \langle G_2, C_2 \rangle \mapsto_{\varsigma,P} \langle G_3, C_3 \rangle \mapsto_{\varsigma,P} \ldots$ von Transitionsschritten.

Eine solche Ableitung kann – wie auch schon bei logischen Programmen in Kapitel 2 – entweder unendlich oder endlich sein. Wir betrachten die möglichen Ergebnisse endlicher Ableitungen:

Definition 6.8 ((Erfolgreicher und fehlgeschlagener) Endzustand)

Ein Zustand $\langle \Box, C \rangle$ wird **Endzustand** genannt.

Wir nennen $\langle \Box, C \rangle$ mit $C = false$ einen **fehlgeschlagenen Endzustand**. Anderenfalls, d. h. wenn $C \neq false$ gilt, nennen wir $\langle \Box, C \rangle$ einen **erfolgreichen Endzustand**.

Man sieht schnell, dass dies die einzig möglichen Endzustände sind: Alle Endzustände haben einen leeren Pool. Da die vier Regeln nur auf Zustände anwendbar sind, deren Pool nichtleer ist, sind unsere Endzustände wirklich nicht weiter ableitbar. Es gibt keine weiteren Endzustände, denn auf einen Zustand mit nichtleerem Pool kann immer noch mindestens eine der vier Regeln anwendet werden.

Im Übrigen erreichen wir einen fehlgeschlagenen Endzustand durch Anwendung der Regeln *failure* und *propagate (2)*, während die Regeln *unfold* und *propagate (1)* zu im Weiteren ableitbaren Zuständen oder zu erfolgreichen Endzuständen führen.

Man beachte auch, dass für einen erfolgreichen Endzustand $\langle \Box, C \rangle$ die Constraint-Konjunktion C *nicht* erfüllbar sein muss. Dies gilt nur für vollständige Constraint-Löser, denn ein unvollständiger Löser kann ein Constraint c zu einem Store C hinzufügen, auch wenn er keine Aussage über die Erfüllbarkeit von $c \wedge C$ treffen kann.

Wir nennen im Folgenden eine endliche Ableitung mit erfolgreichem oder fehlgeschlagenem Endzustand auch eine *erfolgreiche* bzw. *fehlgeschlagene Ableitung*.

Definition 6.9 (Logische Beschreibung, Antwort)

Sei $\langle G_0, true \rangle = \langle G_0, C_0 \rangle \mapsto_{\varsigma,P} \ldots \mapsto_{\varsigma,P} \langle G_i, C_i \rangle \mapsto_{\varsigma,P} \ldots \mapsto_{\varsigma,P} \langle \Box, C_n \rangle = \langle G_n, C_n \rangle$ eine endliche Ableitung.

Die Formel $\exists_{-\widetilde{var(G_0)}} (G_i \wedge C_i)$ wird **logische Beschreibung** von $\langle G_i, C_i \rangle$, $i \in \{0, \ldots, n\}$, genannt. Eine **Antwort** des Ziels ?- G_0. ist ein zur logischen Beschreibung von $\langle G_n, C_n \rangle$ äquivalenter Ausdruck.

Da ein Endzustand $\langle G_n, C_n \rangle$ immer einen leeren Pool $G_n = \Box$ hat, geht in eine Antwort immer nur die Constraint-Konjunktion aus C_n ein.

Beispiel 6.1   Wir betrachten wieder unser Diätproblem aus Beispiel 2.22[24]. Zum besseren Verständnis unserer Ableitungen ordnen wir den Klauseln Namen zu.

```
lightmeal(A,M,D) :- 10 #>= I+J+K,                    (1)
    appetizer(A,I), main(M,J), dessert(D,K).
```

```
appetizer(pasta,4).                                  (a1)
appetizer(radishes,1).                               (a2)
```

```
main(pork,11).                                       (m1)
main(beef,7).                                         (m2)
```

```
dessert(fruit,2).                                    (d1)
dessert(icecream,6).                                 (d2)
```

Zur Behandlung des arithmetischen Constraints 10 #>= I+J+K (und ggf. weiterer) sei ein vollständiger Constraint-Löser z. B. basierend auf der Simplex-Methode gegeben.

Wir betrachten eine Ableitung des Ziels ?- lightmeal(X,Y,Z). und geben dabei die Namen der jeweils angewendeten Klauseln in Klammern an. Hochgestellte Zahlen n an der $\longmapsto$-Relation bezeichnen deren n-fache Anwendung.

$\langle$?- lightmeal(X,Y,Z)., $true\rangle$

$\quad\longmapsto_{unfold}$ (1)

$\langle$?- X=A, Y=M, Z=D,
    10#>= I+J+K, appetizer(A,I), main(M,J), dessert(D,K).,
$true\rangle$

$\quad\longmapsto^{3}_{propagate}$

$\langle$?- 10#>= I+J+K, appetizer(A,I), main(M,J), dessert(D,K).,
X=A $\wedge$ Y=M $\wedge$ Z=D$\rangle$

$\quad\longmapsto_{propagate}$

$\langle$?- appetizer(A,I), main(M,J), dessert(D,K).,
10 #>= I+J+K $\wedge$ X=A $\wedge$ Y=M $\wedge$ Z=D$\rangle$

$\quad\longmapsto_{unfold}$ (a2)

$\langle$?- A=radishes, I=1, main(M,J), dessert(D,K).,
10 #>= I+J+K $\wedge$ X=A $\wedge$ Y=M $\wedge$ Z=D$\rangle$

$\quad\longmapsto^{2}_{propagate}$

$\langle$?- main(M,J), dessert(D,K).,

---

[24]Wieder setzen wir I,J,K $\geq$ 0 voraus.

9 #>= J+K ∧ X=radishes ∧ A=radishes ∧ I=1 ∧ Y=M ∧ Z=D⟩

$\longmapsto_{unfold}$ (m2) $\cdots \longmapsto^2_{propagate}$

⟨?- dessert(D,K).,

 2 #>= K ∧ X=radishes ∧ A=radishes ∧ I=1 ∧
Y=beef ∧ M=beef ∧ J=7 ∧ Z=D⟩

$\longmapsto_{unfold}$ (d1) $\cdots \longmapsto^2_{propagate}$

⟨?- □,

X=radishes ∧ A=radishes ∧ I=1 ∧ Y=beef ∧ M=beef ∧ J=7 ∧
Z=fruit ∧ D=fruit ∧ K=2⟩

Der letzte Zustand ist ein erfolgreicher Endzustand. Die Constraint-Konjunktion im Store ist erfüllbar.

Eine Antwort des Ziels ?- lightmeal(X,Y,Z). ist

$$Answer = (X = radishes) \land (Y = beef) \land (Z = fruit) \text{ mit}$$

$\mathcal{D} \vDash \forall$ X,Y,Z. $(Answer \longleftrightarrow \exists$A,I,M,J,D,K. X=radishes ∧ A=radishes ∧
I=1 ∧ Y=beef ∧ M=beef ∧ J=7 ∧ Z=fruit ∧ D=fruit ∧ K=2).

Mit dem Ziel ?- lightmeal(X,pork,Z). fragen wir nach einem Diätmenü mit Schweinefleisch als Hauptgericht:

⟨?- lightmeal(X,pork,Z)., *true*⟩

$\longmapsto_{unfold}$ (1)

⟨?- X=A, M=pork, Z=D,
   10#>= I+J+K, appetizer(A,I), main(M,J), dessert(D,K).,
 true⟩

$\longmapsto^4_{propagate}$

⟨?- appetizer(A,I), main(M,J), dessert(D,K).,
 10 #>= I+J+K ∧ X=A ∧ M=pork ∧ Z=D⟩

$\longmapsto_{unfold}$ (m1)

⟨?- appetizer(A,I), M=pork, J=11, dessert(D,K).,
 10 #>= I+J+K ∧ X=A ∧ M=pork ∧ Z=D⟩

$\longmapsto_{propagate}$

⟨?- appetizer(A,I), J=11, dessert(D,K).,
 10 #>= I+J+K ∧ X=A ∧ M=pork ∧ Z=D⟩

$\longmapsto_{propagate}$

⟨?- □, *false*⟩

Diese Ableitung ist fehlgeschlagen. Wir haben im letzten Schritt das Constraint J=11 gewählt, das in Konjunktion mit dem aktuellen Store insbesondere wegen des darin enthaltenen Constraints 10 #>= I+J+K unerfüllbar ist.

Im Übrigen wäre unsere Ableitung auch dann gescheitert, wenn wir im vorhergehenden *unfold*-Schritt die zweite `main`-Alternative gewählt hätten. Denn dann wären letztendlich die Constraints `M=pork` und `M=beef` zusammen unerfüllbar gewesen. Und jede andere Ableitung dieses Ziels, z. B. indem die Unterziele des Pools in einer anderen Reihenfolge entfaltet werden, würde hier ebenfalls fehlschlagen.   ◇

Wie schon bei der logischen Programmierung gibt es auch bei der Auswertung Constraint-logischer Programme zwei Freiheitsgrade: die Wahl einer passenden *Klausel* und die *Literal-Auswahl* (bzw. Selektionsfunktion). Und auch hier gilt: Während die Klausel-Auswahl nur die Reihenfolge der Ableitungszweige im Suchbaum beeinflusst, kann die Wahl des nächsten abzuleitenden Literals (d. h. des nächsten Atoms oder Constraints) die gesamte Struktur des Baums verändern. So können beispielsweise ganze Teilbäume abgeschnitten werden, was im Falle unendlicher Ableitungen vorteilhaft ist (vgl. Beispiel 2.19). Wir nutzen als Standard-Regeln wieder analog zu den üblichen PROLOG-Implementierungen eine Selektionsfunktion, die immer das erste Literal (Atom oder Constraint) eines Ziels zur Ableitung wählt, und probieren die Klauseln von oben nach unten im Programm durch. Die möglichen Ableitungsfolgen lassen sich auch hier in einem Suchbaum darstellen, wobei wir sie entsprechend der Klausel-Auswahl von links nach rechts anordnen.

Im eben gezeigten Beispiel 6.1 sind wir übrigens von der eben getroffenen Vereinbarung abgewichen und haben, um die Darstellung abzukürzen, bei der Ableitung von `?- lightmeal(X,pork,Z).` eine andere Selektionsfunktion verwendet.

Definition 6.10 (CLP-Suchbaum, Suchbaum)

Gegeben seien ein Constraint-logisches Programm P und ein Ziel G sowie eine Selektionsfunktion zur Auswahl des nächsten abzuleitenden Atoms bzw. Constraints. Ein **CLP-Suchbaum** (oder kurz *Suchbaum*) für (P, G) ist ein endlicher oder unendlicher Baum mit folgenden Eigenschaften:

1. Die Wurzel ist mit dem Startzustand $\langle G, true \rangle$ markiert.
2. Ist ein Knoten mit $\langle G_i, C_i \rangle$ markiert und gibt es einen Zustandsübergang $\langle G_i, C_i \rangle \mapsto_{\varsigma,P} \langle G_{i+1}, C_{i+1} \rangle$ entsprechend der gewählten Selektionsfunktion, dann hat $\langle G_i, C_i \rangle$ einen Kindknoten mit Markierung $\langle G_{i+1}, C_{i+1} \rangle$.
   Die verbindende Kante wird je nach angewendeter Regel mit *unfold* sowie der Klausel aus P, *propagate (1)* oder *propagate (2)* oder mit *failure* markiert, wobei wir die Markierung auch auslassen, wenn sie klar aus dem Kontext ersichtlich ist.

Beispiel 6.2 Für unser Diät-Programm P aus Beispiel 6.1 und das Ziel `?- lightmeal(X,pork,Z).` erhalten wir – jetzt unter der Standard-Selektionsfunktion – den CLP-Suchbaum in Abbildung 6.1. Mehrere nacheinander ausgeführte $\mapsto_{propagate,\varsigma,P}$-Schritte haben wir jeweils zusammengefasst und dies am Baum entsprechend markiert.   ◊

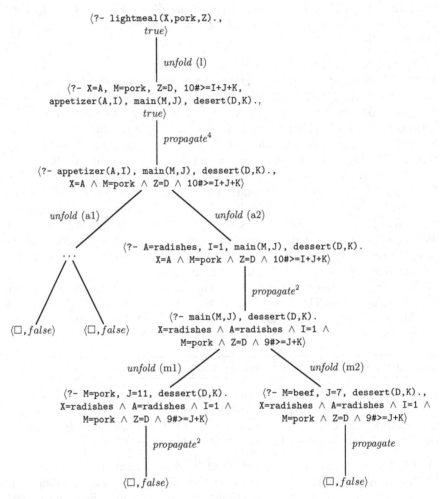

Abb. 6.1. CLP-Suchbaum für das Ziel ?- lightmeal(X,pork,Z).

Wenn, wie in Abbildung 6.1, alle Zweige eines Suchbaums endlich sind und fehlschlagen, dann nennen wir einen solchen Baum auch einen *endlich fehlgeschlagenen Suchbaum*.

Anmerkung: Nachdem wir den CLP-Suchbaum formal definiert und am Beispiel betrachtet haben, müssen wir nun zugeben, dass wir in Beispiel 2.23 bei der Darstellung des CLP-Suchbaums in Abbildung 2.7 ein bisschen gemogelt haben.

Wir haben dort einerseits, wie auch im eben gezeigten Beispiel, jeweils einige $\mapsto_{propagate,\varsigma,P}$-Schritte zusammenfasst und diese teilweise auch gleich mit

$\hookrightarrow_{unfold,\zeta,P}$-*Schritten kombiniert. Nichtsdestotrotz ist die Darstellung aussagekräftig und der Vergleich mit dem SLD-Baum in Abbildung 2.6 zulässig. Denn unsere Vereinfachung fasst lediglich Schritte zusammen, die im SLD-Baum jeweils zusammen einem Resolutionsschritt entsprechen; somit ist der Vergleich der Berechnungsaufwände in dieser Form gerechtfertigt.*

6.3 Deklarative Semantik

Die *deklarative Semantik* trifft Aussagen über die Gültigkeit der Ergebnisse von CLP-Ableitungen und über die Ableitbarkeit geltender Aussagen. Wir übertragen für uns interessante Aussagen aus [88] bzw. [89] (ohne sie erneut zu beweisen) und setzen sie in Relation zu den entsprechenden Lemmata bezüglich logischer Programme in Kapitel 2.

Wir betrachten ein Constraint-System $\zeta = (\Sigma, \mathcal{D}, \mathcal{T}, X, \mathcal{CS})$ mit bezüglich $\mathcal{CS}$ korrespondierender Struktur $\mathcal{D}$ und Theorie $\mathcal{T}$ sowie einen passenden Constraint-Löser.

Eine Eigenschaft von Constraint-Systemen bzw. deren Theorien, die eines der nachfolgenden Vollständigkeitsresultate beeinflusst, ist die *Unabhängigkeit*.

Definition 6.11 (Unabhängigkeit [88])

Eine Theorie $\mathcal{T}$ ist **unabhängig**, wenn für alle Constraint-Konjunktionen $c, c_1, \ldots, c_n \in \Delta\mathcal{CS}$ gilt:

$$\text{Wenn } \mathcal{T} \vDash \forall(c \longleftrightarrow (\exists_{-\widetilde{var(c)}} c_1 \vee \ldots \vee \exists_{-\widetilde{var(c)}} c_n)),$$

$$\text{dann gilt für einige } i \in \{1, \ldots, n\}: \mathcal{T} \vDash \forall(c \longleftrightarrow \exists_{-\widetilde{var(c)}} c_i).$$

Lemma 6.1 (Korrektheit und Vollständigkeit von CLP-Ableitungen).
Sei P ein Constraint-logisches Programm und G ein Ziel.

1. *Wenn es eine erfolgreiche Ableitung von G mit Antwort c gibt, dann gilt $P^{\hookrightarrow}, \mathcal{T} \vDash \forall(c \longrightarrow G)$.*

2. *Wenn G einen endlichen Suchbaum mit den Antworten $c_1, \ldots, c_n$ hat, dann gilt $P^{\hookrightarrow}, \mathcal{T} \vDash \forall(G \longleftrightarrow \bigvee_{i \in \{1,\ldots,n\}} c_i)$.*

3. *Sei $c \in \Delta\mathcal{CS}$ eine Constraint-Konjunktion. Wenn $P^{\hookrightarrow}, \mathcal{T} \vDash \forall(c \longrightarrow G)$. gilt, dann gibt es Ableitungen für G mit den Antworten $c_1, \ldots, c_n$, so dass gilt: $\mathcal{T} \vDash \forall(c \longrightarrow \bigvee_{i \in \{1,\ldots,n\}} c_i)$.*
   Wenn $\mathcal{T}$ unabhängig ist, dann gilt das Resultat für n = 1.

4. *Wenn G einen endlich fehlgeschlagenen Suchbaum hat, dann gilt: $P^{\hookrightarrow}, \mathcal{T} \vDash \neg\exists G$.*

5. *Wenn $P^{\leftrightarrow}, \mathcal{T} \models \neg\exists G$ gilt, dann erhalten wir bei fairer Literal-Auswahl und unter der Voraussetzung eines theorievollständigen Constraint-Lösers immer einen fehlgeschlagenen Suchbaum für G.*

Unsere Korrektheitsaussage 1 für Constraint-logische Programme entspricht der aus Lemma 2.2.1 für logische Programme und sagt aus, dass jede abgeleitete erfolgreiche Antwort eine Lösungsmenge für G beschreibt. Die Aussage 2 verfeinert dies noch, indem sie feststellt, dass alle Antworten eines endlichen Suchbaums zusammengenommen, die Gesamtmenge aller Lösungen für G beschreiben.

Die Aussage 3 ist eine Vollständigkeitsaussage und entspricht Lemma 2.2.2. Sie besagt, dass wir für Constraint-Konjunktionen c, die Lösungen für G beschreiben, auch immer Antworten ableiten können, die aus c folgen, d. h. Aussagen die möglicherweise schwächer als c sind, die Lösungen aber ebenfalls enthalten. Dabei kann es aber sein, dass wir diese aus einer Disjunktion von Antworten zusammensetzen müssen. Ist die Theorie des Constraint-Systems jedoch unabhängig, dann benötigen wir nur ein Disjunkt. Ein solches Constraint-System ist $\zeta_{\mathcal{H}}$ aus Beispiel 3.7, und dies erklärt auch das kompaktere Vollständigkeitsresultat von Lemma 2.2.2.

Die Aussagen 4 und 5 betreffen endlich scheiternde Suchbäume. Die vergleichbaren Feststellungen für logische Programme hatten wir mit Lemma 2.3 in den Unterpunkten 1 und 2 getroffen. Für Aussage 5 müssen wir dabei die Theorievollständigkeit voraussetzen, damit sichergestellt ist, dass ein entsprechender Suchbaum konstruiert werden kann.

6.4 Logische Programmierung als CLP

Die in Abschnitt 6.2 angegebene operationale Semantik für CLP-Sprachen ist im Grunde nur eine Erweiterung der operationalen Semantik von logischen Sprachen. Daher können wir mit unserem Zustandsübergangssystem die gleichen Ergebnisse wie mit der SLD-Resolution aus Abschnitt 2.3.2 ableiten.

Beispiel 6.3 (Anwendung von $(\mathcal{Z}_{\zeta,P}, \mathcal{Z}_{0,\zeta,P}, \mapsto_{\zeta,P})$ zur Auswertung logischer Programme) Wir betrachten das logische Programm für die $\leq$-Relation auf natürlichen Zahlen aus Beispiel 2.1

$$\leq(0,X). \tag{1}$$
$$\leq(s(X),s(Y)) \ :- \ \leq(X,Y). \tag{2}$$

und leiten das Ziel $G = ?\text{-} \leq(s(0),s(0))$. ab:

$\langle ?\text{-} \leq(s(0),s(0))., \ true \rangle$

$\qquad \mapsto_{unfold \ (2)}$

$\langle ?\text{-} X{=}0, \ Y{=}0, \ \leq(X,Y)., \ true \rangle$

$\qquad \mapsto^2_{propagate}$

$\langle$?- $\leq$(X,Y)., X=0 $\wedge$ Y=0$\rangle$

$\quad\longmapsto_{unfold}$ (1)

$\langle$?- X=0, Y=X1., X=0 $\wedge$ Y=0$\rangle$

$\quad\longmapsto^2_{propagate}$

$\langle\square$, X=0 $\wedge$ Y=0 $\wedge$ X1=0$\rangle$

Somit ist *true* (bzw. $\exists$ X, Y, X1. X=0 $\wedge$ Y=0 $\wedge$ X1=0) eine Antwort von G. Die entsprechende SLD-Ableitung ist kürzer, denn die CLP-Ableitung zerlegt Resolutionsschritte in $\longmapsto_{unfold}$- und $\longmapsto_{propagate}$-Schritte. So entspricht der erste Schritt der folgenden SLD-Ableitung dem ersten $\longmapsto_{unfold}$- und den beiden folgenden $\longmapsto_{propagate}$-Schritten der CLP-Ableitung:

?- $\leq$(s(0),s(0)).

$\quad\leadsto_{\sigma_1} = \{$X/0, Y/0$\}$, (2)

?- $\leq$(0,0).

$\quad\leadsto_{\sigma_2} = \{$X1/0$\}$, (1)

$\square$

Dementsprechend muss man bei der CLP-Ableitung auch darauf achten, die Literal-Auswahl bzw. Selektionsfunktion entsprechend zu gestalten, wenn man die möglichen SLD-Ableitungsfolgen direkt abbilden will. Das bedeutet, es ist wichtig, dass nach einem $\longmapsto_{unfold}$-Schritt zuerst die neu berechneten Gleichheitsconstraints aus der Unifikation propagiert werden.

Wir wollen weitere Ziele ableiten. Für das Ziel ?- $\leq$(s(0),0). passt keine Klausel, daher erhalten wir folgende fehlgeschlagene Ableitung:

$\langle$?- $\leq$(s(0),0), *true*$\rangle$

$\quad\longmapsto_{failure}$

$\langle\square$, *false*$\rangle$

Schließlich betrachten wir noch das Ziel $G' =$?- $\leq$(X,s(X)). Die Anwendung der ersten Klausel führt zu folgender Ableitung mit Antwort-Constraint (X=0).

$\langle$?- $\leq$(X,s(X))., *true*$\rangle$

$\quad\longmapsto_{unfold}$ (1)

$\langle$?- X=0, X1=s(X)., *true*$\rangle$

$\quad\longmapsto_{propagate^2}$

$\langle\square$, X=0 $\wedge$ X1=s(0)$\rangle$

Wählt man hingegen immer wieder die zweite Klausel, so terminiert die Ableitung nicht (wir fassen $\longmapsto_{unfold}$- und $\longmapsto_{propagate}$-Schritte jeweils zusammen):

$\langle$?- $\leq$(X,s(X))., *true*$\rangle$

$\longmapsto_{unfold\ (2)} \cdots \longmapsto^{2}_{propagate}$

$\langle$?- $\leq$(X1,Y1)., X=s(X1) $\wedge$ Y1=s(X1)$\rangle$

$\longmapsto_{unfold\ (2)} \cdots \longmapsto^{2}_{propagate}$

$\langle$?- $\leq$(X2,Y2)., X1=s(X2) $\wedge$ Y1=s(Y2) $\wedge$ X=s(s(X2)) $\wedge$ Y1=s(s(X2))$\rangle$

$\cdots$

Man kann leicht nachvollziehen, dass genau diese Ableitungen und entsprechende Antworten auch mittels SLD-Resolution berechnet werden. $\Diamond$

6.5 Aufgaben

Aufgabe 6.1 (Constraint-logisches Programmieren: Zuordnung von Reisenden)   Sechs Personen A, B, C, D, E und F treffen sich in einem Zug-Abteil. Sie kommen aus Berlin, Halle, Leipzig, Köln, Saarbrücken und Paris. Weiterhin sind folgende Constraints bekannt:

C1: A und der Mann aus Berlin sind Verkäufer/innen.
C2: E und die Frau aus Halle sind Jurist/innen.
C3: Die Person aus Leipzig und C sind Mathematiker/innen.
C4: Die Person aus Leipzig ist gerade in der Elternzeit, B und F hingegen nicht.
C5: Die Person aus Saarbrücken ist älter als A.
C6: Die Person aus Paris ist älter als C.
C7: In Köln steigen B und der Mann aus Berlin aus.
C8: In Bonn steigen C und der Mann aus Saarbrücken aus.

Schreiben Sie ein Constraint-logisches Programm, dass den Personen ihre Berufe und Heimatstädte zuordnet! Sie können hierzu auch in Abschnitt 4.4 angegebene Constraints verwenden.

Aufgabe 6.2 (CLP-Suchbaum, Berechnung von Ableitungen)   Betrachten Sie das Problem und Ihr Programm aus Aufgabe 6.1. Skizzieren Sie den CLP-Suchbaum, der bei der Lösungsberechnung aufgespannt wird, und diskutieren Sie seine Form.

Nebenläufige Constraint-logische Programmierung

In einem *sequenziellen System* werden Aktionen bzw. Anweisungen sequenziell in einer vom Programm (und der Programmiersprachensemantik) fest vorgegebenen Reihenfolge ausgeführt. Demgegenüber erlaubt ein *nebenläufiges System*, dass Aktionen auch nebeneinander, d. h. *nebenläufig*, ausgeführt werden. Ein Verzicht auf Sequenzialität ist dann möglich, wenn die betreffenden Aktionen voneinander kausal nicht abhängig sind, d. h. keine Aktion das Resultat der anderen benötigt. Unabhängige Aktionen können entweder in beliebiger Folge sequenziell von einem Prozessor oder echt *parallel* auf mehreren Prozessoren (und auch zur gleichen Zeit) ausgeführt werden.

Zur Beschreibung eines nebenläufigen Systems benutzt man Prozesse. Ein *Prozess* oder *Agent* ist ein Programm bzw. ein Programmteil, der sich in Ausführung befindet. Er führt eine Folge von Anweisungen, die meist eine in sich geschlossene (lokale) Aufgabe beschreibt, sequenziell aus. Mehrere Prozesse können in einem Prozess-Netzwerk nebenläufig agieren und miteinander kommunizieren, um gemeinsam eine Aufgabe zu bearbeiten. Die Prozess-Kommunikation kann dabei entweder explizit durch Nachrichtenaustausch oder – wie im Fall der nebenläufigen Constraint-Programmierung – implizit durch gemeinsame Speicherbereiche erfolgen.

Die *nebenläufige Constraint-logische Programmierung* (engl. *Concurrent Constraint Logic Programming, CCLP*) integriert das Konzept der Nebenläufigkeit in die Constraint-logische Programmierung. Wir sehen uns zunächst in Abschnitt 7.1 das Modell der nebenläufigen Constraint-Programmierung im Vergleich zum Von-Neumann-Modell an, betrachten die Syntax und Semantik der CCLP in Abschnitt 7.2 und zeigen Anwendungen und Beispiele in Abschnitt 7.3.

7.1 Das Modell der nebenläufigen Constraint-Programmierung

Saraswat und Rinard [130] diskutieren das *Modell der nebenläufigen Constraint-Programmierung* (engl. *Concurrent Constraint Model*) im Vergleich zum *Von-Neumann-Modell*.

Das *Von-Neumann-Modell* als Standard-Modell für Rechner sieht einen Speicher vor, der aus einem Vektor von n Speicherzellen besteht, die konkrete Daten enthalten. Der Speicher beschreibt somit als Produkt der n Speicherzellen bzw. Variablen einen n-dimensionalen Zustandsraum des Systems. Mit Hilfe der Basisoperationen *read* und *write* kann der Inhalt der einzelnen Speicherzellen gelesen und überschrieben werden.

Beim *Modell der nebenläufigen Constraint-Programmierung* geht man hingegen davon aus, dass der *Speicher* (engl. *Store*) eine Menge von Constraints ist. Damit kann er auch partielle Information über Variablenbelegungen enthalten, d. h., statt konkreter Daten für die Variablen, können Bedingungen auf diesen festgelegt werden. Die Basisoperationen *ask* an Stelle von *read* und *tell* an Stelle von *write* arbeiten auf dieser partiellen Information. Die Operation *ask* prüft die Folgerbarkeit eines gegebenen Constraints aus den Constraints des Speichers; *tell* fügt ein Constraint zum Speicher hinzu, wenn das Resultat, also die Konjunktion aus Speicher und neuem Constraint, konsistent, d. h. erfüllbar, bleibt.

Die Operationen *ask* und *tell* erlauben nebenläufigen Prozessen über den Constraint-Store als gemeinsamen Speicher zu kommunizieren und sich zu synchronisieren. Durch *tell* werden dem Speicher neue Informationen hinzugefügt. *ask* realisiert eine Synchronisation: Ein Prozess kann blockieren bzw. suspendieren, wenn die Folgerbarkeit eines Constraints c aus dem Store (noch) nicht entschieden werden kann. Der Prozess bleibt dann suspendiert, bis ein anderer nebenläufiger Prozess mit Hilfe von *tell* Constraints zum Store hinzufügt, so dass der neue Store das Constraint c impliziert.

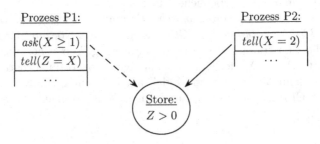

Abb. 7.1. Zwei über einen gemeinsamen Constraint-Speicher kommunizierende Prozesse

Abbildung 7.1 zeigt eine solche Situation: Die Prozesse P1 und P2 kommunizieren über einen gemeinsamen Constraint-Speicher. Dieser enthält zu Beginn das Constraint $Z > 0$. Da $X \geq 1$ nicht aus $Z > 0$ folgerbar ist, blockiert P1 auf Grund seiner ersten Operation $ask(X \geq 1)$ (der Pfeil zwischen P1 und dem Speicher ist daher gestrichelt dargestellt). Prozess P2 kann demgegenüber $tell(X = 2)$ ausführen: Er fügt das Constraint $X = 2$ zum Store hinzu und arbeitet ggf. weiter. Da jetzt das Constraint $X \geq 1$ aus dem neu gebildeten Store $Z > 0 \land X = 2$ folgerbar ist, ist die ask-Operation erfolgreich und P1 kann seine Abarbeitung mit $tell(Z = X)$ ebenfalls fortsetzen.

Die Operationen ask und $tell$ kennen wir schon bzw. können wir einfach realisieren: Während ask dem *Folgerbarkeitstest*, also der Constraint-Löser-Operation entail, entspricht, können wir $tell$ mit Hilfe des *Erfüllbarkeitstests* solve umsetzen (s. Abschnitt 3.3).

7.2 Nebenläufige Constraint-logische Programme

Das Modell der nebenläufigen Constraint-Programmierung wurde in die CLP eingebettet. Dabei entstanden verschiedene Abarbeitungsmodelle und Sprachen der nebenläufigen Constraint-logischen Programmierung (CCLP), die sich im Wesentlichen in der unterschiedlichen Handhabung der *tell*-Operation unterscheiden. In den folgenden Abschnitten betrachten wir Syntax und Semantik der CCLP mit dem sog. *atomic tell* und skizzieren nur kurz in Abschnitt 7.2.6 den *eventual tell* sowie seine Unterschiede und Auswirkungen.

7.2.1 Syntax

Nebenläufige Constraint-logische Programme unterscheiden sich bereits syntaktisch von den herkömmlichen sequenziellen Constraint-logischen Programmen. Wieder setzen wir ein Constraint-System $\zeta = (\Sigma, \mathcal{D}, \mathcal{T}, X, \mathcal{CS})$ voraus.

Definition 7.1 (Nebenläufiges Constraint-logisches Programm)

Ein **nebenläufiges Constraint-logisches Programm** (im Folgenden auch: *CCL-Programm*) P ist eine Folge von *Regeln* der Form

$$\underbrace{Q}_{\text{Kopf}} \text{ :- } \underbrace{A_1, \ldots, A_n}_{\text{Ask}} : \underbrace{T_1, \ldots, T_m}_{\text{Tell}} \mid \underbrace{Q_1, \ldots, Q_p}_{\text{Körper}}.$$

wobei Q eine atomare Formel ist. Die A_i, $i \in \{1, \ldots, n\}$, und die T_j, $j \in \{1, \ldots, m\}$, sind Constraints aus $\mathcal{CS}$ und die Q_k, $k \in \{1, \ldots, p\}$, sind atomare Formeln.

Der Ausdruck Q auf der linken Regel-Seite wird als *Kopf* (bzw. *head*) der Regel, die Folge $A_1, \ldots, A_n : T_1, \ldots, T_m$ als *Wächter* (engl. *guard*) und die

Folge $Q_1, \ldots, Q_p$ als *Körper* (engl. *body*) bezeichnet. Der Wächter besteht aus dem *Ask-Teil* $A_1, \ldots, A_n$ und dem *Tell-Teil* $T_1, \ldots, T_m$.

Der Kopf einer Regel hat die Form $p(X_1, \ldots, X_h)$, wobei die X_i, $i \in \{1, \ldots, h\}$, unterschiedliche Variablen sind.

Ein *Ziel* oder eine *Anfrage* (engl. *goal*) zu einem nebenläufigen Constraint-logischen Programm P hat die Form

$$?\text{-}\ B_1, \ldots, B_r.$$

Die Literale eines Ziels B_i, $i \in \{1, \ldots, r\}$, sind nun ausschließlich Atome (d. h. atomare Formeln).

Man beachte die Einschränkung in dieser Definition, dass die Argumente im Regelkopf unterschiedliche Variablen sein müssen. Daher müssen Bindungen, die bei der CLP durch Unifikation im Regelkopf überprüft bzw. erzeugt werden, jetzt explizit im Wächter der Regel behandelt werden.

Bei der nebenläufigen Constraint-Programmierung sollte der Programmierer daher im Allgemeinen eine Vorstellung haben, welche Variablen bei Aufruf eines Ziels Eingaben und welche Ausgaben repräsentieren. *Eingaben* sind Variablenbindungen, die bei der Regel-Auswahl überprüft werden. Man vermerkt sie im *Ask-Teil* des Guards. *Ausgaben* werden durch die Regel erzeugt, sie werden im *Tell-Teil* des Guards als Constraints oder im Body als Ziele angegeben.[25]

Beispiel 7.1 Die Regeln in den Zeilen 1 und 2 des folgenden nebenläufigen Constraint-logischen Programms beschreiben einen Produzenten einer potenziell unendlichen Liste von „a"s, die Regeln in den Zeilen 3 und 4 einen entsprechenden Verbraucher.

```
1  produce(X)  :- true : X=[]     | .
2  produce(X)  :- true : X=[a|Z]  | produce(Z).
3  consume(X)  :- X=[]    : true  | .
4  consume(X)  :- X=[a|Z] : true  | consume(Z).
```

Der Ask-Teil des Produzenten ist in beiden seiner Regeln **true**. Das bedeutet, er produziert eine Liste von „a"s über die Ausgabe-Variable X. Beim Konsumenten ist X hingegen eine Eingabe-Variable, deren Inhalt im Ask-Teil überprüft wird. Er kann nur dann konsumieren, wenn X mindestens ein Element a enthält (Zeile 4) oder leer ist (Zeile 3). Im zweiten Fall terminiert der Prozess. $\Diamond$

---

[25] Die eben genannte Einschränkung der Form des Regelkopfs wird im Allgemeinen in der Literatur nicht verlangt. Dadurch können dort Eigenschaften, wie Bindungen oder die Struktur des Ziels, schon im Regelkopf angegeben und durch *Matching* bzw. sog. *One-way-Unification* überprüft werden. Bindungen werden an dieser Stelle aber noch nicht erzeugt, sondern erst duch den Tell-Teil bzw. den Regelkörper (genau wie bei uns). Wir verlangen diese rein syntaktische Einschränkung mit dem Ziel eines klareren Verständnisses. Jegliche zu überprüfende Constraints müssen daher hier im Ask-Teil formuliert werden.

7.2.2 *Blocking ask* und *atomic tell*

Am Programm aus Beispiel 7.1 lässt sich einfach und zunächst informal die Umsetzung des nebenläufigen Constraint-Modells erklären. Das Ziel

```
?- produce(A), consume(A).
```

startet zwei nebenläufige Prozesse, einen Produzenten und einen Konsumenten, die über die gemeinsame Variable A miteinander kommunizieren. In einem gemeinsamen Constraint-Speicher werden entstehende Variablenbindungen und andere während der Berechnung aufgesammelte Constraints verwaltet. Der Speicher ist zunächst leer, d. h., er enthält das Constraint *true*. Abbildung 7.2 zeigt die beiden Prozesse und den Speicher im Startzustand.

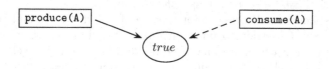

Abb. 7.2. Produzent und Konsument als Prozesse im nebenläufigen Constraint-Modell

Bei der Beschreibung der operationalen Semantik werden wir dies formal wieder in Form eines Tupels bestehend aus dem abzuleitenden Ziel (dem *Pool*) und dem *Store* darstellen:

⟨?- produce(A),consume(A)., *true*⟩

Für die beiden Prozesse wird nun zuerst nach einer passenden Regel mit unifizierbarem Regelkopf gesucht. Für die entsprechenden Regeln werden dann

1. mit Hilfe der Operation *ask* die Folgerbarkeit des Ask-Teils des Wächters aus dem aktuellen Store *und*
2. mit Hilfe der Operation *tell* die Erfüllbarkeit des Tell-Teils in Konjunktion mit dem Store geprüft.

Sind beide Tests erfolgreich, so kann eine passende Regel „feuern", d. h. das Ziel wird durch den Regelkörper ersetzt und der Store wird um die Constraints des Tell-Teils erweitert. Alle anderen passenden Varianten werden verworfen. Das bedeutet: Haben wir uns einmal für eine passende Regel entschieden, so können wir diese Auswahl (anders als bei der (Constraint-)logischen Programmierung) *nicht* mehr durch Backtracking rückgängig machen! Dies spiegelt sich insbesondere auch bei der Betrachtung der deklarativen Semantik (s. Abschnitt 7.2.4) von CCL-Programmen wider.

In unserem Beispiel passen die Regeln der Zeilen 1 und 2 für produce(A). Bei beiden Regeln ist auch der Ask-Teil **true** des Guards aus dem (noch leeren) Store folgerbar und der jeweilige Tell-Teil erfüllbar. Somit wird eine der Regeln *nichtdeterministisch* ausgewählt; wir wählen beispielsweise die zweite

Regel und fahren mit der Berechnung fort. Der Tell-Teil des Wächters wird (zusammen mit der berechneten Substitution) im Store vermerkt.

$\langle$?- produce(A),consume(A)., $true\rangle$

$\quad \mapsto_{cc} \langle$?- produce(Z),<u>consume(A)</u>., A=[a|Z]$\rangle$

In dieser kurzen Ableitungsfolge haben wir jeweils die Ziele unterstrichen, deren Prozesse mit der Berechnung fortfahren können und nicht suspendieren bzw. blockieren. Das Ziel consume(A) suspendierte zunächst (dies ist in Abbildung 7.2 durch den gestrichelten Pfeil markiert). Denn wir konnten zwar passende Regeln (in den Zeilen 3 und 4) finden, allerdings konnte bisher die Folgerbarkeit der Ask-Teile der Wächter aus dem Store **true** noch nicht entschieden werden, da die Variable A noch ungebunden war. Man nennt daher die Operation *ask blockierend* (engl. *blocking ask*).

Ein suspendierter Prozess bleibt solange blockiert, bis ein anderer nebenläufiger Prozess Constraints zum Store hinzufügt und so der Folgerbarkeitstest erfolgreich wird. Nachdem produce(A) die Variable A an [a|Z] gebunden hat, kann der Verbraucherprozess nun mit der zweiten consume-Regel fortfahren. Die erste consume-Regel ist nicht anwendbar, da A=[] nicht aus A=[a|Z] folgerbar ist.

$\quad \ldots$

$\quad \mapsto_{cc} \langle$?- produce(Z),<u>consume(A)</u>., A=[a|Z]$\rangle$

$\quad \mapsto_{cc} \langle$?- <u>produce(Z)</u>,consume(Z1)., A=[a|Z] $\wedge$ Z=Z1$\rangle$

Offensichtlich hat der Produzent in unserer Ableitung für A eine Bindung an [a|Z] erzeugt, also ein a produziert, das der Konsument auch schon verbraucht hat. Konsument und Produzent befinden sich nun wieder in einem ähnlichen Zustand wie am Anfang: Der Konsument suspendiert und wartet darauf, dass der Produzent eine Bindung für Z=Z1 erzeugt.

Die Operation *tell* wird hier nur ausgeführt, wenn sie den Store konsistent hält. Diese Form des *tell* nennt man *atomar* (engl. *atomic tell*).[26]

Während der Berechnung werden Constraints mittels *tell* zum Store hinzugefügt. Es ist hingegen nicht möglich, Constraints aus dem Store zu löschen. Daher gilt: Wenn zu einem bestimmten Zeitpunkt in der Vergangenheit der Folgerbarkeitstest mittels *ask* oder das Hinzufügen eines Constraints mittels *tell* erfolgreich war, so wird dies jeweils auch in der Gegenwart für den nun aktuellen Store und ebenso in der Zukunft möglich sein. Man nennt *ask* und *tell* daher auch *stabile* Operationen.

Beispiel 7.2 Natürlich kann man nicht nur festgelegte Atome produzieren (und konsumieren). Das Prädikat nats/2 produziert eine aufsteigende Liste natürlicher Zahlen.

nats(S,N) :- true : S=[N|T], M=N+1 | nats(T,M).

$\hfill \Diamond$

---

[26]Dem gegenüber steht der Begriff des *eventual tell* (vgl. Abschnitt 7.2.6), bei dem die Propagierung auch erlaubt ist, wenn der Store dabei inkonsistent wird.

7.2.3 Operationale Semantik

Wir wollen die operationale Semantik wieder mit einem *Zustandsübergangssystem* beschreiben. Sei P ein CCL-Programm über dem Constraint-System ζ.

Wie wir eben schon gesehen haben, betrachten wir auch hier wieder Zustände, die sich aus einem Pool und einem Constraint-Speicher zusammensetzen:

Definition 7.2 (Zustand, Startzustand)

Ein **Zustand** ist ein Paar $Z = \langle G, C \rangle$ aus einem Ziel G und einer Konjunktion von Constraints C aus $\mathcal{CS}$. Wir nennen G den *Pool* und C den *Store* von Z. Die Menge aller Zustände bezeichnen wir mit $\mathcal{Z}_{cc,\zeta,P}$.

Ein **Startzustand** ist ein Zustand der Form $\langle G, true \rangle$. Wir bezeichnen die Menge der Startzustände mit $\mathcal{Z}_{0,cc,\zeta,P}$.

Wieder repräsentiert der Pool das zu lösende Ziel, während der Store die schon aufgesammelte, konsistente Menge von Constraints darstellt. Bis jetzt unterscheidet sich unsere Darstellung also nicht wesentlich von der Constraint-logischer Programme. Wir wollen nun die Zustandsübergangsrelation definieren, mit der wir das Verhalten des Systems formal beschreiben können.

Definition 7.3 (Zustandsübergangsrelation $\mapsto_{cc,\zeta,P}$)

Sei $Z = \langle G, C \rangle = \langle ?\text{-} R_1, \ldots, R_m., C \rangle$, $m \geq 1$, ein Zustand, wobei R_i, $i \in \{1, \ldots, m\}$ eine atomare Formel ist. Wenn gilt:

1. Es gibt eine Variante $K = H :\text{-} A : T \mid Q.$ einer Regel in P, so dass keine Variable in Z und K gleichzeitig auftritt sowie einen allgemeinsten Unifikator σ von R_i und dem Regelkopf H,
2. der Ask-Teil A des Wächters von K ist folgerbar aus dem Store C *(ask)*: $\mathcal{D} \vDash \forall(C \longrightarrow \exists \tilde{X}(\mathcal{E}(\sigma) \wedge A))$ mit $X = var(K)$ und
3. der Tell-Teil T des Wächters von K ist zusammen mit dem Store C erfüllbar *(tell)*: $\mathcal{D} \vDash \exists(\mathcal{E}(\sigma) \wedge C \wedge A \wedge T)$.

Dann gibt es einen Zustandsübergang

$$\langle G, C \rangle \mapsto_{cc,\zeta,P} \langle ?\text{-}R_1 \wedge \ldots \wedge R_{i-1} \wedge Q \wedge R_{i+1} \wedge \ldots \wedge R_m., C' \rangle$$

mit $\mathcal{D} \vDash \forall((\mathcal{E}(\sigma) \wedge C \wedge A \wedge T) \longleftrightarrow C')$.

Wenn P und ζ aus dem Kontext ersichtlich sind, schreiben wir statt $\mapsto_{cc,\zeta,P}$ auch $\mapsto_{cc}$.

Im Gegensatz zur CLP besteht die Zustandsübergangsrelation $\mapsto_{cc,\zeta,P}$ hier aus nur einer Regel. Sie kommt der *unfold*-Regel am nächsten; wir werden diese Regel daher im Folgenden teilweise auch so benennen.

Ausgehend von einem Zustand $\langle G, C \rangle$ wählen wir zu einem Atom R_i des Pools G eine passende Regel $K = H$:- A : T | Q. Ist der Ask-Teil A des Wächters von K aus dem aktuellen Constraint-Speicher C folgerbar und ist der Tell-Teil T zusammen mit C erfüllbar, dann wird R_i im Pool durch den Regelkörper Q ersetzt. Der Store wird um den Tell-Teil T der Regel sowie den Unifikator von R_i und dem Regelkopf H (in Form von Gleichheitsconstraints $\mathcal{E}(\sigma)$) erweitert.[27]

Beispiel 7.3 Sehen wir uns noch einmal die Ableitungsfolge des Producer-Consumer-Beispiels aus Abschnitt 7.2.2 an. Wir hatten festgestellt, dass im Startzustand

$\langle$?- produce(A),consume(A)., $true \rangle$

nur das Atom produce(A) abgeleitet werden kann, da nur hierfür die Ask-Teile **true** der Regeln aus dem noch leeren Store folgen können, sowie die Tell-Teile zusammen mit diesem erfüllbar sind. Formal haben wir das in Definition 7.3 so geschrieben:

ask: $\mathcal{D} \models \forall (C \longrightarrow \exists \tilde{X}(\mathcal{E}(\sigma) \wedge A))$ mit $X = var(K)$ und

tell: $\mathcal{D} \models \exists (\mathcal{E}(\sigma) \wedge C \wedge A \wedge T)$

Für unser Beispiel heißt das für die zweite Regel konkret:

ask: $\mathcal{D} \models \forall A(\text{true} \longrightarrow \exists X.(X=A \wedge \text{true}))$ und

tell: $\mathcal{D} \models \exists X,A,Z.(X=A \wedge \text{true} \wedge \text{true} \wedge X=[a|Z])$

Daher erhalten wir einen neuen Zustand, indem wir das Atom produce(A) durch den Regelkörper produce(Z) ersetzen und den Store anreichern:[28]

$\langle$?- produce(A),consume(A)., $true \rangle$

$\quad \mapsto_{cc} \langle$?- produce(Z),consume(A)., X=[a|Z] $\wedge$ A=[a|Z]$\rangle$

$\hfill \Diamond$

Definition 7.4 (Operationale Semantik von CCL-Programmen)

Die *operationale Semantik nebenläufiger Constraint-logischer Programme* bezüglich eines Constraint-Systems ζ und eines CCL-Programms P ist definiert durch das Zustandsübergangssystem $(\mathcal{Z}_{cc,\zeta,P}, \mathcal{Z}_{0,cc,\zeta,P}, \mapsto_{cc,\zeta,P})$.

Mit dem Zustandsübergangssystem $(\mathcal{Z}_{cc,\zeta,P}, \mathcal{Z}_{0,cc,\zeta,P}, \mapsto_{cc,\zeta,P})$ können wir wieder die Berechnung eines Ziels beschreiben.

---

[27]Wegen etwaiger gemeinsamer Variablen von A und T bzw. Q müssen wir dabei auch A dem Store noch einmal hinzufügen.

[28]Man beachte, dass wir in Abschnitt 7.2.2 einige Bindungen, wie z.B. X=[a|Z], zur besseren Lesbarkeit im Store ausgelassen hatten.

Definition 7.5 (Ableitung)

Eine **Ableitung** eines Ziels G bezüglich eines nebenläufigen Constraint-logischen Programms P ist eine (möglicherweise unendliche) Sequenz
$$\langle G, true \rangle \mapsto_{cc,\zeta,P} \langle G_1, C_1 \rangle \mapsto_{cc,\zeta,P} \langle G_2, C_2 \rangle \mapsto_{cc,\zeta,P} \langle G_3, C_3 \rangle \mapsto_{cc,\zeta,P} \cdots$$
von Transitionsschritten.

Im Gegensatz zum CLP-Zustandsübergangssystem gibt es nun weder eine *propagate-* noch eine *failure-*Regel. Die *propagate-*Regel entfällt, da wir im Pool ausschließlich Atome verwalten und Constraints aus dem Wächter einer Regel oder resultierend aus der Bildung eines allgemeinsten Unifikators sofort in den Store übernommen werden. Das Fehlen einer *failure-*Regel führt dazu, dass die Ableitungsfolge bei nichtleerem Ziel G einfach abbricht, wenn unsere neue *unfold-*Regel nicht anwendbar ist. Das kann verschiedene Ursachen haben: Einerseits kann es sein, dass keine Regel mit passendem Regelkopf gefunden werden kann. Andererseits ist es möglich, dass keiner der Ask-Teil der potenziell passenden Regeln aus dem Store folgerbar ist oder keiner der Tell-Teile zusammen mit dem Store erfüllbar ist. Dies führt zu einer veränderten Menge von Endzuständen:

Definition 7.6 ((Erfolgreicher und verklemmter) Endzustand)

Ein Zustand $\langle G, C \rangle$ wird **Endzustand** genannt, wenn es keinen Zustand $\langle G', C' \rangle$ gibt mit $\langle G, C \rangle \mapsto_{cc,\zeta,P} \langle G', C' \rangle$.

Wir nennen $\langle \square, C \rangle$ einen **erfolgreichen Endzustand**. Anderenfalls, d. h. wenn $G \neq \square$ gilt, nennen wir $\langle G, C \rangle$ einen **verklemmten (engl. deadlocked) Endzustand**.

Für einen Endzustand $\langle \square, C \rangle$ gilt immer $\mathcal{D} \models \exists C$, da vor dem Hinzufügen eines Constraints c' zum Store C' mit der *tell-*Operation geprüft wird, ob $c' \wedge C'$ erfüllbar bleibt. Daher können wir jeden Endzustand mit leerem Pool als *erfolgreich* bezeichnen. Verklemmte Endzustände resultieren aus dem Abbruch einer Ableitungsfolge, wenn die *unfold-*Regel nicht mehr anwendbar ist, obwohl der Pool noch Atome enthält.

Eine Ableitung mit verklemmtem Endzustand nennen wir im Folgenden auch *verklemmte Ableitung*.

Den Begriff *Antwort* definieren wir analog zur Constraint-logischen Programmierung:

Definition 7.7 (Antwort)

Sei $\langle G_0, true \rangle = \langle G_0, C_0 \rangle \mapsto_{cc,\zeta,P} \cdots \mapsto_{cc,\zeta,P} \langle G_i, C_i \rangle \mapsto_{cc,\zeta,P} \cdots \mapsto_{cc,\zeta,P} \langle \square, C_n \rangle = \langle G_n, C_n \rangle$ eine erfolgreiche Ableitung.

Eine **Antwort** des Ziels ?- G_0. ist ein zur logischen Beschreibung von $\langle G_n, C_n \rangle$ äquivalenter Ausdruck.

Wir sehen uns nun Beispiele von Ableitungen an.

Beispiel 7.4 Wir betrachten wieder unser Producer-Consumer-Beispiel. Zur besseren Lesbarkeit lassen wir dabei wieder Variablenbindungen, die für die nachfolgenden Betrachtungen nicht mehr relevant sind, aus bzw. deuten sie durch „..." an. Die Nummern der angewendeten Regeln notieren wir jeweils in Klammern als Index an den Relationspfeilen. Nichtsuspendierte Ziele, d. h. Prozesse, die feuern können, werden wir wieder unterstreichen.

$\langle$?- produce(A),consume(A)., $true \rangle$

     $\mapsto_{cc,(2)}$ $\langle$?- produce(Z),consume(A)., A=[a|Z] $\wedge$ ...$\rangle$

     $\mapsto_{cc,(2)}$ $\langle$?- produce(Z1),consume(A)., A=[a,a|Z1] $\wedge$ ...$\rangle$

     $\mapsto_{cc,(2)}$ $\langle$?- produce(Z2),consume(A)., A=[a,a,a|Z2] $\wedge$ ...$\rangle$

     $\mapsto_{cc,(2)}$ ...

Das Prädikat produce produziert Elemente eines Buffers, die von consume verbraucht werden können. Da die Ask-Teile der Regeln von produce lediglich true enthalten, kann es hier – wenn wir immer die zweite Regel wählen – zu einer unendlichen Ableitung kommen. Die Auswahl der ersten Regel hingegen erlaubt eine terminierende Ableitung mit erfolgreichem Endzustand:

     $\mapsto_{cc,(2)}$ $\langle$?- produce(Z2),consume(A)., A=[a,a,a|Z2] $\wedge$ ...$\rangle$

     $\mapsto_{cc,(1)}$ $\langle$?- consume(A)., A=[a,a,a] $\wedge$ ...$\rangle$

     $\mapsto_{cc,(4)}$ $\langle$?- consume(Z3)., A=[a,a,a] $\wedge$ Z3=[a,a] ...$\rangle$

     $\mapsto_{cc,(4)}$ $\langle$?- consume(Z4)., A=[a,a,a] $\wedge$ Z4=[a] ...$\rangle$

     $\mapsto_{cc,(4)}$ $\langle$?- consume(Z5)., A=[a,a,a] $\wedge$ Z5=[] ...$\rangle$

     $\mapsto_{cc,(3)}$ $\langle\Box$, A=[a,a,a] $\wedge$ ...$\rangle$

                                        $\Diamond$

Beispiel 7.5 Das Prädikat consume2 beschreibt einen Verbraucher, der immer genau zwei Elemente des Buffers auf einmal ausliest.

```
5  consume2(X)  :- X=[]  : true  |  .
6  consume2(X)  :- X=[_,_|Z] : true | consume2(Z).
```

Im Guard der zweiten Regel haben wir übrigens wieder Unterstriche „_" für Variablen verwendet, die sonst nirgends auftreten und deren Bindungen daher nicht mehr gebraucht werden. Statt X=[_,_|Z] können wir aber natürlich genausogut X=[W,Y|Z] schreiben.

Wir betrachten außerdem das Prädikat produce aus Beispiel 7.1. Bei diesem Programm können wir leicht in einen verklemmten Endzustand geraten: Der Produzent erzeugt eine Folge von Buffer-Elementen und terminiert. Ist dabei die Anzahl der produzierten Elemente ungerade, dann endet die Ableitung mit einem verklemmten Endzustand, da der Konsument je 2 Elemente pro Ableitungsschritt verbraucht.

$\langle$?- produce(A),consume2(A)., $true\rangle$

$\qquad \mapsto_{cc,(2)} \langle$?- produce(Z),consume2(A)., A=[a|Z] $\wedge \ldots\rangle$

$\qquad \mapsto_{cc,(2)} \langle$?- produce(Z1),consume2(A)., A=[a,a|Z1] $\wedge \ldots\rangle$

$\qquad \mapsto_{cc,(2)} \cdots$

$\qquad \mapsto_{cc,(2)} \langle$?- produce(Z4),consume2(A)., A=[a,a,a,a,a|Z4] $\wedge \ldots\rangle$

$\qquad \mapsto_{cc,(1)} \langle$?- consume2(A)., A=[a,a,a,a,a] $\wedge \ldots\rangle$

$\qquad \mapsto_{cc,(6)} \langle$?- consume2(Z5)., A=[a,a,a,a,a] $\wedge$ Z5=[a,a,a] $\wedge \ldots\rangle$

$\qquad \mapsto_{cc,(6)} \langle$?- consume2(Z6)., A=[a,a,a,a,a] $\wedge$ Z6=[a] $\wedge \ldots\rangle$

Der Zustand $\langle$?- consume2(Z6).,   A=[a,a,a,a,a] $\wedge$ Z6=[a] $\wedge \ldots \rangle$ ist ein verklemmter Endzustand, denn keiner der Ask-Teile der Regeln von consume2 ist aus dem aktuellen Store folgerbar. Damit ist auch keine Regel mehr anwendbar. $\qquad\qquad\qquad\qquad\qquad\qquad\qquad\qquad\qquad\qquad\qquad\qquad \Diamond$

Wir haben bereits erwähnt (und auch in unseren Beispielen gesehen), dass der Programmierer eines CCL-Programms entscheiden muss, welche Variablen des Regelkopfs Eingaben und welche Ausgaben repräsentieren sollen. *Eingaben*, z. B. Variablenbindungen oder die Struktur einer Eingabe, werden dann im *Ask-Teil* überprüft und *Ausgaben* im *Tell-Teil* oder im Body erzeugt.

Das wird schon bei der Definition der Prädikate produce und consume in Beispiel 7.1 deutlich. Betrachten wir die Constraints und Ziele aus Guard und Body der Regeln jedoch jeweils einfach in Konjunktion, dann entsprechen sich im Prinzip diese beiden Prädikate.[29] Dass produce das Verhalten eines Produzenten und consume das eines Konsumenten beschreibt, begründet sich darin, dass wir die Variable X einmal als *Ausgabeparameter* und einmal als *Eingabeparameter* betrachten.

Beim folgenden Prädikat min müssen beim Aufruf die ersten beiden Variablen insoweit gebunden sein, dass ein Vergleich beider möglich ist. Wir betrachten also bei min(X,Y,Z) die Variablen X und Y als Eingaben und Z als Ausgabe.

```
1   min(X,Y,Z)  :- X>=Y  :  Z=Y  |  .
2   min(X,Y,Z)  :- X<=Y  :  Z=X  |  .
```

Dann können wir z. B. auswerten:

$\langle$?- min(0,2,C)., $true\rangle$

$\qquad \mapsto_{cc,(2)} \langle\square,$ X=0 $\wedge$ Y=2 $\wedge$ Z=0 $\wedge$ C=0 $\rangle$

---

[29]In der „normalen" sequenziellen (C)LP-Programmierung brauchen wir hier nur ein Prädikat, mit dem wir sowohl das Argument binden (einen Wert produzieren) als auch den Wert des Arguments prüfen (ihn konsumieren) können.

Die beiden Eingabe-Variablen müssen aber nicht zwangsläufig an Grund-terme gebunden sein:

$\langle$?- min(A,A,C)., *true*$\rangle$

$\quad \mapsto_{cc,(1)} \langle \Box, \quad$ X=A $\land$ Y=A $\land$ Z=A $\land$ C=A $\rangle$

Sind die Argumente hingegen nicht ausreichend gebunden, so suspendiert unsere Ableitungsfolge:

$\langle$?- min(A,2,0)., *true*$\rangle$

Die Folgerbarkeit des Ask-Teils des Guards kann hier nicht entschieden werden. Daher suspendiert die Auswertung des Ziels ?- min(A,2,0). bis die Variable A (durch einen anderen, nebenläufig arbeitenden Prozess) ausreichend gebunden wird.

Will man hingegen mit dem Ziel ?- min1(A,2,0). eine Bindung für A berechnen, dann muss man schon im Programm beachten, dass A jetzt ein Resultat ist. Ein entsprechendes Programm kann z. B. so aussehen:

```
min1(X,Y,Z)  :- Y>Z : X=Z | .
min1(X,Y,Z)  :- Y=Z : X>=Z | .
```

Nun sind die hinteren beiden Argumentpositionen Y und Z Eingaben und X ist Resultat.

Bei der Propagierung eines zusammen mit dem Store inkonsistenten Constraints erhalten wir einen verklemmten Endzustand. Wir betrachten dazu noch einmal das Prädikat min.

$\langle$?- min(0,2,1)., *true*$\rangle$

7.2.4 Deklarative Semantik

Um operationale und deklarative Semantik in Beziehung zu setzen, müssen wir zunächst klarstellen, wie ein CCL-Programm P zu interpretieren ist. Dazu betrachtet man die Symbole „:", „|" und „," der rechten Regel-Seiten als Konjunktionsoperatoren „$\land$". Auf diese Weise erhält man Formeln analog zur (Constraint-)logischen Programmierung.

Nun können wir Korrektheits- und Vollständigkeitsaussagen treffen.

Lemma 7.1 (Korrektheit von CCLP-Ableitungen). *Sei P ein CCL-Programm und G ein Ziel. Wenn es eine erfolgreiche Ableitung von G mit Antwort c gibt, dann gilt* $P^{\leftrightarrow}, \mathcal{T} \models \forall(c \longrightarrow G)$.

Lemma 7.1 entspricht wieder den Korrektheitsaussagen für logische und Constraint-logische Programme (Lemma 2.2.1 und Lemma 6.1.1) und sagt aus, dass jede abgeleitete Antwort eine Lösungsmenge für G beschreibt.

Über die Vollständigkeit können wir keine so einfache Aussage treffen. Die Ursache dafür ist, dass wir bei der nebenläufigen Constraint-logischen Programmierung immer nur eine mögliche Ableitungsfolge generieren und alternative Folgen, die unter Umständen ebenfalls zu einem erfolgreichen Endzustand führen würden, gar nicht betrachten. Um trotzdem eine Aussage zur Vollständigkeit machen zu können, definieren wir zunächst den Begriff der *Determiniertheit*.

Definition 7.8 (Determiniertheit von CCL-Programmen [88])

Eine CCL-Programm P heißt ***determiniert***, wenn jeder erreichbare Zustand $\langle G, C \rangle$ determiniert ist. Ein Zustand ist determiniert, wenn für jedes gewählte Atom von G höchstens eine Regel anwendbar ist.

Ist ein Programm P determiniert, dann unterscheiden sich nichtverklemmte Ableitungen lediglich in der Reihenfolge der Regel-Anwendungen.

Lemma 7.2 (Vollständigkeit von CCLP-Ableitungen [103]). *Sei P ein determiniertes CCL-Programm und G ein Ziel mit mindestens einer fairen Ableitung. Sei $c \in \Delta\mathcal{CS}$ eine Constraint-Konjunktion. Wenn $P^{\hookrightarrow}, \mathcal{T} \models \forall(c \longrightarrow G)$ und $\mathcal{T} \models \exists c$ gilt, dann ist jede Ableitung von G erfolgreich und hat eine Antwort c' mit $\mathcal{T} \models \forall(c \longrightarrow \exists c')$.*

Die Vollständigkeitsaussage in Lemma 7.2 setzt die Determiniertheit des CCL-Programms voraus. Das ist notwendig, da wir mit jeder Berechnung immer nur eine Ableitung betrachten können. Den gesamten Suchbaum können wir somit nur dann betrachten, wenn er nur aus einem Zweig besteht, und dies ist durch die Determiniertheit gesichert. Lemma 7.2 entspricht Lemma 2.2.2 und Lemma 6.1.3 für logische bzw. Constraint-logische Programme.

7.2.5 Don't know versus Don't care

Wie wir schon wissen, eignen sich (Constraint-)logische Programmiersprachen zur Modellierung von Suchproblemen. Bei der Auswertung eines Ziels wird unter Umständen der gesamte Suchbaum betrachtet und von links nach rechts bzw. oben nach unten mittels Rücksetzen (engl. Backtracking) nach Lösungen durchsucht. Man bezeichnet dieses Vorgehen auch als *Don't-know-Nichtdeterminismus*.

Und im Grunde kann man (Constraint-)logische Programme auch als *transformationelle Programme* ansehen: Eingabe-Werte, hier Ziele, werden in Ausgaben, bei uns Antworten, transformiert, danach terminiert die Berechnung.

Demgegenüber sind nebenläufige (Constraint-)logische Sprachen besser zur Beschreibung *reaktiver Systeme* geeignet. Diese zeichnen sich dadurch aus, dass sie sich in ständiger Interaktion mit der Umgebung befinden und typischerweise auch eine potenziell unendliche Laufzeit haben können, d. h. nicht terminieren. Hierzu zählen beispielsweise Betriebssysteme oder auch Flugbuchungssysteme und Ähnliches.

Da wir bei der Berechnung mit nebenläufigen (und unter Umständen nichtterminierenden) Prozessen einmal getroffene Entscheidungen bzw. Regel-Auswahlen nicht mehr rückgängig machen können, durchsuchen wir bei der nebenläufigen Constraint-Programmierung nicht den gesamten Suchbaum, sondern betrachten immer nur einen einzigen seiner Zweige. Um sicherzustellen, dass man sich dabei nicht für den falschen Zweig entscheidet und z. B. eine fehlschlagende Ableitung erhält, obwohl erfolgreiche existieren, haben die Regeln jeweils einen Wächter zur Verfügung, der die Regel-Auswahl reguliert. Hat man sich für eine Regel entschieden, werden alternative (auch passende) Regeln nicht mehr berücksichtigt. Diese Vorgehen nennt man *Don't-care-Nichtdeterminismus* oder auch *committed choice*.

7.2.6 Verwandte Modelle und nebenläufige Sprachen

Wir gehen kurz auf die Ursprünge und verwandte Modelle der CCLP ein und ordnen einige bekannte Sprachen dieses Paradigmas ein.

Ursprünge

Die nebenläufige Constraint-logische Programmierung überträgt Ideen und Konzepte der *nebenläufigen logischen Programmierung* (engl. *Concurrent Logic Programming*) [136] auf die Constraint-Programmierung. Bekannte Sprachen dieses Paradigmas sind beispielsweise Guarded Horn Clauses (GHC) [149, 150], Concurrent Prolog [134, 135] und Parlog [29, 61]. Ähnlich wie wir dies bei der sequenziellen Programmierung in Abschnitt 6.4 gemacht haben, kann man die nebenläufige logische Programmierung wieder als Instanz der CCLP darstellen.

Ein einheitliches Modell und eine Sprachfamilie zur nebenläufigen Constraint-Programmierung, zu der auch die von uns vorgestellte Sprache zählt, wird von Saraswat [129] eingeführt.

Atomic und eventual tell

Bei unserer bisherigen Umsetzung des nebenläufigen Constraint-Modells wird eine Regel immer komplett betrachtet, d. h., sie ist nur dann anwendbar, wenn sowohl der Ask-Teil aus dem aktuellen Store folgerbar als auch der Tell-Teil in Konjunktion mit dem Store erfüllbar ist. Constraints (aus dem Tell-Teil) einer Regel werden daher nur dann zum Store hinzugefügt, wenn der neue Store hierbei erfüllbar bleibt. Man nennt diese Form der *tell*-Operation *atomic tell*.

Die vollständige Prüfung von Ask- und Tell-Teil bei der Bestimmung der auf einen Zustand anwendbaren Regeln ist im Allgemeinen recht aufwändig. Ein alternatives und effizienteres Modell stellt daher der sog. *eventual tell* dar. Hierbei wird bei der Regel-Auswahl lediglich die Folgerbarkeit des Ask-Teils aus dem Store geprüft. Ist diese gegeben, wird die Regel entfaltet. Die

Constraints des Tell-Teils (der hier dann im Allgemeinen nicht mehr explizit auftritt, sondern einfach in den Body integriert wird) werden auch bei Nichterfüllbarkeit in den Store übertragen. Damit kann der Store nun unerfüllbar werden.

Eine mögliche Sichtweise auf *atomic* und *eventual tell* bei der Modellierung verteilter Programmiersprachen ist folgende: Man geht von Prozessen aus, die nicht auf einem gemeinsamen globalen, sondern auf lokalen Constraint-Speichern arbeiten. Der *atomic tell* entspricht dann einer simultanen Constraint-Propagierung an alle lokalen Speicher und erzeugt damit einen erhöhten Aufwand. Im Gegensatz dazu modelliert der *eventual tell* die lokale Propagierung von Constraints und eine asynchrone Informationsweitergabe an andere Stores. Auf Grund der zeitlich versetzten Propagierung können hierbei Inkonsistenzen auftreten.

Während die Sprachen GHC, Parlog, AKL [91] und Oz [141, 114] auf dem Modell des *eventual tell* (bzw. der *eventual unification*) basieren oder sich daran orientieren, stellen andere, wie Concurrent Prolog die Erfüllbarkeit des Constraint-Stores immer sicher, d. h., sie beruhen auf dem *atomic tell* (bzw. *atomic unification*).

7.3 Anwendungen und Beispiele

Wir wollen uns einige typische Anwendungen und Programmiermuster (engl. *design pattern*) ansehen. Dies betrifft einerseits häufige Erzeuger-Verbraucher-Konstellationen und andererseits die Erzeugung unendlicher Reihen bzw. endlicher Präfixe dieser und von Approximationen. Schließlich diskutieren wir noch einmal Situationen mit Nichtdeterminismus.

7.3.1 Erzeuger-Verbraucher-Konfigurationen

In unseren bisherigen Beispielen konnte der Produzent prinzipiell ununterbrochen Listenelemente für den Verbraucher erzeugen. Ursache dafür ist der immer erfüllbare Ask-Teil **true** der Regeln des Prädikats **produce**. Verhält sich die Auswertung unfair und bevorzugt den Produzenten, so wird während der Berechnung unter Umständen eine unendliche Liste von Elementen erzeugt und der Verbraucher kommt niemals zum Zuge. Die gemeinsame Variable stellt somit einen unendlich großen Buffer zur Kommunikation der Prozesse dar.

Endliche Buffer

Wollen wir den Buffer beschränken, müssen wir dafür sorgen, dass eine Synchronisation zwischen den Prozessen erzwungen wird. Wir betrachten einen einelementigen Buffer. Der Produzent darf produzieren, solange der Buffer noch nicht voll ist, der Konsument darf Elemente des Buffers, falls vorhanden, verbrauchen. Wir müssen hierzu die Aktionen sowohl des Produzenten als auch des Konsumenten vom Inhalt des Buffers abhängig machen. Das erreichen wir mit folgendem Programm (wir erzeugen und verbrauchen wieder „a"s):

```
produceB(X)  :-  X=[_|_]  :  X=[a|Z]  |  produceB(Z).
consumeB(X)  :-  X=[a|Z]  :  Z=[_|_]  |  consumeB(Z).
```

Der Konsument entnimmt Elemente aus dem Buffer X. Er prüft dabei nicht nur die Struktur des Buffers, sondern auch dessen Inhalt, d. h. ob das erste (das zu verbrauchende) Element an einen Grundwert, in diesem Fall an a gebunden ist. Gleichzeitig bindet der Konsument die Restliste Z an eine zusammengesetzte Liste. Er fordert damit den Produzenten auf, in Aktion zu treten, denn erst jetzt ist der Ask-Teil des Produzenten folgerbar. Entscheidend ist hier also, wer den Bufferinhalt und wer dessen Struktur generiert.

Wir starten mit einem Buffer, der mindestens ein Element A aufnehmen kann:

$\langle$?- produceB([A|B]), consumeB([A|B])., $true\rangle$

$\quad \mapsto_{cc}$ $\langle$?- produceB(Z), consumeB([A|B])., A=a $\wedge$ B=Z $\wedge$ ...$\rangle$

$\quad \mapsto_{cc}$ $\langle$?- produceB(Z), consumeB(Z1)., A=a $\wedge$ B=Z=Z1=[_|_] $\wedge$ ...$\rangle$

$\quad \mapsto_{cc}$ $\langle$?- produceB(Z2), consumeB(Z1)., A=a $\wedge$ B=Z1=[a|Z2] $\wedge$ ...$\rangle$

$\quad \mapsto_{cc}$ ...

Produzent und Konsument kommunizieren und synchronisieren sich über einen Buffer, der genau ein Element aufnehmen kann. Dadurch agieren beide Prozesse im Wechsel.

One-To-Many-Kommunikation

Natürlich kann man auch mehrere Produzenten und/oder Verbraucher zulassen. Betrachten wir noch einmal Verbraucher und Erzeuger, die über einen unendlichen Buffer kommunizieren:

```
produce(X)  :-  true  :  X=[a|Z]  |  produce(Z).
consume(X)  :-  X=[a|Z]  :  true  |  consume(Z).
```

Eine *One-To-Many-* oder *Broadcast-Kommunikation* entsteht, wenn wir einfach einen Erzeuger-Prozess und mehrere Verbraucher-Prozesse kreieren. Jeder der Konsumenten kann dabei jeweils den gesamten Buffer auslesen.

$\langle$?- produce(Buffer), consume(Buffer), consume(Buffer)., $true\rangle$

$\quad \mapsto_{cc}$ ...

Many-To-One-Kommunikation

Bei einer *Many-To-One-Kommunikation* haben wir mehrere Produzenten, deren erzeugte Listen wir durch einen `merge`-Prozess vereinigen. Auf dessen Ergebnis greift ein Verbraucher zu:

```
merge(XL,YL,ZL) :- XL=[_|_] :
    XL=[X|XL1], ZL=[X|ZL1] | merge(XL1,YL,ZL1).
merge(XL,YL,ZL) :- YL=[_|_] :
    YL=[Y|YL1], ZL=[Y|ZL1] | merge(XL,YL1,ZL1).
```

⟨?- produce(Buffer1), produce(Buffer2),

  merge(Buffer1,Buffer2,Buffer), consume(Buffer)., *true*⟩

  $\mapsto_{cc}$ ...

7.3.2 Unendliche Reihen und endliche Präfixe

Dass man nicht nur festgelegte Atome erzeugen und verbrauchen kann, sondern Prozesse über beliebige Werte, also auch unvollständig gebundene Variablen, kommunizieren können, haben wir in unseren Beispielen schon gesehen. Wir betrachten im Folgenden einige Beispiele unendlicher Reihen sowie die Bildung endlicher Präfixe solcher Reihen und von Approximationen.

Wenn wir genau hinsehen, dann finden wir das Schema von Produzenten und Konsumenten auch hier wieder. Das muss auch so sein, denn wenn mehrere Prozesse kommunizieren, müssen dazu Werte erzeugt und gelesen, d. h. verbraucht werden. Natürlich können dabei Konsumenten gleichzeitig auch Produzenten sein und umgekehrt.

Präfixsummen

Mit Hilfe zweier kommunizierender Prozesse können wir die *Präfixsummen* der Folge der natürlichen Zahlen bestimmen. Die Präfixsumme $P(n) = \sum_{i=1}^{n} i$ einer natürlichen Zahl n ist die Summe aller Vorgänger dieser Zahl sowie der Zahl selbst. Wir erzeugen dazu die (unendliche) Liste der natürlichen Zahlen [1,2,3,...] und berechnen parallel dazu die (unendliche) Liste [1,1+2,1+2+3,...] der Präfixsummen.

Das Prädikat `nats` erzeugt die (unendliche) Liste der natürlichen Zahlen. Mit `zip(X,Y,Z)` addieren wir zwei Listen X und Y elementweise zu einer Liste Z, wie bei einem Reißverschluss.

```
nats(S,N) :- S=[_|_] : S=[N|T], M=N+1 | nats(T,M).

zip(X,Y,Z) :- X=[XH|XR], integer(XH), Y=[YH|YR] :
              Z=[ZH|ZR], ZH=XH+YH, XR=[XH1|XR1] |
              zip(XR,YR,ZR).
```

```
sums(S) :- true : true |
           nats([H|T],1), zip([H|T],[0|S],S).
```

Die Liste der Präfixsummen bildet **sums**. Wir stoßen damit einerseits die Generierung der Liste der natürlichen Zahlen beginnend mit 1 und andererseits den **zip**-Prozess an. Durch geschickte Wahl der Guards und passende Listenerzeugung haben wir auch wieder die Synchronisation der Prozesse untereinander geregelt. Die Kommunikation erfolgt über die Liste [H|T], die man auch wieder als einelementigen Buffer betrachten kann.

$\langle$?- <u>sums(P)</u>., $true\rangle$

$\quad \mapsto_{cc} \langle$?- <u>nats([H|T],1)</u>, zip([H|T],[0|S],S)., P=S$\rangle$

$\quad \mapsto_{cc} \langle$?- nats(T1,M1), <u>zip([H|T],[0|S],S)</u>.,
   P=S $\wedge$ H=1 $\wedge$ T=T1 $\wedge$ M1=2 $\wedge$ ...$\rangle$

$\quad \mapsto_{cc} \langle$?- <u>nats(T1,M1)</u>, zip(XR2,YR2,ZR2).,
   P=YR2=[1|ZR2] $\wedge$ XR2=T1=[XH3|XR3] $\wedge$ M1=2 $\wedge$ ...$\rangle$

$\quad \mapsto_{cc} \langle$?- nats(T3,M3), <u>zip(XR2,YR2,ZR2)</u>.,
   P=YR2=[1|ZR2] $\wedge$ $\overline{\text{XR2=[2|T3]}}$ $\wedge$ M3=3 $\wedge$ ... $\rangle$

$\quad \mapsto_{cc} \langle$?- <u>nats(T3,M3)</u>, zip(XR4,YR4,ZR4).,
   P=[1,3|ZR4] $\wedge$ YR4=[3|ZR4] $\wedge$ XR4=T3=[_|_] $\wedge$ M3=3 $\wedge$ ... $\rangle$

$\quad \mapsto_{cc} \langle$?- nats(T5,M5), <u>zip(XR4,YR4,ZR4)</u>.,
   P=[1,3|ZR4] $\wedge$ YR4=[3|ZR4] $\wedge$ XR4=[3|T5] $\wedge$ M5=4 $\wedge$ ... $\rangle$

$\quad \mapsto_{cc} \langle$?- <u>nats(T5,M5)</u>, zip(XR6,YR6,ZR6).,
   P=[1,3,6|ZR6] $\wedge$ YR6=[6|ZR6] $\wedge$ XR6=T5=[_|_] $\wedge$ M5=4 $\wedge$ ... $\rangle$

$\quad \mapsto_{cc}$ ...

Die Variable P stellt die Liste der Präfixsummen dar. Wir sehen, dass diese Liste schrittweise entsteht. Man kann sich dies wie folgt veranschaulichen: Im ersten Schritt erzeugt man mit Hilfe von **nats([H|T],1)** das erste Element 1 der Folge der natürlichen Zahlen.

$$[\text{H|T}] = \quad [\ 1 \ | \ \text{T1} \ ]$$

Im nächsten Schritt addieren wir diesen Wert zum Initialwert 0 und erhalten so die erste Präfixsumme. Die Liste der Präfixsummen P besteht selbst aus diesem Element 1 und der Restliste ZR2:

$$
\begin{array}{l}
[\ 1 \ | \ \text{T1} \ ] \\
[\ 0 \ | \quad \text{P} \ ] \\
\hline
\text{P} = \quad [\ 1 \ | \ \text{ZR2} \ ]
\end{array}
$$

Das setzt sich Schritt für Schritt fort:

$$
\begin{array}{l}
[\ 1 \ | \ [\ 2 \ | \ \text{T3} \ ]] \\
[\ 0 \ | \ [\ 1 \ | \ \text{ZR2} \ ]] \\
\hline
\text{P} = \quad [\ 1 \ | \ [\ 3 \ | \ \text{ZR4} \ ]]
\end{array}
$$

Dabei kommunizieren und synchronisieren sich die beiden nebenläufigen Prozesse, die einerseits die Liste der natürlichen Zahlen und andererseits die der Präfixsummen berechnen.

```
[H|T] =    [ 1 , 2 , 3 ,  4 ,  5 ,  6 | ... ]
           [ 0 , 1 , 3 ,  6 , 10 , 15 | ... ]
P     =    [ 1 , 3 , 6 , 10 , 15 , 21 | ... ]
```

Die Hamming-Zahlen

In ähnlicher Weise kann man die *Hamming-Zahlen* erzeugen (s. auch [47]). Ziel ist es hier, die aufsteigende unendliche Liste aller Zahlen größer als 1 zu generieren, die keine anderen Primfaktoren als 2, 3 und 5 enthalten, also alle Zahlen $n = 2^i * 3^j * 5^k$ mit $n > 1$, $i, j, k \geq 0$. Diese kann man wie folgt berechnen:

- Wir beginnen unsere Berechnung mit der 1 als Anfangswert.
- Haben wir eine Hamming-Zahl h (oder die 1) gegeben, dann können wir die Hamming-Zahlen $2 * h$, $3 * h$ und $5 * h$ berechnen.
- Um eine aufsteigende geordnete Folge zu erhalten, ist es lediglich nötig, jeweils die Zahlen aus der Multiplikation mit 2, 3 und 5 zu vergleichen, die bisher noch nicht in die Hamming-Liste eingehängt worden sind.

Wir erhalten das folgende Programm:

```
hamming(S)  :- true : true | mul([1|S],2,S2),
   mul([1|S],3,S3), mul([1|S],5,S5),
   smerge(S2,S3,S23), smerge(S5,S23,S).

mul(XL,N,XSN)  :- XL=[X|S] : XSN=[X*N|SN] |
   mul(S,N,SN).

smerge(XL,YL,ZL)  :- XL=[X|In1], YL=[Y|In2], X=Y :
   ZL=[X|Out] | smerge(In1,In2,Out).
smerge(XL,YL,ZL)  :- XL=[X|In1], YL=[Y|In2], X<Y :
   ZL=[X|Out] | smerge(In1,[Y|In2],Out).
smerge(XL,YL,ZL)  :- XL=[X|In1], YL=[Y|In2], X>Y :
   ZL=[Y|Out] | smerge([X|In1],In2,Out).
```

Endliche Präfixe und Approximationen

Wir haben gesehen, wie man unendliche Reihen generieren kann. Oft ist man jedoch an einem endlichen Präfix einer solchen Reihe oder einem bestimmten Wert interessiert. Wir wollen dies hier nur kurz skizzieren.

Zur Extraktion eines endlichen Präfixes einer von einem Prozess (oder einem Prozess-Netzwerk) generierten unendlichen Reihe erzeugen wir einen weiteren Prozess. Dazu definieren wir ein Prädikat take, das einer Liste L einen Listenpräfix P der Länge N entnimmt:

```
take(L,N,P) :- N=1, L=[H|T] : P=[H] | .
take(L,N,P) :- N>1, L=[H|T] :
  M=N-1, P=[H|PT] | take(T,M,PT).
```

Wir rufen einen entsprechenden Prozess zusammen mit der Generierung der Reihe in einem Ziel auf, z. B.:[30]

```
?- list(L,1),take(L,4,P).
```

mit

```
list(L,N) :- true : L=[f(N)|T], M=N+1 | list(T,M).
```

Problematisch ist bei diesem Vorgehen momentan noch, dass zwar take einen endlichen Präfix berechnet und dann abbricht, der list-Prozess jedoch nicht terminiert. Seine Termination muss über eine zusätzliche Synchronisation der beiden Prozesse, z. B. durch ein entsprechendes Tag, sichergestellt werden.

Auf diese Weise kann man dann nicht nur mit unendlichen Reihen und endlichen Präfixen arbeiten, sondern diese Reihen auch verwenden, um z. B. Approximationsaufgaben zu lösen. In [118] wird dies für funktionale Sprachen im Zusammenhang mit sog. *lazy Listen* gezeigt. Dieses Vorgehen kann, jeweils einen passenden Constraint-Löser vorausgesetzt, auch für nebenläufige Constraint-Sprachen entsprechend umgesetzt werden. Im Grunde bilden wir hier mit der Synchronisation der Prozesse nats und zip im Präfixsummen-Beispiel bzw. der mul- und der smerge-Prozesse bei der Bildung der Hamming-Zahlen das Verhalten der *lazy Listen* nach.

7.3.3 Nichtdeterminismus

Schließlich wollen wir noch einmal auf den dieser Form der Programmierung inhärenten Nichtdeterminismus eingehen. An einigen Beispielen haben wir schon gesehen, dass bei einer Regel-Auswahl verschiedene Regeln passen können. Das war z. B. beim Prädikat min (vgl. Abschnitt 7.2.3) der Fall, wenn die Eingabeargumente gleich waren oder auch schon bei produce in Beispiel 7.1.

Da die Regelkörper durchaus verschieden sein dürfen, können bei der Berechnung eines Ziel verschiedene Ableitungsfolgen mit unter Umständen verschiedenen Ergebnissen auftreten.

Würfeln

Ein ganz einfaches Beispiel dafür ist das Werfen eines Würfels:

```
dice(V) :- true : V=1 | .
dice(V) :- true : V=2 | .
...
dice(V) :- true : V=6 | .
```

---

[30]Dabei berechne f(N) einen Wert in Abhängigkeit von N.

Hier sind für das Ziel ?- `dice(D)`. sechs verschiedene Ableitungen mit entsprechenden Ergebnissen möglich. Alle Ergebnisse müssen wir hier als gleichwertig bezüglich unserer Anfrage betrachten. Das heißt, wir können nicht davon ausgehen, dass bei jeder Berechnung der gleiche oder ein bestimmter Wert berechnet wird.

Nichtdeterministisches Mischen von Listen

Analog verhält sich das folgende Programm, das zwei Listen nichtdeterministisch mischt:

```
1  merge(XL,YL,ZL)  :- XL=[_|_] :
2      XL=[X|XL1], ZL=[X|ZL1] | merge(XL1,YL,ZL1).
3  merge(XL,YL,ZL)  :- XL=[] : ZL=YL | .
4  merge(XL,YL,ZL)  :- YL=[_|_] :
5      YL=[Y|YL1], ZL=[Y|ZL1] | merge(XL,YL1,ZL1).
6  merge(XL,YL,ZL)  :- YL=[] : ZL=XL | .
```

Ergebnisse von drei Ableitungen für das Ziel ?- `merge([a],[b,c],Z)`. haben wir hier exemplarisch angegeben. Das hochgestellte "$\star$" an der $\mapsto_{cc}$-Relation bezeichnet deren n-fache Anwendung mit $n \geq 0$. Die Reihenfolge, in der wir hier jeweils die Regeln des Programms angewendet haben, können Sie sich zur Übung selbst überlegen (vgl. Aufgabe 7.3).

$\langle$?- `merge([a],[b,c],Z)`, $true\rangle \mapsto_{cc}^{\star} \langle\square,$ `Z=[a,b,c]` $\wedge \ldots\rangle$

$\langle$?- `merge([a],[b,c],Z)`, $true\rangle \mapsto_{cc}^{\star} \langle\square,$ `Z=[b,a,c]` $\wedge \ldots\rangle$

$\langle$?- `merge([a],[b,c],Z)`, $true\rangle \mapsto_{cc}^{\star} \langle\square,$ `Z=[b,c,a]` $\wedge \ldots\rangle$

Die Resultatlisten Z können nahezu beliebig gemischt sein, wobei aber die Reihenfolgen der Elemente jeder einzelnen Eingabeliste erhalten bleibt.

7.4 Aufgaben

Aufgabe 7.1 (Mehrelementige Buffer)   In Abschnitt 7.3.1 haben wir ein Producer-Consumer-Problem mit einem einelementigen Buffer angegeben. Geben Sie ein entsprechendes Programm und Ziel für einen zweielementigen Buffer an!

Aufgabe 7.2 (One-To-Many-Kommunikation)   Geben Sie ein Programm zur Beschreibung eines Systems bestehend aus einem Produzenten und zwei Verbrauchern an. Der Produzent erzeugt eine (unendliche) Liste von Elementen, auf die die Verbraucher *gemeinsam* zugreifen bzw. die auf die beiden Verbraucher aufgeteilt wird. Das heißt: Wenn für einen Verbraucher der Liste ein Element entnommen worden ist, so steht es danach – im Gegensatz zur

Broadcast-Kommunikation in Abschnitt 7.3.1 – dem anderen Konsumenten nicht mehr zur Verfügung.

Aufgabe 7.3 (Nichtdeterministisches Mischen von Listen)   Wir haben in Abschnitt 7.3.3 ein Programm zum nichtdeterministischen Mischen zweier Listen und Ergebnisse von drei Ableitungen für das Ziel `?-merge([a],[b,c],Z).` angegeben. In welcher Reihenfolge haben wir dort jeweils die Regeln des Programms angewendet?

8

Constraint Handling Rules

Constraint Handling Rules (CHR) formen Constraints regelbasiert durch symbolische Ersetzung und Ergänzung um. Unter symbolischer Constraint-Verarbeitung ist dabei das syntaktische Umformen von Constraint-Mengen oder -Konjunktionen zu verstehen. Im Wesentlichen werden dabei Teilstrukturen genutzt, die vordefinierten Mustern entsprechen, um weitere Constraints herzuleiten oder durch andere, ggf. einfachere zu ersetzen. Dazu ein Beispiel:

Beispiel 8.1 Sind die (symbolischen) Constraints $\mathsf{leq}(X, Y)$, $\mathsf{leq}(Y, Z)$ und $\mathsf{leq}(Z, X)$ mit den Variablen X, Y und Z gegeben, deren intendierte Semantik die einer antisymmetrischen transitiven Relation (z. B. „kleiner-gleich") ist, so lassen sich aufgrund der Eigenschaften dieser Relation folgende *Wenn-Dann-Regeln* formulieren:

1. *Wenn* es zwei Constraints gibt, die das Muster $\mathsf{leq}(A, B)$ und $\mathsf{leq}(B, C)$ haben, *dann* lässt sich das zusätzliche Constraint $\mathsf{leq}(A, C)$ folgern, wobei sich die konkreten Werte von A und C aus der Musteranpassung ergeben.
2. *Wenn* es zwei Constraints gibt, die das Muster $\mathsf{leq}(A, B)$ und $\mathsf{leq}(B, A)$ haben, *dann* lassen sich diese Constraints durch die (syntaktische) Gleichheit von A und B ersetzen, deren konkrete Werte wiederum aus der Musteranpassung resultieren.

Die Anwendung der ersten Regel auf die beiden ersten der drei gegebenen Constraints $\mathsf{leq}(X, Y)$, $\mathsf{leq}(Y, Z)$ und $\mathsf{leq}(Z, X)$ ergibt die Constraints

$$\mathsf{leq}(X, Y), \ \mathsf{leq}(Y, Z), \ \mathsf{leq}(Z, X) \text{ und } \underline{\mathsf{leq}(X, Z)}.$$

Die Anwendung der zweiten Regel auf die beiden letzten dieser Constraints ergibt die Constraints

$$\mathsf{leq}(X, Y), \ \mathsf{leq}(Y, Z) \text{ und } \underline{X = Z}.$$

Ersetzen wir nun in den Constraints, die verschieden von $X = Z$ sind, jedes X durch Z, erhalten wir

$$\mathsf{leq}(\underline{Z}, Y), \ \mathsf{leq}(Y, Z) \text{ und } X = Z.$$

Es sei angemerkt, dass auch eine Ersetzung von Z durch X möglich gewesen wäre. Aus der erneuten Anwendung der zweiten Regel auf die beiden ersten Constraints resultiert die Gleichheit von Y und Z und somit

$$X = Z \text{ und } \underline{Z = Y},$$

einfachere, auf Gleichungen reduzierte, äquivalente Constraints. $\Diamond$

Nebenläufige, symbolische Constraint-Verarbeitung mit speziellen Wenn-Dann-Regeln, die **Constraint Handling Rules** (**CHR**) heißen, werden wir in den nächsten Abschnitten kennen lernen. Es wird deren Syntax festgelegt sowie deren deklarative und operationale Semantik bestimmt, wobei sich die Definitionen im Wesentlichen an den Festlegungen in [1, 2, 3] halten. Stärkere Abweichungen ergeben sich lediglich bei der Definition der operationalen Semantik in Abschnitt 8.3, da existierende CHR-Implementierungen (u. a. auch in ECL^{i}PS^e) in ihrem Verhalten von der ursprünglichen Definition abweichen (s. dazu Abschnitt 8.6).

8.1 Syntax

Als **atomare Constraints** bezeichnen wir bei den CHR speziell ausgezeichnete atomare Formeln bzw. Atome (vgl. Kapitel 1 bzw. Abschnitt 2.1) mit einer festgelegten Interpretation. Es sei angenommen, dass es in CHR zwei disjunkte Sorten von Prädikatsymbolen für zwei verschiedene Arten von Constraints gibt: **vordefinierte (engl. built-in) Constraints** mit festgelegter Semantik und **benutzerdefinierte (engl. user-defined) Constraints**, deren Semantik erst durch entsprechende CHR festgelegt wird (s. Abschnitt 8.2) und deshalb auch kurz als **CHR-Constraints** bezeichnet werden.

Definition 8.1 (Syntax)

Ein **CHR-Programm** ist eine endliche Menge von CHR, wobei es zwei Arten von CHR gibt:

- Eine **Simplifikationsregel** hat die Form

  $$H_1, \ldots, H_i \Leftrightarrow G_1, \ldots, G_j \mid B_1, \ldots, B_k.$$

- Eine **Propagationsregel** hat die Form

  $$H_1, \ldots, H_i \Rightarrow G_1, \ldots, G_j \mid B_1, \ldots, B_k.$$

Der **Kopf** $H_1, \ldots, H_i$ ist eine nichtleere, endliche Folge von CHR-Constraints, der **Wächter** $G_1, \ldots, G_j$ ist eine (eventuell leere) endliche Folge von vordefinierten Constraints und der **Rumpf** $B_1, \ldots, B_k$ ist eine (eventuell leere) endliche Folge von vordefinierten und/oder CHR-Constraints.

Optional können den Regeln auch Namen gegeben werden, die den Regeln vorangestellt und durch das Zeichen '@' von der jeweiligen Regel abgetrennt werden. Des Weiteren entfällt das Zeichen '|', wenn der Wächter leer ist.

Neben den beiden genannten CHR gibt es noch eine dritte Form von Regeln, die **Simpagierungsregeln** genannt werden:

$$H_1, \ldots, H_l \backslash H_{l+1}, \ldots, H_i \Leftrightarrow G_1, \ldots, G_j \mid B_1, \ldots, B_k.$$

Sie stehen abkürzend für Simplifikationsregeln der Form

$$H_1, \ldots, H_l, H_{l+1}, \ldots, H_i \Leftrightarrow G_1, \ldots, G_j \mid H_1, \ldots, H_l, B_1, \ldots, B_k.$$

Wir werden daher im Folgenden hauptsächlich nur Simplifikations- und Propagationsregeln betrachten.

Beispiel 8.2 Die beiden Regeln aus Beispiel 8.1 können wir nun unmittelbar als CHR darstellen:

> transitivity @ $\mathsf{leq}(A, B), \mathsf{leq}(B, C) \Rightarrow \mathsf{leq}(A, C)$.
>
> antisymmetry @ $\mathsf{leq}(A, B), \mathsf{leq}(B, A) \Leftrightarrow A = B$.

Die logische Semantik (s. Abschnitt 8.2) der ersten Regel ist, dass das Constraint $\mathsf{leq}(A, C)$ aus der Konjunktion $\mathsf{leq}(A, B), \mathsf{leq}(B, C)$ für jedes A, B und C folgt. Die zweite Regel besagt, dass die Konjunktion $\mathsf{leq}(A, B), \mathsf{leq}(B, A)$ für jedes A und jedes B äquivalent zu $A = B$ ist. $\Diamond$

CHR eignen sich nicht nur zur Behandlung von Constraints. Sie sind eine vollwertige Programmiersprache, mit der beliebige Algorithmen implementierbar sind. So gibt es inzwischen für CHR einen *Bootstrapping-Compiler* [52], d. h. einen in CHR implementierten Übersetzer für CHR, der CHR-Programme in eine andere Zielsprache (z. B. PROLOG) übersetzt. – Das folgende Beispiel zeigt eine ganz andere Anwendung von CHR: die Realisierung eines Primzahlenfilters.

Beispiel 8.3 (aus [78]) Das *Sieb des Eratosthenes* zum Filtern von Primzahlen lässt sich mit einer einzigen Simpagierungsregel realisieren:

> sieveOfEratosthenes @ $\mathsf{num}(I) \backslash \mathsf{num}(J) \Leftrightarrow J \bmod I = 0 \mid true$.

Die operationale Semantik dieser Regel wird so sein, dass ein „Constraint" $\mathsf{num}(j)$ dann aus einer Constraint-Menge „gefiltert" wird, wenn es ein „Constraint" $\mathsf{num}(i)$ gibt, so dass j ein Vielfaches von i ist, d. h. $j \bmod i = 0$ gilt. Gehen wir von einer initialen „Constraint-Menge" $\{\mathsf{num}(2), \ldots, \mathsf{num}(n)\}$ aus, verbleiben nach dem Filtern genau die „Constraints" $\mathsf{num}(p)$ mit $p \leq n$, in denen p eine Primzahl ist. $\Diamond$

8.2 Deklarative Semantik

Die Semantik der vordefinierten Constraints ist durch eine *Constraint-Theorie* $\mathcal{T}$, eine Formelmenge, mit folgenden Eigenschaften bestimmt [1]:

- $\mathcal{T}$ hat ein Modell.
- $\mathcal{T}$ enthält nur vordefinierte Constraints.

- $\mathcal{T}$ legt die Gleichheit = als Kongruenzrelation fest (z. B. mittels Clarkscher Axiomatisierung, s. Definition 2.12).

Aufgrund dieser Eigenschaften sind für beliebige Terme s und t *Gleichungen* der Form $s = t$ vordefinierte Constraints, deren Semantik durch die Constraint-Theorie $\mathcal{T}$ festgelegt ist.

Die deklarative Semantik der CHR-Constraints wird durch eine logische Lesart der CHR bestimmt: Zu jedem CHR-Programm P ist eine Formelmenge $\mathcal{P}$ definiert, die für jede Regel eine entsprechende, abgeschlossene Formel enthält. Die Semantik der CHR-Constraints wird durch Modelle der Theorie $\mathcal{T}$ und der Formelmenge $\mathcal{P}$ bestimmt (vgl. dazu Abschnitt 8.4).

Definition 8.2 (Deklarative Semantik von CHR nach [46])

Die Variablenmenge $X = var(H_1, \ldots, H_i) \cup var(G_1, \ldots, G_j)$ enthalte die Variablen, die in den CHR-Constraints $H_1, \ldots, H_i$ des Kopfes einer Regel oder in den vordefinierten Constraints $G_1, \ldots, G_j$ des Regelwächters vorkommen. Weiterhin seien $Z = var(B_1, \ldots, B_k) \setminus X$ die Variablen, die in den atomaren Constraints $B_1, \ldots, B_k$ des Regelrumpfs vorkommen, jedoch weder im Regelkopf noch im Wächter.

Die deklarative, logische Form einer Simplifikationsregel

$$H_1, \ldots, H_i \Leftrightarrow G_1, \ldots, G_j \mid B_1, \ldots, B_k.$$

ist die bedingte Äquivalenz

$$\forall \tilde{X}.((G_1 \wedge \ldots \wedge G_j) \longrightarrow ((H_1 \wedge \ldots \wedge H_i) \longleftrightarrow \exists \tilde{Z}.(B_1 \wedge \ldots \wedge B_k)))$$

und die deklarative, logische Form einer Propagationsregel

$$H_1, \ldots, H_i \Rightarrow G_1, \ldots, G_j \mid B_1, \ldots, B_k.$$

ist die bedingte Implikation

$$\forall \tilde{X}.((G_1 \wedge \ldots \wedge G_j) \longrightarrow ((H_1 \wedge \ldots \wedge H_i) \longrightarrow \exists \tilde{Z}.(B_1 \wedge \ldots \wedge B_k))).$$

Beispiel 8.4   Die deklarative Semantik der CHR aus Beispiel 8.2 ist:

$$\forall A. \forall B. \forall C.((\mathsf{leq}(A, B) \wedge \mathsf{leq}(B, C)) \longrightarrow \mathsf{leq}(A, C))$$
$$\forall A. \forall B.((\mathsf{leq}(A, B) \wedge \mathsf{leq}(B, A)) \longleftrightarrow A = B).$$

Die deklarative Semantik des *Siebes des Eratosthenes* im Beispiel 8.3 ist:

$$\forall I. \forall J.((J \bmod I = 0) \longrightarrow ((\mathsf{num}(I) \wedge \mathsf{num}(J)) \longleftrightarrow \mathsf{num}(I))).$$

$\Diamond$

Neben den vor- und benutzerdefinierten (atomaren) Constraints werden im Folgenden auch Konjunktionen von Constraints betrachtet, die ebenfalls als *Constraints* bezeichnet werden. Die dabei verwendeten semantischen Begriffe in Bezug auf Constraints (wie z. B. deren Konsistenz) werden durch die folgende Definition erweitert.

Definition 8.3 (Constraint, semantische Begriffe)

Es seien eine Constraint-Theorie T und ein CHR-Programm P gegeben. Eine beliebige Konjunktion

$$C_1 \wedge \ldots \wedge C_n$$

von vor- und benutzerdefinierten Constraints $C_1, \ldots, C_n$ wird als *Constraint-Konjunktion* oder kurz als *(zusammengesetztes) Constraint* bezeichnet. Ein Constraint C, egal ob atomar oder zusammengesetzt, ist **lösbar, erfüllbar, konsistent**, wenn

$$P \cup T \models \exists C$$

gilt, es ist **unlösbar, unerfüllbar, inkonsistent**, wenn dies nicht gilt.

Ist $\mathcal{I}$ ein Modell von $T \cup P$, dann ist eine Variablenbelegung χ, für die

$$(\mathcal{I}, \chi) \models C$$

gilt, eine **Lösung** des Constraints C bezüglich $\mathcal{I}$.

Im Folgenden entfällt der Bezug auf ein Modell, wenn aus dem Kontext hervorgeht, auf welches Modell sich die Aussagen beziehen. Lösungen von Constraints werden meist als Konjunktionen von Gleichheitsconstraints dargestellt (vgl. Abschnitt 3.2). Folgen und Mengen von Constraints in Formeln sind als logische Konjunktion der darin enthaltenen Constraints zu lesen.

8.3 Operationale Semantik

Die operationale Semantik eines CHR-Programms P wird durch ein *Transitionssystem*, d. h. ein Zustandsübergangssystem, festgelegt [1, 2, 45, 46].

8.3.1 Zustände und Zustandsübergänge

Die Zustände des Zustandsübergangssystems für CHR setzen sich aus vordefinierten Constraints und CHR-Constraints zusammen, die unter Verwendung einer zugrundegelegten Constraint-Theorie T und durch Anwendung der Regeln in P vereinfacht werden.

Definition 8.4 (Zustand)

Ein **Zustand** ist ein geordnetes Tripel

$$\langle C_U, C_B \rangle_V.$$

$C_U = c_1 \oplus \cdots \oplus c_l$ ist eine assoziativ-kommutative Konjunktion von CHR-Constraints, wobei $C_U = true$ gelte, wenn $l = 0$ ist. Im Gegensatz zur üblichen logischen Konjunktion $\wedge$ sei die Konjunktion $\oplus$ nicht idempotent, habe aber das gleiche Neutralelement, nämlich *true*. Das Constraint C_U wird **CHR-Speicher** genannt.

$C_B = b_1 \wedge \ldots \wedge b_k$ ist eine logische Konjunktion vordefinierter Constraints, der **Speicher vordefinierter Constraints**, wobei die leere Konjunktion ($k = 0$) durch *true* repräsentiert wird. V ist die Menge der *globalen* Variablen.

Die Notwendigkeit und Bedeutung der Variablenmenge V wird in Abschnitt 8.4 beim Herstellen des Zusammenhangs zwischen operationaler und deklarativer Semantik verständlich.

Die Zahl gleicher Constraints im CHR-Speicher ist aufgrund der fehlenden Idempotenz von $\oplus$ wesentlich: So gilt zwar mit $C_U = c_1 \oplus \cdots \oplus c_l$ auch $C_U = c_{\delta(1)} \oplus \cdots \oplus c_{\delta(l)}$ für jede Permutation $\delta : \{1, \ldots, l\} \rightarrow \{1, \ldots, l\}$, jedoch z. B. $C_U \neq c_1 \oplus \cdots \oplus c_l \oplus c_l$. Die Anzahl gleicher Constraints im CHR-Speicher beeinflusst unmittelbar die Wirkungsweise der CHR.

Beispiel 8.5   Die Simpagierungsregel

idempotence @ constraint$(X)\backslash$constraint$(X) \Leftrightarrow true$.

reduziert alle Vielfachheiten des Constraints constraint(t) mit einem beliebigen Term t als Argument auf einen einzelnen Repräsentanten dieses Constraints. Die Regel wird nur dann ausgeführt, wenn mindestens zwei gleiche Constraints vorhanden sind. $\diamond$

Übergänge von einem Zustand zu einem anderen sind durch *Berechnungsschritte* festgelegt, durch die eine Zustandsübergangsrelation zwischen Zuständen definiert wird. Entsprechend der beiden Regelarten gibt es zwei Formen von Berechnungsschritten.

Um eine CHR in einem Berechnungsschritt auf einen Zustand anwenden zu können, muss der CHR-Speicher Constraints enthalten, die zum Regelkopf „passen". Dazu wird zu jedem Kopf H einer CHR und einer Konjunktion H' aus dem CHR-Speicher eine Menge match$_H(H')$ definiert, die genau dann nichtleer ist, wenn die Constraints in H' zum Regelkopf H „passen", d. h., wenn es zu jedem Constraint in H genau ein Constraint in H' mit gleichem Prädikatsymbol gibt. Die Menge match$_H(H')$ enthält dann alle Tupel der CHR-Constraints in H', deren Prädikatsymbole mit denen in H in gleicher Reihenfolge übereinstimmen.

Definition 8.5 (match$_H$)

Zu jeder endlichen Folge von CHR-Constraints

$$H = c_1(s_{1,1}, \ldots, s_{1,n_1}), \ldots, c_i(s_{i,1}, \ldots, s_{i,n_i})$$

sei eine Abbildung match_H definiert, die eine beliebige Konjunktion von CHR-Constraints

$$H' = d_1(t_{1,1}, \ldots, t_{1,m_1}) \oplus \cdots \oplus d_i(t_{i,1}, \ldots, t_{i,m_i})$$

auf eine (eventuell leere) Menge von endlichen Folgen, die aus den CHR-Constraints in H' bestehen, abbildet:

$$\text{match}_H(H')$$
$$= \{(d_{\delta(1)}(t_{\delta(1),1}, \ldots, t_{\delta(1),m_{\delta(1)}}), \ldots, d_{\delta(i)}(t_{\delta(i),1}, \ldots, t_{\delta(i),m_{\delta(i)}}))$$
$$\mid \text{es existiert eine Permutation } \delta : \{1, \ldots, i\} \to \{1, \ldots, i\},$$
$$\text{so dass } c_1 = d_{\delta(1)}, \ldots, c_i = d_{\delta(i)} \text{ gelten.}\}$$

Es sei bemerkt, dass mit $\text{match}_H(H') \neq \emptyset$ auch die Gleichungen $n_1 = m_{\delta(1)}, \ldots, n_i = m_{\delta(i)}$ gelten und daher jede endliche Folge $H'' \in \text{match}_H(H')$ die Form $c_1(t'_{1,1}, \ldots, t'_{1,n_1}), \ldots, c_i(t'_{i,1}, \ldots t'_{i,n_i})$ hat. Folglich sind Gleichheiten zwischen den Argumenten der Constraints im Kopf H und den Argumenten in einer Folge $H'' \in \text{match}_H(H')$ wohldefiniert.

Definition 8.6 (Matching $\doteq$)

Für den Kopf $H = c_1(s_{1,1}, \ldots, s_{1,n_1}), \ldots, c_i(s_{i,1}, \ldots, s_{i,n_i})$ einer CHR, eine Konjunktion von Constraints $H' = d_1(t_{1,1}, \ldots, t_{1,m_1}) \oplus \cdots \oplus d_i(t_{i,1}, \ldots, t_{i,m_i})$ im CHR-Speicher und eine Folge von Constraints $H'' \in \text{match}_H(H')$ mit $H'' = c_1(t'_{1,1}, \ldots, t'_{1,n_1}), \ldots, c_i(t'_{i,1}, \ldots t'_{i,n_i})$ gelte:

$$(H \doteq H'') = (s_{1,1} = t'_{1,1}) \wedge \ldots \wedge (s_{1,n_1} = t'_{1,n_1})$$
$$\wedge \ldots \wedge (s_{i,1} = t'_{i,1}) \wedge \ldots \wedge (s_{i,n_i} = t'_{i,n_i}).$$

Bei logischer Lesart dieses **Matching** von H und H'' gilt

$$\mathcal{T} \models \forall((H \doteq H'') \longrightarrow (H \longleftrightarrow H'')),$$

denn die Gleichheit $=$, auf die die „Gleichheit" $\doteq$ zurückgeführt wird, ist in der Theorie $\mathcal{T}$ als Kongruenzrelation axiomatisiert.

Beispiel 8.6 Es sei die Folge von CHR-Constraints $H = (\text{leq}(A, B), \text{leq}(B, C))$ und die Konjunktion von CHR-Constraints $H' = (\text{leq}(p, q) \oplus \text{leq}(q, r))$ gegeben. Dann ist

$$\text{match}_H(H') = \{(\text{leq}(p, q), \text{leq}(q, r)), (\text{leq}(q, r), \text{leq}(p, q))\}.$$

Für alle $H'' \in \text{match}_H(H')$ sind dann zwar beide Konjunktionen syntaktischer Gleichungen $H \doteq H''$ wohldefiniert, jedoch nur für $H'' = (\text{leq}(p, q), \text{leq}(q, r))$ ist diese Konjunktion

$$(H \doteq H'') = (A = p \wedge B = q \wedge B = q \wedge C = r)$$

lösbar.   ◊

Wie auch in [1] wird davon ausgegangen, dass für die vordefinierten Constraints ein **Normalisierungsverfahren** normalize existiert, mit dem vordefinierte Constraint-Speicher vereinfacht werden können, um insbesondere Inkonsistenzen festzustellen. Für jede Konjunktion vordefinierter Constraints C soll gelten:

$$\mathcal{T} \models \forall(C \longleftrightarrow \mathsf{normalize}(C))$$
und falls $\mathcal{T} \not\models \exists C$ gilt, gelte $\mathsf{normalize}(C) = \textit{false}$.

Dieses Normalisierungsverfahren ist gemäß Abschnitt 3.3.5 eine Simplifikation, die wir hier jedoch nicht so nennen, um Missverständnissen mit der Anwendung von Simplifikationsregeln vorzubeugen. Für eine bestimmte Constraint-Theorie, die syntaktische Gleichheit, wurde bereits ein Normalisierungsverfahren vorgestellt: die Unifikation (s. Abschnitt 2.2). Es kann zur Vereinfachung vordefinierter Constraint-Speicher (Mengen von Termpaaren, die Gleichungen repräsentieren) unmittelbar eingesetzt werden (s. Algorithmus 2.1).

Definition 8.7 (Zustandsübergangsrelation (vgl. Abschnitt 6.1))

Zu den CHR-Constraints sei ein CHR-Programm P und für die vordefinierten Constraints sei eine Constraint-Theorie $\mathcal{T}$ gegeben. Die **Zustandsübergangsrelation** $\mapsto$ zwischen Zuständen (s. Definition 8.4) sei durch die beiden folgenden **Berechnungsschritte** bestimmt:[31]

Simplifizieren

$(H \Leftrightarrow G \mid B_U, B_B)$ ist eine neue Variante einer Simplifikationsregel in P mit $X = var(H) \cup var(G)$, es gilt $\mathcal{T} \models \exists C_B$ und es gibt ein $H'' \in \mathsf{match}_H(H')$, so dass $\mathcal{T} \models \forall(C_B \longrightarrow \exists \tilde{X}.((H \doteq H'') \wedge G))$ gilt.

$$\langle H' \oplus C_U, C_B \rangle_V \mapsto \langle C_U \oplus B_U, \mathsf{normalize}(C_B \wedge (H \doteq H'') \wedge G \wedge B_B) \rangle_V$$

Propagieren

$(H \Rightarrow G \mid B_U, B_B)$ ist eine neue Variante einer Propagationsregel in P mit $X = var(H) \cup var(G)$, es gilt $\mathcal{T} \models \exists C_B$ und es gibt ein $H'' \in \mathsf{match}_H(H')$, so dass $\mathcal{T} \models \forall(C_B \longrightarrow \exists \tilde{X}.((H \doteq H'') \wedge G))$ gilt.

$$\langle H' \oplus C_U, C_B \rangle_V \mapsto \langle H' \oplus C_U \oplus B_U, \mathsf{normalize}(C_B \wedge (H \doteq H'') \wedge G \wedge B_B) \rangle_V$$

In der obigen Definition 8.7 wird angenommen, dass die Constraints im Regelrumpf B_U, B_B so angeordnet sind, dass B_U die CHR-Constraints und B_B die vordefinierten Constraints enthält. Diese Annahme ist unproblematisch,

---

[31]Wir verwenden dazu die Notation $\frac{\text{„wenn“}}{\text{„dann“}}$.

da die logische Konjunktion assoziativ und kommutativ ist und durch Umordnen des Rumpfes die deklarative Semantik der Regeln nicht verändert wird. Der CHR-Speicher kann aufgrund der Assoziativität und Kommutativität der Konjunktion '$\oplus$' durch Umordnen in die Form $H' \oplus C_U$ überführt werden. In den Zuständen werden die endlichen Folgen G, B_U, B_B als Konjunktionen der darin enthaltenen Constraints betrachtet. Per Konvention stehen endliche Folgen von CHR-Constraints $d_1, \ldots, d_i$ der Einfachheit halber in CHR-Speichern für die Konjunktionen $d_1 \oplus \ldots \oplus d_i$. Endliche Folgen vordefinierter Constraints $e_1, \ldots, e_j$ stehen per Konvention in Speichern vordefinierter Constraints für die Konjunktionen $e_1 \wedge \ldots \wedge e_j$.

Simplifizieren eines Zustands bedeutet, die zum Kopf einer CHR passenden CHR-Constraints im CHR-Speicher zu suchen und durch den entsprechenden Regelrumpf zu ersetzen, falls zusätzlich der Wächter gilt. Beim Ersetzen werden die vordefinierten Constraints vereinfacht und idealerweise in eine äquivalente Normalform überführt (z. B. in *false* bei einer erkannten Inkonsistenz), deren Konsistenz einfach zu entscheiden ist. Propagieren bedeutet, die zum Kopf einer CHR passenden CHR-Constraints auszusuchen und um die entsprechenden CHR-Constraints im Regelrumpf zu ergänzen und dabei die vordefinierten Constraints ebenfalls zu vereinfachen.

Beispiel 8.7   Wir betrachten das aus 2 Regeln bestehende CHR-Programm:

transitivity @ $\mathsf{leq}(A, B), \mathsf{leq}(B, C) \Rightarrow \mathsf{leq}(A, C)$.

antisymmetry @ $\mathsf{leq}(A, B), \mathsf{leq}(B, A) \Leftrightarrow A = B$.

Die Anwendung der Regelvariante $\mathsf{leq}(A_1, B_1), \mathsf{leq}(B_1, C_1) \Rightarrow \mathsf{leq}(A_1, C_1)$ auf den initialen Zustand $\langle \mathsf{leq}(X, Y) \oplus \mathsf{leq}(Y, Z) \oplus \mathsf{leq}(Z, X), \mathit{true} \rangle_{\{X, Y, Z\}}$ ergibt den Berechnungsschritt[32]

$$\langle \underline{\mathsf{leq}(X, Y) \oplus \mathsf{leq}(Y, Z)} \oplus \mathsf{leq}(Z, X), \mathit{true} \rangle_{\{X, Y, Z\}}$$
$$\mapsto \langle \mathsf{leq}(X, Y) \oplus \mathsf{leq}(Y, Z) \oplus \mathsf{leq}(Z, X) \oplus \underline{\mathsf{leq}(A_1, C_1)},$$
$$\underline{A_1 = X \wedge B_1 = Y \wedge C_1 = Z} \rangle_{\{X, Y, Z\}},$$

denn es gilt:

$$H_1'' = (\mathsf{leq}(X, Y), \mathsf{leq}(Y, Z))$$
$$(H_1 \doteq H_1'') = (A_1 = X \wedge B_1 = Y \wedge B_1 = Y \wedge C_1 = Z),$$

$$\mathcal{T} \models \forall X. \forall Y. \forall Z. (\mathit{true}$$
$$\longrightarrow \exists A_1. \exists B_1. \exists C_1. (A_1 = X \wedge B_1 = Y \wedge B_1 = Y \wedge C_1 = Z)),$$

$$\mathsf{normalize}(\mathit{true} \wedge (H_1 \doteq H_1'') \wedge \mathit{true} \wedge \mathit{true})$$
$$= (A_1 = X \wedge B_1 = Y \wedge C_1 = Z).$$

---

[32]Sowohl die Constraints, die zur Regelanwendung notwendig sind, als auch die daraus resultierenden Constraints sind zur besseren Verdeutlichung unterstrichen.

Die Anwendung der Regelvariante $\text{leq}(A_2, B_2), \text{leq}(B_2, A_2) \Leftrightarrow A_2 = B_2$ auf den aktuellen Zustand liefert den Folgezustand

$\langle \text{leq}(X, Y) \oplus \text{leq}(Y, Z) \oplus \underline{\text{leq}(Z, X)} \oplus \text{leq}(A_1, C_1),$

$\quad \underline{A_1 = X \wedge B_1 = Y \wedge \underline{C_1 = Z}}\rangle_{\{X,Y,Z\}}$

$\mapsto \langle \text{leq}(X, Y) \oplus \text{leq}(Y, Z),$

$\quad\quad A_1 = X \wedge B_1 = Y \wedge C_1 = Z \wedge \underline{A_2 = Z \wedge B_2 = X \wedge X = Z}\rangle_{\{X,Y,Z\}},$

denn es gilt:

$$H_2'' = (\text{leq}(Z, X), \text{leq}(A_1, C_1))$$
$$(H_2 \div H_2'') = (A_2 = Z \wedge B_2 = X \wedge B_2 = A_1 \wedge A_2 = C_1),$$

$$\mathcal{T} \models \forall X. \forall Y. \forall Z. ((A_1 = X \wedge B_1 = Y \wedge C_1 = Z)$$
$$\longrightarrow \exists A_2. \exists B_2. (A_2 = Z \wedge B_2 = X \wedge B_2 = A_1 \wedge A_2 = C_1)),$$

$$\text{normalize}((A_1 = X \wedge B_1 = Y \wedge C_1 = Z) \wedge (H_2 \div H_2'')$$
$$\wedge \; true \wedge A_2 = B_2)$$
$$= (A_1 = X \wedge B_1 = Y \wedge C_1 = Z \wedge A_2 = Z \wedge B_2 = X \wedge X = Z).$$

Die Anwendung der Regelvariante $\text{leq}(A_3, B_3), \text{leq}(B_3, A_3) \Leftrightarrow A_3 = B_3$ auf den nun aktuellen Zustand resultiert schließlich in dem vereinfachten Endzustand

$\langle \underline{\text{leq}(X, Y)} \oplus \text{leq}(Y, Z),$

$\quad A_1 = X \wedge B_1 = Y \wedge C_1 = Z \wedge A_2 = Z \wedge B_2 = X \wedge \underline{X = Z}\rangle_{\{X,Y,Z\}}$

$\mapsto \langle true,$

$\quad\quad A_1 = X \wedge B_1 = Y \wedge C_1 = Z \wedge A_2 = Z \wedge B_2 = X \wedge X = Z$

$\quad\quad \wedge \underline{A_3 = X \wedge B_3 = Y \wedge X = Y}\rangle_{\{X,Y,Z\}},$

Durch Projektion (vgl. Abschnitt 3.3.3) des Speichers vordefinierter Constraints $A_1 = X \wedge B_1 = Y \wedge C_1 = Z \wedge A_2 = Z \wedge B_2 = X \wedge X = Z \wedge A_3 = X \wedge B_3 = Y \wedge X = Y$ auf die Variablen $\{X, Y, Z\}$ erhalten wir das gewünschte Ergebnis:

$$X = Y \wedge X = Z.$$

$\Diamond$

Die Berechnungsschritte werden auch *Regelanwendungen* genannt, da jeder Berechnungsschritt auf einer CHR beruht.

8.3.2 Startzustände, Endzustände und CHR-Ableitungen

Startzustände des Zustandsübergangssystems für CHR sind alle Zustände, deren globale Variablen, die Variablen der enthaltenden Constraints sind. Die

Regeln eines CHR-Programms sind mit Ausnahme der Endzustände auf alle Zustände anwendbar. *Endzustände* sind alle Zustände, auf die keine CHR mehr anwendbar sind.

Definition 8.8 (Start- und Endzustand)

Ein Zustand $\langle C_U, C_B \rangle_V$ ist ein **Startzustand**, wenn $V = var(C_U) \cup var(C_B)$ gilt.

Ein Zustand $\langle C_U, C_B \rangle_V$ ist ein **Endzustand**, wenn keine CHR auf diesen Zustand anwendbar ist:

$$\langle C_U, C_B \rangle_V \nmapsto \langle C'_U, C'_B \rangle_V.$$

Aufgrund dieser Definition von Endzuständen, terminiert eine Folge von Berechnungsschritten nicht nur dann, wenn der CHR-Speicher leer ist oder es zu den darin enthaltenden CHR-Constraints keine passende Regel mehr gibt. Ein Zustand $\langle C_U, C_B \rangle_V$ ist auch dann ein Endzustand, wenn dessen Speicher vordefinierter Constraints inkonsistent ist, d. h. $\mathcal{T} \not\models \exists C_B$ gilt.

Beispiel 8.8   Das CHR-Programm

transitivity @ less(A, B), less(B, C) $\Rightarrow$ less(A, C).

asymmetry @ less(A, B), less(B, A) $\Rightarrow$ *false*.

spiegelt die Transitivität und Asymmetrie einer Ordnungsrelation less wider. Die Anwendung der Regelvariante less(A_1, B_1), less(B_1, A_1) $\Rightarrow$ *false* auf den gegebenen Startzustand $\langle$less$(X, Y) \oplus$less$(Y, Z) \oplus$less$(Y, X), true\rangle_{\{X,Y,Z\}}$ führt zu dem Berechnungsschritt

$$\langle \underline{\text{less}(X, Y)} \oplus \text{less}(Y, Z) \oplus \underline{\text{less}(Y, X)}, true \rangle_{\{X,Y,Z\}}$$
$$\mapsto \langle \text{less}(X, Y) \oplus \text{less}(Y, Z) \oplus \text{less}(Y, X), false \rangle_{\{X,Y,Z\}},$$

Der resultierende Zustand ist aufgrund der entdeckten Inkonsistenz ein Endzustand, obwohl die transitivity-Regel noch anwendbar wäre. Dies macht jedoch wenig Sinn, da die Inkonsistenz bestehen bliebe. $\Diamond$

Mehrfache Regelanwendungen bilden eine Folge von Zuständen. Diese wird *Berechnungsfolge* genannt und kann auch unendlich sein.

Definition 8.9 (Berechnungsfolge)

Eine **Berechnungsfolge** ist eine Folge von Zuständen $S_0, S_1, \ldots$ mit $S_i \mapsto S_{i+1}$ ($i \geq 0$), die entweder einen Endzustand enthält, mit dem sie endet, oder keine Endzustände enthält und daher unendlich ist.

Eine unendliche Berechnungsfolge ist sicher dann gegeben, wenn in einer Berechnungsfolge ein bereits berechneter Zustand erneut berechnet wird und immer neue Varianten der gleichen Regeln, die dazwischen angewendet wurden, in gleicher Weise und Reihenfolge wieder und wieder angewendet werden.

Beispiel 8.9   Wenn die beiden Regeln des CHR-Programms

$$\mathsf{p2q} @ \mathsf{p}(A) \Leftrightarrow \mathsf{q}(A). \text{ und } \mathsf{q2p} @ \mathsf{q}(A) \Leftrightarrow \mathsf{p}(A).$$

beliebig oft wechselseitig auf den Startzustand $\langle \mathsf{p}(X), true \rangle_{\{X\}}$ und seine Folgezustände angewendet werden, entsteht die unendliche Berechnungsfolge

$$\langle \mathsf{p}(X), true \rangle_{\{X\}} \mapsto \langle \mathsf{q}(A_1), A_1 = X \rangle_{\{X\}}$$
$$\mapsto \langle \mathsf{p}(A_2), A_1 = X \wedge A_2 = X \rangle_{\{X\}} \mapsto \cdots$$

$\Diamond$

In einer Berechnungsfolge stehen nicht nur die Zustände eines jeweiligen Berechnungsschritts in direktem Zusammenhang, sondern auch alle Zustände in indirektem Zusammenhang, der sich aus der jeweiligen Berechnungsteilfolge zwischen ihnen ergibt. Diesem Umstand wird durch *CHR-Ableitungen* Rechnung getragen:

Definition 8.10 (CHR-Ableitung)

Die *reflexiv-transitive Hülle* $\mapsto^*$ der Zustandsübergangsrelation $\mapsto$ ist die kleinste Relation zwischen Zuständen,

- für die $S \mapsto^* S$ für jeden Zustand S gilt und
- die abgeschlossen ist gegenüber der folgenden Bedingung:

    wenn $S \mapsto^* \hat{S}$ und $\hat{S} \mapsto S'$ gilt, dann gilt $S \mapsto^* S'$.

Die relationale Beziehung $S \mapsto^* S'$ zweier Zustände wird **CHR-Ableitung** (von S' aus S) genannt.

Beispiel 8.10   Start- und Endzustand in Beispiel 8.7 definieren die CHR-Ableitung

$$\langle \mathsf{leq}(X, Y) \oplus \mathsf{leq}(Y, Z) \oplus \mathsf{leq}(Z, X), true \rangle_{\{X,Y,Z\}}$$
$$\mapsto^* \langle true, A_1 = X \wedge B_1 = Y \wedge C_1 = Z \wedge A_2 = Z \wedge B_2 = X \wedge X = Z$$
$$\wedge \ A_3 = X \wedge B_3 = Y \wedge X = Y \rangle_{\{X,Y,Z\}}.$$

8.3.3 Voraussetzungen für die Berechenbarkeit

Die Berechnung von CHR-Ableitungen und die Erkennung von Endzuständen setzt voraus, dass in der Constraint-Theorie $\mathcal{T}$ sowohl die Konsistenz als auch die Folgerbarkeit entscheidbar ist, d. h., dass

- $\mathcal{T} \models \exists (C_1 \wedge \ldots \wedge C_n)$ und
- $\mathcal{T} \models \forall ((C_1 \wedge \ldots \wedge C_n) \longrightarrow \exists \tilde{X}.(D_1 \wedge \ldots \wedge D_m))$

für beliebige vordefinierte Constraints $C_1, \ldots, C_n$ und $D_1, \ldots, D_m$ mit $X = (var(D_1) \cup \ldots \cup var(D_m)) \setminus (var(C_1) \cup \ldots \cup var(C_n))$ entscheidbar sein müssen. Genau genommen reicht es aus, wenn die Folgerbarkeit entscheidbar ist, da die Konsistenz als ein Spezialfall der Folgerbarkeit betrachtet werden kann:

$$\mathcal{T} \models \text{true} \longrightarrow \exists (C_1 \wedge \ldots \wedge C_n).$$

Eine Constraint-Theorie, in der die Konsistenz und die Folgerbarkeit effizient berechenbar ist, ist die der syntaktischen Gleichheit $\mathcal{T}_\mathcal{H}$ (s. Beispiel 3.7). Ein Berechnungsverfahren basiert auf dem bekannten Unifikationsverfahren, das Substitutionen berechnet (s. Algorithmus 2.1):

Es sei unify($true$) die Identität und es gelte unify($false$) $= \bot$. Für eine beliebige Konjunktion syntaktischer Gleichungen $(s_1 = t_1) \wedge \ldots \wedge (s_n = t_n)$ auf den Termen $s_1, \ldots, s_n, t_1, \ldots, t_n$ gelte

unify$(s_1 = t_1 \wedge \ldots \wedge s_n = t_n)$

$$= \begin{cases} \bot \text{ falls es keine Substitution } \sigma \text{ gibt,} \\ \quad \text{so dass } \sigma(s_1) = \sigma(t_1), \ldots, \sigma(s_n) = \sigma(t_n) \text{ gilt.} \\ \sigma \text{ falls } \sigma \text{ ein allgemeinster Unifikator von } (s_1, t_1), \ldots, (s_n, t_n) \text{ ist,} \\ \quad \text{d.h. } \sigma(s_1) = \sigma(t_1), \ldots, \sigma(s_n) = \sigma(t_n) \text{ gilt und } \sigma \text{ allgemeinst ist.} \end{cases}$$

Für zwei beliebige Konjunktionen syntaktischer Gleichungen C und D mit $X = var(D) \setminus var(C)$ gilt dann

$$\mathcal{T}_\mathcal{H} \models \forall (C \longrightarrow \exists \tilde{X}.D),$$

wenn unify(C) $= \bot$ gilt oder durch die Erweiterung von C zu $C \wedge D$ nur „lokale" Variablen von D gebunden werden. Letzteres bedeutet, dass es Variablen $\{y_1, , \ldots, y_l\} \subseteq var(C)$ und $\{x_1, \ldots, x_m\} \subseteq X$ sowie Terme $u_1, \ldots, u_l, v_1, \ldots, v_m$ gibt, für die

- unify(C) $= \{y_1/u_1, \ldots, y_l/u_l\}$ und
- unify($C \wedge D$) $=$ unify(C) $\cup \{x_1/v_1, \ldots x_m/v_m\}$

gilt. In allen anderen Fällen gilt $\mathcal{T}_\mathcal{H} \not\models \forall (C \longrightarrow \exists \tilde{X}.D)$.

Das bedeutet, dass mit dem bereits bekannten Unifikationsverfahren nicht nur die Erfüllbarkeit, sondern auch die Folgerbarkeit für CHR entschieden werden kann.

Beispiel 8.11 Für die beiden Constraints $C = (x = f(y) \wedge y = h(a))$ und $D = (f(u) = x \wedge u = y)$ mit den Variablen $\{u, x, y\}$ gilt

$$\mathcal{T}_\mathcal{H} \models \forall x. \forall y.(C \longrightarrow \exists u.D),$$

denn es ist unify(C) $= \{x/f(h(a)), y/h(a)\}$ und unify($C \wedge D$) $=$ unify(C) $\cup \{u/h(a)\}$.

Anders sieht es für die Constraints $C = (x = y)$ und $D = (f(u) = x)$ mit den Variablen $\{u, x, y\}$ aus. Hier gilt $\mathsf{unify}(C) = \{x/y\}$, jedoch ist $\mathsf{unify}(C \wedge D) = \{x/f(u), y/f(u)\}$. Da hier „globale" Variablen gebunden werden, gilt

$$\mathcal{T}_\mathcal{H} \not\models \forall x.\forall y.(C \longrightarrow \exists u.D).$$

$\Diamond$

8.4 Semantische Zusammenhänge

In diesem Abschnitt wird der Zusammenhang zwischen deklarativer und operationaler Semantik von CHR hergestellt. Konkret wird gezeigt, dass durch Berechnungen die logische Äquivalenz zwischen den berechneten Zuständen erhalten bleibt. Die logische Lesart eines CHR-Speichers $C_U = c_1 \oplus \cdots \oplus c_l$ ist dabei die logische Konjunktion $c_1 \wedge \ldots \wedge c_l$, die eines Zustands $\langle C_U, C_B \rangle_V$ ist die existenzquantifizierte Konjunktion $\exists \tilde{Y}.(C_U \wedge C_B)$, wobei $Y = var(C_U \wedge C_B) \backslash V$ sei und insbesondere die Variablen enthält, die durch die Regelanwendungen zusätzlich eingeführt werden. Dies wird am besten an einem Beispiel deutlich.

Beispiel 8.12 Gegeben sei der Zustand $\langle \mathsf{even}(Z), \mathit{true} \rangle_{\{Z\}}$ mit der logischen Lesart $\mathsf{even}(Z)$, auf den die Regel $\mathsf{even}(X) \Leftrightarrow X = 2 * Y$ angewendet wird. Der Folgezustand ist dann $\langle \mathit{true}, X = Z \wedge X = 2 * Y \rangle_{\{Z\}}$, dessen logische Form $\exists X.\exists Y.(X = Z \wedge X = 2 * Y)$ äquivalent zum Ausgangszustand ist, wenn der Körper der natürlichen Zahlen $\mathbb{N}$ zugrundegelegt wird und die Relation $\mathsf{even}^\mathbb{N}$ die Menge der geraden Zahlen ist. Ohne Existenzquantifizierung der neu eingeführten Variablen würde dies nicht gelten. $\Diamond$

Das folgende Theorem belegt, dass durch Regelanwendungen die Bedeutung der Zustände erhalten bleibt.

Theorem 8.1 (Semantische Korrektheit von CHR). *Es seien ein CHR-Programm P sowie zwei Zustände S und S' gegeben, für die $S \mapsto^* S'$ gelte. Dann gilt:*

$$\mathcal{P} \cup \mathcal{T} \models \forall(S \longleftrightarrow S'),$$

d. h. alle Zustände in einer CHR-Ableitung sind äquivalent.

Beweis (s. [46]). Der Nachweis der Äquivalenz erfolgt durch vollständige Induktion über die Länge der CHR-Ableitung $S \mapsto^* S'$. $\square$

Beispiel 8.13 Start- und Endzustand in Beispiel 8.7 sind hinsichtlich des dort definierten CHR-Programms $\mathcal{P}$ logisch äquivalent:

$$\mathcal{P} \cup \mathcal{T} \models \forall X.\forall Y.\forall Z. \; (\mathsf{leq}(X, Y) \wedge \mathsf{leq}(Y, Z) \wedge \mathsf{leq}(Z, X)$$
$$\longleftrightarrow \; \exists A_1.\ldots.\exists B_3.(A_1 = X \wedge B_1 = Y \wedge C_1 = Z$$
$$\wedge \; A_2 = Z \wedge B_2 = X \wedge X = Z$$
$$\wedge \; A_3 = X \wedge B_3 = Y \wedge X = Y).$$

 $\Diamond$

8.5 Anwendungen

Im Folgenden wird die Eleganz der CHR zur regelbasierten Realisierung von Constraint-Lösern und deren Einsatz zur Lösung von CSP jeweils anhand einer konkreten Anwendung gezeigt.

8.5.1 Ein CHR-Löser für Boolesche Constraints

Ein Löser für Boolesche Constraints ist essenziell für alle Probleme, die als aussagenlogische Erfüllbarkeitsprobleme (sog. *SAT-Probleme*) (engl. *satisfiability problems*) formuliert sind (vgl. [108]). Im Allgemeinen unterstützt ein entsprechender Boolescher Constraint-Löser die üblichen logischen Operationen auf aussagenlogischen Variablen oder Konstanten: sowohl Negation, Konjunktion, Disjunktion (exklusiv und nichtexklusiv) als auch Implikation und Äquivalenz. Bei unseren weiteren Betrachtungen beschränken wir uns – ohne Verlust an Ausdrucksmächtigkeit – auf Probleme in *konjunktiver Normalform* (CNF), da sie nur eine Unterstützung der Negation und der Disjunktion erfordern. Die Konjunktion gilt implizit für die Constraints im CHR-Speicher sowie in den Regelköpfen und -rümpfen der CHR. So wird z. B. die aussagenlogische Formel in CNF

$$(A \lor \neg B \lor C) \land (\neg A \lor B \lor D)$$

durch die CHR-Constraints

$$\mathsf{neg}(A, F), \mathsf{neg}(B, E), \mathsf{or}(A, E, X), \mathsf{or}(X, C, 1), \mathsf{or}(F, B, Y), \mathsf{or}(Y, D, 1)$$

repräsentiert, wobei die Semantik des CHR-Constraints $\mathsf{neg}(X, Y)$ durch die aussagenlogische Gleichung $\neg X = Y$ und die des Constraints $\mathsf{or}(X, Y, Z)$ durch die Gleichung $X \lor Y = Z$ für beliebige Argumente X, Y, und Z gegeben sei. Diese Argumente sind entweder aussagenlogische Variablen oder die Konstanten 0 oder 1. Damit lässt sich die wichtige Klasse der SAT-Probleme, zu denen u. a. Schaltungsprobleme aus der Mikroelektronik zählen, mit Hilfe der in Abbildung 8.1 vorgestellten CHR bearbeiten und lösen (s. [48, 46]). Das CHR-Programm in Abbildung 8.1 ist eine der Anwendungen, die zusammen mit der CHR-Implementierung im ECL^{i}PS^e-System zur Verfügung steht (s. [49, 50]).

Während die Regeln mit einzelnen CHR-Constraints des Booleschen CHR-Lösers in Abbildung 8.1 lokale Konsistenz herstellen, leisten die Regeln mit zwei CHR-Constraints im Kopf weitaus mehr. Umfassendere Zusammenhänge werden durch sie erkannt.

Beispiel 8.14 Für gegebene Boolesche Variablen U, V, X, und Y mit den (impliziten) Booleschen Domänen $\{0, 1\}$ und den Constraints $\mathsf{or}(X, U, V)$, $\mathsf{neg}(Y, U)$ sowie $\mathsf{or}(X, Y, V)$ führt die Variablenbindung $X = 0$ zur Regelanwendung $\mathsf{or}(0, U, V) \Leftrightarrow U = V$. Die resultierenden Constraints sind dann $U = V$, $\mathsf{neg}(Y, U)$ und $\mathsf{or}(X, Y, V)$. Die Gleichung $U = V$ erlaubt daraufhin

$$\text{or}(0, X, Y) \Leftrightarrow Y = X.$$
$$\text{or}(X, 0, Y) \Leftrightarrow Y = X.$$
$$\text{or}(X, Y, 0) \Leftrightarrow X = 0, Y = 0.$$
$$\text{or}(1, X, Y) \Leftrightarrow Y = 1.$$
$$\text{or}(X, 1, Y) \Leftrightarrow Y = 1.$$
$$\text{or}(X, X, Z) \Leftrightarrow X = Z.$$
$$\text{neg}(0, X) \Leftrightarrow X = 1.$$
$$\text{neg}(X, 0) \Leftrightarrow X = 1.$$
$$\text{neg}(1, X) \Leftrightarrow X = 0.$$
$$\text{neg}(X, 1) \Leftrightarrow X = 0.$$
$$\text{neg}(X, X) \Leftrightarrow \textit{false}.$$

$$\text{or}(X, Y, A) \setminus \text{or}(X, Y, B) \Leftrightarrow A = B.$$
$$\text{or}(X, Y, A) \setminus \text{or}(Y, X, B) \Leftrightarrow A = B.$$
$$\text{neg}(X, Y) \setminus \text{neg}(Y, Z) \Leftrightarrow X = Z.$$
$$\text{neg}(X, Y) \setminus \text{neg}(Z, Y) \Leftrightarrow X = Z.$$
$$\text{neg}(Y, X) \setminus \text{neg}(Y, Z) \Leftrightarrow X = Z.$$
$$\text{neg}(X, Y) \setminus \text{or}(X, Y, Z) \Leftrightarrow Z = 1.$$
$$\text{neg}(Y, X) \setminus \text{or}(X, Y, Z) \Leftrightarrow Z = 1.$$
$$\text{neg}(X, Z), \text{or}(X, Y, Z) \Leftrightarrow X = 0, Y = 1, Z = 1.$$
$$\text{neg}(Z, X), \text{or}(X, Y, Z) \Leftrightarrow X = 0, Y = 1, Z = 1.$$
$$\text{neg}(Y, Z), \text{or}(X, Y, Z) \Leftrightarrow X = 1, Y = 0, Z = 1.$$
$$\text{neg}(Z, Y), \text{or}(X, Y, Z) \Leftrightarrow X = 1, Y = 0, Z = 1.$$

Abb. 8.1. Ein CHR-Löser für Boolesche Constraints in CNF

die Regelanwendung $\text{neg}(Y, U), \text{or}(X, Y, V) \Leftrightarrow X = 1, Y = 0, V = 1$, welche zu einer Inkonsistenz führt, da die Variable X bereits mit dem Wert 0 belegt ist.   ◊

8.5.2 Lokale Suche mit CHR

Neben den in Kapitel 13 vorgestellten, vollständigen Suchverfahren werden in der Constraint-Programmierung auch *lokale Suchverfahren* eingesetzt. Diese Suchverfahren gehen von einer vollständigen, meist zufällig gewählten Belegung der Variablen eines CSP aus. Die lokale Suche versucht nun durch Bewertung und Veränderung einzelner Variablenbelegungen die vermeintliche „Lösung" immer weiter zu verbessern, mit dem Ziel, am Ende der Suche eine Lösung des CSP in strengen Sinne zu finden. Diese Vorgehensweise hat sich gerade bei großen CSP zum Auffinden *einer* Lösung bewährt, das Finden aller Lösungen ist jedoch nicht gewährleistet. Auch zur Optimierung lässt sich die lokale Suche einsetzen, um immer bessere Lösungen zu finden. Allerdings ist weder garantiert, dass optimale Lösungen gefunden werden noch wird deren Optimalität nachgewiesen.

Ermöglicht eine Implementierung der *Constraint Handling Rules* neben einem schrittweisen Einfügen von Constraints in den Constraint-Speicher auch das beliebige Löschen früher eingefügter Constraints (vgl. [160]), so können auf Basis einer solchen CHR-Implementierung lokale Suchverfahren zur Lösung von Constraint-Problemen realisiert werden, da durch Kombination von Löschen und Einfügen Constraints beliebig ersetzt werden können. Wie das funktioniert, zeigen wir exemplarisch am Einsatz des sog. *Simulated Annealing* („simuliertes Ausglühen") unter Verwendung eines CHR-Programms zur Lösung des *n-Damen-Problems*.

Beispiel 8.15   Das ***n-Damen-Problem*** ist charakterisiert durch ein $n \times n$ großes Schachbrett, auf dem n Damen aus dem Schachspiel so zu positionieren sind, dass sie sich nach den Regeln des Schachspiels nicht wechselseitig schlagen können.

Wird nun in jeder Zeile (oder alternativ in jeder Spalte) des Schachbretts genau eine Dame platziert, so lässt sich durch Anwendung der CHR

detect1 @ queen(I, J), queen(K, L)

$\Rightarrow I < K, J = L \ | \ $ conflict$(I, 1)$, conflict$(K, 1)$.

detect2 @ queen(I, J), queen(K, L)

$\Rightarrow I < K, K - I = abs(L - J) \ | \ $ conflict$(I, 1)$, conflict$(K, 1)$.

feststellen, ob sich zwei Damen wechselseitig bedrohen, was durch die Regelwächter (gleiche Spalte bzw. Diagonale) geschieht. Jede Dame x wird dabei durch das CHR-Constraint queen(x, y) repräsentiert, wobei x gleichzeitig ihre Zeilennummer ist und y die Spaltennummer. Bedrohen sich zwei Damen i und k aufgrund ihrer Spaltenpositionen j und l, so leitet die CHR einen „Konflikt" für jede der beiden Damen her, was in zwei CHR-Constraints conflict$(i, 1)$ und conflict$(k, 1)$ resultiert (s. Regelrumpf). Die CHR

accumulate @ conflict(I, R), conflict(I, S) $\Leftrightarrow T$ is $R + S \ | \ $ conflict(I, T).

summiert dann die Zahl der Konflikte für jede der positionierten Damen durch Zusammenfassen der conflict-Constraints auf.

Vor der eigentlichen lokalen Suche werden dem leeren Constraint-Speicher die CHR-Constraints

queen$(1, s_1)$, queen$(2, s_2)$, $\ldots$, queen(n, s_n)

hinzugefügt, wobei die Spaltennummern $s_1, s_2, \ldots, s_n$ beliebig aus dem Wertebereich $\{1, 2, \ldots, n\}$ gewählt werden. Durch Anwendung der CHR detect1, detect2 und accumulate werden dann die initialen Konflikte, die sich durch diese Platzierung der Damen auf dem Schachbrett ergeben, bestimmt.

Wählen wir nun einen *Simulated-Annealing*-Ansatz als lokales Suchverfahren, sind für die Suche zusätzlich folgende Parameter festzulegen:

- ein fester *Reduktionsfaktor*: $0 < r < 1$,
- eine initiale und eine minimale *Temperatur*: T_0 und T_{min}.

Simulated Annealing simuliert bei der Suche ein Reduzieren der Temperatur vom Initial- zum Minimalwert, wobei mit sinkender Temperatur immer weniger Anstiege eines Zielfunktionswerts bei der Umbelegung der Variablen akzeptiert werden. In unserem Fall heißt das, dass ein Anstieg der Konflikte durch Umpositionieren der Damen mit fallender Temperatur immer unwahrscheinlicher wird. Diese Art der Suche nach einer konfliktfreien Platzierung der Damen auf dem Schachbrett erfolgt nach einem entsprechend angepassten Verfahren, das in Algorithmus 8.1 beschrieben ist. Bei Terminierung der

Suche ist jedoch nicht sichergestellt, dass die gefundene Platzierung tatsächlich konfliktfrei ist, da lediglich versucht wird, konfliktärmere Platzierungen zu finden.

Eigene unpublizierte Experimente haben gezeigt, dass dieses recht einfache Vorgehen auch größere n-Damen-Probleme ($n = 10, 20, \ldots, 100, 200$) in moderater Zeit löst. Die Laufzeiten und Problemgrößen sind jedoch nicht mit denen in [142, 164] vergleichbar, so dass Suchverfahren auf Basis von CHR-Implementierungen hier eher dem *Rapid Prototyping* dienen. $\Diamond$

Algorithmus 8.1 : Lösen des n-Damen-Problems durch Kombination von CHR mit Simulated Annealing

Gegeben : Eine initiale Platzierung von n-Damen in einem Startzustand:
$\langle \mathsf{queen}(1, s_1) \oplus \mathsf{queen}(2, s_2) \oplus \cdots \oplus \mathsf{queen}(n, s_n), \mathit{true} \rangle_\emptyset$
ein Reduktionsfaktor r sowie die Temperaturen T_0 und $T_{\min}$.

Resultat : Eine gefundene Platzierung
$\mathsf{queen}(1, f_1), \mathsf{queen}(2, f_2), \ldots, \mathsf{queen}(n, f_n)$, die ggf. konfliktfrei ist.

1 simulatedAnnealing4unbeatableQueens() $\equiv$
2 $T := T_0$;
3 **while** $T \geq T_{\min}$ *und es gibt ein* conflict-*Constraint im CHR-Speicher des aktuellen Endzustands* **do**
4 | bestimme conflict(i, m) im CHR-Speicher des aktuellen Endzustands mit maximalem m;
5 | ersetze queen(i, j) im CHR-Speicher des Startzustands durch queen(i, p), wobei $p \neq j$ eine neue, zufällige Spaltenposition für Dame i sei;
6 | passe die CHR-Ableitung an;
7 | wähle zufällig ein $0 < s < 1$;
8 | **if** *es gibt ein* conflict(i, m')-*Constraint im CHR-Speicher des resultierenden Endzustands mit* $m' > m \wedge e^{-m'/T} > s$ **then**
9 | | rückersetze queen(i, p) im CHR-Speicher des Startzustands durch queen(i, j);
10 | | passe die CHR-Ableitung an;
11 | $T := T \cdot r$;
12 **return** *die* queen-*Constraints im CHR-Speicher des Endzustands;*

8.6 Anmerkungen und Literaturhinweise

Die früher in der Literatur (z. B. in [45]) gegebenen Definitionen von Simplify und Propagate basieren auf logischer Konjunktion der CHR-Constraints und spiegeln daher das Verhalten existierender CHR-Implementierungen (z. B. im

SICStus- oder ECL^{i}PS^e-System) nicht exakt wider. Die Anzahl gleicher CHR-Constraints ist bei diesen Definitionen irrelevant. In den Implementierungen (z. B. in [79, 80]) wird jedoch vorausgesetzt, dass gleiche, zu einem Regelkopf passende CHR-Constraints auch mehrfach im CHR-Speicher vorhanden sein müssen, um die Regel anwenden zu können. Das bedeutet, dass $c(X), c(Y) \Leftrightarrow X = Y \mid d(X, Y)$. nicht auf den Zustand $\langle c(a), \mathit{true}\rangle_\emptyset$ anwendbar ist. Die Definition der operationalen Semantik auf der Basis der nichtidempotenten Konjunktion '$\oplus$' an Stelle der logischen Konjunktion '$\wedge$' wird dieser Tatsache besser gerecht. Dieser Diskrepanz zwischen beschriebenem und tatsächlichem Verhalten wurde in der Literatur inzwischen Rechnung getragen. Unter anderem wird die operationale Semantik in [37, 158] dem tatsächlichen Verhalten der CHR-Implementierungen angepasst.

Die Normalisierung geht im Allgemeinen weit über eine Äquivalenzumformung des Speichers vordefinierter Constraints mit normalize hinaus: Nach Möglichkeit werden bei Regelanwendung neu eingeführte Variablen substituiert und Gleichungen, in denen diese Variablen auftreten, sogleich aus dem Speicher vordefinierter Constraints mittels Projektion eliminiert (s. z. B. [159]). Diese Technik haben wir in Beispiel 8.14 eingesetzt, um es einfach zu halten.

Die Erweiterung der Zustände um Zielspeicher erlaubt es, CHR in eine logische Programmiersprache einzubetten (vgl. [48, 45, 46]). Dazu werden die hier definierten Zustandsübergänge angepasst und weitere eingeführt.

Um vielfache, identische Anwendungen einer Propagationsregel zu vermeiden und damit triviale Zyklen in CHR-Ableitungen zu unterbinden, werden in [1] die Zustände zusätzlich um eine Menge von Zeichen (engl. *tokens*) erweitert.

Andere Eigenschaften von CHR-Programmen, wie z. B. die *Konfluenz* von CHR-Ableitungen [1, 2], haben wir nicht behandelt.

8.7 Aufgaben

Aufgabe 8.1 (Graphenanalyse mit CHR)   Schreiben Sie ein CHR-Programm, das prüft, ob ein Graph einen Zyklus minimaler Länge n enthält. Ein Zyklus minimaler Länge ist ein geschlossener Pfad der Länge n, der keine Zyklen der Längen $k < n$ enthält. Ein minimaler Zyklus $[a, a]$ habe für jeden Knoten a die Länge 1.

Jede gerichtete Kante (x, y) des Graphen von einem Knoten x zu einem Knoten y wird durch ein CHR-Constraint kante(x, y) repräsentiert. Der Zyklentest wird durch das CHR-Constraint keinZyklus(n) repräsentiert und soll zu einer Inkonsistenz führen, wenn ein minimaler Zyklus der Länge n besteht. Sind beispielsweise die Kanten

kante(a, b), kante(b, c), kante(c, d), kante(c, a)

und das CHR-Constraint keinZyklus(4) gegeben, so soll das Constraint zu keiner Inkonsistenz führen, da der Graph nur minimale Zyklen der Länge 3, z. B.

$[a, b, c, a]$, enthält. Das CHR-Constraints keinZyklus(3) soll hingegen zu einer Inkonsistenz führen.

Aufgabe 8.2 (Constraints über endlichen Domänen mit CHR)   Schreiben Sie ein CHR-Programm zur Behandlung einfacher Constraints über endlichen ganzzahligen Wertebereichen. Folgende Constraints soll das Programm verarbeiten:

- Das Constraint $X \in \{A, \ldots, B\}$ mit einer Variablen oder Ganzzahl X und den Ganzzahlen A und B soll durch das CHR-Constraint fd(X, A, B) repräsentiert werden.
- Das Constraint $A \cdot X + B \cdot Y = C \cdot Z$ mit den Variablen oder Ganzzahlen X, Y und Z und den Ganzzahlen A, B und C soll durch das CHR-Constraint sum(A, X, B, Y, C, Z) repräsentiert werden.
- Das Constraint $X \neq Y$ mit den Variablen oder Ganzzahlen X und Y soll durch das CHR-Constraint neq(X, Y) repräsentiert werden.

Aufgabe 8.3 (Kryptoarithmetik mit CHR)   Modellieren Sie mit Ihrem CHR-Programm für einfache FD-Constraints aus Aufgabe 8.2 das kryptoarithmetische Puzzle SEND + MORE = MONEY (vgl. Abschnitt 2.5).

Constraint-imperative und Constraint-objektorientierte Programmierung

In diesem Abschnitt beschäftigen wir uns mit der Integration von Constraints in Sprachen des imperativen bzw. objektorientierten Paradigmas.[33]

Der Begriff *Constraint-imperative Programmierung* (engl. *Constraint Imperative Programming, CIP*) wurde ursprünglich von Freeman-Benson [43] geprägt und umfasst alle Programmiersprachen mit Konzepten beider Paradigmen, also sowohl der constraint-basierten als auch der imperativen (und damit auch der objektorientierten) Programmierung.

Wir verwenden hier in Abschnitt 9.1 den Begriff *Constraint-imperative Programmierung* im engeren Sinne für die Integration von Constraints in die imperative Programmierung, d. h. die zustandsbehaftete Programmierung mit Folgen von Anweisungen, die Objektorientierung dabei nicht explizit betrachtet. In Abschnitt 9.2 veranschaulichen wir demgegenüber die Einbettung von Constraints in objektorientierte Sprachen und bezeichnen dies als *Constraint-objektorientierte Programmierung*.

Da Constraints *deklarativ* d. h. zustandslos sind, ist ihre Integration in Sprachen zustandsbehafteter Paradigmen (wie die imperative und die objektorientierte Programmierung) im Allgemeinen komplizierter und weniger klar, als beispielsweise ihre Einbettung in logische Sprachen. Dementsprechend gibt es verschiedene Ansätze hierzu, vom Entwurf völlig neuer Sprachen mit neuen Sprachkonzepten oder der Erweiterung bestehender Sprachen mit diesen (im Folgenden *Sprachansatz* genannt) bis zur Integration von Constraints in bestehende Sprachen durch neue Bibliotheken (im Folgenden als *Bibliotheksansatz* bezeichnet).

Die Programmierung mit Constraints verläuft praktisch immer in den folgenden zwei Hauptschritten:

(1) Spezifikation des zu lösenden Problems mit Hilfe von Constraints und
(2) Finden einer oder aller Lösungen bzw. Prüfung der Erfüllbarkeit durch Anwendung eines Constraint-Lösers (je nach Domäne z. B. durch Suche oder mit Hilfe des Simplex-Algorithmus, vgl. Kapitel 4 und 5).

---

[33]Wir schränken hier die Objektorientierung auf die imperative Welt ein.

Daher unterscheiden sich Sprach- und Bibliotheksansatz im Wesentlichen dadurch, in welcher Weise und wie transparent für den Nutzer diese beiden Schritte in die Sprache integriert werden.

Daneben spielen vor allem detailliertere Fragen beim Vergleich dieser Sprachen und Ansätze eine Rolle, wie beispielsweise die Möglichkeiten der Löschung von Constraints und des Zurücksetzens von Lösungen, die berücksichtigten Constraint-Domänen, die Erweiterbarkeit der Sprache durch neue Löser sowie der Status von Constraints als sog. *first-class citizens* der Sprache.

In diesem Kapitel werden wir drei konkrete Sprachen bzw. Spracherweiterungen des Constraint-imperativen bzw. Constraint-objektorientierten Paradigmas vorstellen. Abschnitt 9.1 skizziert anhand der Sprache TURTLE den *Sprachansatz*. Weiterhin stellen wir TURTLE++ vor, eine Bibliothek, die C++ erweitert, dabei aber die Integration neuer Konzepte zumindest simuliert. TURTLE++ ist somit *zwischen Sprach- und Bibliotheksansatz* einzuordnen. Sowohl TURTLE als auch TURTLE++ ordnen sich dabei dem Constraint-imperativen Paradigma (im engeren Sinne) zu. Abschnitt 9.2 stellt die JAVA-Bibliothek `firstcs` vor, die den *Bibliotheksansatz* verfolgt.

Weitere Sprachen dieser Paradigmen sind Kaleidoscope [99], eine der ersten Constraint-objektorientierten Sprachen, bei der Constraints zwischen Attributen verschiedener Objekte spezifiziert werden, und Alma-0 [7], eine Erweiterung von Modula-2 um logische Elemente und Backtracking, für die eine Integration der Constraint-Programmierung zumindest geplant ist. Bekannte Bibliotheken sind beispielsweise Koalog [95], eine JAVA-Bibliothek für Finite-Domain-Constraints, und ILOG-Solver [83], eine C++-Bibliothek für verschiedene Domänen.

9.1 Constraint-imperative Programmierung mit Turtle

In diesem Abschnitt diskutieren wir das Paradigma der Constraint-imperativen Programmierung am Beispiel der Turtle-Sprachfamilie. Hierzu zählt einerseits die Constraint-imperative Sprache TURTLE [58, 60, 148], die zusätzlich Konzepte des funktionalen Paradigmas unterstützt. Die C++-Bibliothek TURTLE++ [97, 76, 147] ist nach dem Beispiel von TURTLE entstanden und hat viele Ideen und Konstrukte von TURTLE übernommen und für eine harmonische Integration in C++ angepasst bzw. erweitert. Auch wenn TURTLE++ eine Bibliothek ist, verfolgt auch sie bis zu einem gewissen Grad den o. g. Sprachansatz, da sie versucht, völlig neue Sprachkonzepte in die bestehende Sprache zu integrieren.

Wir treffen folgende Vereinbarung: Wenn wir über die Sprachfamilie sprechen, schreiben wir „Turtle", diskutieren wir hingegen Eigenschaften und Konzepte der einzelnen Systeme TURTLE oder TURTLE++, so verwenden wir, wie hier, Kapitälchen.

Wir geben zunächst in Abschnitt 9.1.1 an Hand eines Beispiels eine kurze Einführung in die Constraint-imperative Programmierung, bevor wir in Abschnitt 9.1.2 Konzepte, Potentiale und Unterschiede von TURTLE und

TURTLE++ betrachten. Abschnitt 9.1.3 illustriert typische Programmiermuster mit Hilfe von Beispielen.

9.1.1 Constraint-imperative Programmierung

In Programmen imperativer Sprachen beschreibt der Nutzer durch eine Sequenz von Anweisungen, „*WIE*" ein gegebenes Problem gelöst wird. Im Gegensatz dazu kann sich der Constraint-Programmierer auf das „*WAS*" konzentrieren; er beschreibt das Problem bzw. seine Lösungen durch deren Eigenschaften in Form von Constraints, also Formeln, für deren Berechnung der Constraint-Löser verantwortlich ist. Imperative Sprachen eignen sich dementsprechend insbesondere zur Modellierung von zeitlichen Abläufen und Vorgängen, während Constraints sich eher für Such- und Optimierungsprobleme anbieten. Die *Constraint-imperative Programmierung* erlaubt nun, beide Paradigmen zu vereinen und deren Konzepte innerhalb einer Sprache anzubieten.

Das folgende Beispiel soll dies demonstrieren. Seine Grundidee geht auf [99] zurück. Listing 9.1 zeigt einen Ausschnitt eines imperatives Programms zur Beschreibung eines Nutzer-Interfaces. Der Anwender kann durch Drücken des Mouse-Buttons ein graphisches Objekt innerhalb bestimmter vertikaler Grenzen platzieren; die x-Koordinate ist zur Vereinfachung fixiert. Die Implementierung reflektiert deutlich das zeitliche, d. h. das imperative Verhalten des Systems, erfordert aber, dass deklarative Eigenschaften, wie die Einhaltung der Grenzen in y-Richtung, ebenfalls imperativ durch explizite Tests ausgedrückt werden (Zeilen 4 bis 7).

```
1  while (mouse.pressed)
2  {        //Nachrichten-Verarbeitung ist ausgelassen
3    int y = mouse.y;
4    if (y > border.max)
5      y = border.max;
6    if (y < border.min)
7      y = border.min;
8    draw_element (fix_x, y, graphic);
9  }
```

Listing 9.1. Nutzer-Interface, imperativer Stil

Demgegenüber zeigt Listing 9.2 eine entsprechende Constraint-imperative Implementierung, und zwar schon in TURTLE++-Syntax. Die initiale Instanziierung der Variablen y durch einen sog. bevorzugten Wert (engl. preferred value) mouse.y (Zeile 3) gibt eine Orientierung für die Optimierung hinsichtlich der nachfolgenden, mit require eingeführten Constraints (Zeile 4). Der bevorzugte Wert wird mit border.min oder border.max überschrieben, wenn die Mouse-Position außerhalb einer dieser Grenzen liegt.

Das Constraint-imperative Programm in Listing 9.2 ist nicht nur kürzer, sondern drückt die Beziehung zwischen der y-Koordinate der Mouse bzw. des graphischen Objekts und den Grenzen zu dessen Platzierung auch klarer und problemadäquater aus.

```
1  while (mouse.pressed)
2  {
3     constrained <int> y = mouse.y;
4     require (y >= border.min && y <= border.max);
5     draw_element (fix_x, y(), graphic);
6  }
```

Listing 9.2. Nutzer-Interface, Constaint-imperativer Stil

9.1.2 TURTLE und TURTLE++

Die Basissprachen sowohl von TURTLE als auch von TURTLE++ sind imperative, statisch getypte Sprachen mit allen Konstrukten zur strukturierten Programmierung, darunter den typischen imperativen Steuerstrukturen (Sequenzen, Verzweigungen, Schleifen), Zuweisungen, Variablen, Funktionen, primitiven Datentypen und Mitteln zur Definition neuer Typen.

Während TURTLE++ in C++ unter Ausnutzung der generischen Programmierung mit Templates implementiert ist, liegt TURTLE eine einfache neue imperative Basissprache vergleichbar mit denen der Algol-Familie wie Pascal oder Ada zugrunde, die um funktionale Konzepte, wie Funktionen höherer Ordnung, algebraische Datentypen und ein polymorphes Modulsystem, angereichert wurde.

Die imperative Basissprache wurde dann jeweils um vier wesentliche Konzepte zur Constraint-Programmierung erweitert: *Constraint-Variablen* (engl. *constrainable variables*), *Constraint-Anweisungen* (engl. *constraint statements*), *nutzer-definierte Constraints* und *Constraint-Löser*.

Constraint-Variablen

Constraint-Variablen unterscheiden sich von den „normalen" *imperativen* Variablen der Basissprache, deren Werte durch Zuweisungen festgelegt werden, dadurch, dass ihre Werte durch Constraints festgelegt bzw. die Menge ihrer möglichen Werte durch diese eingeschränkt werden, um die Constraints zu erfüllen. Wir bezeichnen Constraint-Variablen daher auch als *deklarative* Variablen.

Entsprechende Typangaben legen fest, ob eine Variable imperativ oder deklarativ ist. In den Listings 9.3 und 9.6 ist jeweils in TURTLE und TURTLE++ die Deklaration einer imperativen Variablen in Zeile 1 und einer Constraint-Variablen in Zeile 2 bzw. Zeile 3 angegeben. Jede Constraint-Variable ist mit einem Variablenobjekt verbunden, das deren Wert hält und in TURTLE explizit vom Programmierer durch einen Dereferenzierungsoperator extrahiert wird (beispielsweise !y in Listing 9.3, Zeile 4).

Constraint-Variablen können, genau wie imperative Variablen, in Ausdrücken, als Argumente von Funktionen oder in Datenstrukturen auftreten. Und genauso dürfen imperative Variablen in Constraints verwendet werden, sie werden dann aber wie Konstanten behandelt.

In TURTLE können Variablen mit Werten initialisiert werden, die durch Constraints später überschrieben werden. In Programmen der TURTLE++-Bibliothek haben diese Initialisierungen einen weiteren Zweck: Sie dienen hier als Orientierung für eine Optimierung unter Berücksichtigung der nachfolgenden Constraints. Die zugeordneten Werte werden daher **bevorzugte Werte** (engl. *preferred values*) genannt (vgl. z. B. die Diskussionen zu den Listings 9.2 und 9.7).

Constraint-Anweisungen und Constraints

Constraints bzw. auch Konjunktionen (und Disjunktionen) dieser werden in TURTLE und TURTLE++ durch eine Constraint-Anweisung mit Hilfe eines require-Konstrukts eingeführt.

Das require-Konstrukt regelt die Lebensdauer der Constraints und ist damit die entscheidende Nahtstelle zwischen imperativer zeitbehafteter und deklarativer zeitloser Programmierung. TURTLE und TURTLE++ verfolgen hier etwas unterschiedliche Vorgehen:

TURTLE: Constraint-Anweisungen in TURTLE können mit oder ohne Body auftreten. Listing 9.3 zeigt in den Zeilen 3 bis 5 eine solche mit Body. Das durch require eingeführte Constraint y <= x gilt für die Dauer der Durchführung des Anweisungsblocks zwischen in und end, in unserem Fall für den Aufruf der Funktion f.

```
1  var x: int := 0;    // eine imperative Variable
2  var y: !int;         // eine Constraint−Variable
3  require y <= x in    // eine Constraint−Anweisung ...
4    f(x,!y)            // ... mit Body
5  end;
```

Listing 9.3. TURTLE: Variablen und eine Constraint-Anweisung

Eine Constraint-Anweisung kann auch mehrere durch den Operator and miteinander in Konjunktion gesetzte Constraints enthalten.

Mit Ausführung der require-Anweisung werden die Constraints zum Constraint-Speicher des Constraint-Lösers hinzugefügt, der schon Constraints umschließender Constraint-Anweisungen enthalten kann. Der Löser prüft die Erfüllbarkeit dieser Constraint-Konjunktion und berechnet eine Lösung, die er den Constraint-Variablen zuweist. Danach wird der Anweisungsblock ausgeführt. Wird eine Constraint-Anweisung verlassen, so werden ihre Constraints wieder aus dem Constraint-Speicher entfernt.

Einmal bestimmte Werte von Constraint-Variablen bleiben bis zur nächsten require-Anweisung unverändert und werden erst dann erneut in Abhängigkeit der nun erweiterten Constraint-Menge bestimmt.

```
1  var x: int := 0;
2  var y: !int;
3  require y <= x;
4  ...
```

Listing 9.4. TURTLE: Eine Constraint-Anweisung ohne Body

Will man Constraints generell, z. B. über globalen Constraint-Variablen, festlegen, so gibt es hierfür auch eine Constraint-Anweisung ohne Body. Das Constraint y <= x in Listing 9.4 gilt *ab* Zeile 3 und zwar so lange, wie die beteiligte Constraint-Variable y existiert.

TURTLE++*:* Die Semantik des **require**-Konstrukts ist in TURTLE++ etwas filigraner und daher auch mit etwas mehr Umsicht zu handhaben. Dies ging zunächst zwar auf syntaktische Beschränkungen von C++ zurück, hat sich aber mit Hinsicht auf die CIP-Programmierung nicht als Nachteil erwiesen und erlaubt eine sehr selektive Handhabung einzelner Constraints oder Variablen.

Anstelle von Constraint-Anweisungen mit Body (die wir in C++ mit dem Bibliotheksansatz nicht umsetzen können) nutzt TURTLE++ Gültigkeitsbereiche von Variablen aus. Das **require**-Konstrukt erzeugt hier ein *Constraint-Handle*, das es erlaubt, das Constraint direkt zu handhaben. Wenn beispielsweise in Zeile 5, Listing 9.5, der Gültigkeitsbereich des Handles z verlassen wird, so endet mit dessen Lebenszeit auch die des Constraints a >= 2, das dann aus dem Constraint-Speicher entfernt wird.

```
1  constrained<int> a;
2  {
3    constrained_handle<int> z = require (a >= 2);
4    ...
5  }
```

Listing 9.5. TURTLE++: Ein Constraint-Handle zur Regulierung der Gültigkeit von Constraints

Wird das Handle wie in Listing 9.6 ignoriert, so werden die Constraints von Zeile 4 aus dem Speicher gelöscht, wenn der Gültigkeitsbereich von y, der einzigen Constraint-Variablen dieser Constraints, verlassen wird.

```
1  int x = 0;              // eine imperative Variable
2  {
3    constrained<int> y;  // eine Constraint−Variable
4    require (y <= x || y > x + 4);
5    ...
6  }
```

Listing 9.6. TURTLE++: Variablen und eine Constraint-Anweisung

Constraint-Handles erlauben weiterhin Constraints zu überschreiben und ihre Gewichtungen (s. u.) zu ändern; wir betrachten beides am Beispiel zur Nutzer-Interaktion (Listing 9.14) in Abschnitt 9.1.3.

Im Übrigen erlaubt TURTLE++ neben einfachen Constraints und Konjunktionen (mit Hilfe des Operators &&) auch Constraint-Disjunktionen, die durch den Operator || eingeführt werden. Dies illustriert Listing 9.6 in Zeile 4.

Auch TURTLE++ sammelt die Constraints einer Constraint-Anweisung im Speicher des Constraint-Lösers. Allerdings wird eine erfüllende Belegung für Constraint-Variablen jetzt erst dann durch den Löser berechnet, wenn sie explizit (durch den überladenen Operator **operator()() const** zum Funktionsaufruf) angefordert wird. Beispielsweise wird in Zeile 3 in Listing 9.7 der Wert der Constraint-Variablen a zur Ausgabe benötigt; daher wird hier der Constraint-Löser gestartet, und er berechnet eine gültige Belegung für a. Der Zeitpunkt der Lösungsberechnung durch den Löser ist ein wesentlicher Unterschied zwischen TURTLE und TURTLE++, nichtsdestotrotz lassen sich die meisten Programmiermuster aber in beiden Sprachen realisieren.

Ist einmal ein Wert für eine Constraint-Variable fixiert, so wird ein entsprechendes Constraint variable == value *implizit* zum Constraint-Speicher hinzugefügt, um Konsistenz der weiteren Berechnung zu sichern. Listing 9.7 zeigt einen solchen Fall: In Zeile 1 werden die Constraint-Variablen a und b jeweils mit einem bevorzugten Wert initialisiert. Danach wird ein Constraint a == b gesetzt. Durch die Ausgabe von a in Zeile 3 wird das Constraint a == 2 zum Speicher hinzugefügt, so dass in Zeile 4 ebenfalls 2 und nicht etwa 0 ausgegeben wird. Das bedeutet aber auch, dass durch Vertauschen der Zeilen 3 und 4 nun zweimal 0 ausgegeben würde; ein aus Sicht der deklarativen Programmierung vielleicht überraschendes, aus Sicht der zustandsabhängigen imperativen Programmierung aber plausibles Verhalten.

```
1  constrained <int> a = 2, b = 0;
2  require (a == b);
3  std :: cout << a();    // gibt 2 aus
4  std :: cout << b();    // gibt ebenfalls 2 aus
```

Listing 9.7. TURTLE++: Implizites Fixieren von Variablenwerten

Implizite Wertzuordnungen für Constraint-Variablen werden statt im Constraint-Speicher zunächst in einem anderen Speicher gehalten und können daher überschrieben werden, wenn nur eine einzige solche Zuordnung existiert und die betreffende Variable erneut ausgewertet wird. Daneben besteht die Möglichkeit, solche impliziten Wertzuordnungen explizit mit Hilfe der Anweisungen unfix () (für eine Variable) und unfix_all () (für alle Variablen) zurückzusetzen. Ein Beispiel dafür geben wir in Abschnitt 9.1.3 in Listing 9.14 an.

Man beachte, dass beide Systeme für eine gegebene Constraint-Menge jeweils nur *eine* Lösung berechnen. Dies passt sich zunächst gut in den imperativen Kontrollfluss ein. Um mit (unter Umständen auch unendlichen) Lösungsmengen zu arbeiten, müssten entweder Konstrukte zur Suche bzw. Auswahl bestimmter Lösungen vorgesehen oder das Berechnungsmodell der Sprache um Backtracking erweitert werden. Zumindest die erste Alternative ist in beiden Systemen im Rahmen der Optimierung in gewissem Umfang umgesetzt.

Constraints können sowohl in TURTLE als auch in TURTLE++ *Gewichtungen* (engl. *strengths*) zugeordnet werden. Auf diese Weise kann man Prioritäten für Constraints festlegen, die bei der Berechnung von Lösungen berücksichtigt werden. Der Löser versucht dann, die Constraints mit den höchsten Bewertungen zu erfüllen, auch wenn dabei gering bewertete Constraints verletzt werden. Man spricht hierbei von *Constraint-Hierarchien* [21]. Wir betrachten Beispiele gewichteter Constraints in Abschnitt 9.1.3.

Nutzer-definierte Constraints

Nutzer-definierte Constraints abstrahieren von Constraints wie Funktionen von Ausdrücken. Sie dienen der Definition häufig auftretender Muster, um den Programmieraufwand zu verringern und die Lesbarkeit der Programme zu verbessern.

Listing 9.8 (Zeilen 1 bis 10) zeigt die Definition eines einfachen alldifferent - Constraints über einer Liste durch eine Folge verschachtelter <>-Constraints in TURTLE. In den Zeilen 12 bis 14 werden dann die Variablen a, b und c definiert und initialisiert. Der Ausdruck **var** 0 bei der Initialisierung der Constraint-Variablen a kreiert dabei beispielsweise ein Variablenobjekt, das den Wert der Variablen, hier 0, hält. In Zeile 15 wird schließlich alldifferent über a, b und c aufgerufen. Auf Grund ihrer Initialisierung bleiben die Werte der Variablen in diesem Beispiel unverändert.

```
 1  constraint alldifferent (s: list of !int)
 2    while (tl s <> null) do
 3      var ss: list of !int := tl s;
 4      while (ss <> null) do
 5        require hd s <> hd ss;
 6        ss := tl ss;
 7      end;
 8      s := tl s;
 9    end;
10  end;
11  ...
12  var a: !int := var 0;
13  var b: !int := var 1;
14  var c: !int := var 2;
15  require alldifferent([a,b,c]) in ... end;
```

Listing 9.8. TURTLE: Ein nutzer-definiertes alldifferent -Constraint

Ein ähnliches Beispiel ist in Listing 9.9 für ein domain-Constraint in
TURTLE++-Syntax angegeben. Bei der Programmierung mit der TURTLE++-
Bibliothek werden nutzer-definierte Constraints mit Hilfe des vordefinierten
Templates build_constraint gebildet. Das domain-Constraint legt einen endli-
chen Wertebereich für eine Integer-Variable fest. Auch in TURTLE++ werden
nutzer-definierte Constraints genau wie andere Constraints mit dem require-
Konstrukt aufgerufen (s. Zeilen 11 und 12).

```
1   typedef constrained<int> int_c;
2   ...
3   constraint_solver<int>::expr domain (const int_c& x,
4                                         int min,
5                                         int max)
6   {
7     return build_constraint (x >= min && x <= max);
8   }
9   ...
10  int_c a, b;
11  require (domain (a, 0, 9));
12  require (domain (b, -1, 1));
```

Listing 9.9. TURTLE++: Ein nutzer-definiertes domain-Constraint

Die einzelnen Constraints innerhalb eines nutzer-definierten Constraints
werden nicht sofort bei dessen Definition in den Constraint-Speicher übernommen, sondern natürlich erst, wenn der Constraint im Programm aufgerufen
und „entfaltet" wird.

Ein weiteres interessantes Feature ist die dynamische Generierung von Constraints, d.h. der Aufbau von Constraints aus Ausdrücken zur Laufzeit. Das
kann z.B. sinnvoll sein, wenn die Anzahl der vom Constraint beschränkten
Variablen von vornherein nicht bekannt ist oder Teilausdrücke des Constraints
erst zur Laufzeit feststehen.

```
1   dynamic_expr<int> contains (std::vector<int_c>& v,
2                                int x)
3   {
4     dynamic_expr<int> expr = (false);
5     for (int i = 0; i < v.size(); ++i)
6       expr = (expr || v[i] == x);
7     return expr;
8   }
9   ...
10  std::vector<int_c> v;
11  require (contains (v, 1));
```

Listing 9.10. TURTLE++: Ein dynamisches Constraint

Listing 9.10 zeigt die dynamische Erzeugung einer Disjunktion contains von Constraints, die sichert, dass der Vektor v mindestens einen Wert x, hier mit x = 1, enthält.

Constraint-Löser

Constraint-Löser sind in TURTLE und TURTLE++ dafür verantwortlich, die mit require eingeführten Constraints zu verwalten und Lösungen (auch unter Berücksichtigung von Gewichtungen) zu berechnen. Sind die Constraints im Speicher zusammen unerfüllbar, wird eine Exception ausgelöst.

In die Sprache TURTLE sind zwei experimentelle Löser integriert: Ein Löser für lineare Arithmetik über den reellen Zahlen basierend auf dem sog. Indigo-Algorithmus [20], der auch Constraint-Hierarchien behandeln kann, und ein Finite-Domain-Löser über Integern. TURTLE++ enthält einen Löser für lineare Arithmetik basierend auf der Simplex-Methode (vgl. Kapitel 5) und einen einfachen suchebasierten Löser für boolesche Ausdrücke, der auch mit Hierarchien umgehen kann. Wir zeigen die Anwendung verschiedener Löser in Abschnitt 9.1.3.

Will man in die Sprache TURTLE weitere Löser einbinden, so erfordert dies Modifikationen im Compiler, da die Constraints zur Compile-Zeit analysiert werden. Die Bibliothek TURTLE++ bietet ein Interface zur Integration neuer, nutzer-definierter Löser.

Vergleich

Sowohl die Constraint-imperative Sprache TURTLE als auch die C++-Bibliothek TURTLE++ verfolgen im Wesentlichen den sog. Sprachansatz, d. h., sie versuchen, neue Sprach*konzepte* stufenlos in die bestehende Sprache zu integrieren. Das ist in einer völlig neu entworfenen Sprache wie TURTLE natürlich einfacher, als in einer Erweiterung einer Sprache auf der Basis einer Bibliothek. Diese kann nur auf bereits vorhandene Konzepte und Sprachkonstrukte zurückgreifen; sie verbleibt damit im Wesentlichen im Paradigma der Basissprache und kann eine Paradigmenintegration lediglich simulieren. Deutlich wird das beispielsweise daran, dass wir in TURTLE++ kein echtes require-Konstrukt mit Body schaffen können, sondern stattdessen seine Grundidee mit Hilfe von Constraint-Handles abbilden.

Beide Sprachen bieten die Möglichkeit der Erweiterung der Sprache durch neue Module. Daneben erlaubt TURTLE++ auf Grund seiner Implementierung auf der Basis einer Bibliothek die einfache Erweiterung oder auch das Überschreiben vorhandener Methoden, wie z. B. der derzeit sehr primitiven Behandlung von Disjunktionen oder des sehr einfachen booleschen Constraint-Lösers, durch fortgeschrittenere Algorithmen.

Ein weiterer Vorteil des von TURTLE++ gewählten Implementierungsansatzes auf der Basis von C++ ist die weite Verbreitung und Akzeptanz der Sprache C++, während eine neue Sprache, wie TURTLE zunächst vor allem von akademischem Interesse ist.

9.1.3 Programmiermuster

In diesem Abschnitt betrachten wir Beispiele für drei typische *Programmiermuster* (engl. *design pattern*), die sich in ähnlicher Weise in beiden Sprachen der Turtle-Familie umsetzen lassen.

Beispiel 1: Puzzles

Unser erstes Beispiel sind krypto-arithmetische Puzzles. Dazu betrachten wir wieder das SEND-MORE-MONEY-Problem (vgl. Abschnitt 2.5).

Listing 9.11 zeigt eine Implementierung mit TURTLE. In den Zeilen 4 bis 6 definieren wir zuerst ein wiederverwendbares domain-Constraint (analog zur TURTLE++-Implementierung in Listing 9.9). Im Hauptprogramm initialisieren wir die benötigten Constraint-Variablen s, e, n, d, m, o, r und y (Zeilen 9 bis 11) und führen mit Hilfe des require-Konstrukts die Constraints zur Problembeschreibung ein, darunter auch das nutzer-definierte alldifferent -Constraint aus Listing 9.8. Der Body (Zeilen 19 bis 21) der Constraint-Anweisung sorgt für die Ausgabe einer Lösung. (Wie schon erwähnt, berechnen die Turtle-Systeme jeweils nur genau eine Lösung, mit der dann ggf. weitergearbeitet wird.)

```
1   module smm;
2   import io;
3   ...
4   constraint domain (v: !int, min: int, max: int)
5     require v >= min and v <= max;
6   end;
7   ...
8   fun main(args: list of string): int
9     var s: !int := var 0;
10    ...
11    var y: !int := var 0;
12    require domain(s,0,9) and domain(e,0,9) and ...
13      domain(y,0,9) and
14      alldifferent([s,e,n,d,m,o,r,y]) and
15      (s * 1000 + e * 100 + n * 10 + d) +
16      (m * 1000 + o * 100 + r * 10 + e) =
17      (m * 10000 + o * 1000 + n * 100 + e * 10 + y)
18    in
19      io.put ("s="); io.put (!s); io.nl ();
20      ...
21      io.put ("y="); io.put (!y); io.nl ();
22    end;
23    return 0;
24  end;
```

Listing 9.11. TURTLE: Das SEND-MORE-MONEY-Problem

In analoger Weise lässt sich das SEND-MORE-MONEY-Problem auch mit der TURTLE++-Bibliothek implementieren.

Das diesem Beispiel unterliegende *Programmiermuster* „Setzen und Lösen von Constraints" ist sehr einfach:

1. Zuerst werden (Constraint-)Variablen festgelegt und initialisiert.
2. Im zweiten Schritt fixieren wir über den Variablen Constraints. Diese werden gelöst und
3. die Lösung wird im letzten Schritt ausgegeben.

Dieses Muster eignet sich, um einfache Suchprobleme, wie Puzzles, oder Konfigurationsprobleme *einmal* zu definieren und dann sofort lösen zu lassen. Dieser (hauptsächlich) deklarative Programmanteil (in unserem Fall die main-Funktion) kann dann in ein ansonsten imperatives Programm eingebettet werden.

Beispiel 2: Optimierung

Möglichkeiten zur Optimierung sind in beiden Systemen zumindest eingeschränkt gegeben. Letztendlich hängt deren Umfang aber vom integrierten Constraint-Löser ab und könnte sowohl in TURTLE als auch in TURTLE++ ausgebaut werden, z. B. durch Einführung expliziter Minimierungs- oder Maximierungsfunktionen und Erweiterung der vorhandenen bzw. die Integration neuer leistungsfähigerer Constraint-Löser.

Wir betrachten zuerst ein Beispiel zur Optimierung in TURTLE-Syntax. Listing 9.12 stellt ein einfaches Seiten-Layout-Programm dar, das beispielsweise Teil eines größeren Schriftsatzsystems sein könnte.

```
1  module layout;
2  import io;
3  fun main (args: list of string): int
4      var lm:  !real := var 0.0;
5      var rm:  !real := var 0.0;
6      var gap: !real := var 0.0;
7      var pw:  !real := var 0.0;
8      var col: !real := var 0.0;
9      require lm = 2.0 and rm = 2.0 and pw = 21.0 and
10         gap >= 0.5 and gap <= 2.0 and gap = 0.5 : medium
11         and col <= 7.0 : strong
12         and gap + lm + 2.0 * col + rm = pw
13     in
14         io.put ("lm="); io.put (!lm); io.nl ();
15         io.put ("rm="); io.put (!rm); io.nl ();
16         io.put ("gap="); io.put (!gap); io.nl ();
17         io.put ("pw="); io.put (!pw); io.nl ();
18         io.put ("col="); io.put (!col); io.nl ();
```

```
19    end;
20    return 0;
21  end;
```

Listing 9.12. TURTLE: Ein Seiten-Layout-Programm

Zunächst werden die Constraint-Variablen lm und rm für den linken und rechten Rand, gap als Spaltenabstand, pw für die Seitenbreite und col für die Spaltenbreite eingeführt und initialisiert.

Die require-Anweisung in Zeile 9 und folgenden legt Constraints über diesen Größen fest. So haben wir eine Seitenbreite 21 cm und einen linken und rechten Rand von je 2 cm.

Der Spaltenabstand wird durch drei Constraints in Zeile 10 beschränkt. Hierbei verwenden wir Gewichtungen für Constraints: Constraints ohne Annotation erhalten die höchste Gewichtung, sie sind zwingend (engl. mandatory). Der Wert der Variablen gap *muss* also zwischen 0.5 cm und 2 cm betragen. Das Constraint gap = 0.5 ist mit medium annotiert, dieses Constraint ist *schwächer* als die vorhergehenden. Das bedeutet: Dieses schwächere Constraint *sollte* – muss aber nicht – in einer zulässigen Lösung des Problems gelten.

Das Constraint in Zeile 11 erhält ebenfalls ein Gewicht, seine Erfüllung ist *wichtiger* als die des mit medium bewerteten gap-Constraints, es muss aber ebenfalls nicht zwingend erfüllt werden. Es gilt: mandatory ≥ strong ≥ medium.

Schließlich wird die Seitenbreite noch als die Summe der Ränder, zweier Spalten und eines Spaltenzwischenraums festgelegt (Zeile 12).

TURTLE berechnet zum Zeitpunkt des Durchlaufens des require-Konstrukts eine Lösung und gibt diese mit den Zeilen 14 bis 18 aus.

Das hier realisierte Programmiermuster entspricht dem im vorhergehenden Abschnitt, allerdings erhalten die Constraints nun Gewichtungen, bezüglich derer eine optimale Lösung berechnet wird.

In analoger Weise lässt sich dieses Layout-Problem auch in TURTLE++ realisieren. TURTLE++ bietet zur Optimierung allerdings noch eine weitere, sehr einfache Möglichkeit, die auch ohne Constraint-Hierarchien auskommt: Da bei diesem System eine Lösung eines Constraint-Problems nicht sofort beim Aufruf des require-Konstrukts berechnet wird, sondern erst Variablenbelegungen ermittelt werden, wenn auf diese zurückgegriffen wird, kann man hier auch mit Hilfe von bevorzugten Werten und einer geschickten Reihenfolge des Zugriffs auf Constraint-Variablen optimieren.

Listing 9.13 zeigt ein sehr einfaches Rucksack-Problem: Wir haben je ein Objekt a, b und c mit den Gewichten von 5 kg, 4 kg bzw. 3 kg zur Verfügung, die wir in einen Rucksack mit einer begrenzten Kapazität von 10 kg packen können. Diese Kapazität wollen wir so gut wie möglich auslasten, d. h. wir maximieren den Wert der Zielfunktion Z = packed unter Berücksichtigung der Nebenbedingungen der Zeilen 7 bis 11. Dazu müssen wir einerseits der Variablen packed die Kapazität des Rucksacks als bevorzugten Wert zuordnen

(Zeile 6) und andererseits dafür sorgen, dass packed auch zuerst ausgewertet wird, so dass hierfür eine Belegung zuallererst berechnet wird und damit nicht von vorher berechneten Belegungen anderer Variablen beeinflusst wird (vgl. auch Listing 9.7).

```
1  void knapsack()
2  {
3      typedef constrained<double> double_c;
4      double capacity = 10.0;
5      double_c a, b, c;
6      double_c packed (capacity);
7      require (packed <= capacity);
8      require (a == 1.0 || a == 0.0);
9      require (b == 1.0 || b == 0.0);
10     require (c == 1.0 || c == 0.0);
11     require (a * 5.0 + b * 4.0 + c * 3.0 == packed);
12     std::cout << "used:" << packed();
13     std::cout << "a:" << a();
14     ...
15 }
```

Listing 9.13. TURTLE++: Ein Optimierungsproblem

Wir verallgemeinern beide Schemata zu einem *Programmiermuster* „Setzen von Constraints und Berechnung einer Optimallösung":

1. Initialisierung der (Constraint-)Variablen.
2. Festlegung von Constraints über diesen; dabei Fixierung von Gewichtungen oder Angabe bevorzugter Werte bzw. einer Zielfunktion.
3. Berechnung einer Lösung (ggf. zuerst für die Zielfunktion) und Ausgabe.

Dieses Muster ist für einfache Optimierungsprobleme verwendbar. Auch hier betten wir ein deklaratives Unterprogramm in ein ansonsten imperatives Programm ein.

Beispiel 3: Nutzer-Interaktion

Unser drittes Programmierschema tritt typischerweise bei der Interaktion mit dem Nutzer auf.

Unser Beispiel in Listing 9.14 in TURTLE++-Syntax stellt einen Ausschnitt aus einem Programm zur Konfiguration eines Produkts, z. B. eines Computers, dar. Dabei kann die Wahl bestimmter Komponenten, wie Motherboard, Graphikkarte, Speicher etc. voneinander abhängig sein, d. h., bestimmte Komponenten bedingen auch die Auswahl anderer oder schließen diese aus. Wir drücken dies durch *boolesche* Constraints aus und verwenden, im Gegensatz zu den bisherigen Beispielen, hier den booleschen Constraint-Löser von TURTLE++.

Zur Vereinfachung betrachten wir lediglich drei voneinander abhängige Komponenten, die wir durch die Buttons button[i], i∈ {0,1,2}, darstellen. Ein Button kann dabei aktiviert, d. h. die Komponente ausgewählt, oder deaktiviert, die Komponente ausgeschlossen, sein. Die Kompatibilität der drei Komponenten drücken wir durch die drei folgenden Constraints aus:

Constraint 1: Wenigstens eine der drei Komponenten muss gewählt werden.

Constraint 2: Die Wahl von Komponente 0 erzwingt auch die von Komponente 1.

Constraint 3: Die Wahl von Komponente 2 schließt die Komponente 1 aus.

```
1   constrained <bool> button [3];
2   require (button[0]  ||  button[1]  ||  button[2]);
3   require (button[0]  ->  button[1]);
4   require (button[2]  ->  !button[1]);
5   constraint_handle<bool>
6     click_button=require(button[0]==true);
7   bool done = false;
8   int i;
9   while (!done)
10  {
11    ... // Ausgabe der Button-Konfiguration
12    ... // Entgegennahme von Klick auf Button i
13    switch (i)
14    {
15      case 0:
16      case 1:
17      case 2:
18        click_button =
19          require (button[i]==!button[i]());
20        button[i].unfix();
21        button[i].fix_all(weak);
22        break;
23      default:
24        done = true;
25        break;
26    }
27  }
```

Listing 9.14. TURTLE++: Konfiguration dreier abhängiger Komponenten

Die Zeilen 2 bis 4 in Listing 9.14 repräsentieren diese drei Constraints. Zeile 6 aktiviert initial button[0]. Eine while-Schleife (Zeilen 9 bis 27) regelt dann die Interaktion mit dem Nutzer: Aktiviert oder deaktiviert dieser einen der Buttons, so regelt das System die Belegung der anderen Buttons in Abhängigkeit der Constraints 1-3: In Zeile 11 wird die aktuelle Konfiguration der

Komponenten, d. h. die Belegung der Buttons, ausgegeben und damit die initiale Berechnung (bzw. eine Neuberechnung in späteren Schleifendurchläufen) angestoßen. Dies geschieht in Abhängigkeit der aktuell gültigen Constraints 1-3 und, im initialen Durchlauf, des Constraints in Zeile 6. In Zeile 12 erwarten wir einen Button-Klick, der einen Wert für die Variable i generiert: Eine 0 für button[0], eine 1 für button[1] oder 2 für button[2]. Danach wird in Zeile 19 das Constraint aus Zeile 6 mit Hilfe des Handles click_button entsprechend des letzten Button-Klicks überschrieben, wobei button[i] für die ausgewählte Komponente steht. War die Komponente vorher aktiviert, so wird sie jetzt inaktiv bzw. umgekehrt. Die Variable button[i] wird mit Hilfe der unfix-Anweisung in Zeile 20 zurückgesetzt und ebenso werden alle anderen Wertzuweisungen für Constraint-Variablen, die mit button[i] verbunden sind, mit der Gewichtung weak markiert, um die Variablenbelegungen so stabil wie möglich zu halten und unerwartete Effekte für den Nutzer zu vermeiden.

Das dargestellte *Programmiermuster* „Setzen, Überschreiben und wiederholtes Lösen von Constraints" eignet sich zur Darstellung von Interaktionen mit dem Nutzer bzw. der Fixierung von Werten zur Laufzeit und lässt sich durch folgende Schritte charakterisieren:

1. Initialisierung der (Constraint-)Variablen,
2. Festlegung von Constraints über den Variablen,
3. Lösen der Constraints und Ausgabe der Variablenwerte,
4. Überschreiben bzw. Löschen und erneutes Setzen einzelner Constraints (und ggf. von Gewichtungen) und Fortsetzung mit Schritt 3.

Auch Listing 9.2 entsprach bereits diesem Programmiermuster. Das Schema lässt sich generell auch in der Sprache TURTLE realisieren. Listing 9.15 zeigt das Setzen und Überschreiben von Werten zweier, durch ein Constraint miteinander verbundener Variablen in Abhängigkeit einer Nutzereingabe.

```
1   var a: !int := var 0;
2   var b: !int := var 0;
3   var i: int := io.get();
4   while (i > 0) do
5     require a = i + b in
6       io.put("a="); io.put(!a); io.nl();
7       io.put("b="); io.put(!b); io.nl();
8     end;
9     i := io.get();
10  end;
```

Listing 9.15. TURTLE: Abhängigkeit von Variablenwerten

9.2 Constraint-Programmierung in JAVA mit firstcs

In diesem Abschnitt stellen wir die Programmbibliothek firstcs [72] zur objektorientierten Constraint-Programmierung in JAVA vor. Grundlegende Kenntnisse der weit verbreiteten Programmiersprache JAVA (vgl. [57, 151] u. a.) setzen wir dabei voraus.

Die Bibliothek firstcs unterstützt Constraints mit Variablen über endlichen Wertebereichen und bietet Verfahren zur Lösung von CSP (vgl. Kapitel 4). Reicht dieses Angebot zur Problemlösung nicht aus, kann die Bibliothek um weitere FD-Constraints oder neue Lösungsverfahren für CSP ergänzt werden. Die dazu erforderlichen Methoden zur Manipulation von Variablendomänen, zum Steuern der Suche nach Lösungen usw. stellt die Bibliothek ebenfalls bereit. Sowohl die Implementierung von Constraints und Lösungsverfahren als auch ihre Verwendung zur Lösung von CSP wird im weiteren Verlauf an Beispielen erläutert.

9.2.1 Unterschiede zur Constraint-logischen Programmierung

Constraint-Programmierung in der objektorientierten Programmiersprache JAVA unterscheidet sich wesentlich von Constraint-logischer Programmierung: JAVA bietet zwar Vererbung, imperative Kontrollstrukturen und zustandsbehaftete typisierte Objekte. Eine vordefinierte Suche wie in der Constraintlogischen Programmierung fehlt allerdings.

In CLP-Systemen ist die Existenz und Verwaltung der *Auswahlpunkte* (engl. *choice points*), insbesondere für das Rücksetzen bei der Suche, implizit gegeben und weitestgehend verborgen. Lediglich wenn Auswahlmöglichkeiten verworfen werden sollen, ist dies explizit durch Setzen eines *Cuts* zu erzwingen. In firstcs ist die Situation genau umgekehrt: Auswahlpunkte müssen manuell gesetzt und verwaltet werden. Dazu gibt es in firstcs entsprechende Methoden, um Objekte der Klasse ChoicePoint zu setzen oder zu entfernen sowie zum *Rücksetzen* (engl. *backtracking*) und zum Bestätigen getroffener Entscheidungen; letzteres verhält sich ähnlich wie der *Cut* in CLP. Diese Auswahlpunkte bilden die Grundlage zur Realisierung von Suchverfahren zur Lösung von CSP in JAVA (vgl. Abschnitt 9.2.4).

Ein weiterer Unterschied besteht in der expliziten Aktivierung der Propagation zur Herstellung der lokalen Konsistenz oder Grenzenkonsistenz im firstcs, welches in CLP „automatisch" erfolgt, sobald ein Constraint abgesetzt wird. In firstcs haben wir hingegen die Möglichkeit, dies zu verzögern und einige oder alle Constraints „en bloc" zu propagieren. Dies kann bei manchen Problemstellungen zu reduzierten Laufzeiten führen, da die gesamte Information über das modellierte CSP bei der Herstellung der Konsistenz verfügbar ist.

9.2.2 Ein Überblick über firstcs

Den Kern der JAVA-Constraint-Programmierbibliothek firstcs bildet eine Klasse namens CS, welches als Akronym für *Constraint-(Programmier)system* oder *-solver* steht. Jedes Objekt dieser Klasse, das wir kurz *Constraint-System*[34] nennen, besitzt und verwaltet Variablen über endlichen, ganzzahligen Domänen und Constraints über diesen Variablen. Aufgrund des objektorientierten Designs der Bibliothek ist es möglich, in einem Programm mehrere Constraint-Systeme gleichzeitig zu generieren und zu manipulieren, die jedoch gegenwärtig nur voneinander unabhängige CSP repräsentieren können.

Des Weiteren gibt es die Klassen Domain, Variable, Constraint und die Unterklassen von Constraint, die um den Kern herum die grundlegenden Methoden und Verfahren zur Modellierung und Lösung von CSP bereitstellen. Das Zusammenwirken dieser Klassen wird im weiteren Verlauf detailliert erläutert und an Beispielen ersichtlich.

Die Klasse Domain implementiert die endlichen, ganzzahligen Wertebereiche der Variablen, wobei endliche Ganzzahlmengen durch Listen von Ganzzahlintervallen repräsentiert werden. Zur Manipulation dieser Domänen gibt es zahlreiche Methoden, wie z. B. die üblichen Mengenoperationen. Diese Methoden liefern allesamt einen Booleschen Wert zurück, der genau dann **true** ist, wenn durch ihren Aufruf die entsprechende Domäne verändert wurde. Diese Information wird u. a. genutzt, um Inkonsistenzen aufzudecken.

Die Klasse Variable implementiert Variablen über endlichen Domänen, welche die Unbekannten in einem CSP repräsentieren. Ihre zulässigen Werte werden sowohl durch ihre Wertebereiche als auch durch die sie in Beziehung setzenden Constraints bestimmt. Ihre Domänen werden durch gleichnamige Methoden wie in der Klasse Domain manipuliert. Deren Rückgabewerte sind ebenfalls Boolesche Werte die Veränderungen der Variablendomänen anzeigen. Zusätzlich wird eine InconsistencyException geworfen, wenn eine Variablendomäne leer wird, d. h., eine Inkonsistenz besteht.

Constraints in firstcs und deren Implementierung

Die abstrakte Klasse Constraint in firstcs ist die Vorlage für alle existierenden und zukünftigen Constraint-Klassen. Konkretisiert wird diese Klasse durch eine Vielzahl bereits vordefinierter Constraints wie z. B. arithmetische Gleichungen und Ungleichungen oder zur Lösung von Ressourcen-Dispositionsproblemen. Reichen diese zur Modellierung und Lösung eines CSP nicht aus, besteht die Möglichkeit, die Bibliothek um neue oder anwendungsspezifisch angepasste Constraints zu erweitern.

Alle Constraint-Klassen, egal ob vor- oder anwenderdefiniert, sind Spezialisierungen der Klasse Constraint und erben von ihr die grundlegenden Konzepte zu deren Implementierung. Neben den genannten, bereits vorhandenen

---

[34]Dies ist nicht zu verwechseln mit dem in Definition 3.1 festgelegten Begriff.

Constraints können in firstcs weitere recht einfach implementiert werden. Dies wird anhand eines Beispiels im folgenden Abschnitt näher erläutert.

Zwei Aspekte sind bei der Implementierung einer Constraint-Klasse wesentlich: Die Herstellung der lokalen Konsistenz oder der Grenzenkonsistenz und die Registrierung eines neu erzeugten Constraints bei einem Constraint-System, so dass die Konsistenz hergestellt werden kann, wenn der Wertebereich einer Variablendomäne eingeschränkt wurde. Beides wird durch die Oberklasse Constraint vorgegeben bzw. unterstützt.

Die Hauptaufgabe eines Constraint-Systems ist es, durch möglichst effiziente, ggf. wiederholte Abarbeitung der Verfahren zur Herstellung der Konsistenz der einzelnen Constraints die Konsistenz für alle Constraints herzustellen. Dies erfolgt durch Propagation von Wertebereichseinschränkungen, solange bis ein Fixpunkt erreicht ist, d. h. bis kein weiterer Wertebereich durch die Verfahren eingeschränkt wird. Aus diesem Grund ist es wichtig, von jeder Variablen die sie einschränkenden Constraints zu kennen. Ebenso ist es wesentlich zu wissen, bei welcher Art von Reduzierung ihres Wertebereichs Konsistenz für welche Constraints herzustellen ist. Dazu bietet die Klasse Constraint die Methode addVar(Variable var), um eine Variable var mit einem Constraint zu verbinden. Ein Constraint und die mit ihm verbundenen Variablen lassen sich dann bei einem Constraint-System mit Hilfe der Methode register () registrieren. Standardmäßig erfolgt die Registrierung so, dass eine beliebige Einschränkung einer der Variablendomänen das Verfahren zur Herstellung der Konsistenz aktiviert.

Konkrete Constraint-Klassen müssen die in der Klasse Constraint vorgegebene Methode activate () implementieren, wobei ein constraint-spezifisches Verfahren zur Herstellung einer Form der Konsistenz zu realisieren ist. Dieses Verfahren muss *idempotent* sein, d. h., die Domänen der betroffenen Variablen, die durch das Verfahren ggf. eingeschränkt werden, bleiben durch eine weitere Anwendung des Verfahrens unverändert. Sobald eine Variablendomäne durch Einschränkungen leer wird, ist offensichtlich eine Inkonsistenz erkannt und eine entsprechende *Ausnahme* (engl. *exception*) der Klasse InconsistencyException ist zu „werfen", die dann an geeigneter Stelle behandelt werden kann, z. B. bei der Suche durch Rücksetzen. Dadurch wird verhindert, dass Inkonsistenzen unbeabsichtigt ignoriert werden: Bleiben sie unbehandelt, führt dies unmittelbar zu einem Programmabbruch. Damit lassen sich unsinnige Schlussfolgerungen – *ex falso quod libet* – vermeiden.

Exemplarische Implementierung der Ungleichung $A < B$

Die Implementierung der Klasse binärer Less-Constraints, die festlegt, dass die Werte einer Variablen kleiner als die einer anderen sein sollen, d. h. $A < B$ gelte, ist eine Erweiterung der Klasse Constraint (vgl. Listing 9.16, Zeile 1). Jedes Less-Constraint setzt zwei Variablen in Beziehung, die die linke und die rechte Seite der arithmetischen Relation $<$ verkörpern. (vgl. Listing 9.16, Zeile 5 und 9). Die Erzeugung einer Instanz des Less-Constraint ist einfach: Dazu ist lediglich ein neues Objekt für die beiden in Relation zu setzenden Variablen zu erzeugen. Die Variablen werden im Objekt referenziert und dem übergeordneten Constraint bekannt gemacht. (vgl. Listing 9.16, Zeilen 13 bis 20).

```
1   public class Less extends Constraint {
2       /**
3        * Die Variable auf der linken Seite der Ungleichung.
4        */
5       protected Variable lhs = null;
6       /**
7        * Die Variable auf der rechten Seite der Ungleichung.
8        */
9       protected Variable rhs = null;
10      /**
11       * Erzeuge eine neue Ungleichung left < right.
12       */
13      public Less(Variable left, Variable right) {
14          // Initialisiere die Variablen:
15          lhs = left;
16          rhs = right;
17          // Verknüpfe die Variablen mit dem Constraint:
18          addVar(lhs);
19          addVar(rhs);
20      }
21      ...
22  }
```

Listing 9.16. Die Grundlagen binärer Less-Constraints

Die Herstellung der Grenzenkonsistenz bei binären Constraints der Form $A < B$, die gleich der lokalen Konsistenz ist, wenn die Variablendomänen Ganzzahlintervalle sind, wird durch Implementierung der vordefinierten Methode activate() (s. Listing 9.17) realisiert. Dazu bedarf es nur zweier Operationen:

- Alle Werte der Variablen B müssen größer als der kleinste Wert im Wertebereich der Variablen A sein und
- alle Werte der Variablen A müssen kleiner als der größte Wert im Wertebereich der Variablen B sein.

Die erste Anpassung wird durch Aufruf der Variablenmethode greater() erreicht, die als Argument den kleinsten Wert der Variablen A, das Ergebnis der Variablenmethode min() (s. Listing 9.17, Zeile 9) erhält. Die Methode greater() entfernt alle Werte in der Domäne der Variablen B, die nicht größer als der gegebene Wert sind. Ihr Aufruf liefert den Booleschen Wert **true**, falls die Domäne geändert wurde, ansonsten **false**. Sie wirft außerdem eine InconsistencyException, falls die Domäne leer wird. Die zweite Anpassung erfolgt symmetrisch. Der Unterschied besteht darin, dass die Methode less() alle Werte aus der Domäne der Variablen A löscht, die nicht kleiner als der größte Wert in der Domäne von B sind und mit der Methode max() bestimmt wird (s. Listing 9.17, Zeile 13).

```
1  /**
2   * Aktiviere das Constraint und stelle Konsistenz
3   * durch Einschränkung der Variablendomänen her.
4   */
5  public void activate() throws InconsistencyException {
6      // Alle Werte der Variablen auf der rechten Seite
7      // müssen größer als der kleinste Wert der Variablen
8      // auf der linken Seite sein:
9      rhs.greater(lhs.min());
10     // Alle Werte der Variablen auf der linken Seite
11     // müssen kleiner als der größte Wert der Variablen
12     // auf der rechten Seite sein:
13     lhs.less(rhs.max());
14 }
```

Listing 9.17. Die Konsistenzherstellung der Less-Constraints

Eine erneute Anpassung von B ist nur notwendig, wenn sich der kleinste Wert der Domäne von A ändert. Analoges gilt für die Anpassung von A. Folglich ist diese Methode idempotent und die Konsistenz muss nur dann hergestellt werden, wenn sich der kleinste Wert in der Domäne von A oder der größte Wert in der von B ändert. Dieses Wissen kann bei der Registierung eines Less-Constraints durch eine spezifische Ausprägung der Methode register () seinem Constraint-System mitgeteilt werden. Die entsprechend angepasste Implementierung ist in Listing 9.18 dargestellt. Die Kommandos in Zeile 8 und Zeile 11 besagen, dass die Aktivierung der Wertebereichseinschränkung, d. h. der Aufruf der Methode activate (), nur bei den genannten Änderungen der Minima- und Maximawerte erfolgt.

```
1  /**
2   * Registriere das Constraint über seine
3   * Variablen bei seinem Constraint-System.
4   */
5  public void register() {
6      // Aktiviere Propagation, wenn sich der Minimalwert
7      // der Variablen auf der linken Seite ändert:
8      cs.link(lhs, this, AbstractPropagator.ACT_ON_MIN);
9      // Aktiviere Propagation, wenn sich der Maximalwert
10     // der Variablen auf der rechten Seite ändert:
11     cs.link(rhs, this, AbstractPropagator.ACT_ON_MAX);
12 }
```

Listing 9.18. Spezielle Registrierung von Less-Constraints

Weiterhin ist zu beobachten, dass die Reihenfolge der Anpassungen (vgl. Listing 9.17, Zeilen 9 und 13) bei der Konsistenzherstellung keine Rolle spielt, die Einschränkungen der Wertebereiche ist entweder am Ende gleich oder eine

Inkonsistenz wird erkannt. Ein weiterer Aufruf der Methode activate() verändert die Wertebereiche der Variablen nicht, so dass ein lokaler Fixpunkt berechnet wurde. Im Allgemeinen müssen wir jedoch über den Anpassungen so lange iterieren, bis keine Domäne weiter eingeschränkt wird. Dabei helfen uns die Rückgabewerte der Anpassungen: Sind sie alle **false**, so ist der lokale Fixpunkt erreicht und die Iteration kann abgebrochen werden. Listing 9.19 zeigt exemplarisch ein Implementierungsmuster, das die Idempotenz einer beliebigen activate()-Methode erzwingt. Eine Änderung während einer Iteration wird dabei durch den Wert der Booleschen Variablen hasChanged signalisiert.

```
1  public void activate() throws InconsistencyException {
2      // Iteriere solange sich eine Domäne ändert:
3      boolean hasChanged = true;
4      while (hasChanged) {
5          hasChanged = false;
6          hasChanged |= var.lessEqual(...);
7          hasChanged |= ...;
8      }
9  }
```

Listing 9.19. Erzwingen der Idempotenz der activate()-Methode

9.2.3 Benutzerdefinierte Constraint-Verarbeitung

Im Gegensatz zu anderen Constraint-Programmiersystemen führt das Hinzufügen eines Constraints in firstcs nicht unmittelbar zur Herstellung der Konsistenz durch Propagation, da diese explizit durch Aufruf einer activate()-Methode erfolgen muss, entweder für das zusätzliche Constraint oder das gesamte System. Die Constraint-Propagation ist in firstcs somit standardmäßig verzögert. Das bietet dem Nutzer die Möglichkeit, ein Problem vollständig zu modellieren, bevor die Konsistenz hergestellt wird. Dies hat den Vorteil, dass für Teilmodelle der Aufruf ggf. aufwändiger Verfahren unterbleibt, wie das folgende Beispiel zeigt.

Beispiel 9.1 (Verzögerte Propagation bei linearen Anordnungen)
Betrachten wir für $n > 0$ das CSP

$$\bigwedge_{i=1}^{n-1} (\mathsf{var}_{i-1} < \mathsf{var}_i \land \mathsf{var}_i \in [i, n]) \land \mathsf{var}_0 \in [0, n],$$

dann hat jede inkrementelle Constraint-Propagation einen Berechnungsaufwand von $\mathcal{O}(n^2)$: Jede Erweiterung des Teilproblems $\mathsf{var}_0 < \cdots < \mathsf{var}_j$ zum Teilproblem $\mathsf{var}_0 < \cdots < \mathsf{var}_j < \mathsf{var}_{j+1}$ passt die Wertebereiche aller Variablen des erweiterten Teilproblems an. Eine einmalige Anpassung nach Modellierung des gesamten Problems kann jedoch mit einem Aufwand von $\mathcal{O}(n)$ erfolgen, wenn die binären Constraints einmal absteigend entsprechend der Ordnung, d.h. nach LIFO-Strategie, aktiviert werden. Das JAVA-Programm in Listing 9.20 kann beides leisten: Die inkrementellen Propagationen nach jedem Einfügen eines Constraints oder verzögert nach vollständiger Modellierung des Problems. Der Wert der Booleschen Variablen IS_INCREMENTAL bestimmt einen der beiden Fälle.

```
1    boolean IS_INCREMENTAL = ...
2    ...
3    CS cs = new CS();
4    Variable[] var = new Variable[n];
5    for (int i = 0; i < n; i++) {
6        var[i] = new Variable(i, n);
7        if (i > 0) {
8            cs.add(new Less(var[i - 1], var[i]));
9            if (IS_INCREMENTAL) cs.activate();
10       }
11   }
12   if (!IS_INCREMENTAL) cs.activate();
```

Listing 9.20. Inkrementelle oder verzögerte Konsistenzherstellung

In Zeile 12 erfolgt die verzögerte einmalige Propagation aller Constraints, während im inkrementellen Fall das zuletzt hinzugefügte Constraint und sukzessive auch alle betroffenen Constraints des jeweiligen Teilproblems aktiviert werden (s. Zeile 9).   ◊

9.2.4 Realisierung von Suchverfahren

Zur Lösung eines CSP sind dessen Constraints zu erzeugen und in einem sie verwaltenden Constraint-System zusammenzufassen. Danach können durch Suche Lösungen des modellierten CSP gefunden werden. Dazu bietet die Bibliothek firstcs einerseits vorkonfektionierte Suchverfahren für bestimmte Problemklassen, andererseits stehen Methoden zur Erzeugung und Verwaltung von *Auswahlpunkten* (engl. *choice points*) der Klasse ChoicePoint zur Verfügung, so dass neue Suchverfahren mit Rücksetzen realisierbar sind.

Auswahlpunkte erlauben es, aktuelle Zustände eines Constraint-Systems, d. h. die gegenwärtig geltenden CSP zu sichern, um sie zu späteren Zeitpunkten wieder herzustellen. Wird mit der Methode set() ein Auswahlpunkt in einem Constraint-System gesetzt, wird das CSP für ein späteres Rücksetzen gespeichert. Durch Aufruf der Methode backtrack() für einen Auswahlpunkt wird ein Rücksetzen zu diesem ausgelöst, wodurch der dort gespeicherte Zustand wieder hergestellt wird, d. h. das ursprünglich geltende CSP ist dann wieder gültig. Wird ein Verzweigungspunkt nicht mehr benötigt, kann er mit Hilfe der Methode reset() aufgehoben und bei Bedarf an anderer Stelle zur Speicherung eines späteren Zustands wiederverwendet werden.

Die Nutzung von Verzweigungspunkten sei anhand des Labelings, der Tiefensuche nach Variablenbelegungen mit *chronologischem Rücksetzen* (s. Abschnitt 13.2), erläutert.

Beispiel 9.2 (Tiefensuche mit chronologischem Rücksetzen)   Die
nachfolgend vorgestellte JAVA-Implementierung des in Algorithmus 4.5 beschriebenen Suchverfahrens findet eine Lösung eines CSP. Die Eingabe der
Methode labeling besteht aus

- einem Constraint-System cs, das das zu lösende CSP definiert, und
- einem Array von Variablen vars, die mit Werten zu belegen sind.

Der Boolesche Rückgabewert der Methode labeling ist **true**, wenn eine Lösung
gefunden wurde und **false**, wenn das CSP keine Lösung hat.

Bei gefundener Lösung ergeben sich die Variablenbelegungen aus den Domänen der Variablen vars, die in diesem Fall einelementig sind. Bei Unlösbarkeit des CSP wird dieses wieder hergestellt, d. h. die Variablendomänen sind
dieselben wie vor der Suche. Dazu verwendet die Methode, deren Programm-
code in Listing 9.21 aufgelistet ist, eine global definierte Ganzzahlvariable
level, welche initial den Wert 0 hat (Zeile 1), da sich die Suche auf oberster
Ebene befindet. Ihr Wert reflektiert die Tiefe im Entscheidungsbaum, in der
sich die Suche jeweils befindet. Sind alle Variablen mit Werten belegt, so ist
die maximale Tiefe im Entscheidungsbaum erreicht. In diesem Fall ist der
Wert der Variablen level gleich der Zahl der Variablen im Array vars und
das rekursive labeling () stoppt, denn eine Lösung ist gefunden. Dies wird
durch Rückgabe des Werts **true** signalisiert (Zeilen 3 bis 5). Stehen jedoch
noch zu belegende Variablen aus, wird ein neuer Auswahlpunkt generiert und
gesetzt (vgl. Zeilen 6 und 7), so dass die nachfolgende Variablenbelegung ggf.
vollständig zurückgenommen oder deren Wert ausgetauscht werden kann. Zur
Belegung der aktuell betrachteten Variablen wird über alle Werte in ihrer Domäne iteriert[35] (vgl. Zeilen 8 bis 24). Während der Iteration wird die Variable
gleich dem aktuellen Wert gesetzt (Zeile 11) und dieses zusätzliche Constraint
wird unmittelbar und explizit propagiert (Zeile 12). Wird dabei eine Inkonsistenz erkannt, löst die entsprechende Ausnahmebehandlung ein Rücksetzen
zum zuletzt gesetzten Auswahlpunkt und die Rücknahme der gerade propa-
gierten Variablenbelegung aus (vgl. Zeilen 21 bis 23). Anschließend wird ein
nächster Wert probiert. Ansonsten geht es durch rekursiven Abstieg der Suche eine Stufe tiefer in den Entscheidungsbaum. Bei Erfolg dieser Teilsuche
wird der Auswahlpunkt mittels reset () aufgehoben, so dass die dort getroffene
Entscheidung nicht zurückgesetzt werden kann und **true** wird zurückgegeben
(Zeilen 14 bis 16). Schlägt die Teilsuche fehl, wird durch Rücksetzen die zuletzt getroffene Wertebelegung aufgehoben und die Suche wird entweder mit
einem neuen Wert oder in einer geringeren Tiefe fortgesetzt (Zeilen 17 bis 20).

Das Labeling ist **static** deklariert (Zeile 2), um den Bezug zu dem zu
lösenden CSP explizit herzustellen. Es könnte ebenso als Methode der Klasse
CS realisiert sein. Der Bezug zum zu lösenden CSP würde dann über den
Aufruf cs. labeling (vars) hergestellt werden.

---

[35] Möglicherweise wird auch über weitere Werte iteriert, falls die Domäne kein
Ganzzahlintervall ist.

```
1   private static int level = 0;
2   public static boolean labeling(CS cs, Variable[] vars) {
3       if (level == vars.length) {
4           return true;
5       } // ... ansonsten:
6       ChoicePoint cp = new ChoicePoint(cs);
7       cp.set();
8       for (int val = vars[level].min();
9               val <= vars[level].max(); val++) {
10          try {
11              vars[level].equal(val);
12              cs.activate();
13              level++;
14              if (labeling(cs, vars)) {
15                  cp.reset();
16                  return true;
17              } else {
18                  cp.backtrack();
19              }
20              level--;
21          } catch (InconsistencyException e) {
22              cp.backtrack();
23          }
24      }
25      cp.reset();
26      return false;
27  }
```

Listing 9.21. Rekursive Tiefensuche zum Auffinden einer Lösung eines CSP

Dieses einfache Labeling hat jedoch seine Grenzen: Wird eine Lösung gefunden, so ist es unmöglich, weitere zu finden, da keine Möglichkeit besteht, zu den lokal definierten Auswahlpunkten zurückzusetzen. Daher verändert ein weiterer Aufruf von labeling() mangels Alternativen eine zuvor gefundene Lösung nicht. ◊

Das in firstcs durch die Klasse BtLabel implementierte Labeling erlaubt es, per Iteration alle Lösungen eines CSP zu bestimmen. Dazu ist eine Labeling-Instanz zu generieren und zu setzen und nach der Bestimmung von Lösungen sollte durch Rücksetzen dieser Instanz der Zustand des CSP vor der Suche hergestellt werden. Listing 9.22 zeigt ein Programmfragment, das alle Lösungen des im Constraint-System cs definierten CSP findet.

```
1       ...
2       BtLabel lb = new BtLabel(cs);
3       lb.set()
4       while (lb.nextSolution()) {
5           // Verwende oder zeige aktuell gefundene Lösung:
6           ...
7       }
```

```
8        lb . reset ( )
9        . . .
```

Listing 9.22. Iteration über alle Lösungen eines CSP

Die Labeling-Klasse BtLabel erweitert die Klasse abstrakter Suchverfahren namens AbstractLabel, die insbesondere generische *Branch-and-Bound-Verfahren* (vgl. Kapitel 14) zum Finden bester Lösungen bereitstellt.

Benutzern von firstcs, die weder mit dieser Art der imperativen und iterativen Implementierung von Suchverfahren noch mit der expliziten Verwendung von Auswahlpunkten vertraut sind, stehen mehrere vordefinierte Suchverfahren als Erweiterungen der Klasse AbstractLabel bereit. Da all diese Klassen die Methode nextSolution() zum Finden einer nächsten Lösung implementieren, erben diese Klassen aufgrund der Objektorientierung von JAVA Methoden zur Bestimmung *aller* besten Lösungen in Bezug auf eine Variable objective, die deren Wert minimiert bzw. maximiert.

Optimierung mit implementierten Suchverfahren

Optimierung unter Randbedingungen in firstcs bedeutet, beste Lösungen eines CSP zu finden, die den Wert einer Zielfunktion minimieren bzw. maximieren (vgl. dazu Kapitel 14). Dazu ist eine Variable, z. B. objective, gleich der Zielfunktion zu setzen. Im Anwendungsprogramm ist dann lediglich der Aufruf von nextSolution() (vgl. Listing 9.22, Zeile 4) entweder durch den Aufruf von nextMinimalSolution(objective) oder nextMaximalSolution(objective) zu ersetzen. Dank der Vererbung in JAVA ist dies bereits dann möglich, wenn ein neues Suchverfahren in einer Erweiterung der Klasse AbstractLabel lediglich die Methode nextSolution() implementiert, da eine Suche nach besten Lösungen wesentlich auf dieser Methode aufbaut und bereits „generisch" implementiert ist.

Werden in der Erweiterung außerdem die beiden Methoden

- storeLastSolution () zum Speichern einer Lösung, die ein Herstellen dieser auch nach dem Rücksetzen erlaubt und
- restoreLastSolution () zum (teilweisen) Restaurieren einer gespeicherten Lösung (bis eine Inkonsistenz auftritt)

implementiert, so arbeiten die beiden Optimierungsverfahren *inkrementell*: Teilbäume im Entscheidungsbaum, in denen bereits suboptimale Lösungen gefunden wurden, werden bei der Suche nach besseren Lösungen nicht erneut traversiert.

Die Techniken für eine inkrementelle Suche nach optimalen Lösungen sind in [70] beschrieben. Inkrementelle Suche bei der Optimierung beruht auf der Beobachtung, dass der Teilbaum, der bis zum Finden einer *ersten* Lösung traversiert wurde, keine bessere Lösung enthält – sie wäre ansonsten gefunden worden. Somit kann die Suche nach einer nächsten, besseren Lösung auf dem Pfad, der zur ersten Lösung geführt hat, aufgesetzt werden. Der Einsatz dieser Technik kann beträchtliche Laufzeitverkürzungen bei der Optimierung von CSP zur Folge haben, da nutzlose, mehrfache Traversierungen gleicher Teilbäume im Entscheidungsbaum vermieden werden.

Weiterhin sind die Optimierungsverfahren so implementiert, dass durch Iteration alle besten Lösungen aufzählbar sind und je nach Einstellung entweder *monoton* oder *dichotom* die Grenzen des besten Zielfunktionswerts einschränken (s. dazu insbesondere Abschnitt 14.3).

Alle von der Klasse AbstractLabel abgeleiteten Suchverfahren erben deren Konstruktor, der dazu dient, das zu betrachtende Constraint-System festzulegen und die Suchverfahren zu initialisieren (s. Listing 9.23): Initial ist die Tiefe des Entscheidungsbaums gleich 0 (Zeile 3). Die Suche setzt gerade nicht zurück (Zeile 4) und hat noch keine optimale Lösung gefunden (Zeile 5). Ferner wird der Rücksetzpunkt erzeugt (Zeile 6), jedoch erst beim Aufsetzen der Suche wird er mittels der Methode set() gesetzt.

```
1    public AbstractLabel(CS cs) {
2        this.cs = cs;
3        level = 0;
4        isBT = false;
5        isOptimal = false;
6        entry = new ChoicePoint(cs);
7    }
```

Listing 9.23. Konstruktor der Klasse AbstractLabel

Da bei der Optimierung sukzessive nach immer besseren Lösungen gesucht wird, bedarf es hier des Rücksetzens der gesamten Suche und des Aufsetzens einer neuen Suche. Da dabei jedoch das Wissen darüber, ob eine optimale Lösung bereits gefunden wurde, nicht verloren gehen darf, wurde hierfür die Methode smartResetSet() geschaffen, die dieses leistet (vgl. Listing 9.24).

```
1    /**
2     * Setze die Suche zurück und erneut auf,
3     * wobei die Information über bereits
4     * erreichte Optimalität erhalten bleibt.
5     */
6    public void smartResetSet() {
7        boolean opt = isOptimal;
8        reset();
9        set();
10       isOptimal = opt;
11   }
```

Listing 9.24. Rücksetzen und Wiederaufsetzen der Suche in der Klasse AbstractLabel

Die Suche nach optimalen Lösungen erfolgt dann abhängig von der konkreten Implementierung der Methode nextSolution() in einer Unterklasse von AbstractLabel(). Ohne kompatible Implementierungen der beiden Methoden storeLastSolution () und restoreLastSolution () gelten die Implementierungen in der Oberklasse AbstractLabel, die jedoch ohne Wirkung sind, da ihre Methodenrümpfe leer sind. Die Suche ist dann nicht inkrementell.

Eine Implementierung eines Optimierungsverfahren ist z. B. die Methode nextMinimalSolution() in der Klasse AbstractLabel, die durch monotone Reduktion möglicher Zielfunktionswerte erst eine minimale Lösung findet und bei erneuten Aufrufen weitere minimale Lösungen bestimmt, sofern solche vorhanden sind. Sie ist in Listing 9.25 dargestellt und funktioniert folgendermaßen:

Nach der Bestimmung des Maximalwerts der Zielfunktion wird unterschieden, ob bereits bei einem früheren Aufruf der Methode eine optimale Lösung gefunden wurde oder noch durch Verbesserung zu bestimmen ist (Zeile 3). Ist dies nicht der Fall (Zeile 4), wird nach irgendeiner Lösung gesucht. Existiert keine, so sind alle Lösungen optimal – nämlich keine (Zeile 6). Gibt es eine, so legt der aktuelle Wert der Zielfunktion die Grenze fest, mit der anschließend nach einer besseren Lösung gesucht wird (Zeile 8). Nach Speicherung dieses Grenzwerts wird die Lösung gespeichert und dann die Suche neu aufgesetzt (Zeilen 9 und 10).

Die nachfolgende Schleife wird dann solange durchlaufen, bis eine beste Lösung gefunden wurde. Dabei wird durch ein zusätzliches Constraint erzwungen, dass die aktuell gesuchte Lösung einen Zielfunktionswert hat, der kleiner ist als der Wert der zuletzt gefundenen Lösung (vgl. Zeilen 15 und 16). Führt bereits die Propagation zu einer Inkonsistenz oder wird keine solche Lösung gefunden, so ist folglich die zuletzt gefundene Lösung eine beste Lösung (Zeile 24 bzw. Zeile 18). Wird jedoch bei Fortsetzung der Suche an der zuletzt gefundenen Lösung (Zeile 17) eine weitere Lösung gefunden, so wird diese sowie der verbesserte Zielfunktionswert abgespeichert (Zeilen 20 und 21). Die Suche wird dann in jedem Fall neu aufgesetzt (Zeile 26).

Ist Optimalität erreicht, wird der Zielfunktionswert mit dem kleinsten gefundenen Grenzwert nach oben beschränkt (Zeilen 29 und 30) und eine beste Lösung zurückgegeben. Diese ist entweder die zuletzt gefundene und wieder hergestellte Lösung, wenn zuvor nach immer besseren Lösungen gesucht wurde (Zeilen 31 bis 34) oder eine nächste beste Lösung mit minimalem Zielfunktionswert (Zeile 35). Die Beschränkung des Zielfunktionswerts darf dabei keine Inkonsistenz verursachen, sonst wäre diese Implementierung der Optimierung oder von firstcs fehlerhaft (Zeilen 36 bis 38).

```
1    public boolean nextMinimalSolution(Variable objective) {
2        limit = objective.max();
3        boolean isImproving = !isOptimal;
4        if (!isOptimal) {
5            // Berechne ggf. eine initiale Lösung:
6            isOptimal = !nextSolution();
7            if (!isOptimal) {
8                limit = objective.max();
9                storeLastSolution();
10               smartResetSet();
```

```
11              }
12      }
13      while (!isOptimal) { // ... verbessere:
14          try { // Suche eine bessere Lösung:
15              objective.less(limit);
16              cs.activate();
17              restoreLastSolution();
18              isOptimal = !nextSolution();
19              if (!isOptimal) {
20                  storeLastSolution();
21                  limit = objective.max();
22              }
23          } catch (InconsistencyException e) {
24              isOptimal = true;
25          }
26          smartResetSet();
27      } // Ende von while (!isOptimal)
28      try {
29          objective.lessEqual(limit);
30          cs.activate();
31          if (isImproving) {
32              restoreLastSolution();
33              return true;
34          } // ... ansonsten:
35          return nextSolution();
36      catch (InconsistencyException e) {
37          throw new Error("Das sollte nicht passieren!");
38      }
39  } // Ende von nextMinimalSolution()
```

Listing 9.25. Finden einer nächsten minimalen Lösung in der Klasse AbstractLabel

9.2.5 Modellierung und Lösung eines Optimierungsproblems

Die Verwendung der Programmbibliothek `firstcs` zeigen wir exemplarisch anhand der Beschreibung und Lösung eines Constraint-Optimierungsproblems (vgl. Kapitel 14), bei dem es darum geht, kürzeste *Golomb-Lineale* zu bestimmen. Ziel ist es, kürzeste Lineale mit einer vorgegebenen Zahl von ganzzahligen Marken zu finden, so dass alle Abstände zwischen unterschiedlichen Marken paarweise verschieden sind.

Golomb-Lineale werden u. a. beim Entwurf von Radioteleskopen verwendet. Mobilfunkmasten werden häufig entsprechend den Marken des Golomb-Lineals in Abbildung 9.1 platziert. Das dort abgebildete Lineal ist ein kürzestes Golomb-Lineal mit 4 Marken der Länge 6. Kürzere Golomb-Lineale mit 4 Marken kann es nicht geben, da Golomb-Lineale mit 4 Marken 6 verschiedene Abstände haben und diese im Idealfall $1, 2, 3, 4, 5, 6$ sind. Eine detaillierte

Aufgabenstellung und verschiedende Aspekte der geeigneten Modellierung dieses Optimierungsproblems sind in Abschnitt 12.1 ausführlich beschrieben.

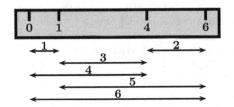

Abb. 9.1. Ein optimales Golomb-Lineal mit 4 Marken der Länge 6

Das im Folgenden vorgestellte und in **firstcs** implementierte Problemmodell beruht auf Überlegungen, die in [139, 140] publiziert sind. Das Hauptprogramm ist in Listing 9.26 dargestellt. In der Präambel werden ein Constraint-System (Zeile 2) sowie jeweils eine Ganzzahlvariable für die Anzahl der Marken n und für eine heuristische Obergrenze der Länge kürzester Lineale n^2 deklariert (Zeile 3). Es folgen Deklarationen der Constraint-Variablen-Arrays für die Marken und die Abstände zwischen ihnen (Zeile 4).

Die main()-Methode liest die Zahl der Marken n aus der Eingabe (Zeilen 6 bis 8), erzeugt dafür eine neue Probleminstanz (Zeile 9), etabliert die zu erfüllenden Basisconstraints (Zeile 10) sowie redundante und Symmetrien aufbrechende Zusatzconstraints (Zeile 11). Zuletzt werden alle Golomb-Lineale kürzester Länge bestimmt (Zeile 12).

```
1   public class GolombRuler {
2       CS cs;
3       int n, nn;
4       Variable[] marks, diffs;
5       ...
6       public static void main(final String[] args) {
7           // Lese Anzahl der Marken des Golomb-Lineals:
8           int num = Integer.parseInt(args[0]);
9           GolombRuler golombruler = new GolombRuler(num);
10          golombruler.establishBaseModel();
11          golombruler.establishExtendedModel();
12          golombruler.findAllMinimalSolutions();
13      }
14  }
```

Listing 9.26. Hauptprogramm zur Bestimmung kürzester Golomb-Lineale

Der Konstruktor der Klasse GolombRuler erhält als Argument num die Zahl der Markierungen (s. Listing 9.27, Zeile 1). Er erzeugt für das zu modellierende CSP ein Constraint-System (s. Listing 9.27, Zeile 2) und eine heuristische Obergrenze für die Länge der Lineale, welche das Quadrat der Anzahl von Markierungen ist (s. Listing 9.27, Zeile 4). Außerdem werden Constraint-Variablen sowohl für die Positionen der Marken marks als auch für die Abstände zwischen den Marken diffs erzeugt (s. Listing 9.27, Zeilen 5 und 6).[36] Deren Werte werden dann durch die Constraints in Beziehung gesetzt.

```
1  public GolombRuler(int num) {
2      cs = new CS();
3      n = num;
4      nn = n * n; // eine heuristische Obergrenze der Länge
5      marks = new Variable[n];
6      diffs = new Variable[n * (n - 1) / 2];
7  }
```

Listing 9.27. Konstruktor der Klasse GolombRuler

Das Grundmodell des zu lösenden CSP zeigt Listing 9.28. Es besagt, dass die erste Marke an Position 0 platziert wird (Zeile 3) und dass die Positionen aller anderen Marken zwischen 1 und der heuristischen Obergrenze in nn liegen (Zeile 5). Außerdem wird festgelegt, dass die Position der $(i-1)$-ten Marke vor der der i-ten Marke ist (Zeile 6) und dass für $0 \leq j < i \leq n$ jede Abstandsvariable diffs $[i*(i-1)/2 + j]$ gleich dem Abstand zwischen der j-ten und der i-ten Marke ist (Zeilen 9 bis 11). Schließlich wird für alle Abstände gefordert, dass sie paarweise verschieden sein müssen. Dieses leistet ein globales AllDifferent -Constraint (vgl. Abschnitt 10.1), das für das Variablen-Array diffs erzeugt wird (Zeile 15).

```
1  public void establishBaseModel() {
2      int idiff = 0;
3      marks[0] = new Variable(0);
4      for (int i = 1; i < n; i++) {
5          marks[i] = new Variable(1, nn);
6          cs.add(new Less(marks[i - 1], marks[i]));
7          for (int j = 0; j < i; j++) {
8              // Hier gilt: idiff == i * (i - 1) /2 + j
9              diffs[idiff] = new Variable(1, nn);
10             cs.add(new Sum(marks[j], diffs[idiff],
11                     marks[i]));
12             idiff++;
13         }
14     }
15     cs.add(new AllDifferent(diffs));
16 }
```

Listing 9.28. Grundmodell der Golomb-Lineale

Die Zusatzconstraints, die zu einer verbesserten Suchraumeinschränkung führen, sind in Listing 9.29 zusammengefasst. Das erste Constraint erzwingt, dass der Abstand zwischen erster und zweiter Marke kleiner ist als der zwischen der letzten und der vorletzten Marke. Dies unterbindet symmetrische

---

[36]Da das AllDifferent-Constraint in Listing 9.28 als Eingabe ein Variablen-Array verlangt, wurde auf eine Strukturierung der Abstände in einer Matrix verzichtet.

Lösungen, die man durch 180°-Drehung des Lineals erhält (Zeile 2). Weitere Constraints legen fest, dass die Abstände zwischen der j-ten und der i-ten Marke plus dem Wert $(n - 1 - i + j) \cdot (n - i + j)/2$ kleiner oder gleich der letzten Marke sind (Zeilen 7 bis 9). Durch diese Redundanzen wird die zu minimierende Größe marks[n−1] explizit in Bezug zu allen Abständen gesetzt, was sich positiv auf die Lösungssuche auswirkt.

```
1   public void establishExtendedModel() {
2       cs.add(new Less(diffs[0], diffs[diffs.length − 1]));
3       int idiff = 0;
4       for (int i = 1; i < n; i++) {
5           for (int j = 0; j < i; j++) {
6               // Hier gilt: idiff == i * (i − 1) / 2 + j
7               cs.add(new Before(diffs[idiff],
8                   (n − 1 − i + j) * (n − i + j) / 2,
9                   marks[n − 1]));
10              idiff++;
11          }
12      }
13  }
```

Listing 9.29. Erweiteres Problemmodell der Golomb-Lineale

Alle optimalen Lösungen für kürzeste Golomb-Lineale mit vorgegebener Anzahl von Marken werden durch die in Listing 9.30 dargestellte Methode gefunden, wobei eine Lösung durch die Positionen der Marken repräsentiert wird. Dazu wird das vordefinierte Labeling mit chronologischem Rücksetzen in einer dichotomischen Optimierung eingesetzt (Zeilen 2 bis 3). Die Iteration über alle optimalen Lösungen hat die gleiche Struktur wie die allgemeine Suche in Listing 9.22. Der einzige Unterschied besteht im Methodenaufruf von nextMinimalSolution(marks[n−1]), wobei die Position der letzten Marke die zu minimierende Zielfunktion ist: Kürzeste Lineallänge ist dann gegeben, wenn die Position der letzten Marke den kleinsten Wert hat (Zeile 5). Die gefundenen Marken kürzester Golomb-Lineale werden schrittweise ausgegeben (Zeilen 6 bis 10). Nach Ausgabe aller optimalen Lösungen wird die Suche zurückgesetzt (Zeile 12). Das CSP im Constraint-System cs ist das gleiche wie vor der Suche.

```
1   public void findAllMinimalSolutions() {
2       BtLabel labeler = new BtLabel(cs, marks);
3       labeler.setBoundingScheme(BtLabel.DICHOTOMIC);
4       labeler.set();
5       while (labeler.nextMinimalSolution(marks[n − 1])) {
6           System.out.print("Positionen optimaler Marken:");
7           for (int i = 0; i < n; i++) {
8               System.out.print("  " + marks[i]);
9           }
10          System.out.println();
11      }
```

```
12        labeler . reset ( );
13   }
```

Listing 9.30. Finden aller kürzesten Golomb-Lineale mit fester Anzahl von Marken

Laufzeitvergleiche haben gezeigt, dass der Berechnungsaufwand zum Finden kürzester Golomb-Lineale in `firstcs` vergleichbar zum Zeitbedarf von CLP-Systemen ist, wenn das hier beschriebene Problemmodell verwendet wird.

9.3 Aufgaben

Aufgabe 9.1 (TURTLE++: Ein Layout-Problem)   Geben Sie ein Constraint-imperatives Programm zur Lösung des Layout-Problems aus Abschnitt 9.1.3 (analog zu Listing 9.12) in TURTLE++ an!

Aufgabe 9.2 (TURTLE: Mouse-Button)   Geben Sie eine Implementierung des Nutzer-Interface-Beispiels in Listing 9.2 aus Abschnitt 9.1.1 in TURTLE an!

Aufgabe 9.3 (`firstcs`: Dichotomische Maximierung)   Implementieren Sie analog zur Methode nextMinimalSolution() (vgl. Listing 9.25) eine „generische" dichotomisches Maximierungsmethode nextMaximalSolution() (vgl. Abschnitt 14.3), die bei Eingabe einer Zielfunktionsvariablen objective, deren Wert unter Berücksichtigung eines gegebenen CSP dichotomisch maximiert und bestehende Implementierungen von nextSolution () und anderen Methoden in `firstcs` nutzt.

Teil IV

Modellierung von Constraint-Problemen

Die Constraint-Programmierung wird zur Lösung von *Randwertproblemen* eingesetzt. Unter Randwertproblemen verstehen wir Probleme mit zu bestimmenden Problemgrößen über gegebenen Wertebereichen, die vielfältigen Bedingungen unterliegen. Um nun Randwertprobleme mit Hilfe der Constraint-Programmierung zu lösen, sind die Problemgrößen durch Variablen zu repräsentieren und die einzuhaltenden Bedingungen sind mit Hilfe von Constraints zu modellieren. Eine gute Modellierung eines Problems mittels Constraints liegt offensichtlich dann vor, wenn sich damit das modellierte Problem effizient lösen läßt. Voraussetzung für ein effizientes Lösen ist eine möglichst starke Einschränkung der Wertebereiche der Problemgrößen. Diese kann durch

- die Verwendung globaler Constraints (s. Kapitel 10),
- das Erkennen und Aufbrechen von Symmetrien und
- den Einsatz redundanter Constraints (s. Kapitel 11)

erreicht werden. Die dazu erforderlichen Techniken und Vorgehensweisen werden anhand von Beispielen und Constraints über endlichen Wertebereichen genauer erläutert.

In Kapitel 12 werden globale, redundante und Symmetrien aufbrechende Constraints zur Modellierung zweier Probleme praktisch eingesetzt. Zum einen wird ein CSP zur Bestimmung kürzester Golomb-Lineale erarbeitet, zum anderen wird für die Planung von Managerseminaren ein CSP abgeleitet, dessen Lösung die Teams der Kurse zusammenstellt.

Realisierung und Verwendung globaler Constraints

Wie wir bereits im Beispiel 4.5 erfahren haben, hilft die Herstellung der lokalen Konsistenz oder der Grenzenkonsistenz nur bedingt bei der Lösung von CSP. Lediglich die durch die Constraints manifestierten Zusammenhänge zwischen den Variablen schränken ihre Domänen und damit den Suchraum ein. Bei dem genannten Beispiel kann jedoch die gemeinsame Betrachtung aller Ungleichungen des CSP

$$(x \neq y) \wedge (y \neq z) \wedge (z \neq x) \wedge (x \in \{0,1\}) \wedge (y \in \{0,1\}) \wedge (z \in \{0,1\})$$

helfen, die Unlösbarkeit des Problems zu erkennen: Ist wie hier gefordert, dass n Variablen paarweise verschiedene Werte haben, muss offensichtlich die Vereinigung der Variablendomänen mindestens n verschiedene Werte enthalten – eine notwendige Voraussetzung, die bei diesem CSP nicht gegeben ist, da den drei Variablen nur zwei Werte zur Verfügung stehen.

Eine „globale" Sichtweise, bei der Constraints zu einem komplexeren Constraint durch logische Verknüpfung zusammengefasst werden, kann helfen, weitreichende Zusammenhänge zu erkennen. Diese können dann zur weiteren Einschränkung der Domänen genutzt werden.

Definition 10.1 (Globales Constraint)

Ein *globales Constraint* g in einem Constraint-System $\zeta = (\Sigma, \mathcal{D}, \mathcal{T}, X, \mathcal{CS})$ ist eine logische Verknüpfung von Constraints aus $\mathcal{CS}$.

Ist die Menge $\mathcal{CS}$ der Constraints des Constraint-Systems ζ gegen Negation abgeschlossen (vgl. Abschnitt 3.3.2), kann das Constraint g als Disjunktion von Konjunktionen[37] dargestellt werden, d. h. es gilt: $g \in \nabla \!\! \Delta \mathcal{CS}$.

Im Folgenden widmen wir uns zwei globalen Constraints des Constraint-Systems $\zeta_{\mathcal{FD}}$: der paarweisen Verschiedenheit und der überlappungsfreien Platzierung von Arbeitsgängen auf einer Ressource.

---

[37]Alternativ kann es auch als Konjunktion von Disjunktionen repräsentiert werden.

10.1 Paarweise Verschiedenheit

Die *paarweise Verschiedenheit* von Variablen spielt bei der Modellierung praktischer kombinatorischer Probleme mit Hilfe von Constraints eine große Rolle, sei es beim Management des Flugverkehrs [10], bei der Personaleinsatzplanung [146] oder bei der Belegung von Maschinen.

Beispiel 10.1 Auf fünf Maschinen mit den Nummern $1, 2, 3, 4, 5$ sind die Werkstücke a, b, c, d, e zur gleichen Zeit zu bearbeiten, wobei keine zwei oder mehr Werkstücke gleichzeitig auf einer Maschine bearbeitbar sind. Nicht alle Werkstücke können auf allen Maschinen bearbeitet werden:

- Werkstück a nur auf den Maschinen mit den Nummern $2, 3, 4, 5$,
- Werkstück b nur auf den Maschinen mit den Nummern $2, 4$,
- Werkstück c nur auf den Maschinen mit den Nummern $2, 4$,
- Werkstück d nur auf den Maschinen mit den Nummern $2, 4, 5$,
- Werkstück e nur auf den Maschinen mit den Nummern $1, 3$.

Das Problem ist nun, allen Werkstücken unterschiedliche Maschinen zuzuordnen, was unter der Voraussetzung, dass das Constraint

$$\mathsf{alldifferent}(x_1, \ldots, x_n)$$

die paarweise Verschiedenheit der Werte der Variablen $x_1, \ldots, x_n$ fordert, unmittelbar als CSP formuliert werden kann:

$$\mathsf{alldifferent}(a, b, c, d, e) \wedge (a \in \{2, 3, 4, 5\}) \wedge (b \in \{2, 4\})$$
$$\wedge\, (c \in \{2, 4\}) \wedge (d \in \{2, 4, 5\}) \wedge (e \in \{1, 3\}).$$

$\Diamond$

Die formale Semantik des $\mathsf{alldifferent}$-Constraints wird durch die folgende Definition festgelegt.

Definition 10.2 (Paarweise Verschiedenheit)

In dem Constraint-System $\zeta_{\mathcal{FD}}$ wird die **paarweise Verschiedenheit** von n Variablen $x_1, \ldots, x_n$ durch das globale Constraint $\mathsf{alldifferent}(x_1, \ldots, x_n)$ repräsentiert, das äquivalent zu einer Konjunktion von $\frac{n \cdot (n-1)}{2}$ Ungleichungen ist:

$$\mathcal{D}_{\mathcal{FD}} \models \forall(\mathsf{alldifferent}(x_1, \ldots, x_n) \longleftrightarrow \bigwedge_{1 \leq i < j \leq n} (x_i \neq x_j)).$$

Die lokale Konsistenz der binären Ungleichungen, genauer deren Kantenkonsistenz, ist jedoch im Allgemeinen schwächer als die lokale Konsistenz des $\mathsf{alldifferent}$-Constraints. Sie ist bei der binären Ungleichheit bereits dann gegeben, wenn die beiden Domänen zweier Variablen x_i und x_j mehr als einen Wert enthalten, denn zu jedem Wert u in der Domäne von x_i gibt es mindestens einen anderen Wert v in der Domäne von x_j und umgekehrt. Ist eine der beiden Domänen einelementig, wird durch das Löschen des enthaltenen Werts in der anderen Domäne lokale Konsistenz hergestellt. Wird dadurch die reduzierte Domäne leer, liegt eine (lokale) Inkonsistenz vor.

Das in Beispiel 10.1 modellierte Maschinenbelegungsproblem ist daher nach einer Ersetzung des alldifferent-Constraints durch binäre Ungleichungen per se kantenkonsistent und damit lokal konsistent. Das ursprüngliche Problem ist jedoch nicht lokal konsistent: Weder für den Wert 2 noch für den Wert 4 der Variablen d gibt es Werte für die restlichen Variablen, so dass das alldifferent-Constraint erfüllt ist. Mit diesen Werten müssen bereits die Variablen b und c belegt werden. Trotzdem reicht es für viele Aufgabenstellungen aus, insbesondere während der Suche nach Lösungen, nur die Kantenkonsistenz der Ungleichungen herzustellen. Als ein Vertreter wird in [74] z. B. das n-Damen-Problem (vgl. Abschnitt 10.4, Aufgabe 10.2) genannt.

Bei Betrachtung des alldifferent-Constraints als Konjunktion binärer Ungleichungen ist der zeitliche Aufwand zur Herstellung der Kantenkonsistenz im schlimmsten Fall quadratisch in der Zahl der Variablen (vgl. [67]), wie das folgende Beispiel zeigt.

Beispiel 10.2 Für eine beliebige natürliche Zahl $n > 1$ betrachten wir das CSP

$$\bigwedge_{1 \le i < j \le n} (x_i \ne x_j) \wedge \bigwedge_{1 \le i \le n} (x_i \in \{1, \ldots, i\}).$$

Um dieses CSP in ein äquivalentes, kantenkonsistentes zu überführen, wird zuerst der Wert 1 aus den Domänen von $x_2, \ldots, x_n$ gelöscht. Dadurch wird die Domäne der Variablen x_2 einelementig. Ihr Wert 2 wird nun wiederum aus den Domänen von $x_3, \ldots, \ldots, x_n$ gelöscht. So wird nun in Folge jede Domäne der Variablen x_i einelementig, da ihr Wert i aus den Domänen von $x_{i+1}, \ldots, x_n$ für $1 \le i \le n$ gelöscht wird, so dass insgesamt $\sum_{i=1}^{n-1} i = \frac{n \cdot (n-1)}{2}$ Werte gelöscht werden. $\Diamond$

10.1.1 Graph-Matching zur Herstellung der lokalen Konsistenz

Eine genauere Betrachtung des Problems, bei dem n Variablen $\{x_1, \ldots, x_n\}$ über ihren endlichen Domänen $D_1, \ldots, D_n$ paarweise verschiedene Werte haben müssen, zeigt dessen Analogie zum *maximalen Matching eines bipartiten Graphen*. Die Knotenmenge V des zu betrachtenden bipartiten Graphen (V, E) besteht aus zwei disjunkten Teilmengen: einerseits aus der Menge der n Variablen $V_1 = \{x_1, \ldots, x_n\}$ und andererseits aus der Vereinigungsmenge ihrer Domänen $V_2 = \bigcup_{i=1}^{n} D_i$. Somit ist $V = V_1 \cup V_2$ mit $V_1 \cap V_2 = \emptyset$. Des weiteren sei ein beliebiges Paar $(x, a) \in V_1 \times V_2$ genau dann eine Kante in E, wenn a ein Wert in der Domäne der Variablen x ist. Da nun jede größte Teilmenge von Kanten $M \subseteq E$ ein *maximales Matching* ist, wenn jeder Knoten in höchstens einer Kante in M vorkommt, definiert eine solche Kantenmenge eine Lösung des ursprünglichen Problems, sofern jede Variable auch mindestens in einer

Kante in M vorkommt. Die Kanten in M repräsentieren dann eine Belegung der Variablen mit unterschiedlichen Werten.

Beispiel 10.3   Abbildung 10.1(a) zeigt den bipartiten Graphen, der das CSP

alldifferent(u, v, w, x, y, z)

$\wedge \ (u \in \{0, 3, 7\}) \wedge (v \in \{3, 5, 7\}) \wedge (w \in \{0, 2, 6\})$

$\wedge \ (x \in \{0, 7\}) \wedge (y \in \{1, 3, 6\}) \wedge (z \in \{0, 3\})$

repräsentiert sowie eine seiner Lösungen

$$(u = 0) \wedge (v = 5) \wedge (w = 6) \wedge (x = 7) \wedge (y = 1) \wedge (z = 3),$$

die sich direkt aus dem maximalen Matching in Abbildung 10.1(b) ergibt.   ◊

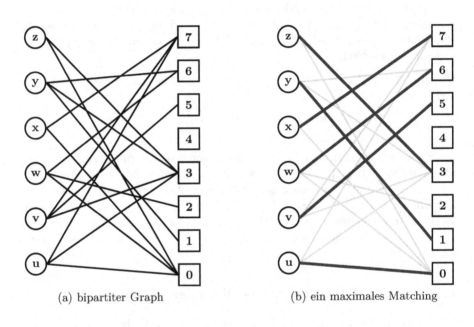

(a) bipartiter Graph   (b) ein maximales Matching

Abb. 10.1. Repräsentation und Lösung eines Problems, bei dem die Variablenwerte paarweise verschieden sein müssen, durch einen bipartiten Graphen

Bei Lösbarkeit entspricht eine Kante, die in jedem maximalen Matching enthalten ist, einer Variablenbelegung, die Bestandteil jeder Lösung des CSP ist. In Analogie repräsentieren Kanten, die in keinem maximalen Matching enthalten sind, inkonsistente Variablenbelegungen. Ist (x, a) eine solche Kante, kann folglich der Wert a aus der Domäne der Variablen x gelöscht werden, ohne dass sich dadurch die Lösungsmenge des CSP ändert.

Unter Verwendung graphentheoretischer Erkenntnisse, insbesondere aus der *Matching-Theorie*, kann ein maximales Matching mit einem zeitlichen

Aufwand von $\mathcal{O}(m \cdot \sqrt{n})$ berechnet werden. Dabei ist n die Anzahl der Variablen, die verschiedene Werte haben müssen, und m ist die Zahl aller Kanten, d. h. die Summe der Kardinalitäten der Domänen dieser Variablen (vgl. [124]). Gibt es in diesem maximalen Matching für jede Variable eine Kante ist das entsprechende alldifferent-Constraint erfüllbar. In diesem Fall lassen sich alle Kanten, die in keinem maximalen Matching enthalten sind, mit einem zeitlichen Aufwand von $\mathcal{O}(m)$ bestimmen (vgl. [124]). Diese Analogie zum maximalen Matching bipartiter Graphen kann daher sowohl zur Konsistenzprüfung als auch zur Konsistenzherstellung eines globalen alldifferent-Constraints eingesetzt werden. Das darauf basierende Verfahren (vgl. [124]) stellt die lokale Konsistenz globaler alldifferent-Constraints her, die im Allgemeinen stärker als die lokale Konsistenz der Konjunktion der entsprechenden Ungleichungen ist.

10.1.2 Hall-Intervalle zur Herstellung der Grenzenkonsistenz

Ein anderer algorithmischer Ansatz zur Herstellung der Grenzenkonsistenz von alldifferent-Constraints beruht auf dem *Hallschen Heiratstheorem* (engl. *Hall's Marriage Theorem*) [62]; dieses besagt:

> *Falls eine Gruppe von Männern und Frauen nur dann heiraten, wenn sie zuvor einander vorgestellt wurden, dann können genau alle heiraten, wenn jede Gruppe von Männern mindestens gleich vielen Frauen vorgestellt wurden und umgekehrt.*

Bezogen auf das alldifferent-Constraint gilt somit nach dem *Hallschen Heiratstheorem* das folgende, entsprechend angepasste *Hall-Theorem*.

Theorem 10.1 (Hall). *Gegeben sei ein CSP*

$$\mathsf{alldifferent}(x_1, \ldots, x_n) \wedge \bigwedge_{i=1,\ldots,n} (x_i \in D_i).$$

Dieses CSP ist genau dann lösbar, wenn für jede nichtleere Variablenmenge $H \subseteq \{x_1, \ldots, x_n\}$ die Ungleichung

$$|H| \leq \left| \bigcup_{x_i \in H} D_i \right|$$

gilt.

Da die Betrachtung aller $2^n - 1$ nichtleeren Variablenmengen zu aufwändig ist, beruht das daraus resultierende Konsistenzverfahren auf *Hall-Intervallen*. *Hall-Intervalle* zeichnen sich dadurch aus, dass die Zahl der enthaltenen Werte gleich der Zahl der Variablen ist, deren Domänen von diesem Intervall überdeckt werden. Da bei paarweiser Ungleichheit die Werte in den Hall-Intervallen die Variablen mit überdeckten Domänen belegen müssen, können sie aus den Domänen der Variablen mit nicht überdeckten Domänen gelöscht werden.

Definition 10.3 (Hall-Intervall)

In Bezug auf die Variablen $x_1, \ldots, x_n$ des CSP

$$\text{alldifferent}(x_1, \ldots, x_n) \wedge \bigwedge_{i=1,\ldots,n} (x_i \in D_i)$$

ist ein ganzzahliges Intervall $I = [a, b]$ ein **Hall-Intervall**, falls

$$|I| = |\{x_i \mid D_i \subseteq I \text{ und } 1 \leq i \leq n\}| \quad \text{bzw.}$$
$$b - a + 1 = |\{x_i \mid a \leq \min(D_i), \max(D_i) \leq b \text{ und } 1 \leq i \leq n\}| \quad \text{gilt.}$$

Ist nun ein Hall-Intervall $I = [a, b]$ und eine beliebige Variable x_j im CSP

$$\text{alldifferent}(x_1, \ldots, x_n) \wedge \bigwedge_{i=1,\ldots,n} (x_i \in D_i)$$

mit $a \leq \min(D_j) \leq b < \max(D_j)$ gegeben, dann kann die Domäne von D_j durch die Domäne

$$D'_j = D_j \cap [b + 1, \max(D_j)]$$

ersetzt werden. In Analogie und symmetrisch dazu kann auch die Domäne D_k einer Variablen x_k mit $\min(D_k) < a \leq \max(D_j) \leq b$ durch die Domäne

$$D'_k = D_k \cap [\min(D_k), a - 1]$$

ersetzt werden. Werden diese Einschränkungen solange fortgesetzt, bis sich keine Domäne mehr ändert, ist das resultierende CSP grenzenkonsistent und äquivalent zum ursprünglichen CSP (s. [100]).

Beispiel 10.4 Das CSP

$$\text{alldifferent}(u, v, w, x) \wedge (u \in [5, 6]) \wedge (v \in [6, 7]) \wedge (w \in [5, 7]) \wedge (x \in [3, 6])$$

ist äquivalent zu dem grenzenkonsistenten CSP

$$\text{alldifferent}(u, v, w, x) \wedge (u \in [5, 6]) \wedge (v \in [6, 7]) \wedge (w \in [5, 7]) \wedge (x \in [3, 4]),$$

da das Intervall $[5, 7]$ ein Hall-Intervall ist, das die Domänen der Variablen $\{u, v, w\}$ überdeckt. Die Variable x kann daher weder mit 5 noch mit 6 in einer Lösung des CSP belegt sein. $\Diamond$

Das Verfahren, das darauf basierend die Grenzenkonsistenz von alldifferent-Constraints herstellt, ist in [100] beschrieben. Es wird im weiteren Verlauf vorgestellt, wobei wir uns auf die Anpassung der minimalen Werte der Domänen beschränken, da die Anpassung der Maximalwerte aufgrund der Symmetrie des Problems analog erfolgt. Dieses Verfahren kann als eine vereinfachte und dadurch hinsichtlich Effizienz verbesserte Variante des in [123] beschriebenen Verfahrens angesehen werden. Es beruht auf der folgenden wichtigen Erkenntnis:

Die Untergrenzen der Domänen von maximal vielen Variablen sind anpassbar, wenn die unteren Grenzen der Hall-Intervalle minimal sind: Ist sowohl $[a, b]$ als auch $[a', b]$ ein Hall-Intervall, wobei $a < a'$ gelte, dann gilt für jede Variable x_j mit $a' \leq \min(D_j) \leq b < \max(D_j)$ erst recht auch $a \leq \min(D_j) \leq b < \max(D_j)$. In beiden Fällen kann die Domäne von D_j durch die Domäne

$$D'_j = D_j \cap [b + 1, \max(D_j)]$$

äquivalent angepasst werden. Die Anpassung ist dabei unabhängig von den unteren Grenzen der Hall-Intervalle. Deshalb reicht es aus, lediglich die **links-maximalen Hall-Intervalle**[38] mit minimaler Untergrenze zu finden, um damit die Untergrenze aller nichtdisjunkten Variablendomänen anzupassen.

Im weiteren Verlauf stellen wir daher zuerst die Techniken zum Auffinden maximaler Hall-Intervalle und zur Entdeckung von Inkonsistenzen vor. Danach zeigen wir, wie wir diese Techniken in ein Verfahren einbetten und die gefundenen Hall-Intervalle nutzen, um die Domänengrenzen anzupassen.

Finden maximaler Hall-Intervalle und von Inkonsistenzen

Um die Domänen der Variablen mit Hall-Intervallen einzuschränken, müssen wir sie zuerst bestimmen. Dazu betrachten wir die Kapazität von Ganzzahlintervallen. Diese ist die Differenz der Anzahl der Werte und der Anzahl von Variablen, die verschiedene Werte aus diesem Intervall annehmen müssen. Hall-Intervalle erkennen wir dann an ihrer Kapazität Null. Negative Kapazitäten signalisieren Inkonsistenzen.

Definition 10.4 (Intervallkapazität)

Gegeben sei ein CSP $\mathsf{alldifferent}(x_1, \ldots, x_n) \wedge \bigwedge_{i=1,\ldots,n}(x_i \in D_i)$, dessen Variablen nichtfallend bezüglich der größten Werte ihrer Domäne sortiert sind, d. h., für zwei beliebige Variablen x_i und x_j mit $1 \leq i < j \leq n$ gelte $\max(D_i) \leq \max(D_j)$.

Für zwei Ganzzahlen k und i mit $1 \leq i \leq n$ sei c_k^i die **Variablenzahl** bis Index i, deren kleinste Domänenwerte größer oder gleich k sind:

$$c_k^i = |\{j \mid j \leq i \text{ und } \min(D_j) \geq k\}|.$$

Basierend auf der Variablenzahl c_k^i wird die **Kapazität** v_k^i des **Ganzzahlintervalls** $[k, \max(D_i)]$ bei Betrachtung der Variablen bis zum Index i definiert:

$$v_k^i = \max(D_i) - k + 1 - c_k^i.$$

Gilt für zwei beliebige Ganzzahlen $k < k'$ die Bedingung $v_k^i \leq v_{k'}^i$, dann wird die Kapazität $v_{k'}^i$ **dominiert von** der Kapazität v_k^i.

Gilt $k \leq \max(D_i)$ für eine Variable x_i, dann ist das Intervall $[k, \max(D_i)]$ aufgrund dieser Definition ein Hall-Intervall bezüglich der Variablen $x_1, \ldots x_i$,

---

[38]Die Maximalität bezieht sich auf die Größe der Intervalle.

wenn $v_k^i = 0$ gilt. Weiterhin gilt

$$v_k^{i+1} = v_k^i + \max(D_{i+1}) - \max(D_i) - \delta \quad \text{mit} \tag{10.1}$$

$$\delta = \begin{cases} 1 \text{ falls } \min(D_{i+1}) \geq k, \\ 0 \text{ sonst,} \end{cases}$$

da sich die Variablenzahl von i nach $i + 1$ höchstens um den Wert 1 ändert.

Wird weiterhin für zwei beliebige Ganzzahlen $k < k'$ die Kapazität $v_{k'}^i$ von der Kapazität v_k^i dominiert, so gilt entweder $\min(D_{i+1}) < k < k'$, $k \leq \min(D_{i+1}) < k'$ oder $k < k' \leq \min(D_{i+1})$. In allen Fällen gilt nach Formel 10.1 $v_k^{i+1} \leq v_{k'}^{i+1}$ und folglich $v_k^j \leq v_{k'}^j$ für jeden Variablenindex $j \geq i$. Das bedeutet, dass $v_{k'}^j$ nur dann 0 sein kann, wenn v_k^j ebenfalls 0 oder kleiner ist. Sind ferner beide 0, so ist das Hall-Intervall mit Untergrenze k' nicht linksmaximal.

Da nach Definition für jede Variable x_l und jede Ganzzahl k' mit $\min(D_l) < k'$ die Kapazität $v_{k'}^i$ von der Kapazität $v_{\min(D_l)}^i$ dominiert wird, reicht es völlig aus, nur solche Intervalle zu betrachten, deren Untergrenzen die kleinsten Werte der Variablendomänen sind. Von Interesse sind somit nur *undominierte Kapazitäten*, deren Indizes die *kritischen Mengen* bilden.

Definition 10.5 (Kritischer Index)

Gegeben sei ein CSP wie in Definition 10.4. Für jedes $i \in \{1, \ldots, n\}$ sei

$$U^i = \{v_k^i \mid v_k^i \text{ wird von keinem } v_l^i \text{ mit } l < k \text{ dominiert}\}$$

die **Menge der undominierten Kapazitäten** und

$$C^i = \{k \mid v_k^i \in U^i\}$$

die **Menge kritischer Indizes**.

Die kritischen Mengen nehmen mit der schrittweisen Betrachtung der Variablen in der angenommenen Ordnung ab, da bisher undominierte Kapazitäten von anderen Kapazitäten dominiert werden. C^i bezeichnet dabei die kritische Menge nach der Betrachtung der Variablen x_i.

Eine letzte Beobachtung zeigt, dass die wichtige Frage, ob eine undominierte Kapazität einen nichtpositiven Wert hat, sehr einfach zu entscheiden und bei einem nichtpositiven Wert auch sehr einfach zu berechnen ist:

Lemma 10.2 (Nulltest[39]). *Gegeben sei ein CSP wie in Definition 10.4. Für eine Variable x_i mit $1 \leq i \leq n$ und zwei aufeinanderfolgende kritische Indizes $k, l \in C^i$ gelte $k \leq \min(D_i) < l$. Ferner sei $d_{k,l}^i = v_k^i - v_l^i$ die Differenz zwischen ihren Kapazitäten. Weiterhin seien für alle Ganzzahlen $m \in [\min(D_i) + 1, \max(D_i)]$ die Kapazitäten v_m^i nichtnegativ. Dann gilt:*

$$\max(D_i) + 1 - l + d_{k,l}^i > 0 \quad \textit{wenn} \quad v_k^i > 0,$$

$$\max(D_i) + 1 - l + d_{k,l}^i = v_k^i \quad \textit{wenn} \quad v_k^i \leq 0.$$

---

[39]Das hier vorgestellte Lemma ist eine Abschwächung des leider inkorrekten *Zero-Test*-Lemmas in [100].

Beweis. Da die Kapazität v_l^i nicht die Kapazität v_k^i dominiert, gilt $d_{k,l}^i > 0$. Per Definition gilt

$$v_l^i = \max(D_i) + 1 - l - c_l^i \quad \text{und} \quad v_k^i = v_l^i + d_{k,l}^i$$

Es sind nun zwei Fälle zu unterscheiden:

$c_l^i = 0$: Es gilt dann $v_k^i = \max(D_i) + 1 - l + d_{k,l}^i$ und die beiden zu zeigenden Aussagen folgen unmittelbar.

$c_l^i > 0$: Das bedeutet, die Indexmenge $\{j \mid j \leq i \text{ und } \min(D_j) \geq l\}$ ist nichtleer. Somit gibt es eine Variable x_j mit $l \leq \min(D_j) \leq \max(D_j)$ und $j \leq i$. Da wegen der Sortierung der Variablen $\max(D_j) \leq \max(D_i)$ gilt, folgt unmittelbar $l \leq \max(D_i)$ und damit $v_l^i \geq 0$ aufgrund der Voraussetzungen. Damit gilt $v_k^i = v_l^i + d_{k,l}^i \geq 1$ und $\max(D_i) + 1 - l + d_{k,l}^i \geq 1 + d_{k,l}^i \geq 2$. Also gilt $v_k^i > 0$ und $\max(D_i) + 1 - l + d_{k,l}^i > 0$. □

Wir rekapitulieren: Bei einer Aktualisierung der undominierten Kapazitäten v_k^{i-1} von $i - 1$ auf i erhöhen sich diese für $k > \min(D_i)$ um den Betrag $\max(D_i) - \max(D_{i-1}) \geq 0$ und für $k \leq \min(D_i)$ um den um Eins reduzierten Wert (vgl. Formel 10.1). Daher reduziert sich die Differenz zwischen den Kapazitäten höchstens zwischen zwei aufeinanderfolgenden Indizes k und l in der kritischen Menge, wenn nämlich $k \leq \min(D_i) < l$ gilt. Für diese gilt dann:

$$d_{k,l}^i = d_{k,l}^{i-1} - 1.$$

Bei diesem Wechsel von l nach k kann die Kapazität nur für den Index k von positiv nach nichtpositiv wechseln. Der *Nulltest* (vgl. Lemma 10.2) braucht daher höchstens für k durchgeführt werden, um gegebenenfalls ein Hall-Intervall oder eine Inkonsistenz zu entdecken. Da außerdem nur zwischen k und l die Differenz $d_{k,l}^i$ der beiden Kapazitäten Null werden kann, wird bei Auftreten dieses Falls genau die Kapazität v_l^i von v_k^i dominiert. Folglich ist dann l aus der Menge kritischer Indizes zu entfernen.

Fazit ist, dass nicht die Kapazitäten selbst, sondern lediglich deren Differenzen für das Auffinden von Hall-Intervallen oder Erkennen von Inkonsistenzen betrachtet werden müssen.

Anpassung von Domänengrenzen mit Hall-Intervallen

Die Fokussierung auf die Differenzen der Intervallkapazitäten zur Erkennung von Hall-Intervallen spiegelt sich in Algorithmus 10.3 wider. Das darin beschriebene Verfahren passt unmittelbar nach dem Finden eines Hall-Intervalls die Grenzen betroffener Domänen an.

Neben den Variablen $X = \{x_1, \ldots, x_n\}$, deren Domänen zu beschränken sind, besteht die Eingabe des Verfahrens u. a. aus einem Ganzzahl-Array bounds, das alle zu betrachtenden Indizes, nämlich die Werte der Menge $\{\min(D_i) \mid 1 \leq i \leq n\} \cup \{\max(D_i) + 1 \mid 1 \leq i \leq n\}$ mit Kardinalität nb aufsteigend sortiert enthält. Im Detail gilt: bounds$[1] < \cdots <$ bounds$[nb]$. Um eine Fallunterscheidung an den Array-Grenzen zu vermeiden, wird das Array um die Werte

$$\text{bounds}[0] := \min_{1 \leq i \leq n} (D_i) - 2 \quad \text{und} \quad \text{bounds}[nb + 1] := \max_{1 \leq i \leq n} (D_i) + 3$$

ergänzt. Um den Variablen die in bounds gespeicherten Intervallgrenzen zuordnen zu können, sind dem Algorithmus 10.3 zwei weitere Ganzzahl-Arrays minRef und maxRef zu übergeben, die für $i = 1, \ldots, n$ die Indizes der Variablendomänen-Grenzen enthalten:

$$\text{minRef}[i - 1] = p \; gdw. \; \text{bounds}[p] = \min(D_i),$$
$$\text{maxRef}[i - 1] = q \; gdw. \; \text{bounds}[q] = \max(D_i) + 1.$$

Die Indizes des Arrays bounds sind in einem anderen Ganzzahl-Array criticals so als Baumstruktur organisiert, dass durch *Dereferenzierung* der nächste kritische Index ab i bestimmt werden kann: Gilt $i >$ criticals$[i]$, ist i kritisch. Ansonsten ist der nächste kritische Index ab i gleich dem nächsten kritischen Index ab criticals$[i]$. Die dazu erforderliche Traversierung der Dereferenzierungsketten leistet Algorithmus 10.1.

Algorithmus 10.1 : Dereferenzieren in einem Index-Baum

Gegeben : Ein Index-Array a und ein Index i.
Resultat : Ein dereferenzierter Index aus a.

```
1  pathMax(a, i) ≡
2  while i < a[i] do
3  └  i := a[i];
4  return i;
```

Zur Kompression der Dereferenzierungsketten (aus Effizienzgründen) und zur Aktualisierung des Werts am Ende einer Dereferenzierungskette wird Algorithmus 10.2 eingesetzt.

Algorithmus 10.2 : Aktualisieren von Referenzen in einem Index-Baum

---

Gegeben : Ein Index-Array a, ein Startindex i, ein Endeindex e und ein Indexwert w.

```
1  pathSet(a, i, e, w) ≡
2  if i = e then return;
3  while a[i] ≠ e do
4  │  j := a[i];
5  │  a[i] := w;
6  └  i := j;
7  a[i] := w;
```

Das Finden von Hall-Intervallen oder die Entdeckung von Inkonsistenzen macht nur einen Teil des Verfahrens aus. Der andere Teil besteht darin, die Domänengrenzen entsprechend anzupassen. Dazu werden die Indizes des Arrays bounds in einem weiteren Ganzzahl-Array halls ebenfalls als Baumstruktur organisiert, so dass bei Überlappung einer Variablendomäne mit einem erkannten Hall-Intervall durch Dereferenzierung der neue Wert der Domänenuntergrenze bestimmt werden kann. Das Finden dieses „Grenzwerts" erfolgt mit Algorithmus 10.1, Aktualisierung und Kompression der Dereferenzierungsketten mit Algorithmus 10.2.

Beide durch criticals und halls repräsentierten Baumstrukturen in Algorithmus 10.3 werden von den Blättern zu den Wurzeln durch Dereferenzierung traversiert, wobei in beiden Fällen ein Index r eine Wurzel repräsentiert, wenn $r >$ criticals$[r]$ bzw. $r >$ halls$[r]$ gilt, wie im folgenden Beispiel auch graphisch ersichtlich ist.

Beispiel 10.5 (Baum kritischer Indizes)   Für das CSP

$$\text{alldifferent}(x_1, x_2, x_3, x_4, x_5)$$
$$\wedge\ (x_1 \in [2,3]) \wedge (x_2 \in [2,4]) \wedge (x_3 \in [3,4]) \wedge (x_4 \in [2,5]) \wedge (x_5 \in [3,5])$$

hat der Baum $\mathcal{C}$ der kritischen Indizes in Algorithmus 10.3 initial die Struktur

$$\mathcal{C}:\ \boxed{0} \xleftarrow{2} (2) \xleftarrow{1} (3) \xleftarrow{1} (4) \xleftarrow{1} (5) \xleftarrow{1} (6) \xleftarrow{2} (8)$$

Die Knoten des Baums $\mathcal{C}$ sind die Werte des Arrays bounds, die gerichteten Kanten repräsentieren die Einträge im Array criticals und die Kantenmarkierungen sind die Werte des Arrays diffs.

In Analogie hat der Baum $\mathcal{H}$ der Hall-Intervalle anfangs die Struktur

$$\mathcal{H}:\ \boxed{0} \longleftarrow (2) \longleftarrow (3) \longleftarrow (4) \longleftarrow (5) \longleftarrow (6) \longleftarrow (8)$$

Die Knoten des Baums $\mathcal{H}$ sind wiederum die Werte des Arrays bounds, die gerichteten Kanten repräsentieren jedoch die Einträge im Array halls.

Die Berücksichtigung der Variablen x_1 mit $x_1 \in [2,3]$ in Algorithmus 10.3 reduziert die Differenz zwischen den Indizes 2 und 3 auf Null, folglich ist 3 aus der Liste der kritischen Indizes zu entfernen. Der Baum $\mathcal{C}$ hat nun die Struktur

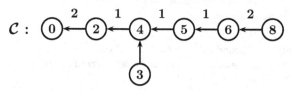

Des weiteren ist für den kritischen Index 2 der Nulltest durchzuführen. Da dabei $\max(D_1) + 1 - 4 + 1 > 0$ gilt, liegt weder ein Hall-Intervall noch eine Inkonsistenz vor. Der Baum $\mathcal{H}$ wird daher nicht verändert.

Algorithmus 10.3 : Anpassen von Domänenuntergrenzen mit linksmaximalen Hall-Intervallen

---

Gegeben : Die Variablen $X = \{x_1, \ldots, x_n\}$ des in Definition 10.4 definierten
　　　　　　CSP über den Domänen $D_1, \ldots, D_n$, ein Array bounds aufsteigend
　　　　　　sortierter Indizes, zwei Arrays minRef und maxRef mit den Indizes
　　　　　　der Domänengrenzen der Variablen.

Resultat : *true*, wenn keine Inkonsistenz entdeckt wurde und alle
　　　　　　Domänenuntergrenzen angepasst wurden; ansonsten *false*.

```
 1  leftmaxHallUpdate(X, bounds, minRef, maxRef) ≡
 2  neb := bounds.length − 1;
    // es gilt: neb = nb + 1;
    // Baumstrukturen und Differenzen initialisieren:
 3  for i = 1, …, neb do
 4      criticals[i] := i − 1;
 5      halls[i] := i − 1;
 6      diffs[i] := bounds[i] − bounds[i − 1];

    // Variablenindizes schrittweise betrachten:
 7  for i = 0, …, n − 1 do
 8      x := minRef[i];
 9      y := maxRef[i];
10      z := pathMax(criticals, i + 1);
11      j := criticals[z];
12      diffs[z] := diffs[z] − 1;
13      if diffs[z] = 0 then
            // unkritischen Index entfernen:
14          criticals[z] := z + 1;
15          z := pathMax(criticals, criticals[z]);

        // Referenzierungpfade komprimieren:
16      pathSet(criticals, i + 1, z, z);
17      if bounds[y] − bounds[z] + diffs[z] < 0 then
            // Inkonsistenz aufgrund negativer Intervallkapazität
18          return false;

19      else
20          if hall[x] > x then
                // min(D_{i+1}) liegt in einem Hall-Intervall
                // Index des Aktualisierungwerts bestimmen:
21              w := pathMax(hall, hall[x]);
22              D_{i+1} := D_{i+1} ∩ [bounds[w], max(D_{i+1})];
                // Pfadkompression:
23              pathSet(hall, x, w, w);

24          if bounds[y] − bounds[z] + diffs[z] = 0 then
                // neu entdecktes Hall-Intervall etablieren:
25              pathSet(hall, hall[y], j − 1, y);
26              hall[y] := j − 1;

27  return true;
```

Die Berücksichtigung der Variablen x_2 mit $x_2 \in [2,4]$ reduziert die Differenz zwischen den Indizes 2 und 4 nun auch auf Null. Damit ist der Index 4 „unkritisch" und zu entfernen. Der resultierende Baum $\mathcal{C}$ hat dann die Struktur

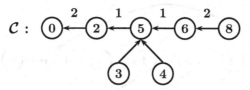

Erneut ist für den Index 2 der Nulltest durchzuführen. Da $\max(D_2) + 1 - 5 + 1 > 0$ gilt, liegt weder ein Hall-Intervall noch eine Inkonsistenz vor. Der Baum $\mathcal{H}$ bleibt weiterhin unverändert.

Die Betrachtung der Variablen x_3 mit $x_3 \in [3,4]$ reduziert die Differenz zwischen 5 und 6 ebenfalls auf Null, so dass auch 6 aus der Liste der kritischen Indizes zu entfernen ist. Der Baum $\mathcal{C}$ hat danach die Struktur

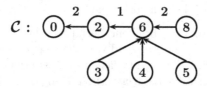

Nun ist für den Index 3 der Nulltest durchzuführen. Da $\max(D_3) + 1 - 6 + 1 = 0$ ist, liegt ein Hall-Intervall vor, nämlich $[2,4]$. Der Baum $\mathcal{H}$ hat nun die Struktur

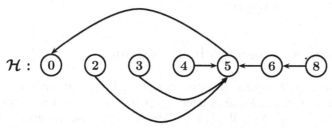

Bei der Verarbeitung der Variablen x_4 mit $x_4 \in [2,5]$ fällt zunächst auf, dass die Untergrenze der Variablendomäne in dem gerade entdeckten Hall-Intervall enthalten ist. Deshalb wird mit Hilfe des Baums $\mathcal{H}$ diese aktualisiert. Da die neue Untergrenze 5 ist, gilt $x_4 \in [5,5]$. Die Berücksichtigung dieser aktuellen Information reduziert die Differenz zwischen den Kapazitäten v_6^4 und v_5^4 auf Null. Damit ist der Index 6 aus der Liste der kritischen Indizes zu entfernen. Der Baum $\mathcal{C}$ hat dann die Struktur

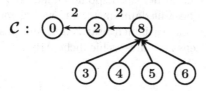

Der Nulltest für den Index 5 ergibt, dass ein Hall-Intervall besteht, da $\max(D_4) + 1 - 8 + 2 = 0$ gilt. Das Intervall $[2, 5]$ ist ein Hall-Intervall. Der Baum $\mathcal{H}$ hat schließlich die Struktur

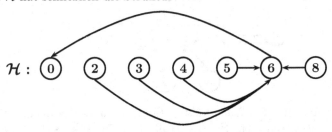

Die nun abschließende Betrachtung der Variablen x_5 mit $x_5 \in [3, 5]$ zeigt, dass deren Untergrenze im gerade entdeckten Hall-Intervall $[2, 5]$ liegt. Diese wird deshalb mit Hilfe des aktuellen Baums $\mathcal{H}$ angepasst. Da die neue Untergrenze 6 größer als die Obergrenze 5 der Domäne von x_5 ist, folgt unmittelbar $x_5 \in \emptyset$. Das bearbeitete CSP ist inkonsistent. $\Diamond$

Das in Algorithmus 10.3 beschriebene Verfahren, das im schlimmsten Fall einen asymptotischen zeitlichen Aufwand von $\mathcal{O}(n \cdot \log n)$ bei n Variablen hat, erweist sich im praktischen Einsatz als das effizienteste (vgl. [74]). In einigen Spezialfällen reduziert sich das Laufzeitverhalten sogar. Es ist dann linear in der Zahl der Variablen des **alldifferent**-Constraints. Das in [107] beschriebene Grenzenkonsistenz-Verfahren hat gleiche zeitliche Komplexität. Es basiert jedoch auf der Matching-Theorie in bipartiten Graphen und ist im praktischen Gebrauch nicht ganz so effizient.

10.2 Exklusive Belegung einer Ressource

Terminplanung und Ressourcendisposition sind wichtige und erfolgreiche Einsatzfelder der Constraint-Programmierung (vgl. z.B. [82]). Erfolgsfaktoren sind dabei sicherlich die Modellierbarkeit der Nutzung verschiedenartiger Ressourcen als globale Constraints sowie die Entwicklung und Implementierung effizienter Verfahren zur Konsistenzherstellung.

Eines der immer wiederkehrenden Probleme ist die Planung von *Arbeitsabläufen* (engl. *jobs*) auf Maschinen, von Raumbelegungen, von Personaleinsätzen oder allgemein von Ressourcenbelegungen. Im Folgenden beschreiben wir daher die *exklusive Belegung von Ressourcen* mit *Arbeitsgängen* (engl. *tasks*) als globales Constraint und beschäftigen uns mit effizienten Verfahren zur Einschränkung der Startzeiten der zu disponierenden Arbeitsgänge. Das zu lösende Planungsproblem besteht dann darin, auf einer gemeinsam genutzten Ressource n Arbeitsgänge mit variablen Startzeiten und positiven Dauern so einzuplanen, dass sich jeweils zwei unterschiedliche Arbeitsgänge zeitlich nicht überlappen.

Definition 10.6 (Exklusives Ressourcenbelegungsproblem)

Ein *exklusives Ressourcenbelegungsproblem* ist durch eine Menge von Arbeitsgängen $T = \{1, \ldots, n\}$ $(n > 1)$ charakterisiert.

Jeder *Arbeitsgang* j hat eine variable ganzzahlige Startzeit $s_j \in S_j$ und eine positive ganzzahlige Dauer d_j. Das *Belegungsproblem* besteht nun darin, Belegungen der Startzeitvariablen zu bestimmen, so dass für jeweils zwei verschiedene Arbeitsgänge $1 \leq i < j \leq n$ entweder $s_i + d_i \leq s_j$ oder $s_j + d_j \leq s_i$ gilt.

Eine naheliegende, jedoch naive Modellierung dieses Belegungsproblems bestünde darin, alle $2^{\frac{n(n-1)}{2}}$ möglichen Kombinationen von Ungleichungen zusammen mit den Domänen der Startzeiten als CSP zu modellieren, was bereits zu einem exponentiellen Modellierungsaufwand führen würde. Diese kombinatorische Explosion der möglichen Modelle ist durch die Verwendung sog. *Schaltvariablen* vermeidbar. Bei einem Belegungsproblem sind das $\frac{n(n-1)}{2}$ Boolesche Variablen $b_{i,j} \in [0,1]$ für $1 \leq i < j \leq n$, die wir bei der Formulierung der ursprünglichen Disjunktion als Konjunktion

$$(s_i + d_i \leq s_j + b_{i,j} \cdot \mathsf{maxInt}) \wedge (s_j + d_j \leq s_i + (1 - b_{i,j}) \cdot \mathsf{maxInt})$$

einsetzen. Wesentlich ist, dass maxInt eine hinreichend große Ganzzahlkonstante ist, so dass je nach Wert von $b_{i,j}$ eine der beiden Ungleichungen trivialerweise erfüllt ist. Somit läßt sich ein exklusives Ressourcenbelegungsproblem, das durch eine Menge $T = \{1, \ldots, n\}$ charakterisiert ist, als CSP

$$\bigwedge_{1 \leq i < j \leq n} (s_i + d_i \leq s_j + b_{i,j} \cdot \mathsf{maxInt})$$

$$\wedge \bigwedge_{1 \leq i < j \leq n} (s_j + d_j \leq s_i + (1 - b_{i,j}) \cdot \mathsf{maxInt})$$

$$\wedge \bigwedge_{1 \leq i < j \leq n} (b_{i,j} \in [0,1]) \wedge \bigwedge_{1 \leq k \leq n} (s_k \in S_k)$$

formulieren und eventuell auch lösen. Wie wir sehen, ist der Modellierungsaufwand quadratisch in der Zahl der Arbeitsgänge und erfordert einen mindestens genauso großen Aufwand bei der Herstellung der lokalen oder Grenzenkonsistenz, wobei mit vergleichsweise geringen Einschränkungen der Domänen zu rechnen ist. Daher gehen wir besser dazu über, das Belegungsproblem mit einem globalen Constraint zu formulieren.

Definition 10.7 (Exklusives Ressourcen-Constraint)

In dem Constraint-System $\zeta_{\mathcal{FD}}$ wird das *exklusive Ressourcen-Constraint* von n Startzeitvariablen $s_1, \ldots, s_n$ und n konstanten Dauern $d_1, \ldots, d_n$ eines exklusiven Ressourcenbelegungsproblems (s. Definition 10.6) durch das globale Constraint $\mathsf{serialize}([s_1, \ldots, s_n], [d_1, \ldots, d_n])$ repräsentiert, das äquivalent zu einer Konjunktion von $\frac{n \cdot (n-1)}{2}$ Disjunktionen ist:

$$\mathcal{D}_{\mathcal{FD}} \models \forall(\text{serialize}([s_1, \ldots, s_n], [d_1, \ldots, d_n])$$
$$\longleftrightarrow \bigwedge_{1 \leq i < j \leq n} (s_i + d_i \leq s_j \vee s_j + d_j \leq s_i)).$$

Es sei bemerkt, dass die globalen serialize-Constraints in den verfügbaren Constraint-Programmiersystemen aufgrund der Disjunktionen oft auch disjunctive genannt werden.

Da in einem serialize-Constraint alle Arbeitsgänge bekannt sind, die zeitlich überlappungsfrei (und in einer noch festzulegenden Reihenfolge) zu bearbeiten sind, kann dieses „globale" Wissen wie beim alldifferent-Constraint zur Einschränkung der Startzeitdomänen eingesetzt werden.

10.2.1 Betrachtung von Task-Intervallen

Viele Verfahren zur Konsistenzprüfung und zur Domäneneinschränkung der Startzeiten der Arbeitsgänge bei der Belegung exklusiver Ressourcen beruhen auf der Betrachtung nichtleerer Teilmengen von Arbeitsgängen. Die Betrachtung aller Teilmengen von Arbeitsgängen ist wegen ihrer exponentiellen Zahl weder praktikabel noch erforderlich. Es reicht in der Regel aus, *Task-Intervalle*, deren Zahl quadratisch in der Zahl der Arbeitsgänge ist, zu betrachten [26].

Definition 10.8 (Task-Intervall)

Für jeweils zwei, ggf. gleiche Arbeitsgänge i und j aus einer Menge $T = \{1, \ldots, n\}$ mit variablen Startzeiten und festen Dauern wird die Menge

$$T_{i,j} = \{k \mid k \in T, \min(S_i) \leq \min(S_k) \text{ und } \max(S_k) + d_k \leq \max(S_j) + d_j\}$$

als das zu den beiden Arbeitsgängen gehörende **Task-Intervall** bezeichnet.[40] Die **Dauer des Task-Intervalls** $T_{i,j}$ ist die Summe der Dauern der enthaltenen Arbeitsgänge:

$$d_{i,j} = \sum_{k \in T_{i,j}} d_k.$$

Die **früheste Startzeit des Task-Intervalls** $T_{i,j}$ (engl. *earliest start time*) ist das Minimum der **frühesten Startzeiten** der darin enthaltenen Arbeitsgänge

$$\text{est}_{i,j} = \min_{k \in T_{i,j}} (\min(S_k)).$$

Analog dazu ist die **späteste Endezeit des Task-Intervalls** $T_{i,j}$ (engl. *latest completion time*) das Maximum der **spätesten Endezeiten** der darin enthaltenen Arbeitsgänge

$$\text{lct}_{i,j} = \max_{k \in T_{i,j}} (\max(S_k) + d_k).$$

---

[40]Die Arbeitsgänge i und j sind nicht notwendigerweise in $T_{i,j}$ enthalten.

Task-Intervalle zeichnen sich dadurch aus, dass sie aus einer gegebenen Menge alle Arbeitsgänge enthalten, deren möglichen Start- und Endezeiten in einem vorgegebenen Intervall von Ganzzahlen liegen. Diese Maximalität hinsichtlich der Mengeninklusion, aber auch hinsichtlich der Summe der Dauern ist der Grund, warum deren Betrachtung hinreichend ist bei der Erkennung,

- ob mehr Arbeitsgänge in einem Zeitintervall zu bearbeiten sind, als Kapazitäten vorhanden sind (engl. *overload checking*),
- ob ein Arbeitsgang vor oder nach allen Arbeitsgängen in einem Task-Intervall zu bearbeiten ist (engl. *edge finding*) und
- ob ein Arbeitsgang mindestens nach einem oder vor einem Arbeitsgang in einem Task-Intervall beginnt bzw. endet (engl. *not-first/not-last detection*).

10.2.2 Inkonsistenzen durch Überlasten

Eine notwendige Bedingung für die Existenz einer überlappungsfreien Belegung einer exklusiven Ressource mit Arbeitsgängen und damit für die Erfüllbarkeit eines serialize-Constraints ist die Abwesenheit einer *Überlast* (engl. *overload*). Eine Überlast besteht dann, wenn für einen Zeitraum auf einer Ressource mehr Arbeitsgänge abzuarbeiten sind, als Zeit zur Verfügung steht.

Definition 10.9 (Überlast)

Gilt für ein nichtleeres Task-Intervall $T_{i,j}$ die Ungleichung

$$\mathsf{lct}_{i,j} - \mathsf{est}_{i,j} < d_{i,j},$$

dann besteht eine **Überlast** im Task-Intervall $T_{i,j}$, da Arbeitsgänge in dem Zeitfenster $[\mathsf{est}_{i,j}, \mathsf{lct}_{i,j}]$ mit einer Gesamtdauer $d_{i,j}$ abzuarbeiten sind, die größer als der zur Verfügung stehende Zeitraum ist.

Anders formuliert heißt das, dass das serialize-Constraint offensichtlich dann inkonsistent ist, wenn es in einer Menge $T = \{1, \dots, n\}$ zwei Arbeitsgänge i und j gibt, für die $\max(S_j) + d_j - \min(S_i) < d_{i,j}$ gilt. Das Prüfen, ob eine solche Überlast besteht (engl. *overload checking*), ist sehr effizient durchführbar. Dazu betrachten wir für jeden zu disponierenden Arbeitsgang j die Menge von Arbeitsgängen, deren spätestes Ende nicht nach dem spätesten Ende von j liegt.

Definition 10.10 (Die Menge Θ_j von Arbeitsgängen)

Für jeden Arbeitsgang j aus einer Menge $T = \{1, \dots, n\}$ von Arbeitsgängen sei die **Menge Θ_j** definiert durch

$$\Theta_j = \{k \mid k \in T \text{ und } \max(S_k) + d_k \leq \max(S_j) + d_j\}.$$

Die **früheste Endezeit** (engl. *earliest completion time*) von Θ_j sei das Maximum der fühesten Endezeiten aller darin enthaltenden, nichtleeren Task-Intervalle $T_{i,j}$:

$$\mathsf{ECT}(\Theta_j) = \max_{\emptyset \neq T_{i,j} \subseteq \Theta_j} (\mathsf{est}_{i,j} + d_{i,j}).$$

Gilt für einen Arbeitsgang $j \in T$ die Ungleichung $\mathsf{ECT}(\Theta_j) > \max(S_j) + d_j$, dann gibt es ein nichtleeres Task-Intervall $T_{i,j} \subseteq \Theta_j$, so dass $\max(S_j) + d_j - \min(S_i) < d_{i,j}$ gilt und damit eine Überlast besteht.

Zur effizienten Berechnung von $\mathsf{ECT}(\Theta_j)$ gehen wir davon aus, dass die Arbeitsgänge bezüglich ihrer spätesten Endezeit nichtfallend sortiert sind, d. h.,

$$\max(S_i) + d_i \leq \max(S_j) + d_j \quad \text{gelte für } 1 \leq i < j \leq n.$$

Eine solche Ordnung kann mit Hilfe bekannter, effizienter Sortierverfahren (Quick-Sort, Merge-Sort, oder Ähnliches) mit einem mittleren zeitlichen Aufwand von $\mathcal{O}(n \log n)$ hergestellt werden.

Des Weiteren nehmen wir an, dass die Arbeitsgänge in Θ_j in Form eines ausgeglichenen Binärbaums so strukturiert sind, dass gilt:

$$\forall i.\forall k.((i \in \Theta_j \wedge k \in \mathsf{Left}_i) \longrightarrow \min(S_k) \leq \min(S_i)),$$

$$\forall i.\forall k.((i \in \Theta_j \wedge k \in \mathsf{Right}_i) \longrightarrow \min(S_k) \geq \min(S_i)),$$

$$\forall i.(i \in \Theta_j \longrightarrow \mathsf{Left}_i \cap \mathsf{Right}_i = \emptyset).$$

Dabei sei Left_i die ggf. leere Menge der Arbeitsgänge im linken Teilbaum direkt unterhalb des Knotens i und Right_i die Menge der Arbeitsgänge im rechten Teilbaum von i.

Jeder Knoten in dem ausgeglichenen Binärbaum wird mit dem entsprechenden Arbeitsgang identifiziert und trägt folgende Zusatzinformation:

- die *akkumulierte Dauer* P_i aller Arbeitsgänge in dem Teilbaum, dessen Wurzel i ist und
- die *späteste Endezeit* E_i aller nichtleeren Task-Intervalle, deren Arbeitsgänge aus dem Teilbaum mit der Wurzel i stammen.

Genaugenommen stehen P_i und E_i abkürzend für

$$P_i = P(\{i\} \cup \mathsf{Left}_i \cup \mathsf{Right}_i) \quad \text{und} \quad E_i = E(\{i\} \cup \mathsf{Left}_i \cup \mathsf{Right}_i).$$

Unter der Annahme, dass die Konventionen

$$\max(\emptyset) = -\infty, \quad P(\emptyset) = 0 \quad \text{und} \quad E(\emptyset) = -\infty$$

gelten, können die akkumulierten Dauern und spätesten Endezeiten innerhalb der Bäume, die den Mengen Θ_j entsprechen, wie folgt berechnet werden:

$$P_i = P(\mathsf{Left}_i) + d_i + P(\mathsf{Right}_i) \quad \text{und}$$
$$E_i = \max\{E(\mathsf{Left}_i) + d_i + P(\mathsf{Right}_i), \min(S_i) + d_i + P(\mathsf{Right}_i), E(\mathsf{Right}_i)\}.$$

Da die Bäume ausgeglichen sind, haben sie eine maximale Tiefe von $\log_2 n$. Die Berechnungen der Werte an den Wurzeln aller Teilbäume eines Baums aus den Werten des Wurzelknotens und der linken und rechten Teilbäume erfordern somit bei einer Erweiterung der Menge Θ_j zur Menge Θ_{j+1} ($1 \leq j < n$) einen zeitlichen Aufwand von $\mathcal{O}(\log n)$: Das Einfügen des $j + 1$-ten Arbeitsgangs bedarf höchstens einer Neuberechnung auf jeweils einer Ebene des neuen Baums. Für den Wurzelknoten w des ausgeglichenen Binärbaums, der dann Θ_{j+1} repräsentiert, gilt $E_w = \mathsf{ECT}(\Theta_{j+1})$.

Die Berechnung der Werte können wir am besten an einem konkreten ausgeglichenen Binärbaum nachvollziehen.

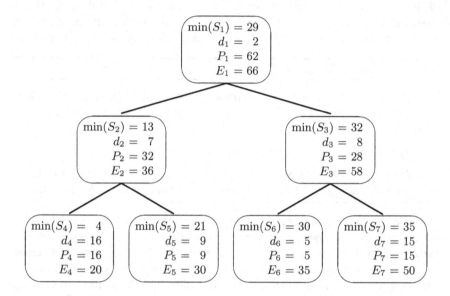

Abb. 10.2. Ausgeglichener Binärbaum von sieben Arbeitsgängen

Beispiel 10.6 (Überlastprüfung)   Es seien sieben Arbeitsgänge mit den folgenden frühesten Startzeiten und Dauern in vordefinierten Zeiteinheiten (z. B. volle Minuten) gegeben:

Arbeitsgang-Nr. i	1	2	3	4	5	6	7
frühester Start $\min(S_i)$	29	13	32	4	21	30	35
Dauer d_i	2	7	8	16	9	5	15

Aus den im Baum (s. Abbildung 10.2.2) berechneten Werten folgt, dass eine Überlast vorliegt, wenn die späteste Endezeit dieser Arbeitsgänge kleiner als $E_1 = 66$ Zeiteinheiten ist. Dieser Wert ist das Maximum von $E_2 + d_1 + P_3$,

$\min(S_1) + d_1 + P_3$ und E_3, d. h. von $36 + 2 + 28$, $29 + 2 + 28$ und 58. Analog dazu ist der Wert von E_2 gleich $E_4 + d_2 + P_5 = 20 + 7 + 9$. $\Diamond$

Der Gesamtaufwand für das Prüfen, ob eine Überlast und damit eine Inkonsistenz vorliegt, ist folglich mit einem Zeitaufwand von $\mathcal{O}(n \log n)$ realisierbar: $\mathcal{O}(n \log n)$ für das Sortieren der Arbeitsgänge und nochmals $\mathcal{O}(n \log n)$ erfordert die Konstruktion der ausgeglichenen Binärbäume mit der Berechnung der Werte für die Mengen $\Theta_1, \ldots, \Theta_n$.

10.2.3 Verbotene Zonen in den Startzeiten von Arbeitsgängen

Bei der Betrachtung jeweils zweier Arbeitsgänge können bei dem einen Arbeitsgang die Startzeiten ausgeschlossen werden, die weder eine Bearbeitung des anderen Arbeitsgangs vor noch nach diesem erlauben (s. Abbildung 10.3).

Definition 10.11 (Verbotene Zone)

Gegeben sei ein exklusives Ressourcenbelegungsproblem, das durch eine Menge von Arbeitsgängen $T = \{1, \ldots, n\}$ charakterisiert ist. Für jeweils zwei verschiedene Arbeitsgänge i und j mit $1 \leq i, j \leq n$ und $i \neq j$ sei

$$p_j(i) = \max(S_i) - d_j + 1 \quad \text{und} \quad q_j(i) = \min(S_i) + d_i - 1.$$

Gilt $p_j(i) \leq q_j(i)$, ist das Ganzzahlintervall $[p_j(i), q_j(i)]$ die **verbotene Zone** (engl. *forbidden region*) für den Arbeitsgang j bezüglich des Arbeitsgangs i.

Alle verbotenen Zonen $[p_j(i), q_j(i)]$ eines Arbeitsgangs j bezüglich der Arbeitsgänge $i \neq j$ können ohne Verlust von Lösungen aus der Domäne der Startzeit s_j entfernt werden: Eine Platzierung des Arbeitsgangs j mit einer Startzeit innerhalb einer verbotenen Zone hätte zur Folge, dass ein Arbeitsgang $i \neq j$ weder vor noch nach j platzierbar wäre (vgl. Abbildung 10.3), d. h., die Startzeiten in der verbotenen Zone sind sicher nicht Bestandteil einer Lösung des Ressourcenbelegungsproblems.

Es ist leicht einzusehen, dass der Aufwand zur Bestimmung der verbotenen Zonen quadratisch in der Zahl der Arbeitsgänge ist, da für jeden Arbeitsgang prinzipiell alle verbotene Zonen zu bestimmen sind, die sich durch die anderen Arbeitsgänge ergeben. Durch eine Vorsortierung der Arbeitsgänge nach frühester Startzeit ($\min(S_i)$ für die Arbeitgänge $i = 1, \ldots, n$) und spätester Endezeit ($\max(S_j) + d_j$ für die Arbeitsgänge $j = 1, \ldots, n$) lassen sich solche Arbeitsgänge ignorieren, die in keinem Fall eine verbotene Zone definieren. Für einen Arbeitsgang j sind dies sicher all jene Arbeitsgänge i, für die $\min(S_i) \geq \max(S_j) + d_j$ bzw. $\max(S_i) + d_i \leq \min(S_j)$ gilt.

10.2.4 Ordnung von Arbeitsgängen bei erkannten Flanken

Neben der Feststellung und Nutzung verbotener Zonen gibt es weitere Verfahren zur Einschränkung der Startzeitdomänen. Bei diesen werden nicht nur

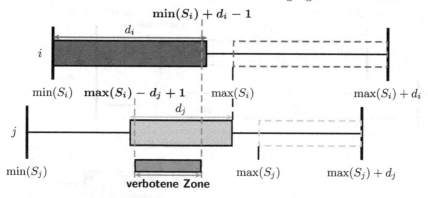

Abb. 10.3. Erkennen verbotener Zonen für die Startzeiten von Arbeitsgängen

jeweils zwei, sondern mehrere Arbeitsgänge gleichzeitig betrachtet. Eines davon ist das *Edge-Finding-Verfahren*, dessen Funktionsweise auf dem Erkennen von *Flanken* beruht.

Definition 10.12 (Flanke)

Gegeben sei eine Menge von Arbeitsgängen $T = \{1, \ldots, n\}$, die ein exklusives Ressourcenbelegungsproblem charakterisiert. Weiterhin sei ein Task-Intervall $T_{i,j} \subseteq T$ und ein Arbeitsgang $k \in T \setminus T_{i,j}$ gegeben. Gilt

$$\mathsf{lct}_{i,j} - \min(\mathsf{est}_{i,j}, \min(S_k)) < d_{i,j} + d_k,$$

dann ist der Arbeitsgang k eine **rechte Flanke** (engl. **edge**) des Task-Intervalls $T_{i,j}$. Gilt

$$\max(\mathsf{lct}_{i,j}, \max(S_k) + d_k) - \mathsf{est}_{i,j} < d_{i,j} + d_k,$$

so ist der Arbeitsgang k eine **linke Flanke** des Task-Intervalls $T_{i,j}$.

Ein Arbeitsgang k wird deshalb „rechte Flanke" eines Task-Intervalls $T_{i,j}$ genannt, da er erst nach allen Arbeitsgängen in $T_{i,j}$ bearbeitet werden kann: Seine Bearbeitung vor dem Ende des Task-Intervalls führt zu einer Überlast. Das bedeutet, dass k frühestens nach der spätesten aller *frühesten Endezeiten* der Task-Intervalle $T_{l,j} \subseteq T_{i,j}$ beginnen kann:

$$\min(S_k) \geq \max\{\min(S_l) + d_{l,j} \mid T_{l,j} \subseteq T_{i,j}\}.$$

Die Domäne der Startzeitvariablen s_k kann dann entsprechend eingeschränkt werden (s. Abbildung 10.4), ohne dass Lösungen des Belegungsproblems verloren gehen.

Gleiches gilt für den symmetrischen Fall, wenn ein Arbeitsgang k eine linke Flanke eines Task-Intervalls $T_{i,j}$ ist und vor allen Arbeitsgängen im Task-Intervall $T_{i,j}$ bearbeitet werden muss, da seine Bearbeitung nach dem

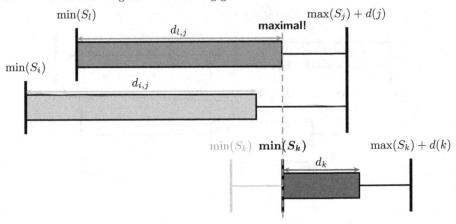

Abb. 10.4. Rechte Flanke – ein Arbeitsgang, der erst nach anderen Arbeitsgängen beginnen kann

Beginn des Task-Intervalls zu einer Überlast führen würde. Der Arbeitsgang k muss daher spätestens vor der frühesten aller *spätesten Startzeiten* der Task-Intervalle $T_{i,l} \subseteq T_{i,j}$ enden:

$$\max(S_k) + d_k \leq \min\{\max(S_l) + d_l - d_{i,l} \mid T_{i,l} \subseteq T_{i,j}\}.$$

Die Domäne von s_k ist entsprechend einschränkbar, ohne dass Lösungen des Belegungsproblems verloren gehen.

In Algorithmus 10.4 ist ein ***Edge-Finding-Verfahren*** zur Anpassung der unteren Grenzen der Startzeiten rechter Flanken angegeben. Eine Anpassung der Obergrenzen linker Flanken kann aufgrund der Symmetrie von linken und rechten Flanken in analoger Weise erfolgen. Dieses Verfahren nutzt eine Vorgehensweise aus der Geometrie, die „*Fegen*" (engl. „*sweeping*") genannt wird, da hierbei mittels einer Linie über eine Ebene „gefegt" wird.

Das in Algorithmus 10.4 beschriebene Verfahren „fegt" in chronologischer Abfolge über die gegebenen Ereignisse, d. h. die nichtfallend sortierten frühesten Start- und spätesten Endezeiten der Arbeitsgänge. Bei der Bearbeitung der Ereignisse wird eine sog. *Statuslinie L* aufgebaut, d. h. eine Folge von Arbeitsgängen, die initial leer ist. Des Weiteren sind die zu aktualisierenden unteren Grenzen der Startzeiten anfangs gleich den gegebenen: $m_1 = \min(S_1), \ldots, m_n = \min(S_n)$.

Das Verfahren berechnet während der Iteration rückwärts über die Arbeitsgänge $1, \ldots, k$ in der Statuslinie L ($i = k, \ldots, 1$) untere Grenzen σ_i der Dauern $d_{i,j}$ der aktuell nichtleeren Task-Intervalle $T_{i,j}$: Es gilt $\sigma_i \leq d_{i,j}$. Weiterhin gilt $\delta_i \leq \max\{\min(S_l) + d_{l,j} \mid l = k, \ldots, i \text{ und } T_{l,j} \neq \emptyset\}$ für δ_i aufgrund der sukzessiven Maximierung. Das „Fegen" über alle spätesten Endezeiten der Arbeitsgänge garantiert das Vorhandensein eines Arbeitsgangs j', so dass irgendwann $\max(S_{j'}) + d_{j'} = \max(S_j) + d_j$ und $d_{i,j} = d_{i,j'} = \sigma_i$ gilt. Falls

Algorithmus 10.4 : *Edge-Finding* – Einschränkung der unteren Grenzen der Startzeitdomänen rechter Flanken

Gegeben : Ein CSP $C = C' \wedge D$ mit

$$C' = \text{serialize}([s_1, \ldots, s_n], [d_1, \ldots, d_n])$$
$$D = (s_1 \in S_1) \wedge \ldots \wedge (s_n \in S_n),$$

wobei die Arbeitsgänge $T = \{1, \ldots, n\}$ so angeordnet sind, dass $\min(S_1) \leq \cdots \leq \min(S_n)$ gilt.

Eine Folge von Ereignissen $E_C = e_1, \ldots, e_{2n}$ bestehend aus den frühesten Start- und spätesten Endezeiten der Arbeitsgänge, für die $e_1 \leq \cdots \leq e_{2n}$ gilt, wobei gleichzeitige Ereignisse so angeordnet sind, dass die Start- vor den Endezeiten sind.

Resultat : Ein zu C äquivalentes CSP.

```
 1  pruneRightEdge(C, E_C) ≡
 2    L := λ;
 3    m_1 := min(S_1), ..., m_n := min(S_n);
      // iteriere über alle Ereignisse:
 4    for l = 1, ..., 2n do
 5       if e_l = min(S_j) then
            // das Ereignis ist eine früheste Startzeit
 6          L := L · j;
 7          σ_j := 0;
 8          δ_j := -∞;
 9       else if e_l = max(S_j) + d_j then
            // das Ereignis ist eine späteste Endezeit
10          Sei L = 1, ..., k;
            // ... aufgrund der Anordnung der Arbeitsgänge
11          δ_{k+1} := -∞;
12          for i = k, ..., 1 do
13             if min(S_j) ≥ min(S_i) then
14                σ_i := σ_i + d_j;
15                δ_i := max(δ_{i+1}, min(S_i) + σ_i);
16                if δ_i > max(S_j) + d_j then return false

17          for i = 1, ..., k do
18             if σ_i > 0 then
19                δ_{k+1} := max(δ_{k+1}, min(S_i) + σ_i);
20             if max(S_i) + d_i > max(S_j) + d_j then
21                if min(S_i) + σ_i + d_i > max(S_j) + d_j then
22                   m_i := max(m_i, δ_i);
23                if δ_{k+1} + d_i > max(S_j) + d_j then
24                   m_i := max(m_i, δ_1);

25          for p = 1, ..., n do
26             S_p = S_p ∩ [m_p, max(S_p)];
27          return serialize([s_1, ..., s_n], [d_1, ..., d_n]) ∧ (s_1 ∈ S_1) ∧ (s_n ∈ S_n);
```

nun $\delta_i > \max(S_j) + d_j$ gilt, dann ist die Ressource überlastet, denn es gilt $d_{i,j} \geq \delta_i - \min(S_i) > \max(S_j) + d_j - \min(S_i)$. Die weitere Bearbeitung wird mit einer entsprechenden Meldung abgebrochen.

Während der darauf folgenden Iteration vorwärts über die Arbeitsgänge $1, \ldots, k$ in der Statuslinie L ($i = 1, \ldots, k$) wird eine untere Grenze für die maximale früheste Endezeit aller nichtleeren Task-Intervalle $T_{l,j} \subseteq T_{i,j}$ abgeschätzt: $\delta_{k+1} \leq \max\{\min(S_l) + d_{l,j} \mid l = 1, \ldots, i \text{ und } T_{l,j} \neq \emptyset\}$. Diese Abschätzung wird später verwendet, um die erforderliche Bedingung für die Einschränkung der Startzeiten zu prüfen. Lediglich wenn bei der Iteration $\max(S_i) + d_i > \max(S_j) + d_j$ gilt, wird geprüft, ob die Voraussetzung für eine Einschränkung der Startzeiten des Arbeitsgangs i erfüllt ist. Gilt $\max(S_i) + d_i \leq \max(S_j) + d_j$ und nachfolgend die Voraussetzung für eine Einschränkung, ist die Ressource überlastet, was bereits an einer anderen Stelle zum Abbruch des Verfahrens geführt hat. Es sind daher nur die beiden folgenden Fälle zu unterscheiden:

1. Es gelte $\min(S_i) + \sigma_i + d_i > \max(S_j) + d_j$. Dann gilt auch $\max(S_j) + d_j - \min(\min(S_i), \min(S_l)) < \sigma_i + d_i \leq d_{i,j} + d_i$ für $l = i, \ldots, k$. Damit ist die Bedingung für die Einschränkung der Startzeiten von i erfüllt. Die anschließende Aktualisierung der Startzeitgrenze m_i ist korrekt, da $\delta_i \leq \max\{\min(S_l) + d_{l,j} \mid i \leq l \leq k \text{ und } \emptyset \neq T_{l,j} \subseteq T_{i,j}\}$ gilt.

2. Es gelte $\delta_{k+1} + d_i > \max(S_j) + d_j$. Dann gilt auch $\max(S_j) + d_j - \min(\min(S_l), \min(S_i)) \leq \max(S_j) + d_j - \min(S_l) < \delta_{k+1} - \min(S_l) + d_i \leq d_{l,j} + d_i$ für einen Arbeitsgang $l \in \{1, \ldots, i\}$, weil $\min(S_l) \leq \min(S_i)$ gilt. Außerdem gilt $\max(S_j) + d_j - \min(\min(S_1), \min(S_i)) \leq \max(S_j) + d_j - \min(S_l) < \delta_{k+1} - \min(S_l) + d_i \leq d_{l,j} + d_i$, weil $\min(S_1) \leq \min(S_l)$ aufgrund der Anordnung der Arbeitsgänge gilt. Damit ist die Bedingung für die Einschränkung der Startzeiten von i erfüllt. Die anschließende Aktualisierung der Startzeitgrenze m_i ist korrekt, da $\delta_1 \leq \max\{\min(S_l) + d_{l,j} \mid 1 \leq l \leq k \text{ und } \emptyset \neq T_{l,j} \subseteq T_{1,j}\}$ gilt.

In beiden Fällen garantiert das „Fegen" über alle spätesten Endezeiten der Arbeitsgänge das Vorhandensein eines Arbeitsgang j', so dass irgendwann $\max(S_{j'}) + d_{j'} = \max(S_j) + d_j$ und $\max\{\min(S_l) + d_{l,j} \mid i \leq l \leq k \text{ und } T_{l,j} \neq \emptyset\} = \max\{\min(S_l) + d_{l,j'} \mid i \leq l \leq k \text{ und } T_{l,j'} \neq \emptyset\} = \delta_i$ gilt. Die Startzeiten der Flanken werden letztendlich maximal eingeschränkt und für ein gegebenes CSP $C = \mathsf{serialize}([s_1, \ldots, s_n], [d_1, \ldots, d_n]) \wedge (s_1 \in S_1) \wedge \ldots \wedge (s_n \in S_n)$ gilt

$$\mathcal{D}_{\mathcal{FD}} \models \forall (C \longleftrightarrow \mathsf{pruneRightEdges}(C, E_C)).$$

Das Verfahren hat insgesamt einen quadratischen Aufwand in der Zahl der Arbeitsgänge, wobei der zeitliche Aufwand für das evtl. Sortieren der Arbeitsgänge und der Ereignisse $\mathcal{O}(n \log n)$ ist. Seine Vorgehensweise wird an einem konkreten Belegungsproblem praktisch erläutert.

Beispiel 10.7 (Einschränkung der Startzeiten rechter Flanken) Es seien 4 Arbeitsgänge gegeben, die überlappungsfrei eine exklusiv verfügbare

Ressource belegen sollen. Es ist zu prüfen, ob die Startzeiten dieser Arbeitsgänge mit dem *Edge-Finding*-Verfahren in Algorithmus 10.4 einschränkbar sind. Die Arbeitsgänge sind bereits hinsichtlich ihrer frühestmöglichen Startzeiten nichtfallend sortiert und haben folgende Werte

Arbeitsgang i	$\min(S_i)$	d_i	$\max(S_i) + d_i$
1	0	3	16
2	5	4	16
3	8	5	16
4	9	4	20

Die sich daraus ergebenden Ereignisse seien als Paare bestehend aus Zeitpunkt und Art des Ereignisses kodiert:

$$e_1 = 0 : \min(S_1), \quad e_2 = 5 : \min(S_2),$$
$$e_3 = 8 : \min(S_3), \quad e_4 = 9 : \min(S_4),$$
$$e_5 = 16 : \max(S_1) + d_1, \quad e_6 = 16 : \max(S_2) + d_2,$$
$$e_7 = 16 : \max(S_3) + d_3, \quad e_8 = 20 : \max(S_4) + d_4.$$

Die Statuslinie ist initial leer: $L = \lambda$.

Das „Fegen" über die ersten 4 Ereignisse initialisiert die Werte der Abschätzungen, die im weiteren Verlauf konkretisiert werden:

Arbeitsgang i	σ_i	δ_i
1	0	$-\infty$
2	0	$-\infty$
3	0	$-\infty$
4	0	$-\infty$

Die verbleibenden, noch zu betrachtenden Ereignisse sind

$$e_5 = 16 : \max(S_1) + d_1, \quad e_6 = 16 : \max(S_2) + d_2,$$
$$e_7 = 16 : \max(S_3) + d_3, \quad e_8 = 20 : \max(S_4) + d_4,$$

und die Statuslinie ist $L = 1, 2, 3, 4$.

Da das nächste Ereignis $e_5 = 16 : \max(S_1) + d_1$ ist, erfolgt nach der Initialisierung von $\delta_5 = -\infty$ zunächst die Rückwärtsiteration über die Arbeitsgänge in der Statuslinie. Da $\min(S_1) < \min(S_4)$, $\min(S_1) < \min(S_3)$ und $\min(S_1) < \min(S_2)$ gilt, erfolgt erst bei der Betrachtung von Arbeitsgang 1 eine Anpassung der Abschätzungen:

Arbeitsgang i	σ_i	δ_i
1	3	3
2	0	$-\infty$
3	0	$-\infty$
4	0	$-\infty$

Bei der Vorwärtsiteration erfolgt nur beim Arbeitsgang 1 eine Anpassung von $\delta_5 = 3$, da $\sigma_1 > 0$ ist, jedoch $\sigma_2 = \sigma_3 = \sigma_4 = 0$ gilt. Eine Einschränkung der Startzeiten ist dabei nicht möglich, da die entsprechenden Bedingungen nicht erfüllt sind.

Da das weitere Ereignis $e_6 = 16 : \max(S_2) + d_2$ ist, erfolgt nach der Initialisierung von $\delta_5 = -\infty$ zunächst die Rückwärtsiteration über die Arbeitsgänge in der Statuslinie. Da $\min(S_2) < \min(S_4)$ und $\min(S_2) < \min(S_3)$ gilt, erfolgen weitere Anpassungen der Abschätzungen mit der Betrachtung der Arbeitsgänge 2 und 1:

Arbeitsgang i	σ_i	δ_i
1	7	9
2	4	9
3	0	$-\infty$
4	0	$-\infty$

Bei der Vorwärtsiteration erfolgt nur bei den Arbeitsgängen 1 und 2 eine Anpassung des Werts von δ_5: Es gilt nun $\delta_5 = 9$, da σ_1 und σ_2 positiv sind, jedoch $\sigma_3 = \sigma_4 = 0$ gilt. Eine Einschränkung der Startzeiten ist dabei nicht möglich, da die entsprechenden Bedingungen auch zu diesem Zeitpunkt nicht erfüllt sind.

Da das weitere Ereignis $e_7 = 16 : \max(S_3) + d_3$ ist, erfolgt nach der erneuten Initialisierung von $\delta_5 = -\infty$ wiederum die Rückwärtsiteration über die Arbeitsgänge in der Statuslinie. Da lediglich $\min(S_3) < \min(S_4)$ gilt, erfolgen weitere Anpassungen der Abschätzungen mit der Betrachtung der Arbeitsgänge 3, 2 und 1:

Arbeitsgang i	σ_i	δ_i
1	12	14
2	9	14
3	5	13
4	0	$-\infty$

Bei der anschließenden Vorwärtsiteration erfolgt bei den Arbeitsgängen 1, 2 und 3 eine Anpassung von $\delta_5 = 14$. Eine Einschränkung der möglichen Startzeiten von Arbeitsgang 4 ist nun möglich, da $20 = \max(S_4) + d_4 > \max(S_3) + d_3 = 16$ und $18 = \delta_5 + 4 > \max(S_3) + d_3 = 16$ gilt. Es folgt eine Aktualisierung der frühesten Startzeit der entdeckten rechten Flanke, d. h. des Arbeitsgangs 4: $m_4 = 14$.

Beim letzten Ereignis $e_8 = 20$: $\max(S_4) + d_4$ erfolgen nach der erneuten Initialisierung von $\delta_5 = -\infty$ bei der Rückwärtsiteration über alle Arbeitsgänge die aktuellen Anpassungen der Abschätzungen:

Arbeitsgang i	σ_i	δ_i
1	16	18
2	13	18
3	9	17
4	4	13

Bei der nachfolgenden Vorwärtsiteration über alle Arbeitsgänge wird $\delta_5 = 18$. Eine weitere Einschränkung der Startzeiten von Arbeitsgängen ist nicht möglich, da $20 = \max(S_4) + d_4 > \max(S_3) + d_3 = \max(S_2) + d_2 = \max(S_1) + d_1 = 16$ gilt.

Nach der abschließenden Anpassung der Startzeitdomänen mit den ermittelten unteren Grenzen der Startzeiten $m_1, \ldots, m_4$ gilt:

Arbeitsgang i	$\min(S_i)$	d_i	$\max(S_i) + d_i$
1	0	3	16
2	5	4	16
3	8	5	16
4	14	4	20

Die Startzeitdomäne der einzigen rechten Flanke, d. h. des Arbeitsgangs 4, wurde mit dem in Algorithmus 10.4 beschriebenen *Edge-Finding*-Verfahren erfolgreich eingeschränkt. $\Diamond$

Zusätzlich zu den Einschränkungen der Startzeiten der Flanken sind weitere Anpassungen möglich: Ist z. B. ein Arbeitsgang k eine rechte Flanke eines Task-Intervalls $T_{i,j}$ – so wie der Arbeitsgang 4 im obigen Beispiel 10.7 – können die Arbeitsgänge in $T_{i,j}$ nur vor k bearbeitet werden. Die Einschränkungen der Startzeiten der Arbeitsgänge in $T_{i,j}$ lassen sich durch anschließende Berechnung und Nutzung der verbotenden Zonen vornehmen:

Ist der Arbeitsgang k eine rechte Flanke von $T_{i,j}$, gilt $\max(S_k) + d_k > \max(S_j) + d_j$, da sonst eine Überlast vorläge, die durch das *Edge-Finding* erkannt worden wäre. Außerdem gilt $\min(S_k) + d_k > \max(S_j) + d_j$, da es sonst zu keiner Einschränkung der Startzeiten von k gekommen wäre. Es sei nun $r \in T_{i,j}$ ein beliebiger Arbeitsgang für den $s_r + d_r > \max(S_k)$ gelten kann, d. h. der ggf. nach k enden könnte. Offensichtlich gilt $\min(S_r) + d_r \leq \min(S_k)$ (vgl. Abbildung 10.4). Es folgt unmittelbar, dass $\max(S_k) - d_r < s_r < \max(S_j) + d(j) < \min(S_k) + d_k$ aufgrund der Gegebenheiten gilt. Folglich ist die verbotene Zone von r hinsichtlich k, das Intervall $[\max(S_k)) - d_r + 1, \min(S_k) + d_k - 1]$, nichtleer. Nach entsprechender Einschränkung der Startzeiten von r gilt dann $s_r + d_r \leq \max(S_k)$ für alle Startzeiten s_r von r, d. h. $\max(S_r) + d_r \leq \max(S_k)$ Die Startzeitdomänen der Arbeitsgänge k und r sind nun gleich jenen, die nach Herstellung der Grenzenkonsistenz für das Constraint $s_r + d_r \leq s_k$ gelten würden. Das bedeutet, dass eine explizite Anordnung der Arbeitgänge $r \in T_{i,j}$ „vor" der rechten Flanke k entfallen kann.

Aufgrund dieser Beobachtung können die Anpassungen der Startzeiten von Flanken und der Arbeitsgänge in den flankierten Task-Intervallen durch Kombination der uns bereits bekannten Verfahren erfolgen: Nach Einsatz des *Edge-Finding*-Verfahrens sind Startzeiten mit dem Ausschluss verbotener Zonen (vgl. Abschnitt 10.2.3) weiter einzuschränken. Da beide Verfahren einen quadratischen Berechnungsaufwand haben, ist der Gesamtaufwand ebenfalls von quadratischer Komplexität.

10.3 Anmerkungen und Literaturhinweise

Eine systematische Gegenüberstellung und Erläuterung der Verfahren zur Herstellung unterschiedlicher Konsistenzen des alldifferent-Constraints ist in der Übersicht [74], eine Erweiterung des Artikels [73], zu finden.

Not-First-/Not-Last-Detection ergänzt als Pendant das *Edge-Finding* bei der Einschränkung der Startzeiten von Arbeitsgängen, die auf exklusiv belegbaren Ressourcen zu disponieren sind. Es erkennt die Arbeitsgänge, die nicht vor bzw. nach allen anderen Arbeitsgängen in einer gegebenen Menge von Arbeitsgängen abarbeitbar sind. Das bedeutet, dass nach bzw. vor den erkannten Arbeitsgängen mindestens ein Arbeitsgang aus der gegebenen Menge abzuarbeiten ist, woraus sich Einschränkungen für die Startzeiten der erkannten Arbeitsgänge ergeben. Dieses und weitere Verfahren sind in [9] zusammengestellt und werden dort hinsichtlich ihrer Stärke, Startzeiten von Arbeitsgängen einzuschränken, verglichen.

Neuere Verfahren zur Reduktion des Berechnungsaufwands mittels „Fegen" und unter Verwendung ausgeglichener Binärbäume sind in [153, 155] vorgestellt. Durch den Einsatz von Baumstrukturen kann ähnlich wie bei der in Abschnitt 10.2.2 vorgestellten Überlastprüfung der Laufzeitaufwand auf $\mathcal{O}(n \log n)$ reduziert werden, wobei n die Anzahl der Arbeitsgänge ist.

Neben exklusiven Ressourcen sind in vielen praktischen Aufgabenstellungen auch *alternative* oder *kumulative* Ressourcen zu disponieren. Dies wird in der Constraint-Programmierung ebenfalls durch geeignete Modellierung mit globalen Constraints und effiziente Verfahren zur Konsistenzherstellung unterstützt.

Bei *kumulativen Ressourcen* darf die Summe der Kapazitätsbedarfe der Arbeitsgänge, die ggf. zeitlich überlappend abarbeitbar sind, das konstante Kapazitätsangebot der Ressource nicht übersteigen (vgl. Abschnitt 11.3.2). Entsprechende Belegungsprobleme treten z. B. auf, wenn Materialien oder Energie begrenzt zur Verfügung stehen.

Die Verfahren für kumulative Ressourcenbelegungsprobleme sind Verallgemeinerungen der vorgestellten Verfahren für die Belegung exklusiver Ressourcen: Überlastprüfung, *Edge-Finding* und *Not-First-/Not-Last-Detection*.

Bei nichtkumulativen Belegungsproblemen ist die Ressource in explizit belegbare Einzelkapazitäten pro Zeiteinheit gegliedert, so dass das Problem äquivalent zur überlappungsfreien Platzierung von Rechtecken innerhalb eines großen Rechtecks ist. Ein solches Belegungsproblem tritt z. B. bei der Aufteilung großer Konferenzräume oder von Sporthallen auf. Kann ein Raum oder eine Halle z. B. in drei gleiche Teile mit Schiebewänden abgeteilt werden, müssen für eine Veranstaltung, die zwei Raumteile benötigt, benachbarte Raumteile zur Verfügung stehen.

Da die nichtkumulativen Probleme eine Spezialisierung der kumulativen sind, können alle Verfahren für kumulative Probleme zur Prüfung der Lösbarkeit und zur Startzeiteneinschränkung für nichtkumulative eingesetzt werden. Auch das vorgestellte „Fegen" kann z. B. zur Berechnung zweidimensionaler verbotener Zonen (vgl. [14]) eingesetzt werden.

10.4 Aufgaben

Aufgabe 10.1 (Lokale Konsistenz für paarweise Verschiedenheit)   Transformieren Sie das in Beispiel 10.1 gegebene CSP in ein lokal konsistentes CSP, wobei Sie die lokale Konsistenz für das n-stellige alldifferent-Constraint herstellen.

Bestimmen Sie dann mittels Tiefensuche alle Lösungen dieses CSP und damit des Maschinenbelegungsproblems.

Aufgabe 10.2 (n-Damen-Problem)   Beim n-*Damen-Problem* (vgl. Beispiel 8.15) sind n Damen aus dem Schachspiel auf einem $n \times n$ Schachbrett so zu platzieren, dass diese sich nicht gegenseitig schlagen können.

Modellieren Sie das n-Damen-Problem als CSP mit Hilfe von möglichst wenigen alldifferent-Constraints und Gleichungen der Form $Y = X \pm c$, wobei X, Y beliebige Variablen sind und c eine beliebige Ganzzahl ist.

Aufgabe 10.3 (Sudoku)   *Sudoku* ist ein Ziffernrätsel, bei dem es darum geht, in die freien Felder eines 9×9 Quadrats Ziffern aus 1 bis 9 einzutragen, so dass in jeder Zeile und in jeder Spalte des Quadrats alle Ziffern von 1 bis 9 stehen. Weiterhin ist das Quadrat in 3×3 Unterquadrate von jeweils 3×3 Feldern unterteilt. Zusätzlich muss in jedem der neun Unterquadrate jede Ziffer von 1 bis 9 genau einmal auftreten.

Je nach Schwierigkeitsgrad sind üblicherweise die Zifferneinträge für 22 bis 36 Felder von den 81 möglichen vorgegeben. Ein zulässiges *Sudoku* ist z. B. (vgl. [143])

5	3	4	6	7	8	9	1	2
6	7	2	1	9	5	3	4	8
1	9	8	3	4	2	5	6	7
8	5	9	7	6	1	4	2	3
4	2	6	8	5	3	7	9	1
7	1	3	9	2	4	8	5	6
9	6	1	5	3	7	2	8	4
2	8	7	4	1	9	6	3	5
3	4	5	2	8	6	1	7	9

Modellieren Sie das Rätsel als Constraint-Problem.

Sollte Ihnen ein Constraint-Programmiersystem zur Verfügung stehen, können Sie darauf aufbauend ein *Sudoku*-Programm implementieren, mit dem sowohl *Sudoku*-Rätsel generiert als auch gelöst werden können.

Aufgabe 10.4 (Planung der Zeitungslektüre)   Die Bewohnerinnen einer Studentinnen-WG, Andrea, Bettina, Charlotte und Dorothea, haben zusammen vier Tageszeitungen abonniert: Tagesspiegel, Morgenpost, Berliner Zeitung und TAZ. Jede Studentin hat unterschiedliche Interessen und verbringt unterschiedlich viel Zeit mit dem Lesen der Zeitungen. Die folgende Tabelle gibt Auskunft, wieviel Zeit (in Minuten) jede Studentin mit der täglichen Zeitungslektüre verbringt:

Name	Tagesspiegel	Morgenpost	Berliner Zeitung	TAZ
Andrea	60	30	2	5
Bettina	75	3	15	10
Charlotte	5	15	10	30
Dorothea	90	1	1	1

Andrea steht um 7:00 h auf, Bettina und Charlotte um 7:15 h und Dorothea um 8:00 h. Keine der Studentinnen kann mehr als eine Zeitung gleichzeitig lesen und jede Zeitung kann höchstens von einer Studentin zur gleichen

Zeit gelesen werden. Gesucht ist ein Zeit(ungs)plan für die morgendliche Lektüre, der diese Randbedingungen berücksichtigt.

Formulieren Sie dieses Planungsproblem als Ressourcenbelegungsproblem unter Verwendung von serialize-Constraints. Verwenden Sie dabei jeweils eine Variable über endlichen Domänen für den Beginn des Lesens einer Zeitung von einer Studentin. Der Plan soll so gestaltet sein, dass die Zeitungslektüre so früh wie möglich beendet ist, damit sich die Studentinnen ihren Studien widmen können.

Aufgabe 10.5 (Schaukeln)   Drei Freunde, Alex, Beate und Klaus, wollen auf einer Wippe schaukeln. Die Wippe hat auf beiden Seiten 5 Sitze. Um maximalen Spaß zu haben, wollen die Freunde sich so auf die Wippe setzen, dass diese im Gleichgewicht ist und sie nicht unmittelbar nebeneinander sitzen, damit sie viel Schwung beim Schaukeln holen können. Alex wiegt 76 kg, Beate 32 kg und Klaus 48 kg.

Formulieren Sie dieses Platzierungsproblem als Ressourcenbelegungsproblem (vgl. [105]) unter Verwendung eines serialize-Constraints, wobei die Sitze auf der Wippe die „Zeiten" einer exklusiv belegbaren Ressource repräsentieren. Versuchen Sie dabei, der Bewegungsfreiheit der Freunde durch geeignete Wahl von „Arbeitsgängen" gerecht zu werden.

Symmetrien und Redundanzen

Dieses Kapitel widmet sich dem Erkennen und Aufbrechen von Symmetrien, dem Einsatz redundanter Constraints bei der Lösung von Constraint-Problemen sowie dem effizienten Umgang mit beiden. Wir beschäftigen uns mit diesen Aspekten der Constraint-Programmierung, da sowohl ein Aufbrechen von Symmetrien als auch der geschickte Einsatz von redundanten Constraints die Suchräume der modellierten Constraint-Probleme einschränken und damit ein schnelleres Finden von Lösungen ermöglichen.

11.1 Erkennen von Symmetrien

Die Komplexität eines Problems und die Zahl „gleichartiger" Lösungen kann meist dadurch reduziert werden, dass probleminhärente *Symmetrien* erkannt und aufgebrochen werden. In der Constraint-Programmierung sind dabei insbesondere *Variablensymmetrien* gemeint, die dann bestehen, wenn bestimmte Variablen in einer Konjunktion von Constraints vertauschbar sind, ohne dass sich dadurch die Lösungen des Problems ändern.

Beispiel 11.1 (Symmetrie von Summanden)   Die Variablen X, Y, Z in der arithmetischen Summe $S = X + Y + Z$ sind symmetrisch, da sie aufgrund der Assoziativität und Kommutativität der Addition beliebig vertauschbar sind. So gibt es zu jeder Lösung $(S = h) \wedge (X = e) \wedge (Y = f) \wedge (Z = g)$ der Summe $S = X + Y + Z$ fünf weitere Lösungen, die sich nur durch Permutation der Werte e, f und g unterscheiden.   ◊

Aufgrund solcher Symmetrien hat eine Konjunktion von Constraints Lösungen, die sich nur durch Vertauschung der Werte unterscheiden, deren konkrete Zuordnung zu den Variablen in vielen Fällen unerheblich ist. Dies hat zur Folge, dass die Komplexität zur Bestimmung *aller* oder potenziell aller Lösungen – wie bei der Lösung von Optimierungsproblemen (vgl. Kapitel 14) – mit der Zahl der symmetrischen Variablen mitunter exponentiell wächst, denn

n symmetrische Variablen, die beliebig vertauschbar sind, können auf $n!$ verschiedene Weisen linear angeordnet werden. Das hat zur Folge, dass es zu jeder Lösung $n! - 1$ weitere Lösungen gibt, die sich nur durch eine Vertauschung der Werte der symmetrischen Variablen unterscheiden.

Definition 11.1 (Variablensymmetrie)

Gegeben sei ein beliebiges Constraint-System $\zeta = (\Sigma, \mathcal{D}, \mathcal{T}, X, \mathcal{CS})$. Eine Menge von Variablen $V \subset X$ ist *variablensymmetrisch* in einer Konjunktion von Constraints $C \in \Delta\mathcal{CS}$, wenn die Variablen in V in irgendeiner Form vertauschbar sind, ohne dass sich dadurch die Semantik des Problems bzw. deren Lösungsmenge ändert. Das bedeutet, eine **Variablensymmetrie** besteht dann für die Variablen $V \subset X$, wenn es eine Bijektion $\phi : V \to V$ ungleich der Identität gibt, so dass gilt:

$$\mathcal{D} \models \forall (C \leftrightarrow \phi(C)).$$

Neben der Variablensymmetrie gibt es eine weitere Form der Symmetrie, nämlich die *Wertesymmetrie*. Sie ist dann gegeben, wenn ein Vertauschen der Belegungen einer Menge von Variablen in Lösungen wiederum Lösungen ergeben und Belegungen, die keine Lösungen sind, durch das Vertauschen nicht zu Lösungen werden.

Definition 11.2 (Wertesymmetrie)

Gegeben sei ein beliebiges Constraint-System $\zeta = (\Sigma, \mathcal{D}, \mathcal{T}, X, \mathcal{CS})$. Die Domänen der Variablen in einer Menge $V \subset X$ sind **wertesymmetrisch** in einer Konjunktion von Constraints $C \in \Delta\mathcal{CS}$, wenn die Werte der Variablen in V in einer beliebigen Belegung $\varsigma : X \to \mathcal{D}$ in irgendeiner Form vertauschbar sind, so dass das Resultat genau dann eine Lösung ist, wenn die Belegung ς eine ist. Das bedeutet, eine **Wertesymmetrie** besteht dann für die Variablen $V \subset X$, wenn es eine Bijektion $\rho : \mathcal{D} \to \mathcal{D}$ ungleich der Identität gibt, so dass für jede Belegung $\varsigma : X \to \mathcal{D}$

$$(\mathcal{D}, \rho \circ \varsigma) \models C \text{ genau dann gilt, wenn } (\mathcal{D}, \varsigma) \models C \quad \text{gilt.}$$

Die Unterschiede zwischen der Variablen- und Wertesymmetrie zeigen sich am besten bei der Betrachtung der Lösungen einer Constraint-Konjunktion C: Eine Variablensymmetrie besteht dann, wenn es eine Permutation ϕ auf den Variablen $\{x_1, \dots, x_n\}$ von C gibt, so dass eine beliebige Belegung $\bigwedge_{i=1,\dots,n}(x_i = e_i)$ mit $e_i \in \mathcal{D}$ für $i = 1, \dots, n$ genau dann eine Lösung von C ist, wenn $\bigwedge_{i=1,\dots,n}(\phi(x_i) = e_i)$ eine ist. Eine Wertesymmetrie besteht dann, wenn es eine Permutation ρ auf den Werten $\mathcal{D}$ gibt, so dass eine beliebige Belegung $\bigwedge_{i=1,\dots,n}(x_i = e_i)$ genau dann eine Lösung von C ist, wenn $\bigwedge_{i=1,\dots,n}(x_i = \rho(e_i))$ eine ist. – Dazu ein Beispiel.

Beispiel 11.2 (Unterschiedliche Symmetrien)   Gegeben sei ein Graph, der drei Knoten A, B und C hat, die schwarz oder weiß einzufärben sind, so dass die Knoten mit einer gemeinsamen Kante verschiedene Farben haben. Die Kanten seien (A, B) und (B, C). Die beiden Lösungen des Problems

$$(A = \text{schwarz}) \wedge (B = \text{weiß}) \wedge (C = \text{schwarz})$$
$$\text{und} \quad (A = \text{weiß}) \wedge (B = \text{schwarz}) \wedge (C = \text{weiß})$$

zeigen, dass die Domänen aller Variablen wertesymmetrisch sind, da eine zulässige Färbung der Knoten durch Vertauschen der beiden Farben zulässig bleibt. Variablensymmetrie besteht jedoch nur für die beiden Variablen A und C, deren Werte in allen Lösungen gleich sind. Damit sind die beiden Variablen vertauschbar.   ◊

11.2 Aufbrechen von Symmetrien

Aufbrechen von Symmetrien heißt, durch zusätzliche Constraints alle Lösungen zu unterbinden, die sich durch Vertauschen von Werten und damit sehr einfach herleiten lassen. Dazu werden üblicherweise Ordnungen auf symmetrischen Variablen durch zusätzliche Constraints zwischen ihnen festgelegt, die die *Symmetrien aufbrechen*: Ein Vertauschen ihrer Werte in einer Lösung verletzt dann eines dieser zusätzlichen Constraints. In Beispiel 11.1 kann die Symmetrie zwischen den Summanden der Summe $S = X + Y + Z$ mit den Ungleichungen $(X \leq Y) \wedge (Y \leq Z) \wedge (X \leq Z)$ aufgebrochen werden. Danach ist ein Vertauschen verschiedener Werte von X, Y und Z in einer Lösung unzulässig.

Auch bei Wertesymmetrien lassen sich durch Festlegung einer Variablenordnung symmetrische Lösungen vermeiden. So halbiert sich die Lösungsmenge für das Einfärben des Graphen in Beispiel 11.2, wenn die Farbwerte z. B. *lexikographisch geordnet* sind: schwarz „kleiner" weiß. Fordern wir dann für die beiden Knoten einer Kante, dass der Farbwert des einen Knotens „kleiner" als der des anderen sein soll, z. B. A „kleiner" B oder alternativ B „kleiner" A , so bleibt nur eine der beiden Lösungen:

entweder $(A = \text{schwarz}) \wedge (B = \text{weiß}) \wedge (C = \text{schwarz})$

oder $(A = \text{weiß}) \wedge (B = \text{schwarz}) \wedge (C = \text{weiß})$.

Durch zusätzliche Constraints, die die Variablenwerte (partiell) anordnen, lässt sich folglich der Lösungsraum und mit ihm die Komplexität zu dessen Bestimmung erheblich – nämlich bis um den Faktor $n!$ – reduzieren, ohne dass Lösungen des ursprünglichen Problems, z. B. alle optimalen, wirklich verloren gehen. Diese können wir bei Bedarf sehr einfach durch Vertauschen der Werte der symmetrischen Variablen generieren. Wichtig beim Aufbrechen von Symmetrien ist, dass bei der Einschränkung des Lösungsraums nicht solche Lösungen ausgeschlossen werden, die nicht durch Wertepermutation aus den verbleibenden Lösungen herleitbar sind.

Das Feststellen von Symmetrien und ihr Aufbrechen ist eine Voraussetzung für eine gute Modellierung von Constraint-Problemen – dieses fordert unsere Erfahrung und Kreativität.

Beispiel 11.3 (Einfärben von Landkarten mit 4 Farben)   Der *Vier-Farben-Satz* [126] besagt, dass vier Farben genügen, um die Länder auf einer beliebigen Landkarte so zu färben, dass jeweils zwei Länder mit gemeinsamer Grenze verschiedene Farben haben. Das Färbeproblem für eine gegebene Landkarte lässt sich damit einfach als CSP formulieren:

- Jedes Land und dessen Farbe wird durch eine (ggf. gleichnamige) Variable repräsentiert.
- Die Domänen aller Variablen enthalten alle die gleichen 4 verschiedenen Farbenwerte, mit denen die Landkarte einzufärben ist, wobei wir der Einfachheit halber $\{1, 2, 3, 4\}$ annehmen.
- Für je zwei verschiedene Länder mit einer gemeinsamen Grenze müssen die diesen Ländern entsprechenden Variablen unterschiedliche Werte erhalten.

Offensichtlich ist dieses CSP wertesymmetrisch: Ist die Landkarte vollständig eingefärbt, d. h. eine Lösung des CSP gefunden, ergeben sich $4! - 1 = 23$ weitere Färbungen bzw. Lösungen durch beliebiges Vertauschen der 4 Farben.

Diese Wertesymmetrie lässt sich – zumindest teilweise – aufbrechen, indem wir das Problem tatsächlich als (planares) *Graphenproblem* betrachten, bei dem die Knoten des betrachteten Graphen die Länder (bzw. die Variablen) sind und die (in der Ebene kreuzungsfreien) Kanten die gemeinsamen Grenzen jeweils zweier Länder (bzw. die Ungleichheiten der entsprechenden Variablen) sind. Gibt es voneinander unabhängige Teilgraphen, können wir diese getrennt voneinander färben. In jedem unabhängigen Teilgraphen bestimmen wir jedoch vor dem Färben eine *größte Clique*, d. h. einen größten Teilgraphen, in dem zwei beliebige verschiedene Knoten durch eine gemeinsame Kante verbunden sind. Für die Variablen $A_1, \dots, A_k$ in einer größten Clique gilt $1 < k < 5$, da der Graph planar ist. Einige Wertesymmetrien können wir daher durch eine Ordnung auf den Farbwerten dieser Variablen z. B. durch die Zusatzbedingungen $(A_1 < A_2) \wedge \dots \wedge (A_{k-1} < A_k)$ aufbrechen. $\Diamond$

11.3 Redundante Constraints

Bei der Modellierung von Problemen als CSP kann durch die ergänzende Verwendung *redundanter* Constraints, die ggf. zur stärkeren Suchraumeinschränkung führen, eine Verbesserung der Suche erreicht werden. Das heißt, durch zusätzliche Constraints, die keinen Einfluss auf die Lösungsmenge des eigentlichen Problems haben, erhoffen wir uns zusätzliche Einschränkungen der Variablendomänen und damit eine Einschränkung des Suchraums. Dazu müssen diese Constraints logisch aus den zu lösenden Constraints folgen.

Definition 11.3 (Redundantes Constraint)

Gegeben sei ein Constraint-System $\zeta = (\Sigma, \mathcal{D}, X, \mathcal{T}, \mathcal{CS})$. Ein Constraint $d \in \mathcal{CS}$ ist **redundant** bezüglich einer Konjunktion von Constraints $C \in \Delta\mathcal{CS}$, wenn gilt:

$$\mathcal{D} \models \forall((C \wedge d) \longleftrightarrow C) \quad \text{bzw.} \quad \mathcal{D} \models \forall(C \longrightarrow d).$$

11.3.1 Unterscheidung und Nutzung implizierter Constraints

Die Verwendung redundanter Constraint *kann* zu einem verbesserten Laufzeitverhalten bei der Suche nach Lösungen führen, *muss* es aber nicht. Wir unterscheiden daher im Detail zwischen *implizierten* (engl. *implied*) und auch bezüglich der Laufzeit redundanten Constraints, die zu keiner Verbesserung der Suche beitragen, wie das folgende Beispiel zeigt.

Beispiel 11.4 (Einfache Summe) Sicherlich macht es wenig Sinn, dem CSP

$$(x + y = z) \wedge (x \in [0, 9]) \wedge (y \in [0, 9]) \wedge (z \in [0, 9])$$

die redundanten Constraints

$$(x \geq 0) \wedge (x \leq 9) \wedge (y \geq 0) \wedge (y \leq 9) \wedge (z \geq 0) \wedge (z \leq 9)$$

hinzuzufügen, da diese offensichtlich weder bei der Herstellung der lokalen Konsistenz noch bei der Herstellung der Grenzenkonsistenz zu einer Einschränkung der Domänen führen. Im Gegenteil, ihre Berücksichtigung resultiert in einer Verschlechterung der Laufzeit, wenn sie überflüssigerweise betrachtet werden. Solche im wahrsten Sinne redundanten Constraints sind zu vermeiden.   ◇

Einige der modernen Constraint-Programmiersysteme wie beispielsweise das ECL^{i}PS^e-System erkennen einige solcher überflüssigen Redundanzen, insbesondere ignorieren sie Constraints, die wie in Beispiel 11.4 unmittelbar aus den Variablendomänen folgen. Da Constraint-Löser die einzelnen Constraints einer zu lösenden Constraint-Konjunktion unabhängig voneinander verarbeiten, können sie übergreifende Zusammenhänge nicht erkennen. Dem können wir nur durch den expliziten Einsatz von globalen Constraints (s. Kapitel 10) oder von implizierten Constraints entgegenwirken. Während erstere „lokale" Constraints ersetzen, ergänzen letztere gegebene Constraints, wobei in beiden Fällen implizites Wissen mit Hilfe von Constraints explizit wiedergegeben wird. Dabei können globale Constraints auch als implizierte Constraints eingesetzt werden (vgl. Abschnitt 11.3.2). Die korrekte Formalisierung dieses Wissens bleibt dabei uns Constraint-Programmierern und -Programmiererinnen überlassen.

Ein Beispiel, bei dem die Verwendung implizierter Constraints in Verbindung mit dem Aufbrechen von Symmetrien sinnvoll eingesetzt werden kann, ist das folgende CSP, bei dem es darum geht, drei Ganzzahlwerte zu bestimmen, die dem *Satz des Pythagoras* genügen.

Beispiel 11.5 (Problem des Pythagoras)   Wir betrachten das CSP

$$(x^2 + y^2 = z^2) \wedge (x \in [1, 1000]) \wedge (y \in [1, 1000]) \wedge (z \in [1, 1000]).$$

Gesucht sind alle Lösungen dieses Problems.

Da unmittelbar aus dem CSP folgt, daß $x < z$ und $y < z$ gelten muss, kann das CSP in das äquivalente CSP

$$(x^2 + y^2 = z^2) \wedge \underline{(x < z) \wedge (y < z)}$$
$$\wedge (x \in [1, 1000]) \wedge (y \in [1, 1000]) \wedge (z \in [1, 1000])$$

überführt werden.[41] Wir brechen die Symmetrie zwischen den Variablen x und y auf, indem wir zusätzlich fordern, dass $x \leq y$ gelten soll, d. h., das CSP

$$(x^2 + y^2 = z^2) \wedge \underline{(x < z) \wedge (y < z) \wedge (x \leq y)}$$
$$\wedge (x \in [1, 1000]) \wedge (y \in [1, 1000]) \wedge (z \in [1, 1000])$$

gelöst werden soll. Nun gilt sowohl $2 \cdot x^2 \leq z^2$ als auch $2 \cdot y^2 \geq z^2$ aufgrund der zusätzlichen Ungleichung $x \leq y$. Es folgt unmittelbar, dass $\sqrt{2} \cdot x \leq z$ und $\sqrt{2} \cdot y \geq z$ gilt. Aufgrund der Abschätzung $1.4 < \sqrt{2} < 1.5$ gilt sowohl $1.4 \cdot x < z$ als auch $1.5 \cdot y > z$ bzw. mit Ganzzahlkoeffizienten formuliert: $7 \cdot x < 5 \cdot z$ und $3 \cdot y > 2 \cdot z$. Diese implizierten Constraints können wir dem bereits erweiterten CSP hinzufügen:

$$(x^2 + y^2 = z^2)$$
$$\wedge \underline{(x < z) \wedge (y < z) \wedge (x \leq y) \wedge (7 \cdot x < 5 \cdot z) \wedge (3 \cdot y > 2 \cdot z)}$$
$$\wedge (x \in [1, 1000]) \wedge (y \in [1, 1000]) \wedge (z \in [1, 1000]).$$

$\Diamond$

Ein Vergleich der Laufzeiten für die Suche aller Lösungen des ursprünglichen CSP in Beispiel 11.5 und für das CSP mit aufgebrochenen Symmetrien und unter Nutzung implizierter Constraints ergab im ECL^iPS^e-System mittels `findall([X,Y,Z], labeling([Z,Y,X]), L)` z. B. auf einem Celeron-Laptop unter Windows 98 eine Laufzeitverbesserung von ca. 25%.

11.3.2 Implizierte Constraints helfen Rechtecke zu platzieren

Ein ganz anderes, wesentlich komplexeres Problem, das wir nun betrachten wollen, ist die überdeckungsfreie Platzierung von Rechtecken. Hier lassen sich globale Constraints zur Modellierung *kumulativer Ressourcen* gleich mehrfach als implizierte Constraints einsetzen.

---

[41] Zur Verdeutlichung sind die ergänzten, implizierten Constraints unterstrichen.

Definition 11.4 (Platzierbares Rechteck)

Ein in der zweidimensionalen Ebene *platzierbares Rechteck* r ist durch die variable Koordinate seiner linken unteren Ecke (x_r, y_r) sowie durch seine feste positiv-ganzzahlige Breite w_r und seine positiv-ganzzahlige Höhe h_r bestimmt. Die Platzierungsmöglichkeiten ergeben sich dadurch, dass x_r einen Abszissenwert aus einer endlichen Ganzzahlmenge X_r und y_r einen Ordinatenwert aus der endlichen Ganzzahlmenge Y_r annehmen kann.

Sind mehrere Rechtecke in einer Ebene zu platzieren, besteht offensichtlich das Problem, die Koordinaten ihrer linken unteren Ecken so zu wählen, dass kein Rechteck ein anderes überdeckt.

Definition 11.5 (Überdeckungsfreie Platzierung von Rechtecken [14])

Es sei eine nichtleere Menge von platzierbaren Rechtecken $R = \{1, \ldots, n\}$ ($n > 1$) gegeben. Das Problem der *überdeckungsfreien Platzierung* dieser Rechtecke besteht darin, deren Abszissen- und Ordinatenwerte $x_1 \in X_1, y_1 \in Y_1, \ldots, x_n \in X_n, y_n \in Y_n$ so festzulegen, dass

$$P(R) \equiv$$
$$\bigwedge_{1 \leq i < j \leq n} (x_i \leq x_j < x_i + w_i \vee x_j \leq x_i < x_j + w_j)$$
$$\longrightarrow (y_i + h_i \leq y_j \vee y_j + h_j \leq y_i)$$
$$\wedge \quad (y_i \leq y_j < y_i + h_i \vee y_j \leq y_i < y_j + h_j)$$
$$\longrightarrow (x_i + w_i \leq x_j \vee x_j + w_j \leq x_i)$$

gilt.

Für zwei beliebige Rechtecke bedeutet dies, dass diese übereinander positioniert sein müssen, wenn ihre Projektionen sich auf der Abzisse überdecken, und dass sie nebeneinander platziert sein müssen, wenn ihre Projektionen auf der Ordinaten überlagern. Abbildung 11.1 zeigt eine überdeckungsfreie Platzierung von 8 Rechtecken.

Das Problem der überdeckungsfreien Platzierung von Rechtecken ist *lösbar*, falls es solche Koordinatenwerte gibt, die diese Bedingungen erfüllen. Ansonsten ist es *unlösbar*. Wir identifizieren ein solches Problem durch die betrachtete Menge von Rechtecken R.

Betrachten wir diese Art von Platzierungsproblemen genauer, stellen wir fest, dass für eine beliebige nichtleere Teilmenge von Rechtecken $Q \subseteq R$ die Gesamthöhe der Rechtecke, die über einem beliebigen aber festen Abszissenwert x platziert sind, die maximal mögliche Gesamthöhe aller Rechtecke in Q, nämlich den Wert $Y(Q) = \max_{r \in Q}(\max(Y_r) + h_r) - \min_{r \in Q}(\min(Y_r))$ nicht übersteigt. Folglich muss das Constraint

$$C_x(Q) \equiv \forall x. \sum_{r \in Q, x_r \leq x < x_r + w_r} h_r \leq Y(Q).$$

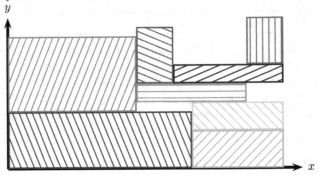

Abb. 11.1. Überdeckungsfreie Platzierung von Rechtecken

erfüllt sein. Analoges gilt in der anderen Dimension für die Gesamtbreite der Rechtecke, die auf der Höhe eines Ordinatenwerts y platziert sind, und für die maximal mögliche Gesamtbreite $X(Q) = \max_{r \in Q}(\max(X_r) + w_r) - \min_{r \in Q}(\min(X_r))$. Neben $C_x(Q)$ muss auch das Constraint

$$C_y(Q) \equiv \forall y. \sum_{r \in Q, y_r \leq y < y_r + h_r} w_r \leq X(Q).$$

erfüllt sein. Beide Constraints, die sich nur durch die Benennung der in Relation gesetzten Größen unterscheiden, sind in der constraint-basierten Ressourcendisposition als *kumulative Constraints* bekannt, wo sie jedoch üblicherweise für Arbeitsgänge (engl. *tasks*) formuliert werden, die nun in unserem Fall mit Rechtecken zu identifizieren sind.

Definition 11.6 (Kapazitiver Arbeitsgang)

Ein **kapazitiver Arbeitsgang** (engl. *task*) j ist eine nicht unterbrechbare Aktivität, deren variable Startzeit s_j einen Wert aus einer nichtleeren, endlichen Ganzzahlmenge S_j annehmen muss. Weiterhin hat ein kapazitiver Arbeitsgang neben einer festen positiv-ganzzahligen Dauer d_j einen festen positiv-ganzzahligen Kapazitätsbedarf k_j (vgl. Definition 10.6).

Ein häufiges Problem bei der Ressourcendisposition besteht darin, kapazitive Arbeitsgänge, die auf einer gemeinsam genutzten Ressource mit beschränktem Kapazitätsangebot abzuarbeiten sind, zu terminieren. Dabei darf zu keinem Zeitpunkt die Summe der Kapazitätsbedarfe der bearbeiteten Arbeitsgänge das Kapazitätsangebot übersteigen.

Definition 11.7 (Kumulative Ressourcenbelegung [15])

Es seien eine nichtleere Menge kapazitiver Arbeitsgänge $T = \{1, \ldots, n\}$ ($n \geq 1$) und eine gemeinsam genutzte Ressource mit einem ganzzahligen Kapazitätsangebot $K > 0$ gegeben.

Das Problem der **kumulativen Ressourcenbelegung** besteht dann darin, eine Belegung der Startzeiten $s_1 \in S_1, \ldots, s_n \in S_n$ zu finden, so dass das **kumulative Constraint**

$$\mathsf{cumulative}([s_1, \ldots, s_n], [d_1, \ldots, d_n], [k_1, \ldots, k_n], K)$$

$$\equiv \forall \tau. \sum_{t \in T, s_t \leq \tau < s_t + d_t} k_t \leq K$$

erfüllt ist, d. h. zu jedem Zeitpunkt τ die Summe der Kapazitäten der terminierten Arbeitsgänge das Kapazitätsangebot nicht übersteigt.

Abbildung 11.2 zeigt die Belegung einer Ressource mit einer Kapazität K mit 8 Arbeitsgängen. Gegenüber der überdeckungsfreien Platzierung analoger Rechtecke in Abbildung 11.1 fällt auf, dass das gegebene Kapazitätsangebot nur dann ausreicht, wenn einige Rechtecke in „übereinanderliegende, getrennte Stücke" zerlegt werden.

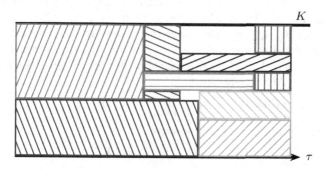

Abb. 11.2. Belegung einer kumulativen Ressource

Das Problem der kumulativen Belegung einer Ressource ist dann *lösbar*, wenn es eine Belegung der Startzeiten gibt, die die Bedingungen erfüllt. Ansonsten ist das Problem *unlösbar*. Des Weiteren identifizieren wir ein solches Problem durch die betrachtete Menge von Arbeitsgängen T.

Offensichtlich kann jede Teilmenge Q einer Menge von Rechtecken R, die überdeckungsfrei zu platzieren sind, die Bedingung $P(R)$ durch die redundanten, kumulativen Constraints $C_x(Q) \wedge C_y(Q)$ ergänzen. Damit können effiziente Verfahren für kumulative Constraints zur Konsistenzherstellung bei dieser erweiterten Modellierung eingesetzt werden. Es empfiehlt sich nicht, diese kumulativen Constraints für alle $2^{|R|} - 1$ nichtleeren Teilmengen zu formulieren, da einerseits der Modellierungs- und Berechnungsaufwand exponentiell wäre und andererseits viele redundanten kumulativen Constraints tatsächlich nur redundant wären.

Die kumulativen Constraints C_x formulieren wir daher nur für die maximal $|R|^2$ Teilmengen Q_x mit mehr als einem Element, für die es zwei Rechtecke p

und q in R gibt, so dass

$$Q_x = \{r \mid r \in R, \min(Y_p) \leq \min(Y_r) \text{ und } \max(Y_r) + h_r \leq \max(Y_q) + h_q\}$$

gilt. Diese Teilmengen sind Verallgemeinerungen von *Task-Intervallen* (vgl. Abschnitt 10.2.1). Sie zeichnen sich dadurch aus, dass sie alle Rechtecke enthalten, die in einem vorgegebenen „horizontalen Band" liegen und diesbezüglich maximal hinsichtlich Mengeninklusion sind.

In Analogie formulieren wir die kumulativen Constraints C_y nur für jene Teilmengen Q_y mit mehr als einem Element, für die es zwei Rechtecke u und v gibt, so dass

$$Q_y = \{r \mid r \in R, \min(X_u) \leq \min(X_r) \text{ u. } \max(X_r) + w_r \leq \max(X_v) + w_v\}$$

gilt. Auch diese Teilmengen sind Verallgemeinerungen von *Task-Intervallen*. Sie zeichnen sich dadurch aus, dass sie alle Rechtecke enthalten, die in einem vorgegebenen „vertikalen Band" liegen.

Zur Ergänzung des Constraints $P(R)$ um die implizierten kumulativen Constraints $C_x(Q_x)$ werden nun die Rechtecke in Q_x mit Arbeitsgängen identifiziert, deren Startzeiten die möglichen Abzissenwerte sind und deren Dauern den Breiten entsprechen. Analog dazu werden bei den implizierten kumulativen Constraints $C_y(Q_y)$ die Rechtecke in Q_y mit Arbeitsgängen identifiziert, deren Startzeiten die möglichen Ordinatenwerte sind und deren Dauern den Höhen entsprechen. Das Kapazitätsangebot der jeweiligen Ressource ist bei Betrachtung der Abzissenwerte

$$Y(Q_x) = \max_{r \in Q_x}(\max(Y_r) + h_r) - \min_{r \in Q_x}(\min(Y_r))$$

und bei Betrachtung der Ordinatenwerte

$$X(Q_y) = \max_{r \in Q_y}(\max(X_r) + w_r) - \min_{r \in Q_y}(\min(X_r)).$$

Damit wird auch klar, dass es genügt, nur diese Teilmengen zu betrachten. Zu jeder weiteren Teilmenge M gibt es kleinste Mengen Q_x^M und Q_y^M, die diese enthalten ($M \subset Q_x^M$ bzw. $M \subset Q_y^M$) und für die bei gleichem Kapazitätsangebot die entsprechenden kumulativen Constraints bereits ergänzend formuliert sind. Aus diesen Constraints folgen unmittelbar die kumulativen Constraints der Teilmenge M. Es gilt:

$$\mathcal{D}_{\mathcal{FD}} \models \forall (C_x(Q_x^M) \longrightarrow C_x(M)) \text{ und } \mathcal{D}_{\mathcal{FD}} \models \forall (C_y(Q_y^M) \longrightarrow C_y(M)).$$

Beispiel 11.6 (Überdeckungsfreie Platzierung dreier Rechtecke) Gegeben seien drei Rechtecke A, B und C, die durch die Werte in folgender Tabelle charakterisiert sind.

Rechteck	X	Y	w	h
A	$[0, 8]$	$[0, 1]$	6	3
B	$[2, 5]$	$[2, 3]$	9	2
C	$[1, 5]$	$[3, 4]$	8	3

Abbildung 11.3 zeigt, dass für die drei Rechtecke A, B und C bei Betrachtung der Abszissenwerte nur für die Gesamtmenge (Kapazitätsangebot: $7-0 = 7$) und für die beiden Teilmengen $\{A, B\}$ (Kapazitätsangebot: $5-0 = 5$) sowie $\{B, C\}$ (Kapazitätsangebot: $7 - 2 = 5$) kumulative Constraints zu formulieren sind: Für jedes einzelne Rechteck ist das kumulative Constraint aufgrund der Definition immer erfüllt und somit überflüssig. Das kumulative Constraint für die Teilmenge $\{A, C\}$ (Kapazitätsangebot: $7 - 0 = 7$) folgt unmittelbar aus dem kumulativen Constraint für alle Rechtecke. Somit wäre dessen Formulierung nicht impliziert, sondern nur redundant. – Es gilt:

$$\mathcal{D}_{\mathcal{FD}} \models \forall (P(\{A, B, C\}) \longrightarrow (\mathsf{cumulative}([x_A, x_B, x_C][6, 9, 8], [3, 2, 3], 7)$$
$$\wedge\, \mathsf{cumulative}([x_A, x_B][6, 9], [3, 2], 5)$$
$$\wedge\, \mathsf{cumulative}([x_B, x_C][9, 8], [2, 3], 5))).$$

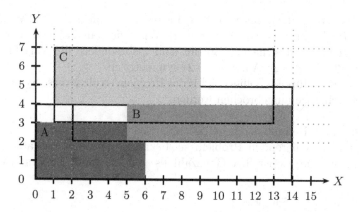

Abb. 11.3. Drei Rechtecke, die überdeckungsfrei zu platzieren sind

$\Diamond$

11.4 Anmerkungen und Literaturhinweise

Eine Übersicht der vielfältigen Ansätze zum Aufbrechen von Symmetrien findet sich in [40] und in [94]. Weitere aktuelle Beiträge zu diesem Thema werden in [41] erörtert. In Kapitel 12 beschäftigen wir uns bei der Modellierung konkreter Randwertprobleme als CSP nochmals detailliert mit dem Aufbrechen von Symmetrien.

Wie das Erkennen und Aufbrechen von Symmetrien erfordert das Folgern und sorgfältig abgewägte Einfügen implizierter Constraints Kreativität und einige Erfahrung in der Constraint-Programmierung. Einige Forschungsarbeiten beschäftigen sich daher mit der automatischen Erweiterung von CSP um implizierte Constraints [86], insbesondere auch in Verbindung mit Symmetrien [44].

Bei der optimierten Disposition von Sportveranstaltungen mittels CSP wird in [125] detailliert zwischen redundanten und implizierten Constraints unterschieden, die beide zwar die Lösungsmenge des betrachteten CSP nicht verändern, jedoch unterschiedliche Lösungszeiten des Problems bewirken.

Konsistenz- und Propagationsregeln für kumulative Constraints und Verfahren, die diese Regeln effizient realisieren, sind in [9] zusammengestellt und dort hinsichtlich ihrer Wirkung verglichen. Aktuelle, hinsichtlich der Laufzeitkomplexität verbesserte Verfahren sind in [109, 133, 163] zu finden.

11.5 Aufgaben

Aufgabe 11.1 (Fortsetzung von Aufgabe 10.2)   Aufgrund der Symmetrie eines $n \times n$ Schachbretts und der Art und Weise wie Damen aus dem Schachspiel andere Figuren schlagen können, sind insbesondere die Variablen des *n-Damen-Problems* (vgl. Aufgabe 10.2) symmetrisch.

Erweitern Sie Ihre Modellierung für das Problem so, dass diese Symmetrien zumindest teilweise aufgebrochen werden.

Aufgabe 11.2 (Redundanzen bei arithmetischen Ausdrücken)   In einem als CSP zu modellierenden Problem sei bekannt, dass eine Variable Factor sowohl eine gerade, zweistellige Ganzzahl als auch ein Vielfaches von drei sein soll:

Factor $= 2 \cdot X \wedge$ Factor $= 3 \cdot Y$

$\wedge$ Factor $\in [10, 99] \wedge X \in [1, 99] \wedge Y \in [1, 99]$.

Welche implizierten Constraints lassen sich unmittelbar folgern?

Aufgabe 11.3 (Überdeckungsfreie Platzierung von Rechtecken)   Formulieren Sie die implizierten kumulativen Constraints C_y bei Betrachtung der Ordinatenwerte für die überdeckungsfrei zu platzierenden Rechtecke $R = \{A, B, C\}$ aus Beispiel 11.6 (vgl. Abbildung 11.3). Ist das Problem lösbar? Begründen Sie Ihre Antwort!

Modellierungsbeispiele

Die bereits vorgestellten Techniken zur Modellierung von CSP werden in diesem Kapitel zur Lösung zweier konkreter Randwertprobleme angewendet. Die gewählten Beispiele vermitteln gesammeltes Erfahrungswissen darüber, wie Randwertprobleme adäquat zu modellieren sind, dass sie mit Hilfe der Constraint-Programmierung möglichst effizient gelöst werden können.

12.1 Kürzeste Golomb-Lineale

Golomb-Lineale, benannt nach dem Mathematiker *Solomon W. Golomb* [55], sind im Gegensatz zu metrischen Linealen nicht *äquidistant* eingeteilt. Ein Lineal ist dann ein **Golomb-Lineal**, wenn es ganzzahlige Marken hat und die Abstände zwischen jeweils zwei unterschiedlichen Marken paarweise verschieden sind. Golomb-Lineale werden unter anderem in der Röntgenkristallographie, der Radioastronomie und zur Platzierung von Mobilfunkmasten verwendet.

Die Bestimmung von Golomb-Linealen mit m Marken kürzester Länge ist ein hartes Optimierungsproblem. Das derzeit[42] größte bekannte, optimale Golomb-Lineal hat 23 Markierungen bei einer minimalen Länge von 372 Einheiten [56]. Ein optimales Golomb-Lineal mit 5 Marken und einer kürzesten Länge von 11 Einheiten ist in Abbildung 12.1 dargestellt.

Abb. 12.1. Ein optimales Golomb-Lineal mit 5 Marken der Länge 11

---

[42]Stand: Dezember 2006

Die Anforderungen an die Marken und deren Abstände, die ein Golomb-Lineal erfüllen muss, lassen sich als Constraint-Problem formulieren. Dazu repräsentieren wir seine m Marken ($m \geq 2$) als Constraint-Variablen $x_1, \ldots, x_m$ über den ganzen Zahlen, für die die folgenden Bedingungen gelten müssen:

1. Die Markierungen müssen paarweise verschieden sein, d. h., es gelte

$$x_i \neq x_j$$

   für alle Variablenindizes $i \neq j$.

2. Die Abstände zwischen jeweils zwei unterschiedlichen Markierungen müssen verschieden sein, d. h., es gelte

$$|x_i - x_j| \neq |x_k - x_l|$$

   für alle Variablenindizes $i \neq j$ und $k \neq l$, für die außerdem $k \neq i$ und $k \neq j$ oder $l \neq i$ und $l \neq j$ gelten.

Offensichtlich sind alle Variablen dieses Constraint-Problems beliebig vertauschbar, ohne dass sich die Semantik des Problems ändert, wie folgende Analyse zeigt:

Ist eine beliebige Permutation $\sigma : \{1, \ldots, m\} \rightarrow \{1, \ldots, m\}$ gegeben, dann gilt aufgrund der Bijektivität der Permutation $\sigma(i) \neq \sigma(j)$ genau dann, wenn $i \neq j$ ist.

Zu jeder Bedingung $x_i \neq x_j$ mit $i \neq j$ (vgl. 1.) gibt es folglich genau eine Bedingung $x_{\sigma(i)} \neq x_{\sigma(j)}$ mit $\sigma(i) \neq \sigma(j)$. Umgekehrt gibt es zu jeder Bedingung $x_{\sigma(i)} \neq x_{\sigma(j)}$ mit $\sigma(i) \neq \sigma(j)$ genau eine Bedingung $x_i \neq x_j$ mit $i \neq j$.

Zu jeder Bedingung $|x_i - x_j| \neq |x_k - x_l|$ mit den genannten Voraussetzungen (vgl. 2.), gibt es genau eine Bedingung $|x_{\sigma(i)} - x_{\sigma(j)}| \neq |x_{\sigma(k)} - x_{\sigma(l)}|$ mit $\sigma(i) \neq \sigma(j)$, $\sigma(k) \neq \sigma(l)$ und außerdem $\sigma(k) \neq \sigma(i)$ und $\sigma(k) \neq \sigma(j)$ oder $\sigma(l) \neq \sigma(i)$ und $\sigma(l) \neq \sigma(j)$. Umgekehrt gibt es zu jeder Bedingung $|x_{\sigma(i)} - x_{\sigma(j)}| \neq |x_{\sigma(k)} - x_{\sigma(l)}|$ mit den genannten Voraussetzungen genau eine Bedingung $|x_i - x_j| \neq |x_k - x_l|$ mit $i \neq j$, $k \neq l$ und außerdem $k \neq i$ und $k \neq j$ oder $l \neq i$ und $l \neq j$.

Diese Variablensymmetrie kann durch ein lexikographisches Anordnen der Variablen, z. B. mit den zusätzlichen Constraints $x_1 \leq x_2, \ldots, x_{m-1} \leq x_m$, aufgebrochen werden. Diese $m - 1$ Zusatzbedingungen können jedoch zusammen mit den $m \cdot (m - 1)$ Bedingungen $x_i \neq x_j$ für $i \neq j$ durch die stärkeren Bedingungen

$$x_1 < x_2, \ldots, x_{m-1} < x_m$$

ohne Veränderung der Semantik ersetzt werden.

Da jedes Golomb-Lineal mit m Marken $[x_1, \ldots, x_m]$ eine unendliche Klasse von Linealen $\{[y_1, \ldots, y_m] \mid y_1 = x_1 + p \wedge \ldots \wedge y_m = x_m + p \wedge p \in \mathbb{Z}\}$ repräsentiert, beschränkt man sich üblicherweise auf die *normierten* Lineale mit $x_1 = 0$. Andere Golomb-Lineale können aus normierten Linealen durch Addition eines Versatzes $p \in \mathbb{Z}$ konstruiert werden.

Da $|x_i - x_j| = |x_j - x_i|$ für $i \neq j$ und $|x_i - x_j| = x_j - x_i$ für $i < j$ gilt, können die $m^2 \cdot (m-1)^2 - 2 \cdot m \cdot (m-1)$ Bedingungen $|x_i - x_j| \neq |x_k - x_l|$ mit $i \neq j$ und $k \neq l$ und außerdem $k \neq i$ und $k \neq j$ oder $l \neq i$ und $l \neq j$ aufgrund der Symmetrien, die sich durch die Indizes in den Gleichungen und Beträgen ergeben, auf ein Viertel reduziert werden. Die neuen Bedingungen sind

$$x_j - x_i \neq x_l - x_k$$

mit $i < j$ und $k < l$, wobei zudem $k \neq i$ oder $l \neq j$ gelten muss. Führt man weiterhin $m \cdot (m-1)/2$ neue Abstandsvariablen $d_{i,j}$ für $1 \leq i < j \leq m$ mit den Bedingungen

$$d_{i,j} = x_j - x_i$$

ein, so lassen sich die gerade ersetzten Bedingungen durch die Bedingungen

$$d_{i,j} \neq d_{k,l}$$

mit $(i,j) \neq (k,l)$ ersetzen, d. h., die Abstandsvariablen $d_{i,j}$ mit $1 \leq i < j \leq m$ müssen paarweise verschiedene Werte annehmen. Diese *globale* Bedingung kann in allen gängigen Constraint-Programmiersystemen durch ein einziges alldifferent-Constraint (vgl. Abschnitt 10.1) der Form

alldifferent$(d_{1,2}, \ldots, d_{1,m}, \ldots, d_{m-1,m})$

ausgedrückt werden. Dadurch reduziert sich die Zahl der Bedingungen drastisch, da viele lokale Bedingungen, die jeweils wenige Variablen betreffen, zu einer globalen Bedingung über vielen Variablen zusammenfasst werden. Dadurch lässt sich im Allgemeinen die Einschränkung des Suchraums verbessern. So erlaubt uns das globale Wissen, dass alle Abstandsvariablen verschiedene Werte haben müssen, Schlüsse zu ziehen, die durch eine isolierte Betrachtung der einzelnen Ungleichheiten nicht möglich sind: Haben z. B. für $m = 3$ die Variablen $d_{1,2}$ und $d_{1,3}$ die Wertebereiche $\{1,2\}$ und die Variable $d_{2,3}$ den Wertebereich $\{1,2,3\}$ lässt sich unmittelbar schließen, dass $d_{2,3}$ weder den Wert 1 noch den Wert 2 annehmen kann und somit $d_{2,3} = 3$ gelten muss.

Zur Bestimmung von kürzesten Golomb-Linealen mit m Marken sind nun die folgenden Bedingungen einzuhalten:

$$x_1 = 0,$$
$$x_1 < x_2 < \ldots < x_m,$$
$$d_{i,j} = x_j - x_i \quad \text{für } 1 \leq i < j \leq m,$$

alldifferent$(d_{1,2}, \ldots, d_{1,m}, \ldots, d_{m-1,m})$.

Das dabei zu erfüllende Optimierungskriterium ist

$$d_{1,m} = \min ! \quad \text{bzw.} \quad x_m = \min !$$

Trotz dieser starken Reduktionen wird man beim Lösen dieses Constraint-Optimierungsproblems (vgl. Abschnitt 9.2.5 und Kapitel 14) weitere Symmetrien feststellen, wie z. B. bei den beiden Golomb-Linealen $[0,1,4,9,11]$

und $[0, 2, 7, 10, 11]$, die sich voneinander nur durch Spiegelung unterscheiden. Diese Symmetrie, die zwischen den Variablen $d_{1,2}$ und $d_{m-1,m}$ sowie $d_{2,3}$ und $d_{m-2,m-1}$ oder ganz allgemein zwischen $d_{i,j}$ und $d_{m+1-j,m+1-i}$ für $1 \leq i < j \leq m$ besteht, kann ebenfalls aufgebrochen werden. Ein Vertauschen dieser Variablen durch Anwendung der Permutation

$$\sigma : \{(i,j) \mid 1 \leq i < j \leq m\} \to \{(i,j) \mid 1 \leq i < j \leq m\}$$
$$\sigma(i,j) = (m + 1 - j, m + 1 - i)$$

in den zuvor zusammengestellten Randbedingungen ergibt

$x_1 = 0,$

$x_1 < x_2 < \ldots < x_m,$

$d_{\sigma(i,j)} = x_j - x_i \quad \text{für } 1 \leq i < j \leq m,$

$\mathsf{alldifferent}(d_{\sigma(1,2)}, \ldots, d_{\sigma(1,m)}, \ldots, d_{\sigma(m-1,m)}).$

Das Vertauschen der Abstandsvariablen ändert die Semantik nicht, da insbesondere die implizit geltenden Gleichungen

$$d_{i,j} = d_{i,i+1} + d_{i+1,i+2} + \cdots + d_{j-1,j} \quad \text{bzw.}$$
$$d_{\sigma(i,j)} = d_{\sigma(i,i+1)} + d_{\sigma(i+1,i+2)} + \cdots + d_{\sigma(j-1,j)},$$

die sich für $1 \leq i < j \leq m$ aus den Kettensummen $x_j - x_{j-1} + x_{j-1} - \cdots - x_i$ ergeben, erfüllt sind.

Diese weitere Symmetrie lässt sich durch das Anordnen *eines* der Variablenpaare, z. B. von $d_{1,2}$ und $d_{m-1,m}$ mit der Zusatzbedingung

$$d_{1,2} < d_{m-1,m},$$

aufbrechen. Da für jede Lösung des ursprünglichen Problems entweder $d_{1,2} < d_{m-1,m}$ oder $d_{1,2} > d_{m-1,m}$ gilt – wir erinnern uns, dass alle Abstandsvariablen verschiedene Werte haben müssen – erfüllt diese Lösung entweder die Zusatzbedingung oder kann mit Hilfe der Permutation σ so transformiert werden, dass sie weiterhin eine Lösung des ursprünglichen Problems ist. Dann erfüllt sie zusätzlich die Ungleichung $d_{m+1-2,m+1-1} > d_{m+1-m,m+1-(m-1)}$. Es sei bemerkt, dass durch das Anordnen weiterer Variablenpaare Lösungen verloren gehen können, da die impliziten Summen nicht gleichzeitig erfüllbar sind.

Nun stellt sich die Frage, ob wir die Wertebereiche der Variablen aufgrund der geltenden impliziten Bedingungen einschränken können, um das Problem als CSP über endlichen Wertebereichen zu modellieren. Dabei sollen Werte, die offensichtlich nicht Bestandteil einer Lösung sein können, im Vorfeld ausgefiltert werden. Eine obere Grenze für die möglichen Werte der Abstandsvariablen ergibt sich aus den implizit geltenden Gleichungen

$$d_{i,j} = d_{i,i+1} + d_{i+1,i+2} + \cdots + d_{j-1,j},$$

in der jeder Summand einen unterschiedlichen positiven Ganzzahlwert annehmen muss. Damit gilt

$d_{i,j} \geq 1 + 2 + \cdots + j - i$ bzw.

$d_{i,j} \geq (j - i) \cdot (j - i + 1)/2$ (nach der Gaußschen Summenformel)

und damit auch $x_i \geq i \cdot (i-1)/2$. Umgekehrt ergibt sich aus der Kettensumme

$x_m - x_1 = (x_m - x_{m-1}) + (x_{m-1} - x_{m-2}) + \cdots + (x_2 - x_1)$ bzw.

$x_m - 0 = d_{1,2} + d_{2,3} + \cdots + d_{m-1,m}$ die Gleichung

$d_{i,j} = x_m - (d_{1,2} + d_{2,3} + \cdots + d_{i-1,i} + d_{j,j+1} + \cdots + d_{m-1,m})$.

Da wiederum jeder Summand einen unterschiedlichen positiven Ganzzahlwert annehmen muss, gilt in Analogie zur obigen Abschätzung eine oberen Grenze

$d_{i,j} \leq x_m - (m - j + i - 1) \cdot (m - j + i)/2$.

Da sich ein triviales Golomb-Lineal mit m Marken induktiv mittels

$x_{i+1} = 2 \cdot x_i + 1$ für $i = 1, \ldots, m - 1$

konstruieren lässt, gilt offensichtlich für dieses Golomb-Lineal $x_i = 2^{i-1} - 1$ und damit für jedes optimale Golomb-Lineal mit m Marken

$x_i \leq 2^{i-1} - 1$ für $i = 1, \ldots, m$ und folglich

$d_{i,j} \leq 2^{j-1} - 1$ für $1 \leq i < j \leq m$,

woraus unmittelbar die Festlegung der initialen Wertebereiche der Constraint-Variablen folgt:

$x_i \in [i \cdot (i - 1)/2, 2^{i-1} - 1]$

$d_{i,j} \in [(j - i) \cdot (j - i + 1)/2, 2^{j-1} - 1]$

für $1 \leq i < j \leq m$. Zusätzlich gelten für $1 \leq i < j < k \leq m$ offensichtlich die Bedingungen $d_{i,j} < d_{i,k}$ und $d_{j,k} < d_{i,k}$. Da deren explizite Modellierung im Allgemeinen zu keiner (nennenswerten) Verkürzung der Suchzeiten zur Findung optimaler Golomb-Lineale führt, werden sie meist nicht explizit in eine Modellierung aufgenommen.

Fassen wir alle Erkenntnisse zusammen, ist das zu lösende CSP zur Bestimmung optimaler Golomb-Lineale:

$$\bigwedge_{i=1,\ldots,m-1} (x_i < x_{i+1})$$

$$\wedge \; \mathsf{alldifferent}(d_{1,2}, \ldots, d_{1,m}, \ldots, d_{m-1,m})$$

$$\wedge \bigwedge_{1 \leq i < j \leq m} (d_{i,j} = x_j - x_i) \wedge \left(d_{i,j} \leq x_m - \frac{(m - j + i - 1) \cdot (m - j + i)}{2} \right)$$

$$\wedge \bigwedge_{i=1,\ldots,m} \left(x_i \in \left[\frac{i \cdot (i - 1)}{2}, 2^{i-1} - 1 \right] \right)$$

$$\wedge \bigwedge_{1 \leq i < j \leq m} \left(d_{i,j} \in \left[\frac{(j - i) \cdot (j - i + 1)}{2}, 2^{j-1} - 1 \right] \right).$$

12.2 Teambildung bei Managerseminaren

Bei der Organisation von Managerseminaren ist dafür zu sorgen, dass jede Teilnehmerin und jeder Teilnehmer Kurse zu den Themen besuchen kann, für die sie oder er sich angemeldet hat. Das dabei zu lösende Problem der Zusammenstellung der Teams, die einen Seminarkurs zu einer bestimmten Zeit belegen, möchten wir an einem konkreten Beispiel verdeutlichen und als CSP modellieren.

Für eine Gruppe von Nachwuchsführungskräften werden ganztägige Fortbildungsseminare zum Marketing, zur Personalentwicklung und -führung sowie zur Projektleitung und zum Risikomanagement angeboten. Dazu finden Intensivkurse an drei aufeinanderfolgenden Tagen täglich und parallel statt. Daher hat jede zukünftige Führungskraft die Möglichkeit, aus dem Angebot bis zu drei Seminarthemen auszuwählen. Tabelle 12.1 zeigt eine mögliche Auswahl aus dem gegebenen Seminarangebot:

Tabelle 12.1. Seminarthemenauswahl der Nachwuchskräfte

Nr.	Teilnehmer(in)	Marketing	Personal-führung	Personal-entwicklung	Projekt-leitung	Risiko-management	Summe
1	Fr. Breitschopf	X	X	X			3
2	Fr. Dunkel	X		X		X	3
3	Fr. Friedrich	X	X		X		3
4	Fr. Helmig		X	X	X		3
5	Fr. Karlson			X	X	X	3
6	Fr. Mayerhofer	X	X		X		3
7	Fr. Oppermann			X	X	X	3
8	Fr. Quendlin		X		X	X	3
9	Fr. Tengelmeier		X	X			2
10	Fr. Ulmer				X	X	2
11	Hr. Anderl	X			X	X	3
12	Hr. Cornelsen	X	X	X			3
13	Hr. Emmerich	X		X		X	3
14	Hr. Guenther	X		X	X		3
15	Hr. Jensen	X		X		X	3
16	Hr. Ludewig	X	X				2
17	Hr. Nickel		X	X			2
18	Hr. Paulsen			X	X		2
19	Hr. Ritsch				X	X	2
20	Hr. Strohmer	X		X			2
Summe		11	9	13	11	9	53

Die Aufgabe besteht nun darin, die Teilnehmerinnen und Teilnehmer so den jeweiligen Seminarthemen und Tagen zuzuteilen, dass sie Kurse zu ihren gewählten Fortbildungsthemen erhalten. Um eine möglichst intensive Schulung zu ermöglichen, sollen dabei die Teamgrößen aller Seminarkurse möglichst klein sein. Um außerdem eine ausgeglichene Arbeitsbelastung der Seminarleiterinnen und -leiter zu erreichen, sollen die Seminarkurse möglichst ausgeglichene Teamgrößen haben.

Eine optimale Lösung für die Seminarauswahl aus Tabelle 12.1 ist in Tabelle 12.2 dargestellt. Die Verteilung der Personen auf die Seminarkurse zeigt die Optimalität der Teambildung:

- Die maximale Teamgröße pro Seminarkurs kann nicht weiter reduziert werden, um die Kurse noch intensiver zu gestalten. Eine maximale Teamgröße von 4 würde höchstens $3 \times 4 = 12$ Zuteilungen für jedes Seminarthema zulassen, was der Anzahl der Anmeldungen für die Personalentwicklung widerspricht.

- Die minimale Teamgröße pro Seminarkurs kann nicht weiter erhöht werden, um eine bessere Verteilung der Kursgrößen zu erhalten. Eine minimale Teamgröße von 4 würde mindestens $3 \times 4 = 12$ Buchungen für jedes Seminarthema erfordern, was der Zahl der gewählten Themen (Ausnahme: Personalentwicklung) widerspricht.

Tabelle 12.2. Ein optimaler Team- und Zeitplan für das Nachwuchskräfteseminar

Nr.	Teilnehmer(in)	1. Seminartag (Do.)	2. Seminartag (Fr.)	3. Seminartag(Sa.)
1	Fr. Breitschopf	Personalentwicklung	Personalführung	Marketing
2	Fr. Dunkel	Marketing	Risikomanagement	Personalentwicklung
3	Fr. Friedrich	Projektleitung	Marketing	Personalführung
4	Fr. Helmig	Projektleitung	Personalentwicklung	Personalführung
5	Fr. Karlson	Risikomanagement	Projektleitung	Personalentwicklung
6	Fr. Mayerhofer	Personalführung	Marketing	Projektleitung
7	Fr. Oppermann	Personalentwicklung	Projektleitung	Risikomanagement
8	Fr. Quendlin	Personalführung	Risikomanagement	Projektleitung
9	Fr. Tengelmeier	Personalführung	–	Personalentwicklung
10	Fr. Ulmer	Risikomanagement	Projektleitung	–
11	Hr. Anderl	Marketing	Risikomanagement	Projektleitung
12	Hr. Cornelsen	Personalentwicklung	Personalführung	Marketing
13	Hr. Emmerich	Risikomanagement	Personalentwicklung	Marketing
14	Hr. Guenther	Projektleitung	Personalentwicklung	Marketing
15	Hr. Jensen	Marketing	Personalentwicklung	Risikomanagement
16	Hr. Ludewig	–	Personalführung	Marketing
17	Hr. Nickel	Personalentwicklung	–	Personalführung
18	Hr. Paulsen	Projektleitung	–	Personalentwicklung
19	Hr. Ritsch	Projektleitung	–	Risikomanagement
20	Hr. Strohmer	–	Marketing	Personalentwicklung

Kurs	Marketing	Personal-führung	Personal-entwicklung	Projekt-leitung	Risiko-management	Summe
1. Seminartag (Do.)	3	3	4	5	3	18
2. Seminartag (Fr.)	3	3	4	3	3	16
3. Seminartag (Sa.)	5	3	5	3	3	19
Summe	11	9	13	11	9	53

Um dieses Zuteilungs- und Optimierungsproblem mit Hilfe der Constraint-Programmierung zu lösen, sind die einzuhaltenden Randbedingungen und Zielfunktionen als Constraints zu formulieren. Eine Festlegung auf endliche Domänen ist dabei angemessen, da alle Größen – Personen, Seminarthemen und Seminartage – endlich und diskret sind. Wir definieren dazu

- P die endliche Menge von angemeldeten Personen,
- S die endliche Menge von angebotenen Seminarthemen und
- T die endliche Menge von veranschlagten Seminartagen.

Um das Problem als CSP über endlichen Ganzzahldomänen zu modellieren, werden diese Mengen mit entsprechenden Indexmengen der Personen, Themen und Tage identifiziert: Daher gelte

$$P = \{1, \ldots, |P|\} \qquad S = \{1, \ldots, |S|\} \qquad T = \{1, \ldots, |T|\}$$

und für jede Person $p \in P$ sei die endliche Ganzzahlmenge $W_p \subseteq S$, die Menge der gewählten Seminarthemen, bekannt. Offensichtlich muss

$$|W_p| \leq |T| \quad \text{für alle Personen } p \in P$$

gelten, da sonst das Zuordnungsproblem unlösbar ist. Da diese Bedingung a priori einfach zu testen ist, nehmen wir an, dass alle zu lösenden Aufgabenstellungen diese Bedingung erfüllen.

Für jede Person $p \in P$ und jeden Seminartag $t \in T$ repräsentieren wir nun jeden besuchten Seminarkurs als Variable $\mathsf{Kurs}_{p,t}$ mit initialem Wertebereich. Dieser ist $W_p \cup \{0\}$, falls $|W_p| < |T|$ gilt, wobei der Wert 0 erforderliche Pausenzeiten ohne Kursbelegungen kodiert, wenn die Zahl der gewählten Seminarthemen kleiner als die Zahl der Seminartage ist. Ansonsten ist der initiale Wertebereich W_p:

$$\mathsf{Kurs}_{p,t} \in \begin{cases} W_p \cup \{0\} & \text{falls } |W_p| < |T| \\ W_p & \text{ansonsten} \end{cases} \quad \text{für alle } p \in P \text{ und alle } t \in T.$$

Die Aussage, dass eine Person $p \in P$ an einem Kurs zu einem Seminarthema $s \in S$ an einem der Seminartage $t \in T$ teilnimmt, wird mit einer *Booleschen* Variablen $\mathsf{Teilnahme}_{p,s,t}$ formuliert. Diese Variable hat den Wert 1, wenn Person p einen Kurs zum Thema s am Tag t besucht, ansonsten hat sie den Wert 0:

$$\mathsf{Teilnahme}_{p,s,t} \in [0,1] \quad \text{für alle } p \in P, \text{ alle } s \in S \text{ und alle } t \in T.$$

Die Beziehung, dass $\mathsf{Teilnahme}_{p,s,t} = 1$ genau dann gilt, wenn $\mathsf{Kurs}_{p,t} = s$ ist, wird mit Hilfe von *Kronecker-Delta*-Constraints hergestellt. Ein **Kronecker-Delta**-Constraint ist für zwei beliebige Zahlen i und j definiert durch

$$\delta_{i,j} = \begin{cases} 1 \text{ falls } i = j \\ 0 \text{ falls } i \neq j \end{cases}$$

und ist insbesondere für Ganzzahlen $i, j \in \mathbb{Z}$ relativ einfach zu realisieren.[43]

Damit ergibt sich unmittelbar die folgende Modellierung der Beziehungen zwischen den $\mathsf{Teilnahme}$- und Kurs-Variablen:

$$\mathsf{Teilnahme}_{p,s,t} = \delta_{\mathsf{Kurs}_{p,t},s} \quad \text{für alle } p \in P, \text{ alle } s \in S \text{ und alle } t \in T.$$

---

[43] Die in diesem Buch schuldig gebliebene Beschreibung der Realisierung des *Kronecker-Delta*-Constraints bleibt der engagierten Leserschaft überlassen.

Um zu gewährleisten, dass jede Person mindestens einmal an Kursen zu ihren gewählten Seminarthemen über die Seminartage verteilt teilnimmt, ergänzen wir die Modellierung um die Summengleichungen

$$\sum_{s \in S} \sum_{t \in T} \mathsf{Teilnahme}_{p,s,t} = |W_p| \text{ für alle Personen } p \in P.$$

Eine Belegung aller $\mathsf{Kurs}_{p',t}$-Variablen für eine Person p' mit Werten aus einer echten Teilmenge $V_{p'} \subsetneq W_{p'}$ hätte zur Folge, dass die Zahl der Einsen in der Summe für die Person p' gleich der Kardinalität der eingeschränkten Wertemenge wäre und damit die Summengleichung nicht erfüllt wäre:

$$\sum_{s \in S} \sum_{t \in T} \mathsf{Teilnahme}_{p',s,t} = |V_{p'}| \text{ mit } |V_{p'}| < |W_{p'}|.$$

Weitere Summengleichungen verhindern, dass einer Person $p \in P$ ein Seminarthema $s \in S$ an mehreren Terminen zugeteilt wird. Dazu werden *Boolesche* Variablen $\mathsf{Zuordnung}_{p,s} \in \{0,1\}$ eingeführt und mit den $\mathsf{Teilnahme}$-Variablen in Bezug gesetzt:

$$\sum_{t \in T} \mathsf{Teilnahme}_{p,s,t} = \mathsf{Zuordnung}_{p,s} \text{ für alle } p \in P \text{ und alle } s \in S.$$

Eine Belegung zweier unterschiedlicher Kurs-Variablen $\mathsf{Kurs}_{p',t'}$ $\mathsf{Kurs}_{p',t''}$ für eine Person p' und zwei verschiedene Seminartage t' und t'' mit dem gleichen Thema s' hätte zur Folge, dass die Zahl der Einsen in der Summe für die Person p' und das Seminarthema s' größer als 1 und damit die Summengleichung nicht erfüllt wäre:

$$\sum_{t \in T} \mathsf{Teilnahme}_{p',s',t} > 1 \text{ d.h. } \sum_{t \in T} \mathsf{Teilnahme}_{p',s',t} \notin \{0,1\}.$$

Um den einmaligen Besuch eines Kurses zu einem gewählten Thema zu erzwingen, kann alternativ oder ergänzend als redundante Beziehung auch ein alldifferent-Constraint für jede Person $p \in P$ etabliert werden:

$$\mathsf{alldifferent}(\mathsf{Kurs}_{p,1}, \ldots, \mathsf{Kurs}_{p,|T|}).$$

Dazu sind allerdings die initialen Wertebereiche der Kurs-Variablen anzupassen:

$$\mathsf{Kurs}_{p,t} \in W_p \cup \{-i \mid 1 \le i \le |T| - |W_p|\} \text{ für alle } p \in P \text{ und alle } t \in T.$$

Diese Anpassung ist notwendig, da ggf. mehrere freie Seminartage (Pausenzeiten) nicht mit dem gleichen Wert (z. B. der Null) kodiert werden können, schließlich müssen alle Kurs-Variablen einer Person unterschiedliche Werte annehmen. Daher haben wir für die erforderlichen Pausenzeiten unterschiedliche negative Ganzzahlen gewählt, um sie von den Kursen gut zu unterscheiden.

Um eine gleichmäßige Auslastung der Kurse an jedem Seminartag zu erreichen, werden Personenzahl-Variablen $\mathsf{Anzahl}_{s,t}$ für jedes Seminarthema $s \in S$ und jeden Seminartag $t \in T$ eingeführt und gleich der Summe der Teilnehmerzahl gesetzt:

$$\sum_{p \in P} \text{Teilnahme}_{p,s,t} = \text{Anzahl}_{s,t} \quad \text{für alle } s \in S \text{ und alle } t \in T.$$

Initial läßt sich der Wertebereich der Personenzahlen $\text{Anzahl}_{s,t}$ auf die Domänen $[0, \sum_{p \in P} \sum_{s \in W_p} 1]$ einschränken, da jeder Kurs mit höchstens all den Personen besetzt wird, die das entsprechenden Seminarthema gewählt haben.

Die zweistufige Optimierung der Verteilung der Teilnehmer auf die Kurse an den Seminartagen erfordert die Einführung zweier Zielgrößen, deren Werte zu maximieren bzw. zu minimieren sind. Zur Erzielung möglichst kleiner Kursgrößen beschränken wir daher die Personenzahl der Kurse durch eine Variable Maximalzahl, deren (minimaler) Wert die Personenzahl für alle Veranstaltungen (optimal) beschränkt:

$$\text{Maximalzahl} \geq \max_{s \in S, t \in T} \text{Anzahl}_{s,t} \quad \text{bzw.}$$

$$\text{Maximalzahl} \geq \text{Anzahl}_{s,t} \quad \text{für alle } s \in S \text{ und alle } t \in T.$$

Um dann noch alle Veranstaltungen gleichmäßig auszulasten, fordern wir eine Mindestpersonenzahl mit Hilfe einer Variablen Minimalzahl, deren (maximaler) Wert die Mindestpersonenzahl für alle Veranstaltungen (optimal) vorgibt:

$$\text{Minimalzahl} \leq \min_{s \in T, t \in T} \text{Anzahl}_{s,t} \quad \text{bzw.}$$

$$\text{Minimalzahl} \leq \text{Anzahl}_{s,t} \quad \text{für alle } s \in S \text{ und alle } t \in T.$$

Welche Optimierungsstrategien insbesondere bei dieser Modellierung dieses Team- und Zeitplanungsproblems vorteilhaft sind, um das zweistufige Optimierungsproblem zu lösen, wird in den Kapiteln 13 und 14 erläutert.

12.3 Anmerkungen und Literaturhinweise

Einige Aspekte der Modellierung zur Bestimmung optimaler Golomb-Lineale sind [12, 139, 140] entnommen. Dort finden sich auch Ergebnisse von Vergleichen, die zeigen, wie sich verschiedene Modellierungen von Golomb-Linealen aufgrund unterschiedlicher Propagationsverfahren und Suchraumeinschränkungen auf die Lösungssuche und deren Laufzeit auswirken.

Das vorgestellte Problem der Teambildung stammt direkt aus der Praxis [36]. Es stellte sich konkret bei der Organisation eines Workshops für leitende Verwaltungsfachkräfte einer großen deutschen Forschungseinrichtung und wurde mit der Programmbibliothek firstcs [72] zur objektorientierten Constraint-Programmierung in JAVA gelöst (s. dazu Abschnitt 9.2).

Eine generelle Übersicht über weitere Aspekte der Modellierung von Constraint-Problemen, die zu Mustern, sog. *Constraint Patterns* zusammengefasst sind, findet sich in [156].

Teil V

Lösung von Constraint-Problemen

Nach einer günstigen Modellierung eines Randwertproblems als CSP, das starke Suchraumeinschränkungen erlaubt (vgl. Abschnitt 4.1 und Teil IV), stellt sich die Frage, wie nun dieses zu lösen ist. Dabei unterscheiden wir grob zwischen beliebigen Lösungen, die das CSP erfüllen, und optimalen Lösungen, die eine zusätzlich gegebene Zielfunktion entweder minimieren oder maximieren. Im Detail ist dann noch zu klären, ob die Bestimmung irgendeiner (optimalen) Lösung ausreichend ist oder ob alle (optimalen) Lösungen aufzuzählen sind, was wegen der Endlichkeit der Wertebereiche in CSP prinzipiell möglich ist.

In Kapitel 13 werden daher generelle, aber auch problemspezifische Suchverfahren zur Findung von Lösungen vorgestellt. Dabei wird gezeigt, welche Heuristiken zur Beschleunigung der Lösungsfindung eingesetzt werden können. Darauf aufbauend werden in Kapitel 14 *Branch-and-Bound*-Verfahren zum Auffinden optimaler Lösungen beschrieben.

Die Suche nach Lösungen von CSP

Neben einer geschickten Modellierung eines CSP (s. Teil IV) ist das Vorgehen bei der Suche nach Lösungen ausschlaggebend für die Geschwindigkeit, mit der entweder Inkonsistenzen erkannt oder Lösungen gefunden werden. Modellierung und Suche bedingen sich gegenseitig. Einerseits werden die Auswahlmöglichkeiten während der Suche aufgrund der konsistenzherstellenden Verfahren eingeschränkt. Andererseits sind resultierende Suchraumeinschränkungen abhängig von den getroffenen Entscheidungen.

Während für die Modellierung meist generelle Richtlinien angegeben werden können, z. B. für den bevorzugten Einsatz globaler Constraints (vgl. Kapitel 10), lassen sich für die Suche nach Lösungen lediglich heuristische Strategien zur Traversierung des Suchraums formulieren, die sich bei der Lösung vieler Probleme bewährt haben. Heuristische Suchstrategien garantieren jedoch generell nicht das schnelle Finden einer Lösung oder das Erkennen der Unlösbarkeit eines Problems.

In vielen Constraint-Programmiersystemen stehen meist vielfältig parametrierbare, generelle Suchverfahren zur Verfügung, die für viele CSP in moderater Zeit Lösungen finden. Große, anwendungsspezifische Probleme, wie z. B. Personal- oder Stundenplanungsprobleme, erfordern jedoch speziell zugeschnittene Suchverfahren, um das jeweilige Problem in adäquater Zeit zu lösen. Die Implementierung solcher Suchverfahren wird daher in allen gängigen Constraint-Programmiersystemen, insbesondere in den CLP-Systemen (vgl. Kapitel 6) unterstützt. Beide Arten von Suchverfahren, generelle und problemspezifische, werden in den nächsten Abschnitten vorgestellt.

13.1 Generelle Suchverfahren

Neben vielen anderen Suchverfahren der Künstlichen Intelligenz gibt es zwei generelle Suchverfahren, deren Grundlage ein allgemeiner Suchbaum ist: die *Breiten-* und die *Tiefensuche* (vgl. Abschnitt 2.4). Da bei der Suche in der

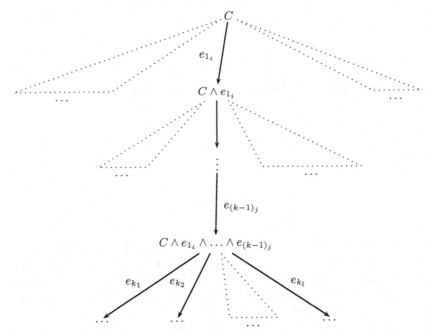

Abb. 13.1. Genereller Aufbau eines Entscheidungsbaums für ein CSP C

Constraint-Programmierung jede Kante eine Entscheidung, d. h. ein Constraint, repräsentiert, nennen wir diesen Baum auch *Entscheidungsbaum*. Wünschenswerterweise führt jedes Constraint in diesem Baum zu einer Einschränkung des Suchraums und damit einen Schritt näher zur Entscheidung, ob dieser Teil des Suchraums eine Lösung enthält oder nicht.

Definition 13.1 (Entscheidungsbaum)

Ein **Entscheidungsbaum** eines zu lösenden CSP C ist ein Graph, dessen Knoten mit Ausnahme der *Wurzel* eine eingehende Kante und endlich viele ausgehende Kanten haben. Die Knoten des Entscheidungsbaums sind CSP, die Kanten sind Constraints aus $\mathcal{CS}_{\mathcal{FD}}$. Die Wurzel des Entscheidungsbaums ist das zu lösende CSP C. Ein beliebiger Knoten K im Entscheidungsbaum ist die Konjunktion, die sich aus C und den Constraints auf dem *Pfad*, d. h. der Folge von Kanten von C zu K, ergeben (s. Abbildung 13.1). Die Zahl der Entscheidungen in einem Knoten bzw. die Länge des Pfads von der Wurzel dorthin bestimmt die *Ebene* des Knotens.

Sowohl bei der Breiten- als auch bei der Tiefensuche wird, meist implizit, ein Entscheidungsbaum konstruiert, so dass wir einen Entscheidungsbaum mit einer Lösungssuche identifizieren. Der Unterschied besteht lediglich in der Traversierungsreihenfolge entlang der Kanten des Entscheidungsbaums. Die

Breitensuche betrachtet erst dann einen Nachfolgerknoten auf der Ebene k, wenn alle Knoten auf den Ebenen kleiner als k untersucht wurden. Die Tiefensuche wiederum geht entlang eines Pfads, bis entweder eine Inkonsistenz des Knotens am Ende des Pfads festgestellt wurde oder dieser Knoten eine Lösung repräsentiert. Da nach dem Finden einer ersten Lösung die Suche nicht abgebrochen werden muss, können beide Verfahren durch fortgesetzte Traversierung des Entscheidungsbaums weitere Lösungen finden. Wir beschränken uns bei den nachfolgend vorgestellten Suchverfahren auf das Finden *einer* Lösung. Eine Verallgemeinerung der Verfahren, so dass sie *alle* Lösungen finden, ist naheliegend und eine der zu lösenden Aufgaben in Abschnitt 13.5.

Beispiel 13.1   Zur Lösung des CSP

$$(z = 2 \cdot y + 3 \cdot x) \wedge (x \in [1,2]) \wedge (y \in [1,3]) \wedge (z \in [7,11])$$

werden die folgenden Entscheidungen getroffen: Die Variablen werden in alphabetischer Reihenfolge mit Werten belegt. Bei einer Breitensuche werden daher auf Ebene 1 die beiden erweiterten CSP

$$(z = 2 \cdot y + 3) \wedge (x = 1) \wedge (y \in [1,3]) \wedge (z \in [7,11]),$$
$$(z = 2 \cdot y + 6) \wedge (x = 2) \wedge (y \in [1,3]) \wedge (z \in [7,11])$$

konstruiert. Wird dann auf Ebene 1 Grenzenkonsistenz hergestellt, gilt:

$$(z = 2 \cdot y + 3) \wedge (x = 1) \wedge (y \in [2,3]) \wedge (z \in [7,9]),$$
$$(z = 2 \cdot y + 6) \wedge (x = 2) \wedge (y \in [1,2]) \wedge (z \in [8,10]).$$

Für die CSP auf Ebene 2 wird dann die Variable y mit den verbleibenden Werten in den jeweiligen Domänen belegt:

$$(z = 4 + 3) \wedge (x = 1) \wedge (y = 2) \wedge (z \in [7,9]),$$
$$(z = 6 + 3) \wedge (x = 1) \wedge (y = 3) \wedge (z \in [7,9]),$$
$$(z = 2 + 6) \wedge (x = 2) \wedge (y = 1) \wedge (z \in [8,10]),$$
$$(z = 4 + 6) \wedge (x = 2) \wedge (y = 2) \wedge (z \in [8,10]).$$

Eine Herstellung der Grenzenkonsistenz auf dieser Ebene liefert dann alle vier Lösungen des CSP:

$$(x = 1) \wedge (y = 2) \wedge (z = 7),$$
$$(x = 1) \wedge (y = 3) \wedge (z = 9),$$
$$(x = 2) \wedge (y = 1) \wedge (z = 8),$$
$$(x = 2) \wedge (y = 2) \wedge (z = 10).$$

Bei einer Tiefensuche nach einer Lösung wird lediglich eines der beiden erweiterten CSP auf Ebene 1 erzeugt und für dieses Konsistenz hergestellt, z. B.

$$(z = 2 \cdot y + 3) \wedge (x = 1) \wedge (y \in [2,3]) \wedge (z \in [7,9]).$$

Eine Belegung der Variablen y, z. B. $y = 2$, führt zu dem erweiterten CSP

$$(z = 4 + 3) \wedge (x = 1) \wedge (y = 2) \wedge (z \in [7, 9]),$$

das nach Konsistenzherstellung eine Lösung des ursprünglichen CSP ist:

$$(x = 1) \wedge (y = 2) \wedge (z = 7).$$

◇

Damit keine Lösungen bei der Suche verloren gehen, d. h. die Suche *vollständig* ist, sind die ausgehenden Kanten eines jeden Knotens K zu all seinen direkten Nachfolgerknoten so zu wählen, dass deren logische Disjunktion redundant zum CSP K ist. Zur genaueren Erläuterung der Vollständigkeit betrachten wir einen beliebigen Entscheidungsbaum.

Definition 13.2 (Vollständigkeitsbedingung)

Gegeben sei ein Entscheidungsbaum mit einem zu lösenden CSP C als Wurzel, wie in Abbildung 13.1 dargestellt. Weiterhin seien beliebige aufeinanderfolgende, getroffene Entscheidungen $e_{1_i}, \ldots, e_{(k-1)_j}$ $(k \geq 1)$ entlang eines Pfads im Entscheidungsbaum zu einem beliebigen Knoten K gegeben.

Dann soll für die unmittelbar danach zur Auswahl stehenden Entscheidungen $e_{k_1} \ldots, e_{k_l}$ $(l \geq 0)$ die **Vollständigkeitsbedingung**

$$\mathcal{D}_{\mathcal{FD}} \models \forall ((C \wedge e_{1_i} \wedge \ldots \wedge e_{(k-1)_j})$$
$$\longleftrightarrow (C \wedge e_{1_i} \wedge \ldots \wedge e_{(k-1)_j} \wedge (e_{k_1} \vee \ldots \vee e_{k_l})))$$

gelten. Dann ist die Suche auf Basis dieses Entscheidungsbaums **vollständig**, d. h., keine Lösung kann dabei verlorengehen.

Beispiel 13.2 (Fortsetzung von Beispiel 13.1)   Die Breitensuche in Beispiel 13.1 ist vollständig, da die Disjunktion aller Entscheidungen von einer Ebene zur nächsten äquivalent zur Domänenfestlegung einer Variablen im ausgehenden Knoten des Entscheidungsbaums ist. So gilt z. B. beim Übergang von Ebene 0 auf Ebene 1 u. a.

$$\mathcal{D}_{\mathcal{FD}} \models \forall x.((x \in [1, 2]) \longleftrightarrow (x = 1 \vee x = 2)).$$

◇

Idealerweise wählen wir die Entscheidungen, die von einem Knoten im Entscheidungsbaum zu seinen Nachfolgern führen, so aus, dass sie sich *wechselseitig ausschließen*. Damit können wir einen mehrfachen Suchaufwand oder ein Wiederholen von Lösungen vermeiden. Das bedeutet, für die in Abbildung 13.1 dargestellten Constraints $e_{k_1} \ldots, e_{k_l}$, die vom Knoten $C \wedge e_{1_i} \wedge \ldots \wedge e_{(k-1)_j}$ ausgehen, soll

$$\mathcal{D}_{\mathcal{FD}} \not\models \exists (e_{k_p} \wedge e_{k_q}) \qquad \text{für } 1 \leq p < q \leq l$$

gelten. Außerdem sind wir gut beraten, die Entscheidungen so festzulegen, dass die Suche *zielführend* ist, so dass nach endlich vielen Schritten die Suche entweder ohne Lösung scheitert oder mindestens eine Lösung offenbart.

Definition 13.3 (Zielführende Suche)

Gegeben sei ein Entscheidungsbaum mit einem zu lösenden CSP C als Wurzel, wie in Abbildung 13.1 dargestellt. Die darauf basierende Suche ist **zielführend**, wenn für den Knoten am Ende eines beliebigen endlichen Pfads, d. h. nach einer beliebigen endlichen Folge von Entscheidungen $e_{1_i}, \ldots, e_{n_m}$, eine der folgenden drei Bedingungen gilt:

1. Eine Inkonsistenz ist festgestellt, d. h., es gilt:

$$\mathcal{D}_{\mathcal{FD}} \not\models \exists (C \wedge e_{1_i} \wedge \ldots \wedge e_{n_m}).$$

2. Die Werte der Variablen $var(C) = \{x_1, \ldots, x_r\}$, sind durch die Entscheidungen bei der Suche so stark eingeschränkt, dass sie eindeutig feststehen, d. h., es gilt:

$$\mathcal{D}_{\mathcal{FD}} \models \forall ((C \wedge e_{1_i} \wedge \ldots \wedge e_{n_m}) \longleftrightarrow (x_1 = v_1 \wedge \ldots \wedge x_r = v_r)).$$

3. Die Domänen der Variablen $var(C) = \{x_1, \ldots, x_r\}$ sind durch die getroffenen Entscheidungen so stark eingeschränkt, dass mit einem deterministischen Verfahren (effizient) Lösungen bestimmbar sind.

Beispiel 13.3 (Fortsetzung von Beispiel 13.1) Sowohl die Breiten- als auch die Tiefensuche in Beispiel 13.1 sind zielführend, schließlich werden nach wenigen Entscheidungen Lösungen gefunden.[44] Die Entscheidungen von einem Knoten zu seinen Nachfolgern schließen sich wechselseitig aus, da die jeweilige Variable mit unterschiedlichen Werten belegt wird.   ◊

Obwohl die Breiten- und die Tiefensuche prinzipiell zur Lösungsfindung für CSP einsetzbar sind, wird faktisch nur die Tiefensuche in der Constraint-Programmierung eingesetzt. Gründe dafür sind der geringere Speicherplatzbedarf und das im Allgemeinen schnellere Finden einer Lösung. Beginnend mit der Wurzel des Entscheidungsbaums wird bei der Tiefensuche eine der zur Auswahl stehenden Entscheidungen getroffen. Dann wird das aktuelle CSP um das entsprechende Constraint erweitert. Schließlich werden durch Herstellung der lokalen Konsistenz oder der Grenzenkonsistenz die Wertebereiche der Variablen eingeschränkt, bis letztendlich eine der in Definition 13.3 genannten Bedingungen eintritt. Wird eine Inkonsistenz festgestellt, wird im Entscheidungsbaum zu einem direkten oder indirekten Vorgängerknoten zurückgesetzt. Das Rücksetzen zum unmittelbaren Vorgänger im Entscheidungsbaum wird auch als *chronologisches Rücksetzen* (engl. *backtracking*) bezeichnet, da die zuletzt getroffene Entscheidung zuerst zurückgenommen wird.

Nach dem Rücksetzen wird eine andere Entscheidung getroffen, sofern eine solche zur Auswahl steht. Ansonsten wird weiter zurückgesetzt, bis entweder

---

[44]Die Zahl der zu treffenden Entscheidungen kann im schlimmsten Fall exponentiell mit der Problemgröße wachsen.

ein anderer Pfad im Entscheidungsbaum verfolgt werden kann oder das Rücksetzen bei der Wurzel endet. Ist die Suche vollständig, ist im letzten Fall das CSP unlösbar, da alle Pfade im Entscheidungsbaum zu einer Inkonsistenz führten.

Diese Vorgehen soll zuerst an der einfachsten und speziellsten Form der Lösungssuche bei CSP gezeigt werden: dem Belegen der Variablen mit zulässigen Werten (engl. *labeling*).

13.2 Das Labeling

Das *Labeling* ist eine Tiefensuche mit *chronologischem Rücksetzen*, bei der jede Entscheidung im Entscheidungsbaum aus einer Wertezuweisung zu einer Variablen besteht. Im Gegensatz zum generellen Versuch-und-Irrtum-Vorgehen (engl. *trial and error*) bestehen dabei die Auswahlmöglichkeiten auf einer beliebigen Ebene im Entscheidungsbaum nicht aus allen ursprünglich gegebenen Werten der dort betrachteten Variablen. Der wesentliche Vorteil der Constraint-Verarbeitung ist, dass nur die Werte zur Auswahl stehen, die nach der Herstellung von Konsistenzeigenschaften – meist lokale Konsistenz oder Grenzenkonsistenz – unter Berücksichtigung aller aktuell geltenden Constraints, insbesondere der bisher getroffenen Entscheidungen, verbleiben. Durch diese unmittelbare Einschränkung des Suchraums wird die Suche stärker auf die erfolgversprechenden Bereiche des Suchraums fokussiert. Unnötige Traversierungen von Teilbäumen im Entscheidungsbaum, die sicher keine Lösung enthalten, werden damit per se vermieden, wie das folgende Beispiel zeigt.

Beispiel 13.4 (Das Vier-Damen-Problem)   Beim *Vier-Damen-Problem* (vgl. Beispiel 8.15) sind 4 Damen aus dem Schachspiel auf einem Schachbrett mit 4×4 Feldern so zu platzieren, dass sie sich wechselseitig nicht schlagen können. In Abbildung 13.2 ist der vollständige Entscheidungsbaum zur Bestimmung aller Lösungen – in diesem Fall sind es zwei, die symmetrisch zueinander sind – dargestellt. Felder, die mit einer Dame belegt werden, sind durch das Zeichen ♛ gekennzeichnet. Ist eine Belegung aufgrund von Wertebereichseinschränkungen eindeutig bestimmt, wird dies vor der eigentlichen Belegung mit dem Zeichen ♕ hervorgehoben. Felder, die aufgrund der aktuellen Belegungen nicht mit Damen besetzt werden können, ohne dass diese durch bereits platzierte bedroht werden, sind mit dem Zeichen ▪ markiert.

Dieses Beispiel zeigt beeindruckend die Wirkungsweise der Constraint-Verarbeitung mit Suchraumeinschränkung während der Suche. Bei der Suche wird zuerst eine Dame auf einem Feld in der unteren Zeile platziert, Konsistenz hergestellt und dann ggf. eine zweite Dame in einem noch zulässigen Feld der zweituntersten Zeile.

Spätestens nach der Platzierung der Damen auf den beiden unteren Zeilen des Schachbretts steht die Unzulässigkeit der Platzierung oder die daraus resultierende Lösung fest:

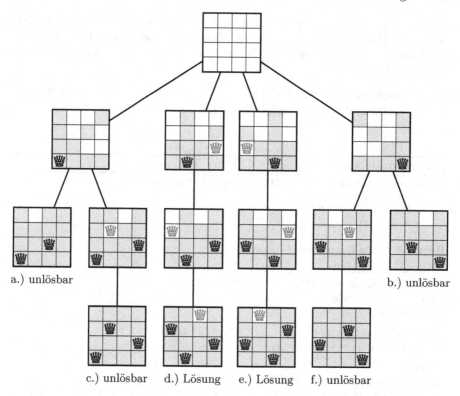

a.) unlösbar   b.) unlösbar

c.) unlösbar   d.) Lösung   e.) Lösung   f.) unlösbar

Abb. 13.2. Fortlaufende Einschränkung des Suchraums für das Vier-Damen-Problem durch das Positionieren der Damen (Labeling)

- In den Pfaden a.) und b.) entfallen alle Felder für die Dame in der zweitobersten Zeile.
- In den Pfaden c.) und f.) ist der Platz der Dame in der zweitobersten Zeile durch Herstellung der lokalen Konsistenz eindeutig bestimmt. Daraus ergibt sich unmittelbar die Nichtplatzierbarkeit einer Dame in der obersten Zeile.
- In den Fällen d.) und e.) steht bereits nach der Platzierung der ersten Damen in der untersten Zeile die Lösung fest. Durch Herstellung der lokalen Konsistenz ist nicht nur der eindeutige Platz der Dame in der zweituntersten Zeile bestimmt, sondern auch die Plätze der Damen in den beiden oberen Zeilen.

Statt der 4! = 24 Wertekombinationen, wie sie ohne Constraint-Verarbeitung zu betrachten wären, sind lediglich acht Kombinationen zur Bestimmung aller Lösungen erforderlich. ◊

Betrachten wir das in Abschnitt 4.1 vorgestellte Lösungsverfahren für CSP backtrackSolve erneut (s. Algorithmus 13.1), so stellen wir fest, dass dieses Labeling vollständig und zielführend ist. Außerdem gilt, dass sich die Entscheidungen, nämlich die Festlegung unterschiedlicher Werte, wechselseitig ausschließen. Wir stellen dabei auch fest, dass dieses Verfahren an zwei Stellen nichtdeterministisch ist und uns daher Freiräume zur Gestaltung der Suche lässt, nämlich bei

- der Auswahl der Variablen, deren Werte festzulegen sind (s. Zeile 9) und
- der Auswahl der (noch) möglichen Variablenwerte (s. Zeile 12).

Algorithmus 13.1 : Lösen eines CSP mit Tiefensuche

Gegeben : Ein CSP $C = C' \wedge D$ (Definition 4.1) mit

$C' = c_1 \wedge \ldots \wedge c_k$ und

$D = x_1 \in D_1 \wedge \ldots \wedge x_n \in D_n.$

Resultat : Eine Lösung von C oder *false*.

1 backtrackSolve(C) $\equiv$
2 $F := \mathsf{localConsistency}(C)$;
3 **if** $F = \textit{false}$ **then**
4 $\quad\lfloor$ **return** *false*;
5 **else if** $F = C' \wedge x_1 \in \{e_1\} \wedge \ldots \wedge x_n \in \{e_n\}$ **then**
6 $\quad\lfloor$ **return** $x_1 = e_1 \wedge \ldots \wedge x_n = e_n$;
7 **else**
8 $\quad$ Sei $F = C' \wedge x_1 \in \{e_{1,1}, \ldots, e_{1,m_1}\} \wedge \ldots \wedge x_n \in \{e_{n,1}, \ldots, e_{n,m_n}\}$.
9 $\quad$ Wähle ein x_i mit $m_i \geq 2$.
10 $\quad$ Sei $E = \{e_{i,1}, \ldots, e_{i,m_i}\}$.
11 $\quad$ **while** $E \neq \emptyset$ **do**
12 $\quad\quad$ Wähle ein $e_{i,j} \in E$.
13 $\quad\quad$ $E := E \setminus \{e_{i,j}\}$;
14 $\quad\quad$ $B := \mathsf{backtrackSolve}((x_i = e_{i,j}) \wedge F)$;
15 $\quad\quad$ **if** $B \neq \textit{false}$ **then**
16 $\quad\quad\quad\lfloor$ **return** B;
17 $\quad$ **return** *false*;

Dieser Spielraum, sowohl bei der Wahl der Variablen als auch bei der Auswahl ihrer Werte, erlaubt es uns, *Heuristiken*, d. h. Auswahlstrategien, bei der Suche einzusetzen. Die Hoffnung dabei ist, schneller eine Lösung eines CSP zu bestimmen, d. h. mit weniger Rücksetzschritten den „richtigen" Pfad im Entscheidungsbaum zu einer Lösung als mit anderen Strategien zu finden. Offensichtlich hat die Reihenfolge, in der die Variablen mit Werten belegt werden, entscheidenden Einfluss auf die Zahl der Belegungen und Rücksetzschritte, die notwendig sind, um Lösungen zu finden (vgl. Beispiel 13.4). Unterschiedliche Auswahlstrategien verändern die Dauer der Suche. Die Effizienz der Suche wird in aller Regel stärker durch die *Reihenfolge der Variablen* (engl. *varia-*

ble ordering) als durch die *Reihenfolge der Werte* (engl. *value ordering*), mit denen diese belegt werden, bestimmt – dazu ein Beispiel.

Beispiel 13.5 (Vorbereitung eines Auslandseinsatzes)   Die bei einem Auslandseinsatz eines Arztes zu berücksichtigenden Rahmenbedingungen seien als CSP beschrieben. Die Festlegungen der noch unbestimmten Variablenwerte modellieren dabei die zu treffenden Entscheidungen. Werden in der Anfangsphase der Vorbereitungen bereits die mitzunehmenden medizinischen Geräte ausgewählt und ohne Ergründung der Erfordernisse festgelegt, so führt dies sehr wahrscheinlich zu Fehleinschätzungen, die zu einem späteren Zeitpunkt, z. B. nach Festlegung der Impfungen des Arztes und Buchung seiner Flüge etc., revidiert werden müssen. Dies wird insbesondere dann sehr aufwändig, wenn die Zusammenhänge nicht erkannt werden und die Revision durch Tiefensuche mit dem Verfahren backtrackSolve in Algorithmus 13.1 erfolgt.

Formal besteht in dem genannten Fall das CSP aus mindestens zwei unabhängigen Teilproblemen $C \wedge D$, eines die Auswahl der medizinischen Geräte betreffend und ein anderes entsprechend den persönlichen Vorbereitungen des Arztes. Die Variablenmengen der beiden Teilprobleme $\mathsf{var}(C) = \{x_1, \ldots, x_i, x_{i+1}, \ldots, x_k\}$ und $\mathsf{var}(D) = \{y_1, \ldots, y_j\}$ sind daher disjunkt: $\mathsf{var}(C) \cap \mathsf{var}(D) = \emptyset$.

Nun werden unglücklicherweise zuerst die Variablen $x_1, \ldots, x_i$ so belegt, dass keine spätere Belegung der Variablen $x_{i+1}, \ldots, x_k$ das Teilproblem C löst. Werden jedoch vor ihrer Belegung die Werte der Variablen $y_1, \ldots, y_j$ festgelegt, dann wird diese Inkonsistenz erst beim anschließenden Versuch, die Variablen $x_{i+1}, \ldots, x_k$ zu belegen, offenkundig. Aufgrund des *chronologischen Rücksetzens* in backtrackSolve erfolgt ein Ausprobieren aller Wertekombinationen der Variablen $y_1, \ldots, y_j$, ohne dass dadurch die Inkonsistenz aufgelöst wird. Erst danach werden andere, möglicherweise erfolgversprechendere Wertekombinationen von $x_1, \ldots, x_i$ probiert.

Die Folge ist, dass große Teile des Entscheidungsbaums ggf. sogar mehrfach durchsucht werden, ohne dass sich an der eigentlichen Ursache des Problems etwas ändert. Dieser Effekt wird „*Flattern*" (engl. *thrashing*) genannt, da trotz größter Anstrengung kein wirklicher Fortschritt erzielt wird. Abhilfe schafft in diesem Fall die Umordnung der Variablenreihenfolge, z. B. zur Folge $x_1, \ldots, x_k, y_1, \ldots, y_j$. ◊

13.2.1 Variablenreihenfolge (*Variable Ordering*)

Die Reihenfolge, in der die Variablen bei der Suche zu belegen sind, ist entweder für die gesamte Suche unveränderbar, d. h. *statisch* festgelegt, oder die nächste Variable wird *dynamisch*, je nach Situation und Zustand des Suchprozesses, bestimmt.

Die dynamische Festlegung der Variablenreihenfolge erfordert im Allgemeinen die Verarbeitung von Zusatzinformationen während der Suche und ist daher in aller Regel aufwändiger in der Realisierung als eine statische Anordnung. Vorteile bringt die dynamische Festlegung erst dann, wenn der Aufwand für die dynamische Auswahl durch einen Laufzeitgewinn gegenüber einer Suche mit einer vorab festgelegten Variablenreihenfolge wettgemacht wird.

Wir unterscheiden weiterhin *problemspezifische* und *problemunabhängige* Auswahlheuristiken. Problemspezifische Heuristiken sind z. B.

- „bestimme (vorab oder während der Suche) die Zeitfenster, in denen Arbeitsgänge am stärksten um die Abarbeitung auf einer Maschine konkurrieren (Engpassanalyse)" und
- „wähle die längsten Arbeitsgänge in dem Zeitfenster, das den größten Engpass darstellt, aus und lege diese fest"

(mehr dazu in Abschnitt 13.3.2). Problemunabhängig werden vielfältige, universell einsetzbare Heuristiken zur Variablenauswahl vorgeschlagen. Eine der bekanntesten Heuristiken basiert auf dem *first-fail*-Prinzip:

> „Um erfolgreich zu sein, versuche zuerst dort Dein Glück, wo es die wenigsten Alternativen gibt, da so ein Fehlschlag, aber auch ein Erfolg am wahrscheinlichsten zu erwarten ist."

Bei diesem Auswahlverfahren wird eine der Variablen mit den wenigsten Alternativen, d. h. mit der kleinsten (aktuellen) Domäne, gewählt. Da die Zahl der Alternativen mit den Constraints und deren Propagation bei der Herstellung von Konsistenzen in unterschiedlichen Zweigen des Entscheidungsbaums im Allgemeinen schwankt, ist es sinnvoll, die Auswahl der nächsten Variablen dynamisch festzulegen.

Dieses Auswahlverfahren basiert auf der Annahme, dass mit sinkender Zahl von Werten in den Variablendomänen die Wahrscheinlichkeit steigt, dass einer der enthaltenen Werte Bestandteil einer Lösung ist.

Das *first-fail*-Prinzip erscheint vordergründig widersinnig. Jedoch hält dieses Prinzip den Entscheidungsbaum anfangs „schlank", so dass unlösbare Probleme oder erfolglose Zweige im Entscheidungsbaum in aller Regel schneller erkannt werden und so andere Suchpfade früher traversiert werden, die mehr Aussicht auf Erfolg haben.

Beispiel 13.6 (Anwendung des *first-fail*-Prinzips) Um die beiden Lösungen des CSP

$$(z = 5 \cdot x) \wedge (z = 7 \cdot y) \wedge (x \in [7, 14]) \wedge (y \in [5, 10]) \wedge (z \in [35, 70])$$

zu finden, ist es sinnvoll, bei der Belegung mit der Variablen y mit ihren 5 Werten zu beginnen. Setzt man $y = 5$ reduziert sich nach Herstellung der Grenzenkonsistenz (vgl. Algorithmen 4.3 und 4.4) die Domäne von z auf einen Wert und mit ihr auch die Domäne von x. Eine erste Lösung des CSP ist gefunden: $(x = 7) \wedge (y = 5) \wedge (z = 35)$. Weitere Belegungen von y mit den Werten $6, 7, 8, 9$ führen unmittelbar zu einer Inkonsistenz. Setzen wir schließlich $y = 10$ erhalten wir die weitere Lösung des CSP: $(x = 14) \wedge (y = 10) \wedge (z = 70)$. Zum Finden aller Lösungen waren somit 6 Belegungen von Variablen mit Werten erforderlich.

Beginnen wir hingegen die Belegung mit $z = 35$, erhalten wir unmittelbar die gleiche erste Lösung wie zuvor: $(x = 7) \land (y = 5) \land (z = 35)$. Die weiteren Belegungen von z mit den Werten $36, \ldots, 69$ führen allesamt zum Widerspruch, so dass erst nach 36 Belegungen von Variablen mit Werten die weitere Lösung des CSP gefunden wird.   ◊

Eine andere, bekannte und oft eingesetzte Heuristik, die entweder zur statischen Festlegung der Variablenreihenfolge genutzt wird oder auch in Kombination mit dem *first-fail*-Prinzip – z. B. wenn mehrere Variablen mit gleich großen Domänen zur Auswahl stehen –, ist das *most-constrained*-Prinzip:

„Um erfolgreich zu sein, befasse Dich zuerst mit dem Schwierigsten."

Nach dieser Strategie sind die Variablen zuerst zu belegen, die in den meisten Constraints vorkommen – eine Strategie, die jedoch für die Lösungssuche im Beispiel 13.6 nicht geeignet ist, wie wir gerade gesehen haben. Dort ist z die einzige Variable, die in beiden Gleichungen und damit in den meisten Constraints vorkommt.

Bei einer Verfeinerung dieser Heuristik sind die Variablen zuerst zu belegen, die zusammen mit den bereits belegten Variablen in den meisten Constraints vorkommen; eine entsprechende Reihenfolge ist statisch festlegbar und wird z. B. bei der Einfärbung von Graphen, bei der benachbarte Knoten unterschiedlich zu färben sind, eingesetzt.

Führt keine der beiden genannten oder sonst denkbaren Variablenstrategien zum Erfolg bei der Suche nach Lösungen, bleibt schließlich noch das *Zufallsprinzip*:

„Wenn Du es nicht besser weißt, treffe Deine Wahl zufällig",

das auch bei der nachfolgenden Auswahl der Werte eingesetzt werden kann.

13.2.2 Wertereihenfolge (*Value Ordering*)

Die Auswahlstrategie der Variablen bei der Suche lässt offen, in welcher Reihenfolge jeweils eine Variable mit Werten zu belegen ist. Wie bei der Variablenauswahl kann die Strategie, mit der die Wertereihenfolge festgelegt wird, entscheidend für den schnellen Erfolg der Suche sein. Insbesondere dann, wenn nur nach einer ersten Lösung gesucht wird.

Während die Variablenreihenfolge Einfluss auf die gesamte Struktur des Entscheidungsbaums hat, bestimmt die Wertereihenfolge lediglich die Anordnung der Zweige, die von einem Knoten ausgehen. Die Festlegung der Wertereihenfolge verfolgt das Ziel, Zweige im Entscheidungsbaum zuerst zu durchsuchen, die potenziell zu mehr Lösungen führen. Im Idealfall, wenn ein CSP lösbar ist, kann bei der richtigen Werteauswahl eine Lösung ohne Rücksetzen gefunden werden.

Angenommen, die Variable, die als nächstes zu belegen ist, steht fest. – Welcher Wert sollte als erster probiert werden? – Ist keiner der Werte Bestandteil einer Lösung, sind alle auszuprobieren, um letztlich die Unlösbarkeit des Problems nachzuweisen; die Reihenfolge ist dann irrelevant. Ist das aktuelle Problem jedoch lösbar, möchten wir natürlich einen der Werte auswählen, der Bestandteil einer Lösung ist. Das bedeutet, wir möchten das *succeed-first*-Prinzip anwenden:

„Wähle den Wert, der am erfolgversprechendsten ist."

Basierend auf diesem Prinzip kann z. B. zuerst einer der Werte ausgewählt werden, der die meisten Alternativen für die unbelegten Variablen offen läßt, d. h. dessen Auswahl die geringsten Domäneneinschränkungen nach sich zieht.

Eine andere, sehr viel allgemeinere Heuristik der Werteauswahl besteht darin, diese zu verzögern, d. h. die jeweilige Variable nicht mit einem Wert zu belegen, sondern deren Wertebereich mittels Intervallschachtelung zu beschränken. Dies machen wir in der Hoffnung, Fehlentscheidungen, d. h. die Wahl eines „falschen" Werts, zu vermeiden und ganze Bündel von Teilbäumen, die zu keiner Lösung führen, frühzeitig zu erkennen und von der weiteren Suche auszuschließen. Diese Heuristik wird *Domänenreduktion* genannt und beruht auf dem folgenden Prinzip:

„Verzögere die Werteauswahl solange wie möglich in der Hoffnung, nicht vorzeitig eine falsche Entscheidung zu treffen."

Ein vollständiges Lösungsverfahren, das auf diesem Prinzip beruht und die Domänen der zu belegenden Variablen sukzessive halbiert, ist in Algorithmus 13.2 dargestellt.

Das Verfahren domainReductionSolve erhält als Eingabe ein zu lösendes CSP, das in ein äquivalentes, lokal oder grenzenkonsistentes umgewandelt wird (Zeile 2). Ist dieses *false*, so wird *false* zurückgegeben, denn das gegebene CSP ist unlösbar (Zeile 4). Sind alle Domänen einelementig (Zeile 5), ist eine Lösung gefunden, diese wird zurückgegeben (Zeile 6). Ansonsten gibt es mindestens eine Variable, deren Domäne mehr als einen Wert enthält (Zeile 8). Eine dieser Variablen wird z. B. entgegen des *first-fail*-Prinzips gewählt. Da deren Domäne die meisten Werte enthält (Zeile 9), wird die Festlegung einer Variablenbelegung so lange wie möglich verzögert. Das Verfahren domainReductionSolve wird rekursiv auf das konsistente CSP angewendet, wobei die Domäne der ausgewählten Variablen auf eine Hälfte der Domänenwerte reduziert wird (Zeile 10). Liefert dies eine Lösung, so wird diese zurückgegeben. Ansonsten wird das Verfahren auf das CSP angewendet, bei dem die Domäne der gewählten Variablen auf die andere Hälfte der Werte reduziert ist (Zeile 14). Das Ergebnis wird in jedem Fall zurückgegeben (Zeile 15).

Da die Werte in den Domänen der Variablen durch domainReductionSolve sukzessive reduziert werden, terminiert das Verfahren. Da alle Werte berücksichtigt werden, die Bestandteil einer Lösung sein können, entscheidet das Verfahren zum einen die Lösbarkeit eines gegebenen CSP $C = c_1 \wedge \ldots \wedge c_k \wedge x_1 \in D_1 \wedge \ldots \wedge x_n \in D_n$ und bestimmt zum anderen im positiven Fall eine Lösung:

Algorithmus 13.2 : Ein Constraint-Löser für CSP mittels Domänenreduktion, wobei die Domänen sukzessive „halbiert" werden

Gegeben : Ein CSP $C = C' \wedge D$ (Definition 4.1) mit

$C' = c_1 \wedge \ldots \wedge c_k$ und

$D = x_1 \in D_1 \wedge \ldots \wedge x_n \in D_n$.

Resultat : Eine Lösung von C, falls vorhanden; ansonsten *false*.

```
 1  domainReductionSolve(C) ≡
 2  F := localConsistency(C) oder F := boundsConsistency(C);
 3  if F = false then
 4  │  return false;

 5  else if F = C' ∧ x₁ ∈ {e₁} ∧ ... ∧ xₙ ∈ {eₙ} then
 6  │  return x₁ = e₁ ∧ ... ∧ xₙ = eₙ;

 7  else
 8  │  Sei F = C' ∧ x₁ ∈ {e₁,₁,...,e₁,ₘ₁} ∧ ... ∧ xₙ ∈ {eₙ,₁,...,eₙ,ₘₙ};
 9  │  Wähle ein xᵢ mit mᵢ ≥ 2;
    │  // z.B. entgegen des first-fail-Prinzips: mᵢ maximal
10  │  L := domainReductionSolve(F ∧ xᵢ ∈ {e_{i,1},...,e_{i,⌊mᵢ/2⌋}});
11  │  if L ≠ false then
12  │  │  return L;

13  │  else
14  │  │  R := domainReductionSolve(F ∧ xᵢ ∈ {e_{i,⌊mᵢ/2⌋+1},...,e_{i,mᵢ}});
15  │  └  return R;
```

$$\text{domainReductionSolve}(C)$$
$$= \begin{cases} false & \text{falls das CSP } C \text{ unlösbar ist,} \\ x_1 = e_1 \wedge \ldots \wedge x_n = e_n & \text{falls } C \text{ lösbar ist.} \end{cases}$$

Es sei bemerkt, dass die vorgestellte Art der Domänenreduktion ggf. die Betrachtung aller Domänenwerte der gewählten Variablen erfordert. Um diesen evtl. Aufwand zu vermeiden, wird meist nur der kleinste und größte Wert der Domäne, min_i und max_i genutzt, um mit deren Mittelwert $d_i = \lfloor(max_i + min_i)/2\rfloor$ die Werte dieser Variablen einzuschränken. Die rekursiven Aufrufe erfolgen dann mit den zusätzlichen Constraints $x_i \leq d_i$ (Zeile 10) bzw. $x_i > d_i$ (Zeile 14).

Beispiel 13.7 (Anwendung der Domänenreduktion)   Wenden wir das in Algorithmus 13.2 beschriebene Verfahren domainReductionSolve auf das in Beispiel 13.6 vorgestellte CSP

$$z = 5 \cdot x \wedge z = 7 \cdot y \wedge x \in [7, 14] \wedge y \in [5, 10] \wedge z \in [35, 70]$$

an, wird die Domäne von z, da sie am größten ist, zuerst halbiert ($z \in [35, 52]$), so dass nach Herstellung der Grenzenkonsistenz das CSP

$$z = 5 \cdot x \wedge z = 7 \cdot y \wedge x \in [7,7] \wedge y \in [5,5] \wedge z \in [35,35]$$

gilt. Bereits nach einem Suchschritt ist die Lösung $x = 7 \wedge y = 5 \wedge z = 35$ des betrachteten CSP gefunden. Die Einschränkung der Werte von z mit der anderen Domänenhälfte ($z \in [53, 70]$) liefert nach Herstellung der Grenzenkonsistenz das CSP

$$z = 5 \cdot x \wedge z = 7 \cdot y \wedge x \in [14,14] \wedge y \in [10,10] \wedge z \in [70,70]$$

und damit nach einem weiteren Suchschritt die zweite Lösung $x = 14 \wedge y = 10 \wedge z = 70$ des ursprünglichen CSP.   ◊

13.3 Verallgemeinerte Lösungssuche

Neben der Belegung von Variablen mit Werten oder der allgemeineren sukzessiven Einschränkung ihrer Domänen können beliebige Constraints als Entscheidungen im Entscheidungsbaum dienen. Schließen sich diese Constraints wechselseitig aus und ist die Suche zielführend, dann *zerteilen* sie den Suchraum sukzessive in immer kleiner werdende Teilräume.

13.3.1 Trennebenen (*Cutting Planes*)

Ist ein CSP mit den Variablen $x_1, \ldots, x_n$ und deren (aktuellen) Domänen $D_1, \ldots, D_n$ gegeben, dann *zerteilt* die Domänenreduktion den n-dimensionalen Suchraum $D_1 \times \cdots \times D_n$ in zwei Teile, indem die Domäne einer gewählten Variablen $x \in \{e_1, \ldots, e_n\}$ mit $e_1 < \cdots < e_n$ halbiert wird. Geometrisch interpretiert, wird der Suchraum mittels der achsenparallelen *Trennebene* (engl. *cutting plane*) $x = e_{\lfloor n/2 \rfloor}$ in zwei Teile zerlegt: in einen Halbraum, in dem $x \le e_{\lfloor n/2 \rfloor}$ gilt, und einen anderen, in dem $x > e_{\lfloor n/2 \rfloor}$ gilt. Es liegt daher nahe, den Suchraum nicht nur mit achsenparallelen, sondern auch mit beliebigen Ebenen aufzutrennen.

Sind $x_1, \ldots, x_n$ die Variablen in einem CSP C, dann lässt sich jede Ebene in dem durch die Variablen aufgespannten n-dimensionalen Raum in der Form

$$a_1 \cdot x_1 + \cdots a_n \cdot x_n + b = 0$$

beschreiben, deren Koeffizienten $a_1, \ldots, a_n, b$ Zahlenwerte sind, wobei wir uns z. B. auf rationale oder Ganzzahlen beschränken. Definieren wir nun

$$E = a_1 \cdot x_1 + \cdots + a_n \cdot x_n + b,$$

dann können wir den Suchraum z. B. mit den folgenden alternativen Entscheidungen einschränken:

- entweder $C \wedge E < 0$, $C \wedge E = 0$ oder $C \wedge E > 0$,
- entweder $C \wedge E \le 0$ oder $C \wedge E > 0$,
- entweder $C \wedge E < 0$ oder $C \wedge E \ge 0$,

wobei hier die Vollständigkeit der Suche und der wechselseitige Ausschluss der Entscheidungen durch die Wahl der Entscheidungen gegeben ist. Damit die Suche zielführend ist, sollten die Ebenen den Quader, der durch das kartesische Produkt der jeweils geltenden Variablendomänen definiert ist, zerteilen und nicht deckungsgleich sein: Zu jeder alternativen Entscheidung sollte es mindestens eine Ecke des Quaders geben, die diese erfüllt, und für zwei Ebenen

$$a_1 \cdot x_1 + \cdots + a_n \cdot x_n + b = 0$$
$$c_1 \cdot x_1 + \cdots + c_n \cdot x_n + d = 0$$

sollten die Koeffizienten keine Vielfache voneinander sein. Die beiden Ebenen sind nämlich dann deckungsgleich, wenn

$$a_1 = r \cdot c_1, \ldots, a_n = r \cdot c_n \text{ und } b = r \cdot d$$

für einen Faktor r gilt.

Die Anwendung nicht achsenparalleler Trennebenen sei an einem Beispiel erläutert.

Beispiel 13.8 (Einsatz einer nicht achsenparallelen Trennebene) Das grenzenkonsistente CSP

$$C = (x + y = z) \land (x \leq y) \land (2 \cdot x \neq 3 \cdot y)$$
$$\land (x \in [1,5]) \land (y \in [1,5]) \land (z \in [2,10])$$

ist zu lösen. Aufgrund der Ungleichung $2 \cdot x \neq 3 \cdot y$ bietet sich vor dem Belegen der Variablen mit Werten eine Fallunterscheidung mit Hilfe der Trennebene $E = 2 \cdot x - 3 \cdot y$ an, da entweder $E < 0$ oder $E > 0$ gelten muss. Außerdem gilt für die Ecken mit $x = 1 \land y = 5$ die erste Ungleichung und für die Ecken mit $x = 5 \land y = 1$ die zweite.

Danach erscheint uns ein Labeling nach dem *most-constrained*-Prinzip angebracht:

Entweder bei Herstellung der Grenzenkonsistenz oder beim Versuch, das CSP $C \land (2 \cdot x - 3 \cdot y > 0)$ durch Belegen einer der beiden Variablen x oder y zu lösen, wird der Widerspruch zwischen $x \leq y$ und $2 \cdot x - 3 \cdot y > 0$ offensichtlich. Dieser Zweig des Entscheidungsbaums enthält keine Lösung von C. Folglich sind alle Lösungen des CSP C in dem Teilbaum des Entscheidungsbaums, der das CSP $C \land (2 \cdot x - 3 \cdot y < 0)$ zur Wurzel hat. Belegen wir dort z. B. $x = 2$ und $y = 2$ folgt nach Herstellung der Grenzenkonsistenz unmittelbar, dass $z = 4$ gilt. ◇

Eine weitere, problemspezifische Anwendung von Trennebenen wird im nächsten Abschnitt vorgestellt. Dort werden mit ihrer Hilfe Arbeitsgänge linear geordnet, so dass ihre Startzeiten ohne Suche bestimmt werden können.

13.3.2 Lineare Ordnung von Arbeitsgängen

In Kapitel 10 haben wir uns mit Verfahren zur Suchraumeinschränkung bei der Belegung exklusiv verfügbarer Ressourcen auseinandergesetzt (vgl. Abschnitt 10.2). Zwar lässt sich zur Suche nach Belegungen von Ressourcen mit Arbeitsgängen das bereits vorgestellte Labeling oder die Domänenreduktion einsetzen, besser ist es jedoch, das problemspezifische Wissen zu nutzen, dass die Arbeitsgänge auf jeder Ressource linear angeordnet sein müssen: Für zwei beliebige Arbeitsgänge i und j muss schließlich gelten, dass entweder i vor j oder i nach j abgearbeitet werden muss. Ist eine lineare Ordnung auf einer Ressource und zumindest die Grenzenkonsistenz für das entsprechende globale Constraint serialize($[s_1, \ldots, s_n], [d_1, \ldots, d_n]$) der n Arbeitsgänge mit den zu bestimmenden Startzeiten $s_1, \ldots, s_n$ und den fixen Dauern $d_1, \ldots, d_n$ hergestellt, so lassen sich Belegungen der Variablen $s_1, \ldots, s_n$ ohne weitere Suche effizient bestimmen.

Die Entscheidungen, die wir dazu bei der Suche zu treffen haben, sind folgende:

- Wähle zwei verschiedene Arbeitsgänge i und j, die (noch) ungeordnet sind,
- entscheide entweder „i vor j", d. h. $s_i + d_i \leq s_j$
- oder lege fest, dass „i nach j" gelten soll, d. h. $s_i \geq s_j + d_j$.

Der daraus resultierende Entscheidungsbaum ist folglich ein Binärbaum mit zwei möglichen Verzweigungen in jedem inneren Knoten und mit einer maximalen Tiefe von $n \cdot (n-1)/2$ entsprechend der Anzahl verschiedener Paare von Arbeitsgängen. Das daraus resultierende vollständige Suchverfahren taskOrderSolve ist in Algorithmus 13.3 dargestellt. Es liefert bei Lösbarkeit eines eingegebenen CSP C ein erweitertes CSP E, das die Reihenfolge der Arbeitsgänge festlegt, d. h. es gilt

$$\mathcal{D}_{\mathcal{FD}} \models \forall (E \longleftrightarrow (C \wedge \bigwedge_{i=1, \ldots, n-1} (s_{\delta(i)} < s_{\delta(i)} + d_{\delta(i)})$$

$$\wedge \ (s_{\delta(i)} + d_{\delta(i)} \leq s_{\delta(i+1)})))$$

für eine Permutation $\delta : \{1, \ldots, n\} \rightarrow \{1, \ldots, n\}$.

Dazu wandelt das Verfahren taskOrderSolve das gegebene CSP in ein äquivalentes, lokal oder grenzenkonsistentes um (Zeile 2). Ist das Ergebnis *false*, so wird *false* zurückgegeben, denn das gegebene CSP ist unlösbar (Zeilen 3 und 4). Danach wird geprüft, ob es ein bisher noch nicht gewähltes Paar von Arbeitsgängen gibt, die nicht offensichtlich angeordnet sind (Zeile 7). Dies ist durch Ausschluss der beiden Bedingungen $\min(S_i') + d_i > \max(S_j')$ und $\min(S_j') + d_j > \max(S_i')$ sichergestellt. Wäre die erste Bedingung erfüllt, müsste Arbeitsgang j vor Arbeitsgang i die Ressource belegen, da j offenbar in keinem Fall nach i abarbeitbar wäre: Seine späteste Startzeit läge vor dem frühesten Ende von i. Bei Gültigkeit der zweiten Bedingung müsste in Analogie der Arbeitsgang i vor dem Arbeitsgang j abgearbeitet werden. Diese offensichtlichen Anordnungen werden *Detectable Precedences* genannt (vgl. [153]).

Gibt es kein ungeordnetes Paar von Arbeitsgängen, wird das äquivalente CSP zurückgegeben, denn alle Arbeitsgänge sind entweder durch zusätzliche Constraints oder offensichtlich angeordnet (Zeile 16). Wenn es jedoch ungeordnete Arbeitsgänge i und j (Zeile 8) gibt, wird das Verfahren taskOrderSolve rekursiv auf das äquivalente CSP angewendet, wobei durch ein zusätzliches Constraint der Arbeitsgang j erst nach dem Beenden von i beginnen kann (Zeile 9). Ist diese Anordnung zu einer linearen Ordnung aller Arbeitsgänge erweiterbar, wird das entsprechende CSP zurückgegeben (Zeile 11). Wenn nicht, ist das CSP gleich *false*, und das Verfahren wird auf das CSP angewendet, bei dem i erst nach dem Beenden von j beginnen kann (Zeile 13). Das Ergebnis wird in jedem Fall zurückgegeben (Zeile 14).

Algorithmus 13.3 : Herstellung einer linearen Ordnung auf Arbeitsgängen, die auf einer exklusiv belegbaren Ressource zu disponieren sind

Gegeben : Ein CSP $C = C' \wedge D$ (Definition 4.1) mit

$$C' = \mathsf{serialize}([s_1, \dots, s_n], [d_1, \dots, d_n]) \text{ und}$$
$$D = s_1 \in S_1 \wedge \dots \wedge s_n \in S_n.$$

Resultat : *false*, falls C unlösbar ist; ansonsten ein CSP $E^* = C^* \wedge D^*$, so dass für eine Permutation $\delta : \{1, \dots, n\} \to \{1, \dots, n\}$ gilt

$$C^* = C' \wedge \bigwedge_{i=1}^{n-1}(s_{\delta(i)} < s_{\delta(i)} + d_{\delta(i)}) \wedge (s_{\delta(i)} + d_{\delta(i)} \le s_{\delta(i+1)}) \text{ und}$$
$$D^* = s_1 \in S_1^* \wedge \dots \wedge s_n \in S_n^*.$$

```
1  taskOrderSolve(C) ≡
2  F := localConsistency(C) oder F := boundsConsistency(C);
3  if F = false then
4  |   return false;
5  else
6  |   Es gelte F = C' ∧ D' mit D' = s₁ ∈ S'₁ ∧ ... ∧ sₙ ∈ S'ₙ;
7  |   if es ein bisher ungewähltes Paar von Arbeitsgängen i und j gibt, für das
   |      weder min(S'ᵢ) + dᵢ > max(S'ⱼ) noch min(S'ⱼ) + dⱼ > max(S'ᵢ) gilt then
8  |   |   Wähle die Arbeitsgänge i und j aus;
9  |   |   Eᵢⱼ := taskOrderSolve((sᵢ + dᵢ ≤ sⱼ) ∧ F);
10 |   |   if Eᵢⱼ ≠ false then
11 |   |   |   return Eᵢⱼ;
12 |   |   else
13 |   |   |   Eⱼᵢ := taskOrderSolve((sⱼ + dⱼ ≤ sᵢ) ∧ F);
14 |   |   |   return Eⱼᵢ;
15 |   else
16 |   |   return F;
```

Da wir bei der Wahl der anzuordnenden Paare von Arbeitsgängen relativ frei sind, können wir dafür geeignete Heuristiken einsetzen. Zwei gängige, speziell auf Ressourcenbelegungsprobleme zugeschnittene Heuristiken seien im Folgenden vorgestellt:

- Ordne die längsten Arbeitsgänge mit der geringsten zeitlichen Flexibilität zuerst.
- Ordne die Arbeitsgänge zuerst, die am stärksten um die Ressource konkurrieren.

Um die erste Heuristik einzusetzen, priorisieren wir die Arbeitsgänge sowohl nach ihrer Dauer als auch nach ihrem *Schlupf* (engl. *slack*), welches die Zeit zwischen frühester und spätester Endezeit ist. Da Schlüpfe sich im Laufe der Suche verändern können, sind die Prioritäten bei der Wahl ggf. dynamisch anzupassen. Dabei steht es uns frei, ob wir die Priorisierung zweistufig, erst nach Dauer und dann nach Schlupf vornehmen, oder ob wir eine Gewichtung aus beiden vorziehen. Es macht durchaus auch Sinn, nicht nur den Absolutwert des Schlupfes, sondern auch das Verhältnis zwischen Schlupf und Dauer in Betracht zu ziehen.

Der Einsatz der zweiten Heuristik setzt eine *Engpassanalyse* voraus, die auf dem *Bedarfsprofil* der zu belegenden Ressource beruht.

Definition 13.4 (Bedarfsprofil, Engpassanalyse)

Es sei T die Menge der Arbeitsgänge, die gleichzeitig eine exklusiv verfügbare Ressource r belegen; deren endliche, ganzzahligen Startzeiten seien die Mengen $S_1, \ldots, S_n$ und deren Dauern seien die Ganzzahlen $d_1, \ldots, d_n$ (vgl. Definition 10.6).

Für jeden Arbeitsgang $i \in T$ sei dessen **mittlerer Bedarf** (auf der Ressource r) durch die Funktion $c_i : \mathbb{Z} \to \mathbb{Q}$ mit

$$
c_i(\tau) = \begin{cases} \frac{d_i}{\max(S_i) + d_i - \min(S_i)} & \text{falls } \min(S_i) \leq \tau < \max(S_i) + d_i, \\ 0 & \text{sonst} \end{cases}
$$

definiert. Basierend darauf sei das **Bedarfsprofil** der Arbeitsgänge in T (auf der Ressource r) durch die Funktion $C_T : \mathbb{Z} \to \mathbb{Q}$ mit

$$
C_T(\tau) = \sum_{i \in T} c_i(\tau)
$$

definiert. Für jeden Zeitpunkt $\tau \in \mathbb{Z}$ mit $C_T(\tau) > 1$ besteht dann ein **potenzieller Engpass** (auf der Ressource r).

Die Ganzzahlintervalle $[a_1, b_1], \ldots, [a_k, b_k] \subseteq \mathbb{Z}$, für die

$$
C_T(\tau) > 1 \text{ für jedes } \tau \in \bigcup_{l=1}^{k} [a_l, b_l] \quad \text{und} \quad C_T(\tau) \leq 1 \text{ für jedes } \tau \notin \bigcup_{l=1}^{k} [a_l, b_l]
$$

gilt, sind dann die **potenziellen Engpassintervalle** (auf r bezüglich T).

Das Resultat der **Engpassanalyse** (auf r hinsichtlich T) ist dann die Teilmenge von Arbeitsgängen

$$E_T = \{j \mid j \in T \text{ und } c_j(\tau) > 0 \text{ für ein } \tau \in \bigcup_{l=1}^{k} [a_l, b_l]\},$$

die innerhalb der potenziellen Engpassintervalle bearbeitbar sind.

Aufgrund des Ergebnisses der vorgenommenen Engpassanalye können wir die Arbeitsgänge in der Menge E_T beim Anordnen präferieren, wobei wir die zuerst vorgestellte Heuristik einsetzen können, um die ggf. auftretenden Mehrdeutigkeiten bei der Wahlfreiheit aufzulösen. Da die potenziellen Startzeiten der Arbeitsgänge mit fortschreitender Suche durch Konsistenzherstellung eingeschränkt werden, ist eine einmalige Engpassanalyse, z. B. vor Beginn der Suche, meist wenig hilfreich und sollte daher – je nach Berechnungsaufwand – nach einem oder mehreren Suchschritten erfolgen.

Beispiel 13.9 (Engpassanalyse)   Es sei die Menge von Arbeitsgängen $T = \{i, j, k, l\}$ mit einheitlicher Dauer von 4 Zeiteinheiten gegeben. Die potenziellen Startzeiten der Arbeitsgänge seien $S_i = [0, 6], S_j = [2, 8], S_k = [2, 6]$ und $S_l = [10, 14]$. Die Engpassanalyse gemäß des in Abbildung 13.3 dargestellten Bedarfsprofils ergibt, dass das Ganzzahlintervall $[2, 10]$ das einzige Engpassintervall ist und damit $E_T = \{i, j, k\}$ die bei der Anordnung zu präferierenden Arbeitsgänge enthält, wenn wir die auf dieser Engpassanalyse basierende Heuristik bei der Suche nach einer zulässigen linearen Ordnung der Arbeitsgänge in Algorithmus 13.3 einsetzen wollen.   ◊

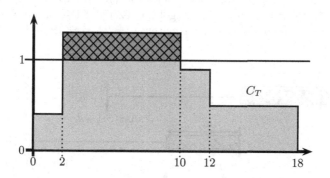

Abb. 13.3. Bedarfsprofil der Arbeitsgänge $T = \{i, j, k, l\}$

Ist schließlich eine lineare Ordnung hergestellt, können wir die Arbeitsgänge entsprechend sortieren. Dazu müssen jedoch alle Arbeitsgänge miteinander vergleichbar sein, d. h. es muss für zwei beliebige Arbeitsgänge entscheidbar sein, ob der eine vor dem anderen die Ressource belegt oder nicht. Diese Vergleichbarkeit erreichen wir z. B. durch Protokollierung der dazu getroffenen

Entscheidungen und durch Bestimmung der transitiven Hülle der dadurch definierten Relation. Es geht jedoch auch mit Hilfe der Startzeitdomänen, die aufgrund der zusätzlichen Ungleichungen $s_p + d_p \leq s_q$ ($d_p > 0$) durch Konsistenzherstellung eingeschränkt wurden. Da danach $\min(S_p) < \min(S_q)$ bzw. $\max(S_q) > \max(S_p)$ gilt, können die Arbeitsgänge unmittelbar nach deren minimalen Start- oder maximalen Endezeiten sortiert werden. Die eigentliche Bestimmung der Startzeiten erfolgt dann ohne Suche. Sollen alle Arbeitsgänge so früh wie möglich bearbeitet werden, sortieren wir diese nach den Minima aufsteigend und setzen sukzessive die Startzeiten schrittweise auf ihre kleinstmöglichen Werte. Ist das Ziel das spätestmögliche Beenden (engl. *just in time*) der Arbeitsgänge, erfolgt die Sortierung absteigend nach den Maxima der Endezeiten (maximale Startzeiten plus Dauern). Wir belegen dann sukzessive die Startzeiten mit ihren größtmöglichen Werten. Andere Werte innerhalb der Wertebereiche sind ebenfalls denkbar. Es sollte dann jedoch lokale Konsistenz bestehen, die nach jeder Wertebelegung wieder herzustellen ist, damit die Belegung am Ende eine zulässige Lösung ist.

Beispiel 13.10 (Terminierung linear geordneter Arbeitsgänge) Es seien drei Arbeitsgänge i, j und k mit Dauern $d_i = 7, d_j = 5$ und $d_k = 3$ sowie die Domänen $S_i = [0, 20], S_j = [0, 22]$ und $S_k = [0, 24]$ der Startzeiten s_i, s_j und s_k gegeben. Belegen die Arbeitsgänge in dieser Reihenfolge eine exklusiv verfügbare Ressource, so werden die Domänen durch Herstellung der lokalen Konsistenz oder Grenzenkonsistenz auf die Wertebereiche $S_i = [0, 12], S_j = [7, 19]$ und $S_k = [12, 24]$ eingeschränkt (vgl. Abbildungen 13.4 und 13.5). Ein frühzeitiges Beenden aller Arbeitsgänge, wie in Abbildung 13.4 dargestellt, erhalten wir bei der Wahl der frühestmöglichen Startzeiten $s_i = 0, s_j = 7$ und $s_k = 12$. Eine spätestmögliche Belegung (*just in time*) der gemeinsam benutzten Ressource ist in Abbildung 13.5 gezeigt. Diese erhalten wir durch die Wahl der spätestmöglichen Startzeiten $s_k = 24, s_j = 19$ und $s_i = 12$.   ◊

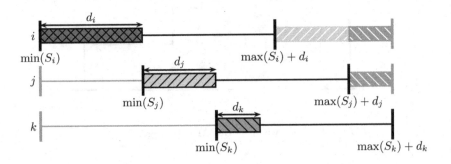

Abb. 13.4. Früheste Startzeiten der Arbeitsgänge i, j und k

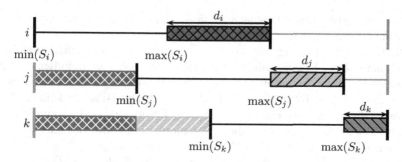

Abb. 13.5. Späteste Startzeiten der Arbeitsgänge i, j und k

13.4 Anmerkungen und Literaturhinweise

Viele der Erkenntnisse zur Suche nach Lösungen von CSP gelten ganz allgemein für alle Constraint-Probleme, so dass sie sich generalisieren lassen. Da CSP eine wichtige Rolle bei der Lösung praktischer Randwertprobleme spielen, haben wir uns auf diese beschränkt. Die Suche auf der Basis von Bäumen zur Lösung von CSP auch in Kombination mit Konsistenztechniken ist in [115] beschrieben. Viele weitere Verfahren, Heuristiken und Techniken der Suche sowie Methoden zur Reduktion des Suchaufwands, auf die wir hier nicht eingehen, sind in der Fachliteratur, aber auch direkt im Internet zu finden (z. B. in [11]).

Da das Labeling ein universelles Suchverfahren für CSP ist, wird es in Constraint-Programmiersystemen im Allgemeinen bereitgestellt. Im CLP-System ECL^{i}PS^e z. B. wird es durch das Systemprädikat `labeling` realisiert, das als Eingabe eine Liste von zu belegenden Variablen erhält. Die Reihenfolge der Variablenauswahl entspricht der Reihenfolge der Variablen in dieser Liste. Heuristiken zur Werteauswahl können durch optionale Parameter festgelegt werden. Fehlen diese, werden zuerst der kleinste Wert in der Domäne einer Variablen, dann der zweitkleinste Wert usw. ausgewählt.

Eine zufällige Reihenfolge der zu belegenden Variablen wird erfolgreich bei der in Kapitel 12 vorgestellten Planung von Managerseminaren (s. Abschnitt 12.2) eingesetzt. Da es bei dem Online-Einsatz der Applikation zur Teambildung [36] auf die schnelle Bestimmung einer Lösung ankommt, wird nach der Festlegung der zufälligen Reihenfolge der Variablen die Suchzeit auf wenige hundert Millisekunden beschränkt. Wird innerhalb dieser Zeit keine Lösung gefunden, wird in einer anderen, wiederum zufällig bestimmten Reihenfolge gesucht, bis entweder die Unlösbarkeit feststeht oder eine Lösung gefunden ist. Obwohl dieses Vorgehen nicht sicher terminiert, hat es sich im praktischen Einsatz bewährt: Bereits nach wenigen zufälligen Umordnungen terminiert die Suche bei den von uns zu lösenden Aufgabenstellungen.

Cutting Planes werden insbesondere zur Lösung ganzzahliger linearer Gleichungssysteme unter Verwendung des Simplex-Verfahrens eingesetzt, z. B. um

Pseudo-Boolesche, lineare Probleme zu lösen, deren Variablen nur die Werte 0 und 1 annehmen können (vgl. [13]).

Die für die Anordnung von Arbeitsgängen auf exklusiv verfügbaren Ressourcen eingesetzte Engpassanalyse lässt sich weiter verfeinern, indem die tatsächlichen Domänen betrachtet werden, die z. B. aufgrund verbotener Zonen (s. Abschnitt 10.2.3) Intervalle mit „Lücken" sind. Des Weiteren können Zeitintervalle, die sicher von einem Arbeitsgang belegt sind, z. B. wenn dessen späteste Startzeit vor dessen frühesten Endezeit liegt, von der Engpassanalyse ausgeschlossen werden. Das Bedarfsprofil sollte dort den Wert 1 haben. Insbesondere zur Lösung von *Job-Shop-Scheduling-Problemen* (Definition s. Aufgabe 13.2), bei denen mehrere Ressourcen gleichzeitig zu belegen sind, wird die Engpassanalyse eingesetzt, so z. B. in [4].

Weitere Heuristiken, die für die Auswahl der anzuordnenden Arbeitsgänge Eigenschaften der zu belegenden Ressourcen heranziehen, sind z. B. in [128, 154, 161] beschrieben. Die Auswahl erfolgt meist zweistufig: Bestimme aufgrund von Kriterien eine Ressource mit noch ungeordneten Arbeitsgängen und dann die darauf anzuordnenden Arbeitsgänge.

„Intelligent(er)e" Suchstrategien, die beim Rücksetzen im Konfliktfall die Ursachen von Widersprüchen berücksichtigen, sind in der Fachliteratur ausgiebig beschrieben und wurden auch vergleichend untersucht (vgl. [8, 19, 53, 54, 92, 93, 112, 121, 122, 152, 162]). Diese Verfahren verwalten und nutzen das Wissen darüber, welche Entscheidungen im Entscheidungsbaum zu einem Widerspruch führten. Zu nennen sind z. B. das *Conflict-directed Backtracking* und das *Dynamic Backtracking*. Beide Verfahren erkennen beispielsweise die Unabhängigkeit der beiden Teilprobleme in Beispiel 13.5, indem sie bei Konflikten der Variablenbelegungen eines Teilproblems diese nicht durch Änderung der Variablenbelegungen des anderen Teilproblems aufzulösen versuchen. Ein „Flattern" wird so vermieden, und Lösungen werden bei ungeschickt gewählter Variablenreihenfolge sehr viel schneller gefunden als mit chronologischem Rücksetzen.

13.5 Aufgaben

Aufgabe 13.1 (Finden aller Lösungen)   Modifizieren Sie die in den Algorithmen 13.1 und 13.2 gezeigten Suchverfahren zur Lösung von CSP so, dass diese *alle* Lösungen des eingegebenen CSP bestimmen und ausgeben.

Aufgabe 13.2 (Job-Shop-Scheduling)   Formulieren Sie auf Basis des in Algorithmus 13.3 beschriebenen Verfahrens ein Suchverfahren, das eine zulässige Anordnung von Arbeitsgängen für $n \times m$ *Job-Shop-Scheduling-Probleme (JSSP)* findet. Nutzen Sie das Verfahren für ein weiteres Verfahren, das eine Lösung, d. h. eine zulässige Festlegung der Startzeiten, aufgrund einer gefundenen Anordnung bestimmt.

Zur Erläuterung des Problems: Die $n \times m$ JSSP sind durch n Jobs und m Maschinen charakterisiert, wobei jeder Job aus m Arbeitsgängen besteht, die nacheinander auf jeweils einer anderen Maschine abzuarbeiten sind, d. h., jeder Job benötigt für seine Bearbeitung alle m Maschinen. Das Problem besteht nun darin, alle Arbeitsgänge auf allen Maschinen innerhalb eines vorgegebenen Zeitrahmens überlappungsfrei anzuordnen.

Aufgabe 13.3 (Fortsetzung der Aufgaben 10.2 und 11.1)   Kombinieren und vergleichen Sie die in den Abschnitten 13.2.1 und 13.2.2 vorgestellten Heuristiken bei der Suche nach einer Lösung des *n-Damen-Problems*. – Wie viele Suchschritte benötigen die von Ihnen gewählten Kombinationen zum Finden einer ersten Lösung? Ändert sich das Verhalten bei größer werdenden Problemen ($n = 4, 5, \ldots, 29, 30$)?

Optimale Lösungen von CSP

Die bisher vorstellten Verfahren des Constraint-Lösens (u. a. in Kapitel 13) verfolgen vorrangig das Ziel – am besten möglichst schnell – *eine* Lösung eines CSP zu bestimmen, falls dieses lösbar ist. Dies mag zwar bei vielen Problemen ausreichend sein, für manche CSP ist jedoch nicht *irgendeine* Lösung, sondern eine *optimale* Lösung gefragt, die den Wert einer Zielfunktion entweder minimiert oder maximiert.

14.1 Constraint-Optimierungsprobleme (COP)

Eine Lösung eines CSP ist *optimal* in Bezug auf eine gegebene arithmetische Zielfunktion, wenn deren Funktionswert entweder *minimal* oder *maximal* ist. Im ersten Fall gilt für alle anderen Lösungen, dass deren Funktionswerte nicht kleiner als der Funktionswert der *minimalen* Lösung sind. Im zweiten Fall gibt es keine andere Lösung, deren Funktionswert größer als der Funktionswert der *maximalen* Lösung ist.

Das CSP definiert dann zusammen mit der Zielfunktion ein *Constraint-Optimierungsproblem (COP)* (engl. *constraint optimization problem*).

Definition 14.1 (Constraint-Optimierungsproblem (COP))

Es sei ein CSP $C = C' \wedge x_1 \in D_1 \wedge \ldots \wedge x_n \in D_n$ über den Variablen $\{x_1, \ldots, x_n\}$ gegeben (vgl. Definition 4.1).

Auf einer Teilfolge der Domänen des CSP sei außerdem eine **Zielfunktion** $f : D(x_{i_1}) \times \cdots \times D(x_{i_k}) \to D_f$ mit $1 \leq i_1 < \cdots < i_k \leq n$ definiert, wobei $D_f \subseteq \mathbb{Z}$ eine endliche Ganzzahlmenge sei.

Weiterhin sei $t_f(x_{i_1}, \ldots, x_{i_k})$ ein arithmetischer Term über den Variablen $\{x_{i_1}, \ldots x_{i_k}\}$, dessen Werte durch Gleichungen und Ungleichungen, d. h. Constraints aus $\mathcal{CS}_{\mathcal{FD}}$, eingeschränkt werden können und der die Zielfunktion f festlegt: Für beliebige Werte $e_{i_1} \in D_{i_1}, \ldots, e_{i_k} \in D_{i_k}$ gelte

$$f(e_{i_1}^{\mathcal{FD}}, \ldots, e_{i_k}^{\mathcal{FD}}) = (t_f(e_{i_1}, \ldots, e_{i_k}))^{\mathcal{FD}}.$$

Das CSP C wird hinsichtlich der Zielfunktion f zu einem **Constraint-Optimierungsproblem (COP)**, wenn eine oder alle optimalen Lösungen gesucht sind, die entweder die Zielfunktion f minimieren oder maximieren. Eine Lösung nennen wir **minimal**, wenn sie die Zielfunktion minimiert, und **maximal**, wenn sie diese maximiert.

Für ein COP, das durch ein CSP C und einen Term t_f bestimmt ist, sind folglich Lösungen $(x_1 = m_1) \wedge \ldots \wedge (x_n = m_n)$ des CSP gesucht, so dass der Wert des Grundterms $(t_f(m_{i_1}, \ldots, m_{i_k}))^{\mathcal{FD}}$ minimal bzw. maximal ist. Für eine beliebige andere Lösung $(x_1 = e_1) \wedge \ldots \wedge (x_n = e_n)$ des CSP C gilt bei Maximierung der Zielfunktion f

$$\mathcal{D}_{\mathcal{FD}} \models t_f(m_{i_1}, \ldots, m_{i_k}) \geq t_f(e_{i_1}, \ldots, e_{i_k})$$

bzw.

$$\mathcal{D}_{\mathcal{FD}} \models t_f(m_{i_1}, \ldots, m_{i_k}) \leq t_f(e_{i_1}, \ldots, e_{i_k})$$

bei Minimierung der Zielfunktion.

Die Bedeutung der Optimierung unter Randbedingungen mit COP sei anhand eines einfachen Beispiels gezeigt. Hier ist eine lineare Gleichung hinsichtlich einer quadratischen Zielfunktion zu optimieren.

Beispiel 14.1 Es sei das COP mit dem CSP $y = 2 \cdot x - 1 \wedge x \in [0,2] \wedge y \in [0,4]$ und der Zielfunktion f mit $t_f(x,y) = x^2 - y^2$ gegeben. Von den beiden einzigen Lösungen des CSP, $(x = 1) \wedge (y = 1)$ und $(x = 2) \wedge (y = 3)$, ist die erste maximal, der Zielfunktionswert ist $(t_f(1,1))^{\mathcal{FD}} = 0$. Die zweite Lösung ist minimal, denn es gilt $(t_f(2,3))^{\mathcal{FD}} = -5$. $\Diamond$

Da eine Lösung genau dann maximal bezüglich einer Zielfunktion f ist, wenn sie minimal hinsichtlich einer Zielfunktion $g = -f$ ist, konzentrieren wir uns im weiteren Verlauf auf Minimierungsprobleme. Lösungsverfahren für Maximierungsprobleme lassen sich unmittelbar aus den vorgestellten Verfahren für Minimierungsprobleme herleiten.

14.2 Ein Lösungsverfahren für COP

In Algorithmus 14.1 ist das Verfahren monotonicMinimize beschrieben, das *eine* minimale Lösung eines COP bestimmt. Dazu erhält das Verfahren als Eingabe ein CSP C und einen arithmetischen Term t_f, die das zu lösende COP bestimmen. Weiterhin fordert das rekursive Verfahren eine Lösung des CSP C oder initial *false* als Eingabe, da anfangs keine Lösung bekannt ist. Wenn das CSP lösbar ist, liefert das Verfahren eine Lösung θ, so dass $\theta(t_f)^{\mathcal{FD}}$ minimal ist. Dabei gehen wir von der ursprünglichen Darstellung der Lösung θ als Belegung aus (vgl. Abschnitt 3.2).

Algorithmus 14.1 : Berechnung einer minimalen Lösung eines COP durch monotone Minimierung

---

Gegeben : Ein COP mit einem CSP $C = C' \wedge D$ (Definition 4.1) mit

$C' = c_1 \wedge \ldots \wedge c_k$ und

$D = x_1 \in D_1 \wedge \ldots \wedge x_n \in D_n$,

ein arithmetischer Term t_f, der die Zielfunktion repräsentiert, und eine Lösung θ des CSP C bzw. $\theta = \textit{false}$.

Resultat : $\textit{false}$, falls C unlösbar ist; ansonsten eine minimale Lösung des COP, das durch das CSP C und den Term t_f bestimmt ist.

---

1   monotonicMinimize$(C, t_f, \theta) \equiv$
2   $D := $ backtrackSolve(C) (s. Algorithmus 4.5);
3   **if** $D = \textit{false}$ **then**
4     $\lfloor$ **return** θ;
5   **else if** $D = (x_1 = e_1) \wedge \ldots \wedge (x_n = e_n)$ **then**
6     $\lvert$ $\theta' := \{x_1/e_1, \ldots, x_n/e_n\}$;
7     $\lfloor$ **return** monotonicMinimize$((t_f < \theta'(t_f)) \wedge C, t_f, \theta')$;

Das Verfahren monotonicMinimize liefert eine minimale Lösung des betrachteten COP, indem es die möglichen Zielfunktionswerte von Lösungen des CSP immer stärker einschränkt. Die obere Grenze des Minimums wird dabei *monoton* reduziert, bis sie gleich dem Minimum ist. Wie dabei vorgegangen wird, möchten wir anhand der Graphik in Abbildung 14.1 erläutern:

a. Initial, beim Aufruf von monotonicMinimize$(C, t_f, \textit{false})$, kennen wir weder eine untere noch eine obere Grenze des Minimums. Erst die Suche nach einer Lösung des CSP mit dem Suchverfahren backtrackSolve erkennt entweder dessen Unlösbarkeit oder liefert eine erste Lösung θ'.

b. Wir nehmen an, dass das CSP lösbar und $upb = \theta'(t_f)$ eine obere Grenze des Minimums der Zielfunktion ist. Das Verfahren erweitert nun das CSP um die Bedingung $t_f < \theta'(t_f)$ und ruft rekursiv monotonicMinimize auf. Liefert dieser Aufruf eine Lösung, dann ist sie besser in Bezug auf die Zielfunktion.

c. Angenommen, es gibt eine solche Lösung θ'', dann gilt $\theta''(t_f) < \theta'(t_f)$, und $upb' = \theta''(t_f)$ ist eine noch bessere obere Grenze des Minimums. Eine Suche nach noch besseren Lösungen wird durch Ergänzung des CSP um die Bedingung $t_f < \theta''(t_f)$ und rekursiven Aufruf des Verfahrens eingeleitet.

d. Gibt es eine noch bessere Lösung θ''', dann ist $upb'' = \theta'''(t_f)$ eine noch stärkere obere Grenze des Minimums. Nehmen wir weiter an, dass sie gleich dem Minimum ist, dann ist dies nachzuweisen. Dazu versucht das Verfahren eine vermeintlich bessere Lösung zu finden, die neben dem CSP auch die Bedingung $t_f < \theta'''(t_f)$ erfüllt. Da die Suche fehlschlägt, ist θ''' nachweislich eine beste Lösung des CSP, die die Zielfunktion minimiert.

e. Da nun $\sigma(t_f) \geq \theta'''(t_f)$ für jede Lösung σ gilt, ist $lwb = upb''$ auch eine untere Grenze des Minimums.

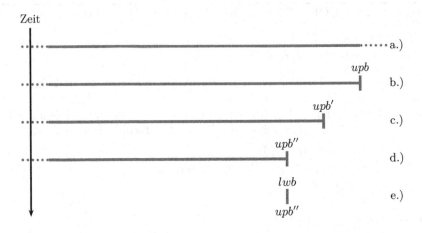

Abb. 14.1. Monotone Eingrenzung des Minimalwerts

Beispiel 14.2 Sind wir an einer minimalen Lösung eines CSP hinsichtlich einer Zielfunktion interessiert und ist der Zielfunktionwert einer ersten Lösung z. B. gleich 27, so wird das Verfahren monotonicMinimize im nächsten Schritt nach einer Lösung mit einem Zielfunktionswert kleiner als 27 suchen. Wird eine weitere Lösung z. B. mit dem Zielfunktionswert 17 gefunden, jedoch keine weitere Lösung, deren Zielfunktionswert kleiner als 17 ist, so ist die zuletzt gefundene Lösung eine minimale.   ◇

Aufgrund seiner streng monotonen Vorgehensweise, bei der die obere Grenze des Zielfunktionswerts stetig reduziert wird, terminiert das Verfahren monotonicMinimize. Für das CSP C und den arithmetischen Term t_f, die das eingegebene COP festlegen, gelten die folgenden Aussagen:

- Wenn monotonicMinimize$(C, t_f, false) = false$ ist, dann gilt

  $$\mathcal{D}_{\mathcal{FD}} \not\models \exists(C).$$

- Ansonsten, wenn monotonicMinimize$(C, t_f, false) \neq false$ ist, dann gilt

  $$\mathcal{D}_{\mathcal{FD}} \models \text{monotonicMinimize}(C, t_f, false)(C)$$

  und für alle Lösungen σ des CSP C, d. h. $\mathcal{D}_{\mathcal{FD}} \models \sigma(C)$, gilt

  $$\mathcal{D}_{\mathcal{FD}} \models \text{monotonicMinimize}(C, t_f, false)(t_f) \leq \sigma(t_f).$$

Die monotone Vorgehensweise des Verfahrens hat den Vorteil, dass jeweils nur einmal die Unlösbarkeit eines CSP nachgewiesen werden muss, nämlich entweder dann, wenn das gegebene CSP unlösbar ist oder wenn eine beste Lösung gefunden wurde. Das bedeutet, der Entscheidungsbaum (Definition 13.1

und Abbildung 13.1) braucht nur in einem dieser beiden Fälle komplett traversiert zu werden. Nachteilig ist jedoch, dass es neben der zuerst gefundenen Lösung viele weitere geben kann, die den Wert der Zielfunktion jeweils nur geringfügig verbessern. In diesem Fall konvergiert das Verfahren nur sehr langsam gegen das Optimum.

Beispiel 14.3 Die Minimierung der Bearbeitungszeit des 6×6 *Job-Shop-Scheduling-Problem von Fisher und Thompson* in Abbildung 14.2 (vgl. [39], wobei die Arbeitsgänge eines Jobs gleich gefärbt/schraffiert sind) mit dem Verfahren monotonicMinimize erfordert die Berechnung von 46 immer besser werdenden Lösungen, wenn eine speziell für diese Probleme angepasste heuristische Suche (vgl. Abschnitt 13.3.2 und [161]) statt backtrackSolve eingesetzt wird.   ◊

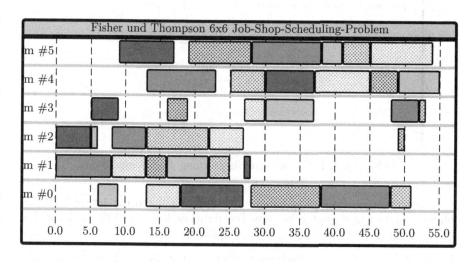

Abb. 14.2. Eine Lösung des FT06-Problems mit minimaler Bearbeitungszeit

Das Beispiel 14.3 zeigt, dass viele suboptimale Lösungen zu suchen sind, um das Minimum der Zielfunktion und eine minimale Lösung zu finden. Im schlimmsten Fall verbessert sich der Zielfunktionswert von Lösung zu Lösung nur um eine Einheit, so dass das Verfahren nur langsam konvergiert. Dies wird durch *dichotomisches* Optimieren vermieden.

14.3 Dichotomisches Optimieren

Eine sehr viel schnellere Konvergenz an eine beste Lösung lässt sich durch die Verwendung anfänglich großer und dann immer kleiner werdender Schritte bei der Verbesserung der Lösungen und der Grenzen des Optimums erreichen.

Halbiert man die Schrittweiten nach jeder Verbesserung, wird dieses Vorgehen *dichotomisches Optimieren* genannt. Dieses Vorgehen erfordert die Schätzung initialer, ggf. trivialer Untergrenzen *lwb* und Obergrenzen *upb* der optimalen Zielfunktionswerte.

Beispiel 14.4 Bei der Minimierung der Bearbeitungszeiten von Job-Shop-Scheduling-Problemen ist die Dauer eines längsten Jobs eine triviale Untergrenze und die Summe der Dauern aller Jobs eine triviale Obergrenze für die Bearbeitungszeit aller Jobs.   ◊

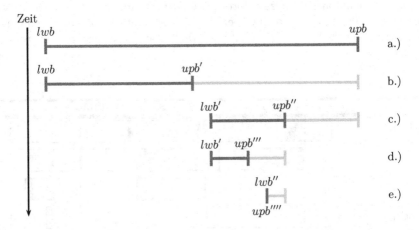

Abb. 14.3. Dichotomische Eingrenzung des Minimalwerts

Die dichotomische Optimierung möchten wir anhand der Graphik in Abbildung 14.3 exemplarisch erläutern. Das dabei zu lösende COP sei durch das CSP C und den arithmetischen Term t_f bestimmt.

a. Zur Initialisierung des Verfahrens sind ggf. triviale Grenzen *lwb* und *upb* des Minimums zu schätzen. Aus diesen beiden Grenzen wird eine neue, möglicherweise falsche Obergrenze des Minimums

$$upb' = \lfloor \frac{lwb + upb}{2} \rfloor$$

bestimmt.

b. Die Wahl der vermeintlichen Obergrenze wird geprüft, indem wir das CSP C um die Bedingung $t_f \leq upb'$ erweitern und dafür eine Lösung suchen, was in diesem Fall fehlschlägt. Das bedeutet, dass wir die Obergrenze nicht anpassen dürfen, sie ist nach wie vor *upb*, jedoch die Untergrenze. Diese ist offensichtlich $lwb' = upb' + 1$, denn das erweiterte CSP ist unlösbar. Aus diesen beiden aktualisierten Grenzen wird eine schwächere, jedoch möglichweise noch immer falsche Obergrenze des Minimums

$$upb'' = \lfloor \frac{lwb' + upb}{2} \rfloor$$

bestimmt.

c. Diese nun korrekte Obergrenze wird bestätigt, indem wir das CSP C um die Bedingung $t_f \leq upb''$ erweitern, dafür eine Lösung suchen und auch finden. Aus den beiden aktualisierten Grenzen wird eine stärkere, möglicherweise nun wieder falsche Obergrenze des Minimums

$$upb''' = \lfloor \frac{lwb' + upb''}{2} \rfloor$$

bestimmt.

d. Auch diese vermeintliche Obergrenze wird geprüft, indem wir das CSP C mit der Bedingung $t_f \leq upb'''$ erweitern und dafür eine Lösung suchen. Wir nehmen an, dass die Suche fehlschlägt, d. h. die Untergrenze erneut anzupassen ist: $lwb'' = upb''' + 1$. Aus diesen beiden aktualisierten Grenzen wird eine schwächere, jedoch möglicherweise noch immer falsche Obergrenze des Minimums

$$upb'''' = \lfloor \frac{lwb'' + upb''}{2} \rfloor$$

bestimmt.

e. Da $lwb'' = upb''''$ gilt, entscheidet sich bei der Suche nach einer Lösung des CSP $C \wedge (t_f \leq upb'''')$, welche Lösung minimal ist: Wird eine gefunden, so ist sie es. Wird keine gefunden, ist upb'' das Minimum der Zielfunktion. Die zuletzt beim Nachweis der Korrektheit von upb'' gefundene Lösung ist dann minimal.

Beispiel 14.5 Wir sind an einer minimalen Lösung eines CSP hinsichtlich einer Zielfunktion interessiert, deren Funktionwerte z. B. zwischen der Untergrenze 0 und der Obergrenze 100 für alle minimalen Lösungen des CSP liegen. Die beiden Grenzwerte sind willkürlich gewählt. Bei der dichotomischen Minimierung wird dann nach einer ersten Lösung gesucht, deren Zielfunktionswert kleiner oder gleich 50 ist. Wird eine Lösung z. B. mit Zielfunktionswert 27 gefunden, suchen wir nach einer weiteren Lösung, deren Zielfunktionswert kleiner oder gleich 13 ist. Gibt es keine solche Lösung, wird weiter nach einer Lösung gesucht, deren Zielfunktionswert im Intervall [14, 20] liegt. Gibt es eine solche Lösung z. B. mit Zielfunktionswert 16, jedoch keine bessere mit Funktionswert kleiner oder gleich 15, bricht die Suche ab. Die zuletzt gefundene Lösung ist minimal.   ◊

Wie sich dieses dichotomische Vorgehen bei praktischen Problemen verhält, zeigt das folgende Beispiel:

Beispiel 14.6 (Fortsetzung von Beispiel 14.3) Die Minimierung der Bearbeitungszeit des 6 × 6 Job-Shop-Scheduling-Problems von Fisher und Thompson in Abbildung 14.2 mittels dichotomischer Minimierung erfordert bei Verwendung der Grenzen aus Beispiel 14.4 lediglich die Berechnung von fünf immer besser werdenden Lösungen bei Einsatz der gleichen Heuristik. Dabei ist nur einmal die Unlösbarkeit eines CSP nachzuweisen, da nur einmal eine falsche Obergrenze des Minimalwerts gewählt wird.   ◊

Im Allgemeinen muss beim dichotomischen Optimieren jedoch mehrfach die Unlösbarkeit von CSP nachgewiesen werden. Der erforderliche Aufwand für das Traversieren der jeweiligen Entscheidungsbäume kann dabei den Zeitgewinn durch die schnellere Konvergenz zunichte machen, so dass beide vorgestellten Optimierungsstrategien ihre Berechtigung haben.

Beide Vorgehensweisen, monoton und dichotom, beruhen auf dem *Brunch-and-Bound-Prinzip*, das aus zwei Teilen besteht – dem *Branching* („Verzweigen") und dem *Bounding* („Beschränken"):

- Beim *Bounding* wird durch die immer stärker werdende Eingrenzung des Optimalwerts der Zielfunktion, nämlich durch Erweiterung des CSP um entsprechende Constraints, der Suchraum durch Herstellung lokaler Konsistenz oder der Grenzenkonsistenz eingeschränkt.

- Das *Branching* erfolgt bei der Suche nach immer besseren Lösungen durch das Traversieren unterschiedlicher Pfade im Entscheidungsbaum, der durch die möglichen Entscheidungen bei der Suche „aufgespannt" wird, so wie wir es bereits in Kapitel 13 kennengelernt haben.

14.4 Gleichzeitige Optimierung mehrerer Zielfunktionen

Für viele Optimierungsprobleme ist charakteristisch, dass mehrere Zielfunktionen gleichzeitig zu optimieren sind. Eine Möglichkeit n Zielfunktionen ($n > 1$) $f_1, \ldots, f_n$ gleichzeitig zu optimieren, besteht darin, sie in einer gewichteten Summe zu einer „Super"-Zielfunktion

$$F_\Sigma = \sum_{i=1}^{n} (\omega_i \cdot f_i)$$

zusammenzufassen und diese dann zu optimieren. Diese Optimierung reicht für viele Probleme aus. Bei einigen Problemen, wie den Job-Shop-Scheduling-Problemen (vgl. Beispiele 14.3 und 14.6), genügt es jedoch nicht, eine Summe zu betrachten. Ist die minimale Gesamtbearbeitungszeit aller Jobs gesucht, sind die Endzeiten der letzten Arbeitsgänge der Jobs zu minimieren. Gesucht ist hier das *Minimum eines gewichteten Maximums* mehrerer Zielfunktionen

$$F_{\max} = \max_{i=1}^{n} (\omega_i \cdot f_i).$$

Wie bei der Summe sind die Konstanten $\omega_1, \ldots, \omega_n$ die Gewichtungsfaktoren der Zielfunktionen, die *gleichmäßig zu minimieren* sind.

Beispiel 14.7   Bei dem in Aufgabe 10.4 beschriebenen Ressourcenplanungsproblem geht es darum, vier WG-Bewohnerinnen Zeiten zum Lesen vier verschiedener Zeitungen zuzuteilen. Dieses CSP wird zum COP, wenn wir fordern, dass die Zeitungslektüre für alle Leserinnen frühestmöglich beendet sein soll. Die Zielfunktion für jede einzelne Leserin ist dabei das Ende ihrer Lektüre. Diese Zielfunktionen sind gemeinsam zu minimieren. Es seien nun a_i, b_i, c_i, d_i die Anfangszeiten der Lektüre der Zeitung i ($i = 1, 2, 3, 4$). Dann ist

$$F_{\max} = \max\{a_1 + 60, a_2 + 30, a_3 + 2, a_4 + 5,$$
$$b_1 + 75, b_2 + 3, b_3 + 15, b_4 + 10,$$
$$c_1 + 5, c_2 + 15, c_3 + 10, c_4 + 30,$$
$$d_1 + 90, d_2 + 1, d_3 + 1, d_4 + 1\}$$

die zu minimierende Zielfunktion. Da wir nicht wissen, welche Zeitung von wem zuletzt gelesen wird, ist das Maximum der Endezeiten aller Lektüren zu minimieren. ◊

Die gleichmäßige Optimierung ist mit den bereits vorgestellten Verfahren unmittelbar zu lösen, wenn der dabei eingesetzte Constraint-Löser die Operation max (oder min) über beliebigen arithmetischen Termen unterstützt. Ist dies jedoch nicht der Fall, können wir das Problem durch die Betrachtung eines äquivalenten COP ohne diese Operationen lösen, wie das folgende Lemma zeigt.

Lemma 14.1. *Es sei ein COP M durch ein CSP C und eine Zielfunktion*

$$F_{\max} = \max\{f_1, \ldots, f_n\}$$

gegeben, wobei die gleichmäßig zu minimierenden Zielfunktionen $f_1, \ldots, f_n$ durch die Terme $t_1, \ldots, t_n$ repräsentiert seien. Weiterhin sei

$$C' = C \wedge t_1 \leq y \wedge \ldots \wedge t_n \leq y$$

ein CSP mit einer Variablen $y \notin var(C)$. Dann ist jede Lösung des COP N, das durch das CSP C' und den Term y bestimmt wird, eine Lösung des COP M und jede Lösung des COP M kann durch geeignete Belegung von y zu einer Lösung des COP N erweitert werden.

Beweis. Ist das CSP C unlösbar, hat keine der beiden COP eine Lösung.

Angenommen, σ ist eine minimale Lösung des COP N. Dann gibt es einen Term t_i mit $i \in \{1, \ldots, n\}$, so dass

$$\mathcal{D}_{\mathcal{FD}} \models \sigma(C) \wedge \sigma(t_1) \leq \sigma(y) \wedge \ldots \wedge \sigma(t_n) \leq \sigma(y) \wedge \forall(C \longrightarrow t_i \geq \sigma(y))$$

gilt. Da insbesondere $\phi(t_i)^{\mathcal{FD}} \geq \sigma(y)^{\mathcal{FD}}$ für jede Lösung ϕ des CSP C gilt, folgt unmittelbar, dass

$$\max\{\phi(t_1)^{\mathcal{FD}}, \ldots, \phi(t_n)^{\mathcal{FD}}\} \geq \sigma(y)^{\mathcal{FD}} \quad \text{und}$$
$$\max\{\sigma(t_1)^{\mathcal{FD}}, \ldots, \sigma(t_n)^{\mathcal{FD}}\} \leq \sigma(y)^{\mathcal{FD}}$$

gilt, d. h. σ ist eine minimale Lösung des COP M.

Nun angenommen, θ ist eine minimale Lösung des COP M. Dann gibt es einen (minimalen) Wert m, so dass für einen Term t_j mit $j \in \{1, \ldots, n\}$

$$\mathcal{D}_{\mathcal{FD}} \models \theta(C) \wedge \theta(t_1) \leq m \wedge \ldots \wedge \theta(t_n) \leq m \wedge \forall(C \longrightarrow t_j \geq m)$$

gilt. Dann ist $\theta' = \theta \cup \{y/m\}$ eine minimale Lösung des COP N. □

Im Constraint-logischen Programmiersystem ECL^{i}PS^e gibt es zur Lösung von COP das Systemprädikat

```
min_max(FDVarList, ObjectiveTerms)
```

zur gleichmäßigen Minimierung mehrerer Zielfunktionen. Der Aufruf des Prädikats erfolgt durch Eingabe einer Liste von FD-Variablen FDVarList, deren Werte durch FD-Constraints eingeschränkt sind, und einer Liste von Termen ObjectiveTerms, die zulässige Zielfunktionen (im obigen Sinne) repräsentieren. Bei Lösbarkeit des durch die FD-Constraints definierten CSP werden die Variablen an Ganzzahlen gebunden, die *eine* Lösung des COP sind.

Da jedoch weitere Lösungen mit diesem Systemprädikat nicht bestimmbar sind (es ist nicht *resatisfiable*), wollen wir im Folgenden eine ECL^{i}PS^e-Implementierung eines Prädikats

```
my_min_max(FDVarList, ObjectiveTerms)
```

vorstellen. Diese Implementierung erlaubt es, potenziell alle Lösungen des COP durch Rücksetzen (Backtracking) zu bestimmen. Dazu nutzt sie die ECL^{i}PS^e-Bibliothek für FD-Constraints:

```
:- use_module(library(fd)).
```

Listing 14.1. Verwendung der FD-Constraints in ECL^{i}PS^e

Die im Folgenden vorgestellte Realisierung der Minimierung lässt sich wegen ihrer Verwendung verbreiteter Constraint-logischer Konzepte auch auf andere Constraint-logische Programmiersysteme übertragen.

Damit nach dem Rücksetzen das Wissen über die bei der Suche getroffenen Entscheidungen erhalten bleibt, verwenden wir zwei „nichtlogische" Variablen min und found, die sich wie Variablen in imperativen Programmiersprachen verhalten. Es sind Speicherplätze mit frei wählbaren Namen, unter denen mittels setval(Name, Term) Terme abgelegt werden können, auf die später mit getval(Name, Term) bei Bedarf zugegriffen werden kann.

Die „nichtlogische" Variable min dient im Folgenden der Speicherung des bis dahin gefundenen, kleinsten Zielfunktionswerts. Initial ist daher ihr Wert undef. Die „nichtlogische" Variable found hat einen Booleschen Wert, der signalisiert, ob eine minimale Lösung gefunden wurde. Initial ist ihr Wert false:

```
:- local variable(min).
:- local variable(found).
:- setval(min, undef).
:- setval(found, false).
```

Listing 14.2. Generierung und Initialisierung lokaler Variablen

Das Prädikat my_min_max/2 ist durch zwei Klauseln implementiert. Die erste Klausel (s. Listing 14.3) versucht eine initiale Lösung durch Labeling zu finden. Ist sie gefunden, berechnet das Prädikat getMax/2 (s. Listing 14.10)

ihren Zielfunktionswert, der dann zur weiteren Verwendung unter der Variablen `min` abgespeichert wird. Durch ein Fehlschlagen mit `fail` wird danach zur zweiten Klausel verzweigt:

```
my_min_max(FDVarList, ObjectiveTerms) :-
    my_labeling(FDVarList),
    getMax(ObjectiveTerms, ObjVal),
    setval(min, ObjVal),
    fail.
```

Listing 14.3. Suchen einer initialen Lösung

Um zu verhindern, dass durch das Fehlschlagen weitere Lösungen durch das ECL^{i}PS^e-Systemprädikat `labeling(FDVarList)` vor dem Verzweigen zur nächsten Klausel von `my_min_max/2` überflüssigerweise berechnet werden, verwenden wir eine abweichende Implementierung des Labeling. Die Implementierung von `my_labeling(FDVarList)` (s. Listing 14.4) verhindert durch einen Cut („!"), dass durch Rücksetzen nach dem Finden einer Lösung des (implizit) gegebenen CSP weitere bestimmt werden können. Diese Vorgehensweise entspricht in ECL^{i}PS^e dem Aufruf des Meta-Prädikats `once(labeling(FDVarList))`.

```
my_labeling(FDVarList) :-
    labeling(FDVarList),
    !.
```

Listing 14.4. Suche nach höchstens einer Lösung

In der zweiten und letzten Klausel von `my_min_max/2` wird mit dem Prädikat `my_decrease(FDVarList, ObjTerms)` der Zielfunktionswert, falls einer gefunden wurde, monoton reduziert, bis schließlich der Minimalwert gefunden (und abgespeichert) ist. Ist das CSP unlösbar, schlägt der Aufruf des Prädikats `my_decrease/2` fehl (s. Listing 14.6) und damit auch der von `my_min_max/2`. Ansonsten wird nach erfolgreicher Minimierung des Zielfunktionswerts die Variable `MinObjVal` mit dem Minimalwert der Zielfunktion belegt. Durch Aufruf des Prädikats `setMax(ObjectiveTerms, MinObjVal)` werden für alle Zielfunktionsterme t in der Liste `ObjectiveTerms` die Constraints $t \leq$ `MinObjVal` (s. Listing 14.11) festlegt. Die anschließende Suche nach allen Lösungen mit dem systeminternen Labeling findet dann aufgrund der zusätzlichen Constraints alle minimalen Lösungen des COP:

```
my_min_max(FDVarList, ObjectiveTerms) :-
    my_decrease(FDVarList, ObjectiveTerms),
    getval(min, MinObjVal),
    setMax(ObjectiveTerms, MinObjVal),
    labeling(FDVarList).
```

Listing 14.5. Sukzessive Reduktion des Zielfunktionswerts

Wurde beim ersten Aufruf des Prädikats my_min_max/2 keine Lösung gefunden – der Wert der Variablen min ist undef – dann schlägt der erste Aufruf von my_decrease/2 ohne weitere Verzweigung zu anderen Klauseln aufgrund der Cut-fail-Kombination fehl:

```
my_decrease( _FDVarList , _ObjectiveTerms) :-
        getval(min, undef),
        !,
        fail.
```

Listing 14.6. Keine Reduktion bei unbestimmtem Zielfunktionswert

Wird jedoch zur zweiten Klausel von my_decrease/2 verzweigt, dann wird der in min gespeicherte, aktuell kleinste Zielfunktionswert ObjVal genutzt, um für alle Zielfunktionsterme t in der Liste ObjectiveTerms die Constraints $t \leq$ ObjVal - 1 mit setMax/2 festzulegen (s. Listing 14.11). Vor der Suche nach einer besseren Lösung wird die Boolesche Variable found auf den Wert true gesetzt. Dann wird nach einer besseren Lösung als der bisher gefundenen gesucht. Ist die Suche erfolgreich, wird found auf false gesetzt, um zu signalisieren, dass es möglicherweise eine noch bessere Lösung gibt. Schlägt die Suche fehl, dann war die zuvor gefundene Lösung minimal, was durch den unveränderten Wert von found signalisiert wird. Bei einer gefundenen Lösung wird mit dem Aufruf von getMax(ObjectiveTerms, BetterObjVal) der bessere Zielfunktionswert berechnet und in der Variablen min abgespeichert:

```
my_decrease(FDVarList , ObjectiveTerms) :-
        getval(min, ObjVal),
        setval(found, true),
        NewObjVal is ObjVal-1,
        setMax(ObjectiveTerms , NewObjVal),
        my_labeling(FDVarList),
        setval(found, false),
        getMax(ObjectiveTerms , BetterObjVal),
        setval(min, BetterObjVal),
        fail.
```

Listing 14.7. Redukion bei definiertem Zielfunktionswert

Da auch diese Klausel fehlschlägt, ist beim Aufruf der letzten beiden Klauseln von my_decrease/2 zu unterscheiden, ob eine minimale Lösung gefunden wurde oder nicht. Die Information dazu steckt in der Booleschen Variablen found. Ist ihr Wert false, wird durch rekursiven Aufruf von my_decrease/2 der Zielfunktionswert ggf. weiter verbessert, wobei der Cut verhindert, dass zur letzten Klausel des Prädikats my_decrease/2 zurückgesetzt wird:

```
my_decrease(FDVarList , ObjectiveTerms) :-
        getval(found, false),
```

```
    !,
    my_decrease(FDVarList, ObjectiveTerms).
```
Listing 14.8. Suche bessere Lösung, da noch keine beste Lösung gefunden wurde

Die letzte Klausel von `my_decrease/2` beendet die Rekursion in dem anderen Fall, wenn die Boolesche Variable `found` den Wert `true` hat und eine optimale Lösung gefunden wurde:

```
my_decrease(_FDVarList, _ObjectiveTerms) :-
    getval(found, true).
```
Listing 14.9. Beende rekursive Suche, da beste Lösung gefunden ist

Ist eine Lösung des aktuell betrachteten CSP gefunden, so sind die Variablen in der Liste der Zielfunktionsterme `ObjectiveTerms` bestimmt. Die Terme sind arithmetische Grundterme. Ihr Maximalwert `MaxVal` kann durch Aufruf des Prädikats `getMax(Terms, Eval, MaxVal)` rekursiv bestimmt werden:

```
getMax([], infinity).

getMax([Term|Terms], MaxVal) :-
        Val is Term,
        !,
        getMaxP(Terms, Val, MaxVal).

getMaxP([], MaxVal, MaxVal).

getMaxP([Term|Terms], CurrVal, MaxVal) :-
        Val is Term,
        Val > CurrVal,
        !,
        getMaxP(Terms, Val, MaxVal).

getMaxP([Term|Terms], CurrVal, MaxVal) :-
        Val is Term,
        Val =< CurrVal,
        !,
        getMaxP(Terms, CurrVal, MaxVal).
```
Listing 14.10. Berechnen des maximalen Zielfunktionswerts

Es sei bemerkt, dass `Max` den Wert `infinity` hat, wenn die Liste von Zielfunktionstermen leer ist. Ansonsten werden mit `getMaxP/3` schrittweise die Zielfunktionswerte durch Termauswertung berechnet, wobei immer der bis dahin größte Wert gesichert wird. Die dabei verwendeten Cuts verbessern die Effizienz, da unnötiges Verzweigen zu anderen Klauseln verhindert wird.

Das Beschränken des Zielfunktionswerts durch zusätzliche Constraints erfolgt durch Aufruf des Prädikats setMax(ObjectiveTerms, ObjVal), das für jeden Zielfunktionsterm t in der Liste ObjectiveTerms das Constraint $t \le$ ObjVal festlegt:

```
setMax([], _ObjVal).

setMax([Term|Terms], ObjVal) :-
    Term #=< ObjVal,
    !,
    setMax(Terms, ObjVal).
```

Listing 14.11. Beschränken des Zielfunktionswerts

Mit Hilfe des hier vorgestellten ECL^{i}PS^e-Programms lassen sich alle minimalen Lösungen eines COP finden, bei dem mehrere Zielfunktionen gleichmäßig zu minimieren sind.

14.5 Anmerkungen und Literaturhinweise

Das *Branch-and-Bound*-Prinzip zur Optimierung diskreter Probleme geht laut Wikipedia [22] auf Land & Doig [98] zurück, die dieses Optimierungsprinzip im Bereich des Operations Research erstmals formuliert haben. Ein implementierbarer Algorithmus wurde von Dakin [32] einige Jahre später vorgestellt. Die Optimierung von CSP wird u. a. in dem Buch von Tsang [145], das wieder verfügbar ist, ausführlich behandelt.

Die vorgestellten Optimierungsverfahren lassen sich hinsichtlich Effizienz stark verbessern. So kann ein mehrfaches Traversieren von Teilen des Entscheidungsbaums verhindert werden: Für bereits im Entscheidungsbaum besuchte Pfade, die entweder zu keiner Lösung führen oder deren Lösungen den aktuell besten Wert der Zielfunktion nicht verbessern, gilt dies auch bei der Suche nach besseren Lösungen. Diese Pfade führen sicher zu keiner besseren Lösung. Dieser Mehraufwand kann bei einer systematischen Tiefensuche, die von oben nach unten und dabei den Entscheidungsbaum von links nach rechts traversiert, vermieden werden. Dazu ist folgendermaßen vorzugehen:

- Abspeichern der Folge von Entscheidungen, die zu der aktuell besten Lösung geführt haben, und Aktualisieren der Grenzen der Zielfunktion.
- Rücknahme dieser Entscheidungen und Verschärfung der Grenzen der Zielfunktion durch zusätzliche Constraints.
- Treffen der abgespeicherten Entscheidungen solange dieses möglich ist.
- Fortsetzen der Suche mit den als nächstes zu wählenden alternativen Entscheidungen.

Ein solches inkrementelles Such- und Optimierungsverfahren ist in [70] beschrieben.

Die gleichmäßige Optimierung mehrerer Zielfunktionen ist vielfältig einsetzbar. Sie leistet gute Dienste bei der Minimierung der Durchlaufzeit von Jobs auf Maschinen, bei der gleichmäßigen Reduzierung von Über- und Unterstunden bei der Personaleinsatzplanung oder bei der gleichmäßigen Verteilung des Ressourceneinsatzes bei der Wartung technischer Systeme.

14.6 Aufgaben

Aufgabe 14.1 (Monotone Maximierung)   Entwickeln Sie analog zum Verfahren monotonicMinimize (vgl. Algorithmus 14.1) ein Maximierungsverfahren monotonicMaximize. Eingabe des Verfahrens ist ein CSP C, ein Term t_f, der die zu maximierende Zielfunktion repräsentiert und ggf. weiteres. Das Verfahren soll genau dann *eine* maximale Lösung des charakterisierten COP bestimmen, wenn das CSP C lösbar ist. Ansonsten soll es dessen Unlösbarkeit signalisieren.

Aufgabe 14.2 (Dichotomische Minimierung)   Entwickeln Sie in Analogie zu monotonicMinimize (vgl. Abbildung 14.1) ein dichotomisches Minimierungsverfahren dichotomicMinimize. Eingabe des Verfahrens ist ein CSP C, ein Term t_f, der die zu minimierende Zielfunktion repräsentiert, eine untere Grenze lwb und eine obere Grenze upb der Zielfunktion sowie ggf. weiteres. Das Verfahren soll genau dann *eine* minimale Lösung des charakterisierten COP bestimmen, wenn das CSP C lösbar ist. Ansonsten soll es dessen Unlösbarkeit in geeigneter Form kenntlich machen.

A

Lösungen

Im Folgenden sind Lösungen der Aufgaben aus den vorangehenden Kapiteln angegeben. Wir stellen jeweils *eine* Lösungsvariante vor, andere sind denkbar und ausdrücklich erwünscht.

Lösungen zu Kapitel 1

Lösung zur Aufgabe 1.1 (Signaturen und Strukturen)   Wir definieren die
Σ_5-Struktur $\mathcal{D}_3 = (\{\mathcal{D}_3^{num}\}, \{f^3 \mid f \in F\}, \{r^3 \mid r \in R\})$.

- Die Trägermenge $\mathcal{D}_3^{num} = \{0, 1, 2\}$ enthält nun nur noch die natürlichen Zahlen von 0 bis 2.
- Die Funktionsmenge $\{succ^3, plus^3, mul^3, 0^3, 1^3, 2^3, 3^3, 4^3\}$ ordnet jedem Funktionssymbol eine Funktion zu. Hier müssen für die Symbole 3 und 4 ebenfalls Funktionen vorgesehen werden, die nun aber modulo 3 auf die Trägermenge abbilden.
- Die Prädikatmenge $\{eq^3, geq^3\}$ definiert für die Prädikatsymbole entsprechende Prädikate.

Die Funktionen und Prädikate sind wie folgt definiert:

$succ^3 \colon \mathcal{D}^{num} \to \mathcal{D}^{num}$ und für alle $x \in \mathcal{D}^{num}$ gilt $succ^3(x) = (x + 1) \bmod 3$,

$plus^3 \colon \mathcal{D}^{num} \times \mathcal{D}^{num} \to \mathcal{D}^{num}$,
   wobei für alle $x, y \in \mathcal{D}^{num}$ gilt: $plus^3(x, y) = (x + y) \bmod 3$,

$mul^3 \colon \mathcal{D}^{num} \times \mathcal{D}^{num} \to \mathcal{D}^{num}$,
   wobei für alle $x, y \in \mathcal{D}^{num}$ gilt: $mul^3(x, y) = (x * y) \bmod 3$.

$$
\begin{array}{lll}
0^3\colon & \mathcal{D}^{num} & \text{mit } 0^3 = 0, \\
1^3\colon & \mathcal{D}^{num} & \text{mit } 1^3 = 1, \\
2^3\colon & \mathcal{D}^{num} & \text{mit } 2^3 = 2, \\
3^3\colon & \mathcal{D}^{num} & \text{mit } 3^3 = (3 \bmod 3) = 0, \\
4^3\colon & \mathcal{D}^{num} & \text{mit } 4^3 = (4 \bmod 3) = 1.
\end{array}
$$

$eq^3 \subseteq \mathcal{D}^{num} \times \mathcal{D}^{num}$ und für alle $x, y \in \mathcal{D}^{num}$ gilt $eq^3(x, y)$ gdw. $x = y$,

$geq^3 \subseteq \mathcal{D}^{num} \times \mathcal{D}^{num}$ und für alle $x, y \in \mathcal{D}^{num}$ gilt $geq^3(x, y)$ gdw. $x \geq y$.

Lösung zur Aufgabe 1.2 (Terme, Formeln, Variablen)

1. $T(F, X) = \{z, x\}$
   Gebundene Variablen sind z und x, es gibt keine freien Vorkommen von Variablen.
2. $T(F, X) = \{z, 4, succ(4)\}$
   Die Variable ist z gebunden, es gibt keine freien Vorkommen von Variablen.
3. $T(F, X) = \{z, x, 1, plus(x, 1), succ(plus(x, 1))\}$
   Es gibt keine gebundenen Variablen, freie Variablen sind z und x.
4. $T(F, X) = \{z, x\}$
   Gebunden sind z und x, es gibt außerdem ein freies Vorkommen von x.

Lösung zur Aufgabe 1.3 (Gültigkeit)

1. $(\mathcal{D}_5, \varsigma) \vDash \forall z, x.eq(z,x) \longrightarrow geq(z,x)$, denn für alle Belegungen von z und x gilt: Wenn $(z,x) \in eq^5$ bzw. $z = x$, dann gilt auch $(z,x) \in geq^5$ bzw. $z \geq x$. Die Relation eq^5 impliziert die Relation geq^5.

2. $(\mathcal{D}_5, \varsigma) \nvDash \forall z.eq(z, succ(4)) \longleftrightarrow true$, denn nicht für alle Belegungen von z gilt $(z, 0) \in eq^5$.

   Da z durch einen Allquantor gebunden ist, müsste für alle möglichen Belegungen für z die Gültigkeit gezeigt werden. Wir können für aber für z Belegungen finden, so dass die Formel nicht gilt, z. B. $\varsigma'(z) = 1$.

3. $(\mathcal{D}_5, \varsigma) \vDash eq(z, succ(plus(x, 1))) \longleftrightarrow true$, denn $(3, 3) \in eq^5$.

   Die Variablen z und x sind hier frei. Daher wird die Gültigkeit hinsichtlich der gegebenen Belegung ς bestimmt.

4. $(\mathcal{D}_5, \varsigma) \vDash \exists z.(eq(z,x) \longrightarrow (\forall x.eq(z,x)))$, denn es existiert eine Belegung für z, die die Formel erfüllt, nämlich z. B. $\varsigma'(z) = 2$. Da $(2, 1) \notin eq^5$ gilt, können wir beliebige Aussagen folgern.

   Bei dieser Formel ist die Variable x im ersten Unterterm $eq(z,x)$ frei. Daher haben wir bei der Überprüfung der Gültigkeit die Belegung ς angewendet mit $\varsigma(x) = 1$. In der hinteren Teilformel $\forall x.eq(z,x)$ sind sowohl x (durch den Allquantor) als auch z durch den Existenzquantor am Anfang der Formel gebunden.

Lösung zur Aufgabe 1.4 (Prädikatenlogische Formeln)

1. Alle Papageien sind Haustiere.
2. Alle Papageien mögen alle grünen Fische.
3. Manche Papageien mögen alle Fische.

4. $\forall X.(green(X) \wedge parrot(X) \longrightarrow pet(X))$ oder z. B. auch
   $\forall X.(parrot(X) \longrightarrow (green(X) \longrightarrow pet(X)))$.
   Für eine Aussage kann man meist mehrere sinnvolle prädikatenlogische Formulierungen finden. Wir geben hier Beispiele an.
5. $\exists X.parrot(X) \wedge green(X) \wedge \forall Y.(\neg(X = Y) \longrightarrow \neg(parrot(Y) \wedge green(Y)))$
6. $\forall X, Y.(parrot(X) \wedge fish(Y) \wedge likes(X,Y) \longrightarrow green(Y))$.

Lösungen zu Kapitel 2

Lösung zur Aufgabe 2.1 (Substitutionen)   Sei $\sigma : X \rightarrow T(F, X)$ mit $\sigma(x) \in T(F, X)^s$ für alle $x \in X^s$ eine Substitution.

Die Funktion σ wird erweitert zu $\tilde{\sigma} : Formulae(\Sigma, X) \rightarrow Formulae(\Sigma, X)$, d. h. zu ihrer Anwendung auf Formeln, durch

- $\tilde{\sigma}(x) = \sigma(x)$ für alle Variablen $x \in X$,
- $\tilde{\sigma}(r(t_1, \ldots, t_n)) = r(\tilde{\sigma}(t_1), \ldots, \tilde{\sigma}(t_n))$ für alle atomaren Formeln $r(t_1, \ldots, t_n)$,
- $\tilde{\sigma}(c) = c$ für alle Konstantensymbole,
- $\tilde{\sigma}(\neg \phi) = \neg(\tilde{\sigma}(\phi))$ mit $\phi \in Formulae(\Sigma, X)$,
- $\tilde{\sigma}(\phi \oplus \psi) = \tilde{\sigma}(\phi) \oplus \tilde{\sigma}(\psi)$ mit $\phi, \psi \in Formulae(\Sigma, X)$ und $\oplus \in \{\vee, \wedge, \longrightarrow, \longleftarrow\}$,
- $\tilde{\sigma}(\forall x.\phi) = \forall x.\tilde{\sigma}(\phi)$ und $\tilde{\sigma}(\exists x.\phi) = \exists x.\tilde{\sigma'}(\phi)$ mit $\phi \in Formulae(\Sigma, X)$ und $\tilde{\sigma'} : Formulae(\Sigma, X) \rightarrow Formulae(\Sigma, X)$ ist eine Substitution mit
$$\sigma'(y) = \begin{cases} \sigma(y) & \text{wenn } y \neq x \\ x & \text{sonst.} \end{cases}$$

Dabei setzen wir $\sigma(y) \neq x$ voraus, was ggf. durch eine Variablenumbenennung gesichert werden kann.

Lösung zur Aufgabe 2.2 (PROLOG: Quicksort)   Angegeben ist eine mögliche Definition des `quicksort`-Prädikats. Bei Eingabe einer Liste `[H|T]` wird diese durch das Prädikat `split` an Hand ihres ersten Elements `H` in eine Liste mit kleineren Elementen `Smaller` und eine Liste `GreaterEqual` mit Elementen, die gleich oder größer als `H` sind, zerlegt. Diese neuen Listen werden rekursiv mit `quicksort` sortiert (Zeilen 4 und 5) und schließlich zusammengeführt (Zeile 6). Ergebnis ist eine sortierte Liste `SortedList`.

Unnötiges Backtracking haben wir in den Zeilen 1 und 8 für die Standardfälle der leeren Liste verhindert. In Zeile 10 unterbinden wir Backtracking mit dem Cut nach dem Test `H < E`, um zu verhindern, dass im Falle `H < E` die dritte Klausel des `split`-Prädikats noch probiert wird.

```
1   quicksort([], []) :- !.
2   quicksort([H|T], SortedList) :-
3       split(H, T, Smaller, GreaterEqual),
4       quicksort(Smaller, SSorted),
5       quicksort(GreaterEqual, GESorted),
6       append(SSorted, [H|GESorted], SortedList).
7
8   split(_, [], [], []) :- !.
9   split(E, [H|T], [H|Smaller], GreaterEqual) :-
10          H < E, !,
11          split(E, T, Smaller, GreaterEqual).
12  split(E, [H|T], Smaller, [H|GreaterEqual]) :-
13          split(E, T, Smaller, GreaterEqual).
```

Die Verwendung des Cuts und von anderen außerlogischen Prädikaten wie arithmetischen Tests – bei uns H < E – verändert den Suchbaum und kann Bindungen an Grundwerte zur Laufzeit erzwingen. So müssen z. B. H und E an Zahlen gebunden sein, wenn der Test H < E ausgeführt wird, ansonsten tritt ein Laufzeitfehler auf.

Das bedeutet, dass die Ergebnisse bzw. Fehlerreaktionen des Programms sich je nach der Verwendung außerlogischer Prädikate unterscheiden. Die folgenden Antworten beziehen sich somit auch nur auf unser oben angegebenes Programm und können für eine andere quicksort-Implementierung ganz anders aussehen.

Die hier gezeigten Berechnungen wurden mit ECL^{i}PS^e-PROLOG durchgeführt. ECL^{i}PS^e-PROLOG ist unter http://eclipse.crosscoreop.com/ verfügbar, dort findet man auch ECL^{i}PS^e-Handbücher, Programmierbeispiele und weiterführende Literatur.

```
?- quicksort([1,3,2],X).
X = [1, 2, 3]
Yes
```

Unser Programm berechnet die (einzige) Antwort {X/[1, 2, 3]}. Das entspricht der Grundanforderung der Aufgabenstellung.

```
?- quicksort(X,Y).
X = []
Y = []
Yes
```

Die erste Klausel passt, so dass X und Y beide an die leere Liste [] gebunden werden. Eine weitere Suche nach Lösungen wird durch den Cut in Zeile 1 unterbunden.

```
?- quicksort([1,X,Y,3,Z],L).
Abort
```

Unser Programm bricht ab. Zunächst wird die zweite quicksort-Klausel ausgewählt und nachfolgend das Ziel ?- split(1, [X, Y, 3, Z], Smaller, GreaterEqual). aufgerufen. Dies führt in Zeile 10 zum Test X < 1, der mit einer Fehlermeldung „instantiation fault in X < 1" abbricht, denn PROLOGs built-in-Tests verlangen, dass beide Argumente zum Aufruf gebunden sind.

```
?- quicksort(X,[1,2,3,4]).
No
```

Wir können mit diesem Programm aus einer sortierten Liste offensichtlich auch keine Listenpermutationen berechnen. Mit dem gegebenen Ziel rufen wir ?- split(H, T, Smaller, GreaterEqual). mit ungebundenen Variablen auf, so dass die erste Klausel passt und Smaller und GreaterEqual

jeweils mit leeren Listen unifiziert werden. Schließlich führt die Verknüpfung
?- append([], [H], [1, 2, 3, 4]). in Zeile 6 zu einem Fehlschlag. Backtracking wird durch den Cut verhindert.

Lösung zur Aufgabe 2.3 (Suchbäume)   Das Prädikat lb stellt eine Liste
von 0-en und 1-en (das erste Argument) zu seiner Länge (das zweite Argument) in Relation. Bei der Berechnung können sowohl das erste als auch das
zweite Argument oder auch beide Eingabe- oder Ausgabeargument sein.

Abbildung A.1 zeigt einen Ausschnitt eines SLD-Baums für das Ziel ?-
lb(X,L). Anhand der Substitutionen an den Zweigen können wir die berechneten Antworten bestimmen.

- Bei einer Auswertung mit Tiefensuche erhalten wir zuerst die Lösung
  {X/[], L/0}, danach die Lösung {X/[0], L/1} und als dritte Lösung
  {X/[0,0], L/2}. Bei Tiefensuche berechnen wir für das erste Argument
  nacheinander (und in endlicher Zeit ausschließlich) immer länger werdende
  Listen von 0-en.
- Wenn wir stattdessen mit Breitensuche arbeiten, erhalten wir als erste drei
  Lösungen nacheinander: {X/[], L/0}, {X/[0], L/1}, {X/[1], L/1}.
- Wenn wir die beiden Klauseln des Prädikats lb in umgekehrter Reihenfolge
  aufschreiben, so müssen wir im SLD-Baum die Zweige (und nur diese)
  an den Knoten deren Knotenbezeichung mit dem Prädikat lb beginnen,
  spiegeln.
  Bei Auswertung mit Breitensuche erhalten wir die gleichen Lösungen wie
  vorher und auch in der gleichen Reihenfolge. Verwenden wir Tiefensuche,
  dann können wir keine Lösung berechnen, da wir sofort in einen unendlichen Zweig des SLD-Baums geraten.

Lösung zur Aufgabe 2.4 (PROLOG)   Eine (naive) Lösung für das SEND-
MORE-MONEY-Problem ist folgende:

```
1  smmL(List) :-
2      List = [S, E, N, D, M, O, R, Y],
3      numbers(List),
4      diffList(List),
5                       1000*S + 100*E + 10*N + D
6      +                1000*M + 100*O + 10*R + E
7      =:=    10000*M + 1000*O + 100*N + 10*E + Y.
8
9  numbers([E]) :- num(E).
10 numbers([H|T]) :- num(H), numbers(T).
11
12 num(X) :- member(X,[0,1,2,3,4,5,6,7,8,9]).
```

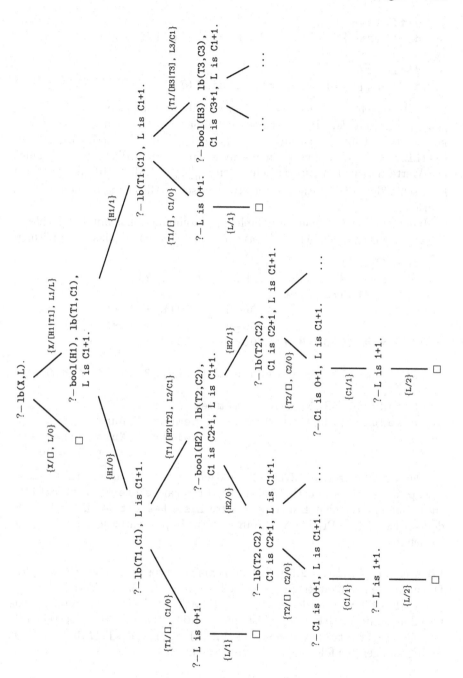

Abb. A.1. SLD-Baum für das Ziel ?- lb(X,L).

```
13  diffList([]).
14  diffList([H|T]) :- diff(H,T), diffList(T).
15
16  diff(_,[]).
17  diff(X,[H|T]) :- X=\=H, diff(X,T).
```

Im Unterschied zur Constraint-logischen Lösung in Abbildung 2.9 erzeugen wir hier mit dem Prädikat **numbers** zunächst alle 10^8 möglichen Wertekombinationen für die Variablen. Im nächsten Schritt schließen wir mittels **diffList** solche Kombinationen aus, in denen unterschiedliche Variablen gleiche Werte haben. Für die verbleibenden $\frac{10!}{(10-8)!} = 1.8144 * 10^6$ Alternativen wird schließlich die Gültigkeit der arithmetischen Gleichung (Zeilen 5 bis 7) geprüft.

Indem man schon von vornherein nur Kombinationen mit unterschiedlichen Wertebelegungen generiert, erreicht man eine schon effizientere Lösung:

```
1   smmL(List) :-
2       List = [S, E, N, D, M, O, R, Y],
3       diffNums(List),
4                   1000*S + 100*E + 10*N + D
5       +           1000*M + 100*O + 10*R + E
6       =:= 10000*M + 1000*O + 100*N + 10*E + Y.
7
8   diffNums(L) :- takeNums(L,[0,1,2,3,4,5,6,7,8,9]).
9
10  takeNums([A],Nums) :- member(A,Nums).
11  takeNums([A|Rest],Nums) :- member(A,Nums),
12                             delete(A,Nums,NumsNew),
13                             takeNums(Rest,NumsNew).
```

Das Prädikat **member(E,List)** wählt ein Element E aus einer Liste List bzw. prüft, ob es darin enthalten ist. Das Prädikat **delete(E,List,NewList)** entnimmt ein Element E aus einer Liste List; NewList ist die verbleibende Restliste. Beide Prädikate sind in PROLOG-Implementierungen gewöhnlich vordefiniert.

Lösung zur Aufgabe 2.5 (CLP: Allgemeine krypto-arithmetische Puzzles) Das gesuchte Prädikat **krypto** soll eine Liste von n Listen von Variablen erhalten, so dass die Summe der ersten $n-1$ (jeweils durch eine Liste repräsentierten) Zahlen die durch die letzte Liste repräsentierte Zahl ist. Beispielsweise soll das Ziel ?- **krypto([[A,N,N,A],[T,I,N,A],[S,T,I,N,A],[A,U,N,T,S]])**. nach Lösungen für folgende Gleichung fragen:

```
    A N N A
+   T I N A
+ S T I N A
```

```
  A U N T S
```

Unsere Lösung orientiert sich an der Struktur des Prädikats **smm** aus Abbildung 2.9. Zunächst bestimmen wir eine Liste **LetterList**, die die unterschiedlichen Variablen in der ursprünglichen Liste **List** (von Listen) repräsentiert (Zeilen 4 bis 5). Dazu benutzen wir das built-in-Prädikat **flatten**, das eine Liste von Listen zu einer einfachen Liste *abflacht*. Mit **shrink** entfernen wir daraus doppelte Elemente. Das Ergebnis ist die Liste **LetterList**.

```
1    :- use_module(library(fd)).
2
3    krypto(List) :-
4        flatten(List,Letters),
5        shrink(Letters,LetterList),
6        LetterList :: 0..9,
7        alldifferent(LetterList),
8        sum(List),
9        labeling(LetterList).
10
11   shrink([],[]).
12   shrink([A|R],L) :- shrink(R,RL), app(A,RL,L).
13
14   app(A,[],[A]) :- !.
15   app(A,AL,AL) :- isIn(A,AL), !.
16   app(A,AL,L) :- !, append([A],AL,L).
17
18   isIn(A,[B|R]) :- A==B, !.
19   isIn(A,[B|R]) :- !, isIn(A,R).
```

Danach ordnen wir mit dem built-in-Prädikat **::/2** jeder Variablen aus **LetterList** die Menge $\{0,1,2,3,4,5,6,7,8,9\}$ von möglichen Werten zu. Wir verwenden wieder den Constraint **alldifferent**, um zu sichern, dass alle Variablen verschieden belegt werden.

Danach (Zeile 8) bilden wir aus der ursprünglichen Liste **List** Constraints zur Repräsentation der arithmetischen Gleichung über den Variablen, bevor wir aus den verbleibenden Wertemengen mit Hilfe des Constraints **labeling** den Variablen aus **List** Werte zuordnen, so dass alle Constraints erfüllt sind.

Die Constraints **alldifferent** und **labeling** sind dabei durch eine Constraint-Bibliothek **fd** vorgegeben, die wir in Zeile 1 importieren (ECL^{i}PS^e-PROLOG).

```
20  sum(L) :- sum(L,0).
21
22  sum([A,B],Carry) :- rowValue(A,AValue),
23                      rowValue(B,BValue),
24                      Carry + AValue #= BValue.
25  sum([A,B|Rest], Carry) :-
26                      rowValue(A,AValue),
27                      sum([B|Rest], BValue),
28                      Carry + AValue #= BValue.
29
30  rowValue(List, Value):- rowValue(List, Value, 0).
31
32  rowValue([], Acc, Acc).
33  rowValue([H|T], Sum, Acc):- Acc1 #= Acc * 10 + H,
34                      rowValue(T, Sum, Acc1).
```

Das Prädikat `rowValue(List,Value)` berechnet den Wert `Value` der durch die Liste `List` repräsentierten Zahl. Beispielsweise gilt für T=1, I=2, N=3 und A=4: `rowValue([T,I,N,A],1234)`.

Lösungen zu Kapitel 3

Lösung zur Aufgabe 3.1 (Folgerbarkeit)   Wir gehen von folgenden Voraussetzungen aus:

1. Die Menge $\mathcal{CS}$ der Constraints des betrachteten Constraint-Systems ist gegen Negation abgeschlossen.
2. Gemäß Aufgabenstellung können wir einen *vollständigen* Erfüllbarkeitstest voraussetzen.
3. Außerdem betrachtet der zu realisierende Folgerbarkeitstest entail(C, E) entsprechend des geforderten Typs nicht die Folgerbarkeit ganzer Disjunktionen $E \in \nabla\!\!\!\triangle\mathcal{CS}$ von Constraint-Konjunktionen, wie im Allgemeinen in Abschnitt 3.3.2 angegeben, sondern lediglich die einzelner Constraints $E \in \mathcal{CS}$.
4. Und schließlich sind die Bedingungen für die Ergebnisse des Test konkretisiert:

   entail$(C, E) = true$ gdw. $\mathcal{D} \models (\exists C) \wedge \forall(C \longrightarrow E)$,

   entail$(C, E) = false$ gdw. $\mathcal{D} \models \neg\exists(C \wedge (C \longrightarrow E))$,

   entail$(C, E) = delay$ sonst, d. h.
   $$\mathcal{D} \models \neg((\exists C) \wedge \forall(C \longrightarrow E)) \wedge \exists(C \wedge (C \longrightarrow E)).$$

Auf Seite 65 haben wir bereits gesehen, wie man unter der Voraussetzung 1 zumindest einen sehr einfachen und eingeschränkten Folgerbarkeitstest auf Basis der Erfüllbarkeit aufbauen kann.

Durch eine Reihe ähnlicher Transformationen können wir auch hier unsere Formeln auf Erfüllbarkeitstests zurückführen:

1. $(\exists C) \wedge \forall(C \longrightarrow E)$ $\equiv (\exists C) \wedge \forall(\neg C \vee E)$
$\equiv (\exists C) \wedge \forall\neg(C \wedge \neg E)$
$\equiv (\exists C) \wedge \neg\exists(C \wedge \neg E)$
$\equiv (\exists C) \wedge \neg\exists(C \wedge \overline{E})$

2. $\neg\exists(C \wedge (C \longrightarrow E))$ $\equiv \neg\exists(C \wedge (\neg C \vee E))$
$\equiv \neg\exists((C \wedge \neg C) \vee (C \wedge E))$
$\equiv \neg\exists(C \wedge E)$

3. $\neg((\exists C) \wedge \forall(C \longrightarrow E)) \wedge \exists(C \wedge (C \longrightarrow E))$
$\equiv ((\neg\exists C) \vee (\neg\forall(C \longrightarrow E))) \wedge (\exists(C \wedge (\neg C \vee E)))$
$\equiv ((\neg\exists C) \vee (\exists(C \wedge \overline{E}))) \wedge (\exists(C \wedge E))$
$\equiv ((\neg\exists C) \wedge (\exists(C \wedge E))) \vee ((\exists(C \wedge \overline{E})) \wedge (\exists(C \wedge E)))$
$\equiv (\exists(C \wedge \overline{E})) \wedge (\exists(C \wedge E))$

Auf dieser Basis „bauen" wir nun unseren Folgerbarkeitstest auf. Abbildung A.2 zeigt die allgemeine schematische Darstellung des Folgerbarkeitstests aus Abschnitt 3.3.2.

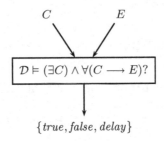

Abb. A.2. Schematische Darstellung des Folgerbarkeitstests

In Abbildung A.3 haben wir diesen „instanziiert", indem wir unsere konkrete Realisierung auf der Basis von Erfüllbarkeitstests darstellen:

Die Constraint-Konjunktion C und das Constraint E sind die Eingänge bzw. Argumente der Operation, als Ergebnisse erhalten wir *true*, *delay* und *false*. Jeder der Erfüllbarkeitstests $\mathcal{D} \models \exists C$, $\mathcal{D} \models \exists (C \wedge E)$ und $\mathcal{D} \models \exists (C \wedge \overline{E})$ ist vollständig, d.h. liefert ausschließlich die Ergebnisse *true* und *false*. Das Zeichen ○ soll die Negation darstellen, zum einen bei der Bildung des „negierten" Constraints $\overline{E}$ und zum anderen die Negation der booleschen Werte *true* bzw. *false*. Die $\wedge$-Operationsboxen benötigen wir, um jeweils mehrere Bedingungen zu prüfen. Als Ergebnis erhalten wir *true*, *false* oder *delay*, wenn an der jeweiligen Ausgabe ein *true* anliegt.

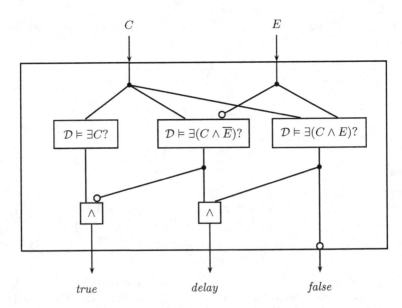

Abb. A.3. Realisierung des Folgerbarkeitstests

Lösung zur Aufgabe 3.2 (Constraint-Löser-Operationen)   Wir betrachten $\zeta_{\mathcal{FD}}$ aus Beispiel 3.6 und die Constraint-Konjunktion

$$C = (x + y + 1 = z + z) \wedge (x > y) \wedge$$
$$(x \in \{3, 4, 5, 6, 7\}) \wedge (y \in \{2, 3, 4, 5, 6, 7, 8\}) \wedge (z \in \{1, 2, 3, 4, 5\}).$$

1. Erfüllbarkeit:
   Um die Erfüllbarkeit von C nachzuweisen, genügt es, eine Lösung der Constraint-Konjunktion anzugeben. Eine solche erhalten wir zunächst durch Probieren (oder, wie später in Kapitel 4 gezeigt, durch Anwendung von Konsistenz-Algorithmen und Suche), z. B.:

$$(x = 3) \wedge (y = 2) \wedge (z = 3).$$

   C ist somit erfüllbar, es gilt solve(C) = *true*.

2. Folgerbarkeit:
   Die Folgerbarkeit von Constraints könnten wir z. B., wie in Aufgabe 3.1 gezeigt, durch eine Reihe von Erfüllbarkeitstest realisieren. Da wir diese derzeit aber noch durch Probieren lösen, gehen wir stattdessen hier so vor, dass wir zunächst einfach sämtliche Lösungen aufzählen.[45] Wir geben diese in Tabellenform an:

x	3	4	5	5	6	7
y	2	3	4	2	3	2
z	3	4	5	4	5	5

   Nun können wir die Folgerbarkeit der gegebenen Constraints sehr einfach überprüfen, indem wir die konkrete Lösungsmenge betrachten.

   a) entail($C, z < 5$) = *delay*,
      denn es gibt Lösungen mit $z < 5$, aber dies gilt nicht für alle Lösungen.
      $\mathcal{D} \models \neg((\exists C) \wedge \forall (C \longrightarrow (z < 5))) \wedge \exists (C \wedge (C \longrightarrow (z < 5)))$.

   b) entail($C, y < 6$) = *true*,
      denn es gibt Lösungen und für alle Lösungen gilt $y < 6$, d. h.
      $\mathcal{D} \models (\exists C) \wedge \forall (C \longrightarrow (y < 6))$.

   c) entail($C, y = 6$) = *false*,
      denn für keine Lösung gilt $y = 6$, d. h. $\mathcal{D} \models \neg \exists (C \wedge (C \longrightarrow (y = 6)))$.

3. Projektion:
   Auch für die Projektionen greifen wir hier auf die oben angegebene Menge der Lösungen zurück.

---

[45] Bei kleinen Constraint-Konjunktionen mit wenigen Lösungen wie C in dieser Aufgabe ist dies noch realisierbar, bei echten Anwendungen greift man hingegen auf entsprechend zugeschnittene Algorithmen (vgl. Kapitel 4 und Kapitel 5) zurück.

a) $\mathsf{proj}(C, \{x\}) = x \in \{3, 4, 5, 6, 7\}$
   und es gilt $\mathcal{D} \vDash \forall x.((\exists y, z.C) \longleftrightarrow x \in \{3, 4, 5, 6, 7\})$.

b) $\mathsf{proj}(C, \{y\}) = y \in \{2, 3, 4\}$
   und es gilt $\mathcal{D} \vDash \forall y.((\exists x, z.C) \longleftrightarrow y \in \{2, 3, 4\})$.

c) $\mathsf{proj}(C, \{x, y\}) = C'$ mit
   $C' = (x = 2 \wedge y = 3) \vee (x = 4 \wedge y = 3) \vee \ldots \vee (x = 7 \wedge y = 2)$
   und es gilt $\mathcal{D} \vDash \forall x, y.((\exists z.C) \longleftrightarrow C')$.

d) $\mathsf{proj}(C, \{x, y, z\}) = C$
   und es gilt $\mathcal{D} \vDash \forall (C \longleftrightarrow C)$.

Mit einer Projektion $\mathsf{proj}(C, Y) = E$ leiten wir jeweils eine äquivalente Aussage aus C für die Variablen aus Y in Form einer Disjunktion E von Constraint-Konjunktionen ab.

Da wir Äquivalenz fordern, muss beispielsweise bei der Projektion von C bezüglich $\{x, y\}$ (Unterpunkt c) das Ergebnis C' alle Tupel von x und y beschreiben, die in Lösungen vorkommen können. Es genügt in diesem Fall nicht, die Mengen der möglichen Werte für x und y einzeln anzugeben, da $x \in \{3, 4, 5, 6, 7\} \wedge y \in \{2, 3, 4\}$ auch Tupel beschreibt, die in keiner Lösung auftreten.

Die einzelnen Konjunktionen der Disjunktion E müssen aus Constraints aus $\mathcal{CS}_{\mathcal{FD}}$ bestehen. Die angegebenen Projektionen sind daher im Allgemeinen jeweils eine von mehreren alternativen Darstellungen. Beispielsweise wäre eine Disjunktion zur Aufzählung aller Lösungstripel bei der Projektion von C bezüglich $\{x, y, z\}$ (Unterpunkt d) genauso richtig (wenn auch aufwändiger) gewesen.

Lösungen zu Kapitel 4

Lösung zur Aufgabe 4.1 (Lokale Konsistenz)   Algorithmus A.1 transformiert ein CSP in ein äquivalentes, lokal konsistentes CSP. Hierbei wird solange über alle Constraints iteriert, bis alle Werte aus den Domänen der Variablen ausgefiltert sind, die nicht lokal konsistent sind.

Der angegebene Algorithmus bearbeitet nach einer Veränderung der Domäne einer Variablen *sämtliche* Constraints erneut, dabei auch die, die die betreffende Variable gar nicht enthalten. Hier wäre eine Optimierung entsprechend Algorithmus 4.4 möglich.

Algorithmus A.1 : Lokale Konsistenz

Gegeben : Ein CSP $C = C' \wedge D$ mit

$C' = c_1 \wedge \ldots \wedge c_k$ und

$D = x_1 \in D_1 \wedge \ldots \wedge x_n \in D_n.$

Resultat : Ein äquivalentes lokal konsistentes CSP (bzw. *false*).

```
 1  localConsistency(C) ≡
 2  repeat
 3  │   D' := D;
 4  │   for i = 1 to k do
 5  │   │   if cᵢ ist ein t-stelliges Constraint über den Variablen xᵢ₁, ..., xᵢₜ then
 6  │   │   │   for j = 1 to t do
 7  │   │   │   │   foreach d ∈ Dᵢⱼ do
 8  │   │   │   │   │   if es existieren keine eᵢᵣ ∈ Dᵢᵣ, r ∈ {1,...,t}, r ≠ j,
 9  │   │   │   │   │   so dass (D, ς) ⊨ cᵢ mit ς(xᵢⱼ) = d^ℱᴰ und ς(xᵢᵣ) = eᵢᵣ^ℱᴰ
    │   │   │   │   │   then
10  │   │   │   │   │   │   Dᵢⱼ := Dᵢⱼ \ {d};
11  │   │   │   if Dᵢⱼ = ∅ then
12  │   │   │   │   return false;
13  until D' = D ;
14  return C' ∧ D;
```

Lösung zur Aufgabe 4.2 (Termination)   Die Algorithmen 4.1, 4.2, 4.3, 4.4 und A.1 terminieren.[46]

Alle diese Verfahren betrachten jeweils ein CSP mit

- endlich vielen Constraints
- über jeweils endlich vielen Variablen.
- Jede Variable hat dabei eine endliche Domäne (angegeben entweder als Menge oder als Intervall).

Die Algorithmen entfernen Schritt für Schritt aus den endlichen Domänen Werte, bis entweder eine Domäne leer wird (Fall 1) oder keine Veränderung des Gesamtsystems mehr auftritt (Fall 2), d. h., wir einen Fixpunkt erreicht haben.

Im ersten Fall haben wir eine Inkonsistenz erkannt, im zweiten Fall ein (knoten-, kanten-, grenzen- oder lokal) konsistentes CSP ($\neq$ *false*) berechnet. In beiden Fällen bricht der jeweilige Algorithmus zu diesem Zeitpunkt ab.

Wegen der Endlichkeit der Domänen, der Variablen und der Constraints ist garantiert, dass dieser Abbruch in endlich vielen Schritten erreicht wird.

Lösung zur Aufgabe 4.3 (Implementierung von Folgerbarkeit und Projektion)   Wir betrachten das Constraint-System $\zeta_{\mathcal{FD}}$ (Seite 71).

Folgerbarkeit entail : $\Delta\mathcal{CS} \times \mathcal{CS} \rightarrow \{\text{true}, \text{false}, \text{delay}\}$.

Einen solchen Folgerbarkeitstest können wir wie in Aufgabe 3.1 diskutiert implementieren, da die dort geforderten Voraussetzungen erfüllt sind. Als zugrunde liegenden vollständigen Erfüllbarkeitstest verwenden wir solve$_{bt}$ aus Abschnitt 4.3.

Eine alternative Möglichkeit zur Realisierung eines Folgerbarkeitstests entail(C, E) besteht darin, die Lösungsmengen L_C und L_E für C bzw. E explizit aufzuzählen und das Enthaltensein von L_E in L_C zu prüfen. Wirklich gangbar ist diese Variante aber nur für sehr kleine Domänen.

Projektion proj : $\Delta\mathcal{CS} \times X \rightarrow \Delta\mathcal{CS}$.

Die geforderte Projektionsfunktion ist insofern eingeschränkt, als dass wir bezüglich nur einer Variablen zu projizieren brauchen. Das Ergebnis soll eine Constraint-Konjunktion sein, sinnvoll scheint hier ein $\in$-Constraint.

Alternative 1

Zur Realisierung einer Projektionsfunktion proj(C, x) = C' mit $x \in X$ und $\mathcal{D} \models \forall((\exists_{-x}C) \longleftrightarrow C')$ mit $x \in var(C)$ (d. h. mit Bildung einer *äquivalenten* Constraint-Konjunktion) kann man z. B. wie folgt vorgehen:

Wir rufen zunächst backtrackSolve(C) auf, berechnen so eine erste Lösung und notieren den hierbei berechneten Wert e_1 für x.

---

[46]Für den Algorithmus A.1 localConsistency aus Aufgabe 4.1 ist dies natürlich abhängig von Ihrer konkreten Realisierung.

backtrackSolve(C) $\rightsquigarrow$ $\ldots \wedge (x = e_1) \wedge \ldots$

Da wir nun wissen, dass e_1 in möglichen Lösungen von C auftritt, brauchen wir solche Lösungen nicht weiter zu ermitteln. Daher fügen wir das Constraint $(x \neq e_1)$ zu C hinzu und rufen backtrackSolve($C \wedge (x \neq e_1)$) auf. So berechnen wir die nächste Lösung und notieren wieder den Wert e_2 für x.

backtrackSolve($C \wedge (x \neq e_1)$) $\rightsquigarrow$ $\ldots \wedge (x = e_2) \wedge \ldots$

Wir fügen ein weiteres Constraint $x \neq e_2$ zur bisherigen Konjunktion hinzu und rufen nun backtrackSolve($C \wedge (x \neq e_1) \wedge (x \neq e_2)$) auf. Diesen Vorgang wiederholen wir, bis keine Lösung mehr gefunden wird.

backtrackSolve($C \wedge (x \neq e_1) \wedge (x \neq e_2) \wedge \ldots$)
$\rightsquigarrow$ *false*

Zu diesem Zeitpunkt kennen wir alle möglichen Werte für x und können diese als Projektion ausgeben:

$$\text{proj}(C, x) = x \in \{e_1, e_2, \ldots\}.$$

Dieser Algorithmus terminiert, da auf Grund der Endlichkeit der Domänen nur endlich viele Lösungen existieren.

Alternative 2

Wir haben in Abschnitt 3.3.3 schon erwähnt, dass man oftmals auch auf eine abgeschwächte Form der Projektion zurückgreift. Hierbei muss dann gelten:

Wenn $\text{proj}(C, x) = C'$, dann $\mathcal{D} \models \forall((\exists_{-x} C) \longrightarrow C')$;

d. h., es wird nur eine *implizierte* Constraint-Konjunktion gesucht.

In diesem Fall kann man eine Projektion eines CSP C bezüglich einer Variablen x einfach dadurch bilden, dass man auf C einen passenden Konsistenz-Algorithmus aufruft, z. B. boundsConsistency oder localConsistency und aus dem Ergebnis die eingeschränkte Domäne D von x entnimmt und als Resultat ausgibt.

Das Ergebnis liefert nun aber nur eine Implikation, d. h., D kann noch Werte enthalten, die in keiner Lösung auftreten.

Lösung zur Aufgabe 4.4 (Anwendung eines FD-Constraint-Lösers)   Wir betrachten $\zeta_{\mathcal{FD}}$ (Seite 71) und die Constraint-Konjunktion

$C = (x + 1 > y - z) \wedge (x < z) \wedge (x > 2) \wedge$
$\quad (x \in \{1, 2, 3, 4, 5, 6, 7\}) \wedge (y \in \{9, 10, 11, 12\}) \wedge (z \in \{1, 2, 3, 4, 5, 6\}).$

1. Wir berechnen ein knoten- und kantenkonsistentes CSP, indem wir zunächst Algorithmus 4.1 und dann Algorithmus 4.2 anwenden.
   Die Herstellung der Knotenkonsistenz berührt wegen des einzigen unären Constraints $(x > 2)$ lediglich die Domäne der Variablen x und liefert:

$$C' = (x + 1 > y - z) \wedge (x < z) \wedge (x > 2) \wedge$$
$$(x \in \{3, 4, 5, 6, 7\}) \wedge (y \in \{9, 10, 11, 12\}) \wedge (z \in \{1, 2, 3, 4, 5, 6\}).$$

Durch Anwendung von Algorithmus 4.2 auf C' erhalten wir ein knoten- und kantenkonsistentes CSP:

$$C'' = (x + 1 > y - z) \wedge (x < z) \wedge (x > 2) \wedge$$
$$(x \in \{3, 4, 5\}) \wedge (y \in \{9, 10, 11, 12\}) \wedge (z \in \{4, 5, 6\}).$$

2. Indem wir localConsistency (Algorithmus A.1 aus Aufgabe 4.1) auf C bzw. C' oder C'' anwenden, erhalten wir ein äquivalentes lokal konsistentes CSP:

$$C''' = (x + 1 > y - z) \wedge (x < z) \wedge (x > 2) \wedge$$
$$(x \in \{3, 4, 5\}) \wedge (y \in \{9, 10, 11\}) \wedge (z \in \{4, 5, 6\}).$$

3. Um die *Erfüllbarkeit von C* nachzuweisen, genügt es, eine Lösung des CSP anzugeben. Wir berechnen diese mit Hilfe der Suche backtackSolve (Algorithmus 4.5) mit Backtracking. Im ersten Schritt (Zeile 2 des Algorithmus) wenden wir Algorithmus A.1 localConsistency an und erhalten so das zu C äquivalente und lokal konsistente CSP C''':

$$C''' = (x + 1 > y - z) \wedge (x < z) \wedge (x > 2) \wedge$$
$$(x \in \{3, 4, 5\}) \wedge (y \in \{9, 10, 11\}) \wedge (z \in \{4, 5, 6\}).$$

Nun wählen wir eine Variable mit mehrelementiger Domäne und einen Domänenwert und fügen einen entsprechenden Gleichheitsconstraint zu C''' hinzu. Wir erhalten

$$C_a = (x = 3) \wedge (x + 1 > y - z) \wedge (x < z) \wedge (x > 2) \wedge$$
$$(x \in \{3, 4, 5\}) \wedge (y \in \{9, 10, 11\}) \wedge (z \in \{4, 5, 6\})$$

und wenden hierauf erneut backtrackSolve an usw.:

backtackSolve(C)
   ⤳ localConsistency(C) $= C'''$
    backtrackSolve(C_a)
      ⤳ localConsistency(C_a)
         $= C_a'$
         $= (x = 3) \wedge (x + 1 > y - z) \wedge (x < z) \wedge (x > 2) \wedge$
         $(x \in \{3\}) \wedge (y \in \{9\}) \wedge (z \in \{6\})$

Durch Auswahl von x und den Wert 3 kommen wir hier sehr schnell zu einer Lösung:

$$(x = 3) \wedge (y = 9) \wedge (z = 6).$$

Das CSP C ist somit erfüllbar.

4. Folgerbarkeit:
   - entail$(C, (y > x + x)) = delay$

- entail$(C, (z > x + x)) = false$
- entail$(C, (z \leq 4)) = false$
- entail$(C, (z \leq 5)) = delay$
- entail$(C, (z \leq 6)) = true$

5. Projektion:

- proj$(C, \{z\}) = (z \in \{5, 6\})$
- proj$(C, \{x, z\}) =$
  $(x = 3 \wedge z = 6) \vee (x = 4 \wedge z = 5) \vee (x = 4 \wedge z = 6) \vee (x = 5 \wedge z = 6)$
- proj$(C, \{x, y, z\}) = C$

Wie bereits in Aufgabe 3.2 diskutiert, sind auch hier die angegebenen Projektionen im Allgemeinen jeweils eine von mehreren Alternativen.

Lösungen zu Kapitel 5

Lösung zur Aufgabe 5.1 (Lineare Optimierung und Anwendung der Simplex-Methode)

1. Graphische Lösung des Optimierungsproblems:
   Abbildung A.4 zeigt grau schattiert den Lösungsraum der Nebenbedingungen. Die gestrichelte Gerade ist die Zielfunktion, die hier ihren Maximalwert von 22 annimmt. Die (einzige) Optimallösung lesen wir am Schnittpunkt des Lösungsraums und der Zielfunktion ab: $x_1 = 6 \wedge x_2 = 8$.

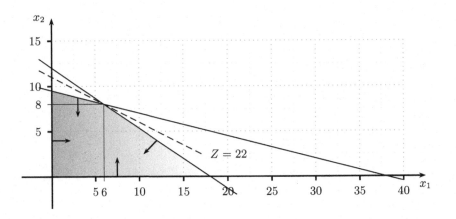

Abb. A.4. Maximierungsproblem, graphische Lösung

2. Bei Betrachtung anderer Zielfunktionen und je nach dem, ob minimiert oder maximiert werden soll, erhält man im Allgemeinen andere Optimallösungen. Wir geben je eine Optimallösung an:

	Zielfunktion	Optimalwert	Optimallösung
Maximiere	$Z_1 = 3 * x_1 + 3 * x_2$:	$Z_1 = 54$	$x_1 = 18 \wedge x_2 = 0$
	$Z_2 = 4 * x_1 + 6 * x_2$:[47]	$Z_2 = 72$	$x_1 = 6 \wedge x_2 = 8$
	$Z_3 = x_2$:	$Z_3 = 9.5$	$x_1 = 0 \wedge x_2 = 9.5$
Minimiere	$Z_4 = -3 * x_1 - 5 * x_2$:	$Z_4 = -58$	$x_1 = 6 \wedge x_2 = 8$
	$Z_5 = x_1$:[48]	$Z_5 = 0$	$x_1 = 0 \wedge x_2 = 0$
	$Z_6 = -x_1$:	$Z_6 = -18$	$x_1 = 18 \wedge x_2 = 0$
	$Z_7 = x_1 - x_2$:	$Z_7 = -9.5$	$x_1 = 0 \wedge x_2 = 9.5$

3. Ermittlung einer Optimallösung mit Hilfe der Simplex-Methode:

- Wir formen das gegebene LOP P in *Normalform* um und erhalten P' mit der zu *minimierenden* Zielfunktion

$$Z' = -x_1 - 2 * x_2$$

und den Nebenbedingungen N'

$$x_1 + 4 * x_2 + s_1 = 38$$
$$2 * x_1 + 3 * x_2 + s_2 = 36$$

$$x_1, x_2, s_1, s_2 \geq 0$$

- Wir bestimmen eine *Basislösung* von P'.
  Wir stellen die Nebenbedingungen gemäß Gleichung 5.13 um:

$$0 = 38 - (\quad x_1 + 4 * x_2 + s_1 \ )$$
$$0 = 36 - (\ 2 * x_1 + 3 * x_2 + s_2 \ )$$

Die Variablen s_1 und s_2 kommen jeweils nur in einer Gleichung vor und ihre Koeffizienten sind positiv, daher erhalten wir zwei Gleichungen 1.Art:

$$s_1 = 38 - (\quad x_1 + 4 * x_2 \ )$$
$$s_2 = 36 - (\ 2 * x_1 + 3 * x_2 \ )$$

und gemäß Bedingung A (Seite 108) eine erste zulässige Basislösung B mit $Z' = 0$:

$$s_1 = 38, \quad s_2 = 36, \quad x_1 = 0, \quad x_2 = 0.$$

Diese Lösung entspricht dem linken unteren Eckpunkt unseres Lösungspolygons in Abbildung A.4 und ist noch nicht optimal.

- Ausgehend von B berechnen wir eine *Optimallösung* von P'.
  Wir stellen das Simplex-Tableau auf und wählen das Pivot-Element:

---

[47]Für Z_2 gibt es unendlich viele Optimallösungen mit $Z_2 = 72$, da die Funktion $Z_2 = 72 = 4 * x_1 + 6 * x_2$ genau auf der beschränkenden Geraden $2 * x_1 + 3 * x_2 = 36$ der zweiten Nebenbedingung liegt. Würden wir hier das Problem nicht graphisch, sondern mit der Simplex-Methode lösen, so würde diese, wie in Abschnitt 5.2.2 diskutiert, allerdings nicht beliebige Optimallösungen, sondern immer Eckpunkte des Lösungsbereichs berechnen. In unserem Fall könnten wir alternativ die Optimallösung $x_1 = 18 \wedge x_2 = 0$ berechnen.
[48]Auch für Z_5 gibt es unendlich viele Optimallösungen mit $Z_5 = 0$ und $x_1 = 0 \wedge 0 \leq x_2 \leq 9.5$.

Variable		x_1	x_2	
	ZF-Koeffizient	-1	-2	Basislösung
s_1	0	1	$\boxed{4}$	38
s_2	0	2	3	36
		1	2	0

Wir führen einen Austauschschritt entsprechend der Berechnungsvorschriften (Seite 115) durch und erhalten folgendes Tableau:

Variable		x_1	s_1	
	ZF-Koeffizient	-1	0	Basislösung
x_2	-2	0.25	0.25	9.5
s_2	0	$\boxed{1.25}$	-0.75	7.5
		0.5	-0.5	-19

Diese neue Basislösung entspricht in unserer Abbildung A.4 dem Punkt $(x_1, x_2) = (0, 9.5)$. Der Zielfunktionswert für $Z' = -19$ ist bereits kleiner als der der initialen Basislösung. Aber wir haben immer noch keine Optimallösung gefunden, denn es gilt nicht für alle j die Relation $Z_j - c_j \leq 0$. Das Pivot-Element für den nächsten Austauschschritt ist im obigen Tableau bereits gekennzeichnet. Wir erhalten:

Variable		s_2	s_1	
	ZF-Koeffizient	0	0	Basislösung
x_2	-2	-0.2	0.4	8
x_1	-1	0.8	-0.6	6
		-0.4	-0.2	-22

Jetzt haben wir eine Optimallösung erreicht, denn es gilt Relation $Z_j - c_j \leq 0$ für alle j, d. h. für s_1 und s_2. Wir lesen die Optimallösung aus dem Tableau aus:

$$x_1 = 6 \wedge x_2 = 8 \wedge s_1 = 0 \wedge s_2 = 0.$$

Weiterhin gilt $Z' = -22$ und für unsere initiale Zielfunktion somit $Z = 22$. Das entspricht den graphisch ermittelten Werten aus Unteraufgabe 1.

Lösung zur Aufgabe 5.2 (Die Simplex-Methode als Constraint-Löser)
Wir gehen von der Constraint-Konjunktion C aus:

$$C = (2 * y - x \geq 0) \wedge (y \geq 2) \wedge (y \geq -3 * x + 8) \wedge (y \leq 0.5 * x + 4) \wedge$$
$$(x \geq 0) \wedge (y \geq 0)$$

Wir skizzieren hier nur kurz das Vorgehen und die Ergebnisse. Um diese
im Detail nachzuvollziehen, wenden Sie die jeweiligen Schritte der Simplex-
Methode an. Zur Illustration der Ergebnisse empfiehlt es sich außerdem, den
Lösungsbereich in einem Koordinatensystem aufzuzeichnen.

1. *Erfüllbarkeit:* Um die Erfüllbarkeit von C mit Hilfe der Simplex-Methode
   zu überprüfen, wenden wir die Funktion $\mathsf{solve}_{simplex}$ an. Wir skizzieren
   die Berechnung anhand einzelner Schritte von Algorithmus 5.2:

   2 $P = (\_, N) := \mathsf{simplexNormalForm}(C)$;
   Wir überführen die Nebenbedingungen C in Normalform:

   $$x - 2 * y + s_1 = 0$$
   $$-y + s_2 = -2$$
   $$-3 * x - y + s_3 = -8$$
   $$-0.5 * x + y + s_4 = 4$$

   $$x, y, s_1, s_2, s_3, s_4 \geq 0$$

   3 $B := \mathsf{basicFeasibleSolution}(P)$;
   Wir suchen nach einer ersten zulässigen Basislösung. Wir erhalten:

   $$s_1 = 2 \wedge y = 2 \wedge x = 2 \wedge s_4 = 3 \wedge s_2 = s_3 = 0$$

   Beachte: Da das angegebene Verfahren zur Berechnung einer zulässigen Basislösung nichtdeterministisch ist, sind andere Lösungen hier
   ebenfalls möglich.

   4 **if** $B \neq \textit{false}$ **then return** *true*; **else** ...
   Wir erhalten das Ergebnis *true*, d. h. $\mathsf{solve}_{simplex}(C) = \textit{true}$ und C ist
   erfüllbar.

2. *Folgerbarkeit:* Wir führen die Folgerbarkeit von $(x > 1)$ aus C auf Erfüllbarkeitstest zurück und prüfen

   $$\mathcal{D} \models (\exists C) \wedge \neg \exists (C \wedge (x \leq 1)).$$

   Wir erhalten

   $$\mathsf{solve}_{simplex}(C) = \textit{true}$$

   (s. o.) und

   $$\mathsf{solve}_{simplex}(C \wedge (x \leq 1)) = \textit{false}.$$

   Somit folgt:

   $$\mathsf{entail}_{simplex}(C, (x > 1)) = \textit{true}.$$

3. *Projektion:* Wir nutzen Algorithmus 5.3 zur Berechnung der Projektionen von C bezüglich x bzw. y und geben wieder einzelne Schritte des Algorithmus an. Zuerst berechnen wir eine Projektion für x:

2 $P = (\_, N) := \mathsf{simplexNormalForm}(C)$;

3 $B_{min} := \mathsf{simplex}((Z_{min} = x), N)$;

Wir überführen die Nebenbedingungen von C in Normalform wie in Unteraufgabe 1 gezeigt und berechnen dann mit $\mathsf{simplex}((Z_{min} = x), N)$ das Minimum für x. Wir gehen dabei von der zulässigen Basislösung aus Unteraufgabe 1 aus, bilden ein Simplex-Tableau und führen Austauschschritte durch bis wir eine Optimallösung gefunden haben. Wir erhalten:

$$\mathsf{simplex}((Z_{min} = x), N) = B_{min} \text{ mit } x_{min} = \tfrac{8}{7}.$$

6 $B_{max} := \mathsf{simplex}((Z_{max} = -x), N)$;

Mit der Zielfunktion $Z_{max} = -x$ berechnen wir das Maximum für x:

$$\mathsf{simplex}((Z_{max} = -x), N)$$

$\rightsquigarrow$ *„Es existiert kein endliches Minimum für Z_{max}.“,*

$x_{max} = \infty$

7 **if** *Es gibt kein endliches Minimum für Z_{max}* ... **then** **return** $F = (x_{min} \leq x)$; **else** ...

Wir geben die Projektion aus:

$\mathsf{proj}_{simplex}(C, x) = (\tfrac{8}{7} \leq x)$.

Analog bildet man die Projektion für $\{y\}$; wir erhalten:

$\mathsf{proj}_{simplex}(C, y) = (2 \leq y)$.

Lösungen zu Kapitel 6

Lösung zur Aufgabe 6.1 (Constraint-logisches Programmieren: Zuordnung von Reisenden) Eine mögliche Lösung des Problems ist in Listing A.1 in ECL^{i}PS^e-Prolog angegeben.

Es handelt sich um ein FD-Constraint-Problem, daher importieren wir zunächst in Zeile 1 die FD-Bibliothek von ECL^{i}PS^e-Prolog. Das Prädikat **train** ist unser einziges Prädikat und hat auch nur eine Klausel. Mit dem Aufruf des Ziels **?- train(S).** startet die Lösungsberechnung.

In den Zeilen 5 bis 9 legen wir die Datenstruktur als Liste von Listen fest, mit der wir im Folgenden arbeiten wollen. Für (Constraint-)logische Programme ist das eine typische Entscheidung, da die Verarbeitung von Listen durch eine Reihe von Prädikaten im Allgemeinen besser unterstützt wird, als die Behandlung anderer Datenstrukturen. Wir ordnen Namen, Städten und Berufen symbolische Werte (d. h. Zahlen zwischen 1 und 6) zu und sichern deren Unterschiedlichkeit mit Hilfe des **alldifferent**-Constraints in den Zeilen 11 bis 16. Danach folgt die Implementierung der Constraints (C1) bis (C8). In Zeile 44 flachen wir schließlich unsere Liste von Listen zu einer Liste ab, damit wir danach das **labeling**-Constraint anwenden können, das den Variablen Werte entsprechend der fixierten Constraints zuordnet und damit eine Lösung berechnet.

Das Problem hat im Übrigen nur eine Lösung.

```
1   :- use_module(library(fd)).
2
3   train(Solution) :-
4
5       Solution = [Names, Cities, Professions],
6       Names = [A,B,C,D,E,F],
7       Cities = [Berlin, Halle, Leipzig,
8                 Köln, Saarbrücken, Paris],
9       Professions = [V1,V2,J1,J2,M1,M2],
10
11      Names = [1,2,3,4,5,6],          % Angabe der Domänen
12      Cities :: 1..6,
13      Professions :: 1..6,
14      alldifferent(Names),
15      alldifferent(Cities),
16      alldifferent(Professions),
17
18      A = V1,                         % C1
19      Berlin = V2,
20      A #\= Berlin,
21      Berlin #\= Female,
```

```
23    E = J1 ,                          % C2
24    Halle = J2 ,
25    E #\= Halle ,
26    Halle = Female ,

28    C = M1 ,                          % C3
29    Leipzig = M2 ,
30    C #\= Leipzig ,

32    B #\= Leipzig ,                   % C4
33    F #\= Leipzig ,

35    Saarbrücken #\= A ,               % C5

37    Paris #\=C ,                      % C6

39    Berlin #\= B ,                    % C7

41    C #\= Saarbrücken ,               % C8
42    Saarbrücken #\= Female ,
43
44    flatten(Solution , List) ,        % Lösungsberechnung
45    labeling(List) .
```

Listing A.1. Lösung des Reisenden-Puzzles

Lösung zur Aufgabe 6.2 (CLP-Suchbaum, Berechnung von Ableitungen)
Abbildung A.5 gibt einen Ausschnitt aus dem SLD-Suchbaum gemäß unserem
Programm in Listing A.1 an.

Der Baum besteht aus einer einzigen (erfolgreichen) Ableitung. Das liegt
einfach daran, dass unser Programm nur aus einer einzigen Klausel besteht
und diese Klausel sich niemals selbst rekursiv, sondern ausschließlich Constraints bzw. vordefinierte Prädikate (die wir hier wie Constraints betrachten)
aufruft.

Jedes Constraint wird einfach zum Store hinzugefügt. Auch die globalen
Constraints und vordefinierten Prädikate, wie **alldifferent**, **labeling** oder
flatten, die selbst mit Hilfe von komplizierten Suchalgorithmen oder Ähn-
lichem arbeiten, sind aus Nutzer-Sicht gekapselt und führen zu genau einem
$\longmapsto_{propagate}$-Schritt.

Hätte unser Problem mehrere Lösungen, so würde beispielsweise **labeling**
bei jedem Aufruf eine andere Belegung bestimmen. In diesem Fall müssten
wir entweder das Prädikat als nichtdeterministisch betrachten oder im letzten
Schritt doch noch eine Verzweigung einfügen.

⟨?- train(S)., *true*⟩

| *unfold*

⟨?- S = Solution, Solution = [Names, Cities, Professions],...
A = V1, Berlin = V2, ... flatten(Solution, List), labeling(List).,
true⟩

| *propagate*[+]

⟨?- A = V1, Berlin = V2, ... flatten(Solution, List), labeling(List).,
S = Solution ∧ Solution = [Names, Cities, Professions] ∧ ...⟩

| *propagate*[+]

...

| *propagate*[+]

⟨?- □,
S = [[1, 2, 3, 4, 5, 6], [6, 2, 4, 3, 5, 1], [1, 6, 5, 2, 3, 4]] ∧ ...⟩

Abb. A.5. CLP-Suchbaum für das Ziel ?- train(S).

Diese Baumstruktur mit nur einem Zweig, wobei dieser wiederum aus einem ↦*unfold*-Schritt und danach einer Reihe von ↦*propagate*-Schritten (dargestellt durch das hochgestellte "+") besteht, ist typisch für Constraint-logische Programme, die einfach Puzzles, wie z. B. auch das SEND-MORE-MONEY-Problem (s. Abbildung 2.9) beschreiben und deren logischer Anteil ausschließlich aus dem initialen Aufruf des Ziels besteht.

Lösungen zu Kapitel 7

Lösung zur Aufgabe 7.1 (Mehrelementige Buffer)   Wollen wir einen Buffer mit zwei oder mehr Elementen definieren, so müssen wir den Buffer bei der Anfrage entsprechend initialisieren und ihn nach der Entnahme von Elementen durch den Verbraucher wieder entsprechend verlängern. Daher müssen wir einerseits das Ziel und andererseits die Regel für das Verbraucher-Prädikat anpassen:

```
produceB(X)  :- X=[_|_] : X=[a|Z] | produceB(Z).
consumeB2(X) :- X=[a|Z] : Z=[_,_|_] | consumeB2(Z).
```

$\langle$?- <u>produceB([A,B|C])</u>,consumeB2([A,B|C])., *true*$\rangle$

$\quad \mapsto_{cc}$ $\langle$?- <u>produceB(Z1)</u>,<u>consumeB2([A,B|C])</u>.,
$\qquad$ A=a $\wedge$ Z1=[B|C] $\wedge$ ...$\rangle$

$\quad \mapsto_{cc}$ $\langle$?- <u>produceB(Z2)</u>,<u>consumeB2([A,B|C])</u>.,
$\qquad$ A=a $\wedge$ B=a $\wedge$ C=Z2 $\wedge$ ... $\rangle$

$\quad \mapsto_{cc}$ $\langle$?- <u>produceB(Z2)</u>,<u>consumeB2(Z3)</u>.,
$\qquad$ A=a $\wedge$ B=a $\wedge$ C=Z2=[_|_] $\wedge$ Z3=[a|Z2] $\wedge$ ... $\rangle$

$\quad \mapsto_{cc}$ $\langle$?- <u>produceB(Z2)</u>,consumeB2(Z4).,
$\qquad$ A=a $\wedge$ B=a $\wedge$ C=Z2=Z4=[_,_|_] $\wedge$ ... $\rangle$

$\quad \mapsto_{cc}$ ...

Lösung zur Aufgabe 7.2 (One-To-Many-Kommunikation)   Wichtig ist hier, dass die erzeugte Liste für die Verbraucher (nichtdeterministisch) aufgeteilt wird. Das Prädikat `split` erfüllt diese Anforderungen, die Ask-Teile der Regeln sichern dabei durch Prüfung der Listenstruktur von ZL, dass nur tatsächlich produzierte Elemente an die Verbraucher weitergegeben werden.

```
split(XL,YL,ZL) :- ZL=[Z|ZL1] : YL=[Z|YL1] |
   split(XL,YL1,ZL1).
split(XL,YL,ZL) :- ZL=[Z|ZL1] : XL=[Z|XL1] |
   split(XL1,YL,ZL1).
produce(X) :- true : X=[a|Z] | produce(Z).
consume(X) :- X=[a|Z] : true | consume(Z).
```

Ein entsprechendes Ziel ist

```
?- produce(Buffer), split(Buffer1,Buffer2,Buffer),
   consume(Buffer1), consume(Buffer2).
```

Im Übrigen entsprechen sich hier `merge` aus Abschnitt 7.3.1 und `split` weitgehend, wie wir dies auch schon bei `produce` und `consume` beobachtet hatten. Welche Variablen Ausgabe- und welche Eingabevariablen sind, hängt wieder davon ab, ob eine Bindung (im Tell-Teil der Regel) generiert oder (im Ask-Teil) geprüft bzw. verbraucht wird.

Lösung zur Aufgabe 7.3 (Nichtdeterministisches Mischen von Listen)   Es kann hier jeweils verschiedene Regelreihenfolgen geben. Beispiele sind im Folgenden angegeben; dabei entsprechen die in den Klammern angegebenen Ziffern den Zeilennummern der angewendeten Regeln des Programms auf Seite 161.

- $\langle$?- merge([a],[b,c],Z).,$true\rangle \mapsto_{cc}^{*} \langle \Box, Z=[a,b,c] \wedge \dots \rangle$
  Mögliche Reihenfolgen sind z.B. (1)(3) und (1)(4)(3).

- $\langle$?- merge([a],[b,c],Z).,$true\rangle \mapsto_{cc}^{*} \langle \Box, Z=[b,a,c] \wedge \dots \rangle$
  Eine mögliche Reihenfolge ist (4)(1)(3).

- $\langle$?- merge([a],[b,c],Z).,$true\rangle \mapsto_{cc}^{*} \langle \Box, Z=[b,c,a] \wedge \dots \rangle$
  Eine mögliche Reihenfolge ist (4)(4)(6).

Lösungen zu Kapitel 8

Lösung zur Aufgabe 8.1 (Graphenanalyse mit CHR)   Zur Lösung der Aufgabe ergänzen wir jede Kante zwischen zwei Knoten um einen Pfad, der die beiden Knoten enthält:[49]

```
kante(A, B) ==> pfad([A, B]).
```

Jede Kante erweitert einen offenen (zyklenfreien) Pfad (hier am Anfang), wenn der Endknoten der Kante der Anfang des Pfads ist und der Anfangsknoten höchstens am Ende des Pfads vorkommt:

```
kante(A, B), pfad([B|RestPfad]) ==>
        offen([B|RestPfad]), kreuztNicht([B|RestPfad], A),
        append([A], [B|RestPfad], NeuerPfad)
        |
        pfad(NeuerPfad).
```

Dadurch werden lediglich geschlossene Pfade (Zyklen) minimaler Länge explizit erzeugt. Die Überprüfung der Offenheit übernimmt dabei das PROLOG-Prädikat offen/1:

```
offen([A|Rest]) :-
        ende(Rest, B),
        A \== B.


ende([K], K) :- !.


ende([_|Rest], E) :- !,
        ende(Rest, E).
```

Das Testen, ob der Anfangsknoten höchstens am Ende vorkommt, realisiert das PROLOG-Prädikat kreuztNicht/2:

```
kreuztNicht([_], _) :- !.

kreuztNicht([A|_], K) :-
        K == A, !,
        fail.

kreuztNicht([_|RestPfad], K) :-
        kreuztNicht(RestPfad, K).
```

Das eigentliche Testen, ob kein Zyklus einer bestimmten Länge vorliegt, ist dann recht einfach: Nur die geschlossenen Pfade (minimaler Länge) sind zu betrachten. Wenn deren Länge um 1 größer ist als die gefragte Zyklenlänge, führt dies zu einer Inkonsistenz:

---

[49]Die CHR geben wir nachfolgend in der Schreibweise wieder, wie sie in gängigen CHR-Implementierungen üblich ist, so dass diese unmittelbar dort ausführbar sind.

```
pfad(A), keinZyklus(Z) <=>
        geschlossen(A), length(A, L), L - 1 =:= Z
    |
        false.
```

Die Geschlossenheit wird dabei durch das PROLOG-Prädikat geschlossen/1 realisiert, das ein Gegenstück zu dem bereits definierten Prädikat offen/1 ist:

```
geschlossen([A|Rest]) :-
        ende(Rest, B),
        A == B.
```

Lösung zur Aufgabe 8.2 (Constraints über endlichen Domänen mit CHR) Wir verwenden bei unserer Lösung CHR mit mehr als zwei CHR-Constraints in den Regelköpfen, wie sie in modernen CHR-Implementierungen (z. B. im SICStus-System) unterstützt werden.[50] Ein CHR-Programm mit höchstens zwei CHR-Constraints im Kopf der Regeln, wie es z. B. das ECL^{i}PS^e-System verlangt, wäre sehr viel aufwändiger, da in einer Art „Meta-CHR-Constraints" mehrere Regelköpfe zusammengefasst werden müssten.

Die Umsetzung der Semantik des fd-Constraints lässt sich unmittelbar als Regelwerk formulieren:

```
fd(X,A,A) <=> X=A.
fd(X,A,B) <=> A>B | false.
fd(X,A,B) <=> number(X), X<A | false.
fd(X,A,B) <=> number(X), X>B | false.
fd(X,A,B) <=> number(X), X>=A, X=<B | true.
fd(X,A,B), fd(X,C,D) <=>
        Xmin is max(A,C), Xmax is min(B,D) | fd(X,Xmin,Xmax).
```

Da das sum-Constraint, 6 äquivalente, jedoch in der Reihenfolge der Summanden verschiedene Summen repräsentiert, und wir diese symmetrischen Fälle nicht weiter unterscheiden wollen, ersetzen wir sie durch entsprechende summe-Constraints:

```
sum(A,X,B,Y,C,Z) <=> A1 is -A, B1 is -B, C1 is -C |
        summe(A,X,B,Y,C,Z), summe(A,X,C1,Z,B1,Y),
        summe(B,Y,A,X,C,Z), summe(B,Y,C1,Z,A1,X),
        summe(C1,Z,A,X,B1,Y), summe(C1,Z,B,Y,A1,X).
```

Danach erfolgt die eigentliche Fallunterscheidung, bei der entweder die Gültigkeit der Summe geprüft, Variablenwerte bestimmt oder Wertebereiche der Variablen begrenzt werden (vgl. Algorithmus 4.3):

---

[50]Auch hier wird die dabei übliche Schreibweise der CHR verwendet.

```
summe(A,X,B,Y,C,Z) <=> number(X), number(Y), number(Z), C =\= 0,
        Zmin is ceiling((A*X+B*Y)/C), Zmax is floor((A*X+B*Y)/C)
      | Z =:= Zmin, Z =:= Zmax.

summe(A,X,B,Y,C,Z) <=> number(X), number(Y), var(Z), C =\= 0,
        Zmin is ceiling((A*X+B*Y)/C), Zmax is floor((A*X+B*Y)/C)
      | Zmin =:= Zmax, Z is Zmax.

summe(A,X,B,Y,C,Z), fd(Y,Ymin,Ymax) \ fd(Z,Zmin,Zmax) <=>
        number(X), ((B >= 0, C > 0) ; (B < 0, C < 0)),
        Zmin1 is max(Zmin,ceiling((A*X+B*Ymin)/C)),
        Zmax1 is min(Zmax,floor((A*X+B*Ymax)/C)),
        (Zmin1 > Zmin; Zmax1 < Zmax)
        |
        fd(Z,Zmin1,Zmax1).

summe(A,X,B,Y,C,Z), fd(Y,Ymin,Ymax) \ fd(Z,Zmin,Zmax) <=>
        number(X), ((B < 0, C > 0) ; (B >= 0, C < 0)),
        Zmin1 is max(Zmin,ceiling((A*X+B*Ymax)/C)),
        Zmax1 is min(Zmax,floor((A*X+B*Ymin)/C)),
        (Zmin1 > Zmin; Zmax1 < Zmax)
        |
        fd(Z,Zmin1,Zmax1).

summe(A,X,B,Y,C,Z), fd(X,Xmin,Xmax), fd(Y,Ymin,Ymax)
    \ fd(Z,Zmin,Zmax) <=>
        ((A >= 0 , B >= 0, C > 0) ; (A < 0, B < 0, C < 0)),
        Zmin1 is max(Zmin,ceiling((A*Xmin+B*Ymin)/C)),
        Zmax1 is min(Zmax,floor((A*Xmax+B*Ymax)/C)),
        (Zmin1 > Zmin; Zmax1 < Zmax)
        |
        fd(Z,Zmin1,Zmax1).

summe(A,X,B,Y,C,Z), fd(X,Xmin,Xmax), fd(Y,Ymin,Ymax)
    \ fd(Z,Zmin,Zmax) <=>
        ((A < 0 , B >= 0, C > 0); (A >= 0, B < 0, C < 0)),
        Zmin1 is max(Zmin,ceiling((A*Xmax+B*Ymin)/C)),
        Zmax1 is min(Zmax,floor((A*Xmin+B*Ymax)/C)),
        (Zmin1 > Zmin; Zmax1 < Zmax)
        |
        fd(Z,Zmin1,Zmax1).

summe(A,X,B,Y,C,Z), fd(X,Xmin,Xmax), fd(Y,Ymin,Ymax)
    \ fd(Z,Zmin,Zmax) <=>
        ((A >= 0 , B < 0 , C > 0); (A < 0, B >= 0, C < 0)),
```

```
        Zmin1 is max(Zmin,ceiling((A*Xmin+B*Ymax)/C)),
        Zmax1 is min(Zmax,floor((A*Xmax+B*Ymin)/C)),
        (Zmin1 > Zmin; Zmax1 < Zmax)
        |
        fd(Z,Zmin1,Zmax1).

summe(A,X,B,Y,C,Z), fd(X,Xmin,Xmax), fd(Y,Ymin,Ymax)
   \ fd(Z,Zmin,Zmax) <=>
        ((A >= 0 , B >= 0, C < 0) ; (A < 0, B < 0, C > 0)),
        Zmin1 is max(Zmin,ceiling((A*Xmax+B*Ymax)/C)),
        Zmax1 is min(Zmax,floor((A*Xmin+B*Ymin)/C)),
        (Zmin1 > Zmin; Zmax1 < Zmax)
        |
        fd(Z,Zmin1,Zmax1).
```

Da auch das **neq**-Constraint symmetrisch ist, ersetzen wir jedes durch zwei redundante **ungleich**-Constraints und setzen dann für diese die Semantik der Verschiedenheit um:

```
neq(X,Y) <=> ungleich(X,Y), ungleich(Y,X).

ungleich(X,X) <=> false.
ungleich(X,Y) <=> number(X), number(Y), X =:= Y | false.
ungleich(X,Y) <=> number(X), number(Y), X =\= Y | true.

ungleich(X,Y) \ fd(Y,X,Ymax) <=> number(X), Ymin is X+1 |
        fd(Y,Ymin,Ymax).
ungleich(X,Y) \ fd(Y,Ymin,X) <=> number(X), Ymax is X-1 |
        fd(Y,Ymin,Ymax).

fd(X,Xmin,Xmax) \ ungleich(X,Y) <=>
        number(Y), (Y < Xmin; Y > Xmax)
        |
        true.
```

Dabei berücksichtigen wir auch, dass damit auch die Wertebereiche von Variablen in besonderen Fällen eingeschränkt werden können.

Lösung zur Aufgabe 8.3 (Kryptoarithmetik mit CHR)   Zur Modellierung des SEND-MORE-MONEY-Problems verwenden wir die in der Lösung von Aufgabe 8.2 definierten CHR-Constraints. Dazu zerlegen wir die erforderlichen Summen-Constraints in Teilsummen, die jeweils nur zwei Summanden haben:

$$1000 \cdot S + 100 \cdot E = H1$$
$$H1 + 10 \cdot N = H2$$
$$H2 + 1 \cdot D = H3$$
$$H3 + 1000 \cdot M = H4$$
$$H4 + 100 \cdot O = H5$$
$$H6 + 10 \cdot R = H6$$
$$H5 + 1 \cdot E = Z$$
$$10000 \cdot M + 1000 \cdot O = G1$$
$$G1 + 100 \cdot N = G2$$
$$G2 + 10 \cdot E = G3$$
$$G3 + 1 \cdot Y = Z.$$

Diese ergeben sich durch die Additionen mit Übertrag und Stelligkeit und lassen sich dann unmittelbar als CHR-Constraints formulieren:

```
sum(1000,S,100,E,1,H1),
sum(1,H1,10,N,1,H2),
sum(1,H2,1,D,1,H3),

sum(1,H3,1000,M,1,H4),
sum(1,H4,100,O,1,H5),
sum(1,H5,10,R,1,H6),
sum(1,H6,1,E,1,Z),

sum(10000,M,1000,O,1,G1),
sum(1,G1,100,N,1,G2),
sum(1,G2,10,E,1,G3),
sum(1,G3,1,Y,1,Z).
```

Es bleibt noch festzulegen, dass alle Buchstaben verschiedene Werte annehmen sollen, was mit $8 \cdot 7/2 = 28$ neq-Constraints geschieht:

```
neq(S,E), neq(S,N), neq(S,D), neq(S,M), neq(S,O), neq(S,R),
neq(S,Y), neq(E,N), neq(E,D), neq(E,M), neq(E,O), neq(E,R),
neq(E,Y), neq(N,D), neq(N,M), neq(N,O), neq(N,R), neq(N,Y),
neq(D,M), neq(D,O), neq(D,R), neq(D,Y), neq(M,O), neq(M,R),
neq(M,Y), neq(O,R), neq(O,Y), neq(R,Y),
```

Die Wertebereiche der Variablen S, E, N, D, M, O, R, Y ergeben sich unmittelbar. Da Überträge nur 0 oder 1 sein können, folgt insbesondere, dass M = 1 gelten muss:

```
fd(S,1,9), M=1,
fd(E,0,9), fd(N,0,9), fd(D,0,9), fd(O,0,9), fd(R,0,9), fd(Y,0,9).
```

Lösungen zu Kapitel 9

Lösung zur Aufgabe 9.1 (TURTLE++: Ein Layout-Problem)   Listing A.2 zeigt eine Implementierung des Layout-Problems in TURTLE++ analog zu Listing 9.12 mit Hilfe von Constraint-Hierarchien.

```
1   void layout ()
2   {
3       typedef constrained <double> double_c;
4       double_c lm, rm, gap, pw, col;
5       require ((lm == 2.0) && (rm == 2.0) &&
6         (pw == 21.0) && (gap >= 0.5) && (gap <= 2.0));
7       require (gap == 0.5, medium);
8       require (col <= 7.0, strong);
9       require (gap + lm + 2.0 * col + rm == pw);
10      std :: cout << "lm:" << lm ();
11      std :: cout << "rm:" << rm ();
12      std :: cout << "gap:" << gap ();
13      std :: cout << "pw:" << pw ();
14      std :: cout << "col:" << col ();
15  }
```

Listing A.2. TURTLE++: Ein Seiten-Layout-Programm

Lösung zur Aufgabe 9.2 (TURTLE: Mouse-Button)   Angegeben ist eine Implementierung des Mouse-Beispiels aus Abschnitt 9.1.1 in TURTLE entsprechend des Programmiermusters „Setzen, Überschreiben und wiederholtes Lösen von Constraints".

```
1   while mouse. pressed () do
2       var y: !real := var 0.0;
3       var m_y: real := mouse.y ();
4       require y = m_y : strong and
5         y >= border.min and y <= border.max
6       in
7         draw_element (fix_x, !y, graphic);
8       end;
9   end;
```

Listing A.3. TURTLE: Nutzer-Interface

Lösung zur Aufgabe 9.3 (firstcs: Dichotomische Maximierung)   Ein in firstcs implementiertes, dichotomisches Maximierungsverfahren ist in

Listing A.4 dargestellt. Zur Eingrenzung des Maximalwerts der Variablen objective werden zwei Grenzwerte eingesetzt, die initial die Unter- und Obergrenze der Domäne von objective sind (Zeilen 2 und 3). Ein weiterer wesentlicher Unterschied zur Methode nextMinimalSolution() (s. Listing 9.25) besteht in der Suche nach besseren Lösungen (Zeilen 15 bis 35). Dort wird zuerst der Mittelwert opt der beiden Grenzen bestimmt (Zeile 16) und in dem Intervall zwischen Mittelwert und oberem Grenzwert sup gesucht. Ist die Suche erfolgreich, wird nach einer noch besseren Lösung gesucht, wozu die Untergrenze erhöht wird (Zeilen 28 und 29). Schlägt die Suche fehl, wird im Intervall von der Untergrenze bis Mittelwert nach einer Lösung gesucht, wozu die Obergrenze verringert wird (Zeile 32). Diese dichotomische Suche endet, wenn Unter- und Obergrenze identisch sind. Danach werden die besten Lösungen ähnlich wie in nextMinimalSolution() bestimmt (Zeilen 36 bis 46).

```
1   public boolean nextMaximalSolution(Variable objective) {
2       int inf = objective.min();
3       int sup = objective.max();
4       int opt = inf;
5       limit = opt;
6       boolean isImproving = !isOptimal;
7       boolean incons = false; // für evtl. Inkonsistenzen
8       if (!isOptimal) {
9           isOptimal = !nextSolution();
10          if (!isOptimal) {
11              storeLastSolution();
12              smartResetSet();
13          }
14      }
15      while (!isOptimal && inf <= sup) { // verbessere:
16          opt = (inf + sup) / 2;
17          incons = false;
18          try { // beschränke Zielfunktionswert:
19              objective.greaterEqual(opt);
20              objective.lessEqual(sup);
21              cs.activate();
22              restoreLastSolution();
23          } catch (InconsistencyException e) {
24              incons = true;
25          }
26          if (!incons && nextSolution()) {
27              storeLastSolution();
28              opt = objective.min();
29              inf = opt + 1;
30              limit = opt;
31          } else { // es gibt keine bessere Lösung, d.h.:
32              sup = opt - 1;
33          }
34          smartResetSet();
```

```
35        }
36        isOptimal = true;
37        try {
38            objective.greaterEqual(limit);
39            if (isImproving) {
40                restoreLastSolution();
41                return true;
42            } // ... ansonsten:
43            return nextSolution();
44        } catch (InconsistencyException e) {
45            throw new Error("Das sollte nicht passieren!");
46        }
47 }
```

Listing A.4. „Generische" dichotomische Maximierung

Lösungen zu Kapitel 10

Lösung zur Aufgabe 10.1 (Lokale Konsistenz für paarweise Verschieden-heit) Zur Herstellung der lokalen Konsistenz des CSP aus Beispiel 10.1 ist die Betrachtung von *Hall-Variablenmengen* ausreichend. Eine Menge von Variablen $H \subseteq V$ sei eine **Hall-Variablenmenge**, wenn die Zahl der Variablen in dieser Menge gleich der Zahl der Werte in der Vereinigung ihrer Domänen ist:

$$|H| = \left| \bigcup_{x \in H} D(x) \right|.$$

Offensichtlich ist $\{b, c\}$ eine Hall-Variablenmenge, da die Vereinigung ihrer Domänen die Wertemenge $\{2, 4\}$ ist. Diese Menge kann von allen anderen Domänen abgezogen werden, so dass die reduzierten Domänen $D_a = \{3, 5\}$ und $D_d = \{5\}$ sind. Da nun $\{d\}$ ebenfalls eine Hall-Variablenmenge ist, reduziert sich die Domäne von a zu $D_a = \{3\}$ und $\{a\}$ wird zur Hall-Variablenmenge. Folglich reduziert sich die Domäne von e zu $D_e = \{1\}$. Die reduzierten Domänen sind

$$D_a = \{3\},$$
$$D_b = \{2, 4\},$$
$$D_c = \{2, 4\},$$
$$D_d = \{5\},$$
$$D_e = \{1\}$$

und da es zu jedem Wert in der Domäne einer beliebigen Variablen Werte in den Domänen der anderen Variablen gibt, so dass alle Werte verschieden sind, ist das CSP mit diesen Domänen lokal konsistent.

Die Bestimmung aller Lösungen des CSP ist wegen der Eindeutigkeit der Werte von a, d, und e einfach: Eine Belegung der verbleibenden Variablen, z. B. in der Reihenfolge b, c und den Werten in aufsteigender Reihenfolge, führt zu der Belegung $b = 2$, die die Belegung von c mit dem gleichen Wert ausschließt, so dass nur die Belegung $c = 4$ möglich ist. Die erste Lösung ist gefunden, sie lautet:

$$(a = 3) \wedge (b = 2) \wedge (c = 4) \wedge (d = 5) \wedge (e = 1).$$

Ein Rücksetzen zu b und die Belegung $b = 4$ gefolgt von $c = 2$ ergibt die weitere Lösung:

$$(a = 3) \wedge (b = 4) \wedge (c = 2) \wedge (d = 5) \wedge (e = 1).$$

Weder für c noch für b sind andere Belegungen möglich, so dass alle Lösungen gefunden sind.

Lösung zur Aufgabe 10.2 (n-Damen-Problem) Die hier präsentierte Lösung der gestellten Aufgabe stammt aus [106]. Jeweils eine der n Damen wird dort durch eine Variable q_i $(1 \leq i \leq n)$ repräsentiert, wobei die i-te Dame in der i-ten Spalte des $n \times n$ Schachbretts positioniert ist. Die Bedingung, dass die Damen in verschiedenen Zeilen stehen, spiegelt das Constraint alldifferent$(q_1, \ldots, q_n)$ wider. Um nun auszudrücken, dass keine zwei Damen auf einer Diagonalen stehen, formulieren wir zu jeder Dame je zwei zusätzliche Variablen l_i und r_i $(1 \leq i \leq n)$, deren Werte gleich der (variablen) Zeilenposition der entsprechenden Dame plus bzw. minus deren Spaltenposition sind. Die Verschiedenheit ihrer Werte wird wiederum mit zwei alldifferent-Constraints formuliert. Das resultierende CSP, welches das n-Damen-Problem modelliert, ist damit:

$$\text{alldifferent}(q_1, \ldots, q_n) \land \text{alldifferent}(l_1, \ldots, l_n) \land \text{alldifferent}(r_1, \ldots, r_n)$$

$$\land\ (l_i = q_i - i) \land (r_i = q_i + i) \land \bigwedge_{i=1}^{n}(q_i \in \{1, \ldots, n\})$$

$$\land\ \bigwedge_{i=1}^{n}(l_i \in \{1-i, \ldots, n-i\}) \land \bigwedge_{i=1}^{n}(r_i \in \{1+i, \ldots, n+i\}).$$

Lösung zur Aufgabe 10.3 (Sudoku)   Eine naheliegende Modellierung des *Suduko*-Rätsels als CSP besteht darin, für jedes Feld in jeder Spalte und jeder Zeile des 9×9 Quadrats eine Variable zu definieren und deren Werte auf die Ziffern 1 bis 9 einzuschränken:

$$z_{i,j} \in \{1, \ldots, 9\} \text{ für } 1 \leq i, j \leq 9.$$

Mittels 2×9 alldifferent-Constraints wird die paarweise Verschiedenheit der Werte in allen 9 Zeilen und allen 9 Spalten folgendermaßen festgelegt:

$$\text{alldifferent}(z_{i,1}, \ldots, z_{i,9}) \text{ für } 1 \leq i \leq 9$$
$$\text{alldifferent}(z_{1,j}, \ldots, z_{9,j}) \text{ für } 1 \leq j \leq 9.$$

Schließlich bleibt noch zu fordern, dass die Ziffern in den neun 3×3 Teilquadraten ebenfalls paarweise verschieden sind. Dies erreichen wir durch weitere 9 alldifferent-Constraints:

$$\text{alldifferent}(\ z_{3k+1,3l+1}, z_{3k+1,3l+2}, z_{3k+1,3l+3},$$
$$z_{3k+2,3l+1}, z_{3k+2,3l+2}, z_{3k+2,3l+3},$$
$$z_{3k+3,3l+1}, z_{3k+3,3l+2}, z_{3k+3,3l+3}\ )$$

für $0 \leq k, l \leq 2$. Fassen wir die Constraints zusammmen, wird das *Sudoku*-Rätsel modelliert durch das CSP

$$\bigwedge_{1 \leq i \leq 9} \text{alldifferent}(z_{i,1}, \ldots, z_{i,9})$$

$$\wedge \bigwedge_{1 \leq j \leq 9} \text{alldifferent}(z_{1,j}, \ldots, z_{9,j})$$

$$\wedge \bigwedge_{0 \leq k,l \leq 2} \text{alldifferent}(\begin{array}{l} z_{3k+1,3l+1}, z_{3k+1,3l+2}, z_{3k+1,3l+3}, \\ z_{3k+2,3l+1}, z_{3k+2,3l+2}, z_{3k+2,3l+3}, \\ z_{3k+3,3l+1}, z_{3k+3,3l+2}, z_{3k+3,3l+3} \end{array})$$

$$\wedge \bigwedge_{1 \leq i,j \leq 9} (z_{i,j} \in \{1, \ldots, 9\}).$$

Steht ein Constraint-Programmiersystem zur Verfügung, das die Constraints dieses CSP realisiert, ist es einfach, einen Generator für *Sudoku*-Rätsel zu implementieren: Dazu erzeugen wir iterativ und zufällig für mehrere Variablen einen Wert aus deren Wertebereich und belegen die gewählte Variable mit diesem Wert, wobei wir unmittelbar danach lokale Konsistenz oder Grenzenkonsistenz mit Hilfe des Programmiersystems herstellen. Sollte es dabei zur Entdeckung einer Inkonsistenz kommen, müssen wir eine der Variablenbelegungen (z. B. die zuletzt getroffene) zurücknehmen. Schließlich müssen wir die Lösbarkeit des spezialisierten CSP prüfen, z. B. indem wir Suche mittels Rücksetzen (vgl. Algorithmus 4.5) einsetzen. Ist das Problem unlösbar, sollten wir das gesamte Verfahren neu starten.

Die Lösung eines *Sudoku*-Rätsels ist sehr einfach: Das CSP ist lediglich um die durch das Rätsel vorgegebenen Variablenbelegungen zu ergänzen. Danach ist diese Teillösung ebenfalls durch Suche zu vervollständigen.

Lösung zur Aufgabe 10.4 (Planung der Zeitungslektüre) Bedingungen über Zeiten im Stunden:Minuten-Format sind nicht unmittelbar als FD-Constraints formulierbar. Deshalb legen wir uns bei der Modellierung des Zeit(ungs)planungsproblems auf eine ganzzahlige Kodierung von Zeiten fest. Da 7:00 h der früheste Zeitpunkt in dem Problem ist und die feinste zeitliche Auflösung eine Dauer von einer Minute ist, setzen wir 7:00 h gleich dem Zeitpunkt 0 und kodieren jeden Zeitpunkt danach durch die positive Zeitdauer bis zu diesem.

Die Variablen des CSP sind die Startzeiten der Zeitungslektüre für jede Studentin und jede Zeitung, wobei die Anfangsbuchstaben der Namen als Paare die jeweilige Startzeitvariable benennen sollen, z. B. A_M für Andreas Beginn der Morgenpost-Lektüre. Eine triviale Obergrenze für deren Werte ist der früheste Beginn aller Lektüren (8:00 h) plus eine Obergrenze für die Gesamtdauer der Lektüren, welche die Summe der längsten Lesezeiten ist: $60 + 60 + 75 + 30 + 90 = 315$ Minuten. Damit ergibt sich für die Variablen und Domänen:

$A_S \in [0, 315], A_M \in [0, 315], A_B \in [0, 315], A_T \in [0, 315],$

$B_S \in [15, 315], B_M \in [15, 315], B_B \in [15, 315], B_T \in [15, 315],$

$C_S \in [15, 315], C_M \in [15, 315], C_B \in [15, 315], C_T \in [15, 315],$

$D_S \in [60, 315], D_M \in [60, 315], D_B \in [60, 315], D_T \in [60, 315].$

Um auszudrücken, dass jede Zeitung von nicht mehr als einer Studentin gleichzeitig gelesen werden kann, formulieren wir die folgenden 4 serialize-Constraints mit den gegebenen Lesezeiten:

serialize($[A_S, B_S, C_S, D_S], [60, 75, 5, 90]$),

serialize($[A_M, B_M, C_M, D_M], [30, 3, 15, 1]$),

serialize($[A_B, B_B, C_B, D_B], [2, 15, 10, 1]$),

serialize($[A_T, B_T, C_T, D_T], [5, 10, 30, 1]$).

Analog dazu legen die folgenden 4 serialize-Constraints fest, dass jede Studentin keine zwei Zeitungen gleichzeitig lesen kann:

serialize($[A_S, A_M, A_B, A_T], [60, 30, 2, 5]$),

serialize($[B_S, B_M, B_B, B_T], [75, 3, 15, 10]$),

serialize($[C_S, C_M, C_B, C_T], [5, 15, 10, 30]$),

serialize($[D_S, D_M, D_B, D_T], [90, 1, 1, 1]$).

Zusammenfassend beschreibt das folgende CSP das Zeit(ungs)planungsproblem:

serialize($[A_S, B_S, C_S, D_S], [60, 75, 5, 90]$)

$\wedge$ serialize($[A_M, B_M, C_M, D_M], [30, 3, 15, 1]$)

$\wedge$ serialize($[A_B, B_B, C_B, D_B], [2, 15, 10, 1]$)

$\wedge$ serialize($[A_T, B_T, C_T, D_T], [5, 10, 30, 1]$)

$\wedge$ serialize($[A_S, A_M, A_B, A_T], [60, 30, 2, 5]$)

$\wedge$ serialize($[B_S, B_M, B_B, B_T], [75, 3, 15, 10]$)

$\wedge$ serialize($[C_S, C_M, C_B, C_T], [5, 15, 10, 30]$)

$\wedge$ serialize($[D_S, D_M, D_B, D_T], [90, 1, 1, 1]$)

$\wedge \; (A_S \in [0, 315]) \wedge (A_M \in [0, 315])$

$\wedge \; (A_B \in [0, 315]) \wedge (A_T \in [0, 315])$

$\wedge \; (B_S \in [15, 315]) \wedge (B_M \in [15, 315])$

$\wedge \; (B_B \in [15, 315]) \wedge (B_T \in [15, 315])$

$\wedge \; (C_S \in [15, 315]) \wedge (C_M \in [15, 315])$

$\wedge \; (C_B \in [15, 315]) \wedge (C_T \in [15, 315])$

$\wedge \; (D_S \in [60, 315]) \wedge (D_M \in [60, 315])$

$\wedge \; (D_B \in [60, 315]) \wedge (D_T \in [60, 315]).$

Lösung zur Aufgabe 10.5 (Schaukeln)   Eine Lösung eines ähnlichen „Schaukel"-Problems (engl. *seesaw problem*) ist in [105] vorgestellt. Die folgende Lösung ist entsprechend angepasst. Dort sind die Plätze der Freunde durch Variablen repräsentiert, die wir nach den Anfangsbuchstaben ihrer Namen benennen: A, B, K. Da bei der Wippe die Hebelgesetze gelten, ist jeder Platz entsprechend seiner Entfernung zum Drehpunkt der Wippe zu gewichten. Auf der einen Seite der Wippe sind diese Gewichte negative und auf der anderen Seite positive Ganzzahlfaktoren, so dass für die Wertebereiche der Variablen

$$(A \in [-5, 5]) \wedge (B \in [-5, 5]) \wedge (K \in [-5, 5])$$
$$\wedge (A \neq 0) \wedge (B \neq 0) \wedge (K \neq 0)$$

gelten muss, wobei die Null auszuschließen ist, da auf dem Drehpunkt der Wippe kein Sitz ist. Die Bedingung, dass die Wippe im Gleichgewicht sein soll, können wir nun durch eine einfache Gleichung ausdrücken:

$$76 \cdot A + 32 \cdot B + 48 \cdot K = 0.$$

Der Anforderung, dass zwischen zwei Freunden immer ein Sitzplatz frei sein soll, wollen wir – wie durch die Aufgabenstellung vorgegeben – mittels eines serialize-Constraints formulieren. Dazu ordnen wir jeder Person einen Arbeitsgang der Länge 2 mit Startzeitvariablen entsprechend ihren Anfangsbuchstaben A_S, B_S, K_S zu und fordern die Überlappungsfreiheit mittels

$$\text{serialize}([A_S, B_S, K_S], [2, 2, 2]).$$

Es bleibt die Startzeiten der Arbeitsgänge mit den Sitzpositionen abzugleichen, wobei *Startzeit plus Eins* einer Sitzposition entspricht. Folglich sind auch die Wertebereiche der Startzeiten entsprechend anzupassen:

$$(A = A_S + 1) \wedge (B = B_S + 1) \wedge (K = K_S + 1)$$
$$\wedge (A_S \in [-6, 4]) \wedge (B_S \in [-6, 4]) \wedge (K_S \in [-6, 4])$$
$$\wedge (A_S \neq -1) \wedge (B_S \neq -1) \wedge (K_S \neq -1).$$

Alles in allem modelliert dann das CSP

$$\wedge (A \neq 0) \wedge (B \neq 0) \wedge (K \neq 0)$$
$$\wedge (A_S \neq -1) \wedge (B_S \neq -1) \wedge (K_S \neq -1)$$
$$\wedge (76 \cdot A + 32 \cdot B + 48 \cdot K = 0)$$
$$\wedge (A = A_S + 1) \wedge (B = B_S + 1) \wedge (K = K_S + 1)$$
$$\wedge \text{serialize}([A_S, B_S, K_S], [2, 2, 2])$$
$$\wedge (A \in [-5, 5]) \wedge (B \in [-5, 5]) \wedge (K \in [-5, 5])$$
$$\wedge (A_S \in [-6, 4]) \wedge (B_S \in [-6, 4]) \wedge (K_S \in [-6, 4])$$

das zu lösende „Schaukel"-Problem.

Lösungen zu Kapitel 11

Lösung zur Aufgabe 11.1 (Fortsetzung von Aufgabe 10.2) Wir gehen bei der Modellierung des n-Damen-Problems bei der Lösung der Aufgabe 10.2 davon aus, dass jede Dame durch eine Variable q_i ($1 \leq i \leq n$) repräsentiert wird, die i-te Dame in der i-ten Spalte des $n \times n$ Schachbretts positioniert ist, und ihr Variablenwert ihrer Zeilenposition auf dem Schachbrett entspricht.

Offensichtlich besteht eine Variablensymmetrie für alle Variablen, die der Spiegelsymmetrie des Schachbretts bezüglich seiner vertikalen Mittellinie entspricht. Repräsentiert das CSP Q das n-Damen-Problem, dann gilt

$$\mathcal{D}_{\mathcal{FD}} \models \forall(Q \leftrightarrow \phi(Q)),$$

wobei die Bijektion ϕ durch $\phi(q_1) = q_n, \phi(q_2) = q_{n-1}, \ldots, \phi(q_n) = q_1$ definiert ist. Diese Variablensymmetrie wird durch die zusätzliche Ungleichung $q_1 < q_n$ aufgehoben. Alle Lösungen generieren wir dann durch Vertauschen der Werte von q_1 mit q_n, von q_2 mit q_{n-1}, ..., von q_{1+j} mit q_{n-j}, wobei $j = \lfloor (n-1)/2 \rfloor$ ist.

Lösung zur Aufgabe 11.2 (Redundanzen bei arithmetischen Ausdrücken) Genaues Durchlesen der Aufgabenstellung lässt unmittelbar erkennen, dass Factor ein Vielfaches von sechs sein muss. Wir führen daher eine „Hilfsvariable" (engl. *auxiliary variable*) Z ein und fordern, dass Factor ein Sechsfaches davon sein muss: Factor $= 6 \cdot Z$. Ohne Verlust von Lösungen kann der Wertebereich der Hilfsvariablen auf relativ wenige Werte, z. B. mit $Z \in [2, 16]$, begrenzt werden. Weitere Einschränkungen der Wertebereiche der restlichen Variablen sind zwar ebenfalls möglich, ergeben sich jedoch durch Herstellung der lokalen Konsistenz oder Grenzenkonsistenz unmittelbar.

Lösung zur Aufgabe 11.3 (Überdeckungsfreie Platzierung von Rechtecken) Bei Betrachtung der Ordinatenwerte sind nur zwei Teilmengen zu betrachten: $Q_y = \{B, C\}$ und $Q'_y = \{A, B, C\}$. Bei Betrachtung der Teilmenge Q_y ist das Kapazitätsangebot der Ressource gleich $14 - 1 = 13$ und bei Betrachtung der Teilmenge Q'_y gleich $14 - 0 = 14$. – Somit gilt:

$$\mathcal{D}_{\mathcal{FD}} \models P(\{A, B, C\}) \longrightarrow (\mathsf{cumulative}([y_A, y_B, y_C][3, 2, 3], [6, 9, 8], 14)$$
$$\wedge\ \mathsf{cumulative}([y_B, y_C][2, 3], [9, 8], 13)).$$

Das Problem ist unlösbar: Zu allen Ordinatenwerten der linken unteren Ecken der Rechtecke (es stehen jeweils nur zwei und damit insgesamt $2^3 = 8$ Kombinationen zur Auswahl), gibt es mindestens einen Abszissenwert, an dem sich zwei oder mehr Rechtecke überdecken.

Lösungen zu Kapitel 13

Lösung zur Aufgabe 13.1 (Finden aller Lösungen) Um alle Lösungen eines CSP mit den Suchverfahren in den Algorithmen 13.1 und 13.2 zu finden, erweitern wir diese um einen zusätzlichen Parameter. Dieser Parameter S repräsentiert eine Menge von Lösungen, die initial, d.h. beim ersten Aufruf der Verfahren, leer ist. Diese Menge wird dann sukzessive um weitere gefundene Lösungen erweitert. Nach dem Beenden der Suche wird dann diese Menge aller gefundenen Lösungen zurückgegeben. Das bedeutet, dass nach Aufruf des in Algorithmus A.2 vorgestellten Verfahrens backtrackSolveAll die zurückgegebene Menge backtrackSolveAll$(C, \emptyset)$ alle Lösungen des eingegebenen CSP C enthält.

Algorithmus A.2 : Ein rekursiver Constraint-Löser für CSP, der mittels Tiefensuche und chronologischem Rücksetzen alle Lösungen bestimmt

---

Gegeben : Ein CSP $C = C' \wedge D$ und eine Lösungsmenge S (initial $S = \emptyset$) mit

$$C' = c_1 \wedge \ldots \wedge c_k \text{ und}$$

$$D = x_1 \in D_1 \wedge \ldots \wedge x_n \in D_n.$$

Resultat : Die Menge aller Lösungen von C.

1 backtrackSolveAll$(C, S) \equiv$
2 $F :=$ localConsistency(C) oder $F :=$ boundsConsistency(C);
3 **if** $F = \textit{false}$ **then**
4 $\quad$ **return** S;
5 **else if** $F = C' \wedge x_1 \in \{e_1\} \wedge \ldots \wedge x_n \in \{e_n\}$ **then**
6 $\quad$ **return** $S \cup \{x_1 = e_1 \wedge \ldots \wedge x_n = e_n\}$;
7 **else**
8 $\quad$ Sei $F = C' \wedge x_1 \in \{e_{1,1}, \ldots, e_{1,m_1}\} \wedge \ldots \wedge x_n \in \{e_{n,1}, \ldots, e_{n,m_n}\}$;
9 $\quad$ Wähle ein x_i mit $m_i \geq 2$;
10 $\quad$ Sei $E = \{e_{i,1}, \ldots, e_{i,m_i}\}$;
11 $\quad$ **while** $E \neq \emptyset$ **do**
12 $\quad\quad$ Wähle ein $e_{i,j} \in E$;
13 $\quad\quad$ $E := E \setminus \{e_{i,j}\}$;
14 $\quad\quad$ $S :=$ backtrackSolveAll$((x_i = e_{i,j}) \wedge F, S)$;
15 $\quad$ **return** S;

Die Modifikationen für das Suchverfahren in Algorithmus 13.2 zur Bestimmung aller Lösungen sind in Algorithmus A.3 dargestellt. Nach dem Aufruf des Verfahrens domainReductionSolveAll enthält die zurückgegebene Menge domainReductionSolveAll$(C, \emptyset)$ alle Lösungen des CSP C.

Algorithmus A.3 : Ein rekursiver Constraint-Löser für CSP, der durch Domänenreduktion alle Lösungen bestimmt

---

Gegeben : Ein CSP $C = C' \wedge D$ (Definition 4.1) und eine Lösungsmenge S (initial $S = \emptyset$) mit

$$C' = c_1 \wedge \ldots \wedge c_k \text{ und}$$

$$D = x_1 \in D_1 \wedge \ldots \wedge x_n \in D_n.$$

Resultat : Die Menge aller Lösungen von C.

```
1  domainReductionSolveAll(C, S) ≡
2  F := localConsistency(C);
   // oder  F := boundsConsistency(C);
3  if F = false then
4    └ return S;
5  else if F = C' ∧ x₁ ∈ {e₁} ∧ ... ∧ xₙ ∈ {eₙ} then
6    └ return S ∪ {x₁ = e₁ ∧ ... ∧ xₙ = eₙ};
7  else
8    │  Sei F = C' ∧ x₁ ∈ {e₁,₁, ..., e₁,ₘ₁} ∧ ... ∧ xₙ ∈ {eₙ,₁, ..., eₙ,ₘₙ};
9    │  Wähle ein xᵢ mit mᵢ ≥ 2;
     │  // z.B. entgegen des first-fail-Prinzips: mᵢ maximal
10   │  S := domainReductionSolveAll(F ∧ xᵢ ∈ {eᵢ,₁, ..., eᵢ,⌊mᵢ/2⌋}, S);
11   │  S := domainReductionSolveAll(F ∧ xᵢ ∈ {eᵢ,⌊mᵢ/2⌋+₁, ..., eᵢ,ₘᵢ}, S);
12   └  return S;
```

Lösung zur Aufgabe 13.2 (Job-Shop-Scheduling)   Das Anordnen der Arbeitsgänge für ein Job-Shop-Scheduling-Problem erfolgt letztlich wie in dem in Algorithmus 13.3 vorgestellten Suchverfahren, wobei lediglich nicht nur eine, sondern mehrere Maschinen zu betrachten sind. Die Entscheidungen, die wir dazu bei der Suche zu treffen haben, sind folgende:

- Wähle auf einer Maschine k zwei verschiedene, dort zu bearbeitende Arbeitsgänge k_i und k_j, die noch nicht geordnet sind,
- entscheide entweder „k_i vor k_j", d.h. $s_{k_i} + d_{k_i} \leq s_{k_j}$
- oder „k_i nach k_j", d.h. $s_{k_i} \geq s_{k_j} + d_{k_j}$.

Das daraus resultierende vollständige Suchverfahren jobShopOrderSolve ist in Algorithmus A.4 dargestellt.

Sind alle Arbeitsgänge auf allen Maschinen linear geordnet, geht es nun darum, deren Startzeiten festzulegen, wobei wir auch die gegebenen linearen Ordnungen innerhalb der Jobs berücksichtigen müssen. Da beide Ordnungen voneinander unabhängig sind, d.h. für zwei beliebige Arbeitsgänge r, s höchstens in einer der beiden Ordnungen r ein Vorgänger von s bzw. s ein Vorgänger von r ist, gibt es auf einer Maschine mindestens einen Arbeitsgang, der entweder keine oder nur bereits terminierte Vorgänger hat. Diese Eigenschaft

Algorithmus A.4 : Ein Constraint-Löser zur linearen Ordnung von Arbeitsgängen auf mehreren Maschinen

Gegeben : Ein JSSP $C = C' \wedge D$ mit

$C' = \bigwedge_{k=1}^{m}$ serialize($[s_{k,1}, \ldots, s_{k,n_k}], [d_{k,1}, \ldots, d_{k,n_k}]$) und
$D = \bigwedge_{k=1}^{m}(s_{k,1} \in S_{k,1} \wedge \ldots \wedge s_{k,n_k} \in S_{k,n_k})$.

Resultat : *false*, falls C unlösbar ist; ansonsten ein CSP $E = C'' \wedge D'$, so dass
für Permutationen $\delta_k : \{1, \ldots, n_k\} \to \{1, \ldots, n_k\}$ $(k = 1, \ldots, m)$ gilt

$$C'' = C' \wedge \bigwedge_{k=1}^{m} \bigwedge_{i=1}^{n_k-1} ((s_{k,\delta_k(i)} < s_{k,\delta_k(i)} + d_{k,\delta_k(i)})$$
$$\wedge \; (s_{k,\delta_k(i)} + d_{k,\delta_k(i)} \leq s_{k,\delta_k(i+1)})) \quad \text{und}$$

$$D' = \bigwedge_{k=1}^{m} (s_{k,1} \in S'_{k,1} \wedge \ldots \wedge s_{k,n_k} \in S'_{k,n_k}).$$

```
1  jobShopOrderSolve(C) ≡
2  F := localConsistency(C) oder F := boundsConsistency(C);
3  if F = false then
4  |  return false;

5  else
6  |    Es gelte F = C' ∧ D' mit D' = ⋀_{k=1}^{m}(s_{k,1} ∈ S'_{k,1} ∧ ... ∧ s_{k,n_k} ∈ S'_{k,n_k});
7  |    if es auf einer Maschine k ein bisher ungewähltes Paar von
   |    Arbeitsgängen k_i und k_j gibt, für das weder min(S'_{k,i}) + d_{k,i} > max(S'_{k,j})
   |    noch min(S'_{k,j}) + d_{k,j} > max(S'_{k,i}) gilt then
8  |    |   Wähle die Arbeitsgänge k_i und k_j auf der Maschine k aus;
9  |    |   F_{ij} := jobShopOrderSolve((s_{k,i} + d_{k,i} ≤ s_{k,j}) ∧ F);
10 |    |   if E_{ij} ≠ false then
11 |    |   |  return F_{ij};

12 |    |   else
13 |    |   |  F_{ji} := jobShopOrderSolve((s_{k,j} + d_{k,j} ≤ s_{k,i}) ∧ F);
14 |    |   |  return F_{ji};

15 |    return F;
```

bleibt bei Disposition eines solchen Arbeitsgangs erhalten, bis letztlich alle
Arbeitsgänge terminiert sind, d. h. deren Startzeiten festgelegt sind.

Um diese „terminierbaren" Arbeitsgänge sukzessive zu bestimmen, konstruieren wir einen *Ordnungsgraphen*, dessen Knoten die Arbeitsgänge repräsentieren und verwalten einen Zähler für die (noch) nicht terminierten Vorgängerknoten. Im Graphen gibt es zwei Arten von gerichteten Kanten, nextInJob
und nextOnResource, entsprechend den linearen Ordnungen. Diese Ordnungen
sind entweder durch die Jobs vorgegeben oder auf den Maschinen z. B. durch

Sortierung nach minimalen Startzeiten spätestens nach Konsistenzherstellung bestimmbar.

Basierend auf dem Graphen erfolgt das Labeling der Startzeiten aller Arbeitsgänge, die keine Vorgängerknoten haben – der entsprechende Zähler count hat den Wert 0. Dabei werden unmittelbar auch die Zähler der Nachfolger eines jeden terminierten Arbeitsgangs um 1 reduziert und Konsistenz nach Belegung der Startzeitvariablen hergestellt. Die terminierbaren Arbeitsgänge sind dabei immer die Nachfolger zuvor terminierter Arbeitsgänge. Das entsprechende Verfahren jobShopSchedule ist in Algorithmus A.5 dargestellt. Es nutzt Algorithmus A.4 zur Herstellung der linearen Ordnungen auf den Maschinen und verwendet als zentralen Datentyp eine *Schlange* (engl. *queue*). Diese enthält noch nicht terminierte Arbeitsgänge, die höchstens terminierte Vorgänger haben. Diese Arbeitsgänge werden Schritt für Schritt zum frühesten Zeitpunkt auf der jeweiligen Maschine terminiert. Wenn dadurch andere Arbeitsgänge nur terminierte Vorgänger haben, werden sie in die Schlange eingefügt.

Lösung zur Aufgabe 13.3 (Fortsetzung der Aufgaben 10.2 und 11.1)   Zum Vergleich einiger Heuristiken bei der Suche nach Lösungen des *n-Damen-Problems* verwenden wir die Modellierung aus der Lösung zur Aufgabe 10.2. Dabei setzen wir insbesondere das in Abschnitt 10.1 vorgestellte Verfahren in [100] zur Herstellung der Grenzenkonsistenz für alldifferent-Constraints voraus. Weiterhin gehen wir davon aus, dass ein geeignetes Verfahren zur Herstellung der Grenzenkonsistenz für Summen-Constraints (z. B. Algorithmus 4.3) eingesetzt wird, um die Grenzenkonsistenz des CSP herzustellen (vgl. Algorithmus 4.4).

Bei nachfolgend vorgestellten Untersuchungen vergleichen wir lediglich Heuristiken zur Variablenreihenfolge, die Wertereihenfolgen sind dabei immer fest: vom kleinsten zum größten Wert der jeweiligen Variablendomäne. Die „natürliche" Heuristik besteht darin, für $i = 1, \ldots, n$ die Zeilenposition der i-ten Dame in der i-ten Spalte festzulegen. Bei der „zentralen" Heuristik werden die Variablen der Zeilenpositionen so ungeordnet, dass zuerst die Dame in der mittleren Spalte, dann die rechts und links positionierten Damen usw. positioniert werden, bis schließlich die Damen in der ersten und letzten Spalte platziert sind. Bei der *first-fail*-Heuristik wird die erste nicht platzierte Dame mit der kleinsten Zahl von Zeilenpositionen ausgewählt. Bei der zufälligen Auswahl der Damen sind drei Suchdurchläufe zu Grunde gelegt, wobei das jeweils beste Ergebnis in Tabelle A.1 aufgelistet ist. Die gemeinsame Vergleichsgröße ist die Zahl der erforderlichen Rücksetzschritte („#BTs") zum Finden einer ersten Lösung. Ist es unmöglich, innerhalb von 5 Minuten eine Lösung zu finden (bei $n = 30$), ist dies in der Tabelle mit „—" gekennzeichnet.

Algorithmus A.5 : Ein Constraint-Löser zur Lösung von JSSP

Gegeben : Ein JSSP $C = C' \wedge D$ mit

$C' = \bigwedge_{k=1}^{m} \text{serialize}([s_{k,1}, \ldots, s_{k,n_k}], [d_{k,1}, \ldots, d_{k,n_k}])$ und

$D = \bigwedge_{k=1}^{m}(s_{k,1} \in S_{k,1} \wedge \ldots \wedge s_{k,n_k} \in S_{k,n_k})$.

Resultat : Eine Lösung von C, falls lösbar; ansonsten *false*.

```
1  jobShopSchedule(C) ≡
2  J := jobOrderSolve(C);
3  if J = false then
4  |   return false;

5  else
6  |   Bestimme den Ordnungsgraphen G; (s. Seite 360);
7  |   Sei Q eine Schlange (Queue), die alle Arbeitsgänge im Graphen G
   |   enthalte, deren Zählerwerte Null sind (count = 0);
8  |   repeat
9  |   |   Sei t := Q.deQueue() ein Arbeitsgang mit Startzeit s_t ∈ S_t;
   |   |   // deQueue() liefert das erste Element in der Schlange
10 |   |   J := localConsistency((s_t = min(S_t)) ∧ J) oder
   |   |   J := boundsConsistency((s_t = min(S_t)) ∧ J);
11 |   |   if t.nextInJob().isDefined() then
   |   |   |   // es gibt einen nachfolgenden Arbeitsgang im Job
12 |   |   |   t.nextInJob().count := t.nextInJob().count − 1;
13 |   |   |   if t.nextInJob().count = 0 then
   |   |   |   |   // ... dieser kann terminiert werden:
14 |   |   |   |   Q.enQueue(t.nextInJob());
   |   |   |   |   // enQueue() fügt ihn an das Ende der Schlange
15 |   |   if t.nextOnMachine().isDefined() then
   |   |   |   // es folgt ein Arbeitsgang auf der Maschine
16 |   |   |   t.nextOnMachine().count := t.nextOnMachine().count − 1;
17 |   |   |   if t.nextNextOnMachine().count = 0 then
   |   |   |   |   // ... dieser kann terminiert werden:
18 |   |   |   |   Q.enQueue(t.nextOnMachine());
   |   |   |   |   // enQueue() fügt ihn an das Ende der Schlange
19 |   until Q.isEmpty() ;
   |   // alle Startzeiten sind festgelegt
20 |   Sei J := C' ∧ ⋀_{k=1}^{m}(s_{k,1} ∈ {e_{k,1}} ∧ ... ∧ s_{k,n_k} ∈ {e_{k,n_k}});
21 |   return ⋀_{k=1}^{m}(s_{k,1} = e_{k,1} ∧ ... ∧ s_{k,n_k} = e_{k,n_k});
```

Tabelle A.1. Anzahl erforderlicher Rücksetzschritte zum Finden einer ersten Lösung des *n-Damen-Problems* bei Einsatz unterschiedlicher Variablenauswahl-Heuristiken

Problemgröße	Variablenauswahl-Heuristik (#BTs)			
#Damen: n	natürlich	zentral	first-fail	zufällig
4	1	0	1	0
5	0	0	0	0
6	4	0	4	0
7	0	0	0	0
8	15	1	11	0
9	2	4	4	0
10	8	6	8	4
11	2	7	6	6
12	19	11	49	2
13	4	11	29	0
14	137	28	40	1
15	97	5	56	3
16	766	2	38	10
17	454	33	376	0
18	2692	32	55	20
19	132	68	1123	5
20	11503	62	387	4
21	333	208	244	5
22	88840	1351	1061	15
23	725	5332	130	1
24	15125	71076	2215	4
25	1101	163	2026	7
26	10284	632	2779	20
27	11884	2610	1570	12
28	78903	9776	4994	32
29	34685	38338	6163	1
30	—	—	6823	3

Lösungen zu Kapitel 14

Lösung zur Aufgabe 14.1 (Monotone Maximierung)   Die Aufgabe kann gelöst werden, indem das Verfahren monotonicMinimize mit der Negation des Terms t_f aufgerufen wird:

$$\text{monotonicMaximize}(C, t_f, \textit{false}) \equiv \text{monotonicMinimize}(C, -t_f, \textit{false}).$$

Eine andere Lösung erhalten wir, indem wir den Algorithmus 14.1 durch entsprechende Beschränkung der Zielfunktionswerte anpassen, ohne den Term t_f zu verändern:

Algorithmus A.6 : Berechnung einer maximalen Lösung eines COP durch monotone Maximierung

---

Gegeben : Ein COP mit einem CSP $C = C' \wedge D$ (Definition 4.1) mit

$C' = c_1 \wedge \ldots \wedge c_k$ und

$D = x_1 \in D_1 \wedge \ldots \wedge x_n \in D_n$,

ein arithmetischer Term t_f, der die Zielfunktion repräsentiert, und eine Lösung θ bzw. $\theta = \textit{false}$.

Resultat : $\textit{false}$, falls C unlösbar ist; ansonsten eine maximale Lösung des COP, das durch das CSP C und den Term t_f festgelegt ist.

---

1 $\text{monotonicMaximize}(C, t_f, \theta) \equiv$
2 $D := \text{backtrackSolve}(C)$ (s. Algorithmus 4.5);
3 **if** $D = \textit{false}$ **then**
4 $\quad$ **return** θ;
5 **else if** $D = (x_1 = e_1) \wedge \ldots \wedge (x_n = e_n)$ **then**
6 $\quad$ $\theta' := \{x_1/e_1, \ldots, x_n/e_n\}$;
7 $\quad$ **return** $\text{monotonicMaximize}((t_f > \theta'(t_f)) \wedge C, t_f, \theta')$;

Lösung zur Aufgabe 14.2 (Dichotomische Minimierung)   Das in Algorithmus A.7 beschriebene, rekursive Verfahren dichotomicMinimize berechnet eine Lösung des gegebenen CSP C und minimiert gleichzeitig die Zielfunktion, die durch den Term t_f festgelegt ist. Das Verfahren geht dabei wie in Abschnitt 14.3 beschrieben vor. Bei Lösbarkeit des CSP C liefert der Aufruf dichotomicMinimize$(C, t_f, \textit{false}, lwb, upb)$ bei korrekten Grenzen lwb und upb der Zielfunktion eine minimale Lösung des COP.

Algorithmus A.7 : Berechnung einer minimalen Lösung eines COP durch dichotomische Minimierung

Gegeben : Ein COP mit einem CSP $C = C' \wedge D$ (Definition 4.1) mit

$$C' = c_1 \wedge \ldots \wedge c_k \text{ und}$$
$$D = x_1 \in D_1 \wedge \ldots \wedge x_n \in D_n,$$

ein arithmetischer Term t_f, der die Zielfunktion repräsentiert, eine Lösung θ bzw. $\theta = false$ sowie eine untere Grenze lwb und eine obere Grenze upb der Zielfunktion.

Resultat : $false$, falls C unlösbar ist; ansonsten eine minimale Lösung des COP, das durch das CSP C und den Term t_f festgelegt ist.

```
 1 dichotomicMinimize(C, t_f, θ, lwb, upb) ≡
 2 if lwb > upb then
 3  │ return θ;
 4 else if θ = false then
 5  │ D := backtrackSolve(C);
 6  │ if D = false then
 7  │  │ return false;
 8  │ else if D = (x₁ = e₁) ∧ ... ∧ (xₙ = eₙ) then
 9  │  │ θ' := {x₁/e₁, ..., xₙ/eₙ};
10 else
11  │ θ' := θ;
12 mid := ⌊(lwb+θ'(t_f))/2⌋;
13 σ := dichotomicMinimize((t_f ≤ mid) ∧ C, t_f, false, lwb, mid);
14 if σ ≠ false then
15  │ return σ;
16 else
17  │ return dichotomicMinimize((t_f > mid) ∧ C, t_f, θ', mid + 1, θ'(t_f));
```

Literatur

1. ABDENNADHER, SLIM: *Operational Semantics and Confluence of Constraint Handling Rules*. In: SMOLKA, GERT (Herausgeber): *Principles and Practice of Constraint Programming – CP97*. *Third International Conference, CP97, Linz, Austria, October 29 – November 1, 1997*, Band 1330 der Reihe *Lecture Notes in Computer Science*, Seiten 252–266. Springer-Verlag, 1997.

2. ABDENNADHER, SLIM, THOM FRÜHWIRTH und HOLGER MEUSS: *On Confluence of Constraint Handling Rules*. In: FREUDER, EUGENE C. (Herausgeber): *Principles and Practice of Constraint Programming – CP96*. *Second International Conference, CP96, Cambridge, Massachusetts, USA, August 19–22, 1996*, Band 1118 der Reihe *Lecture Notes in Computer Science*, Seiten 1–15. Springer-Verlag, 1996.

3. ABDENNADHER, SLIM, THOM FRÜHWIRTH und HOLGER MEUSS: *Confluence and Semantics of Constraint Simplification Rules*. Constraints, 4(2):133–165, Mai 1999. ISSN 1383-7133.

4. ADAMS, JOSEPH, EGON BALAS und DANIEL ZAWACK: *The Shifting Bottleneck Procedure for Job Shop Scheduling*. Management Science, 34(3):391–401, 1988.

5. AGGOUN, ABDERRAHAMANE, DAVID CHAN, PIERRE DUFRESNE, EAMON FALVEY, HUGH GRANT, WARWICK HARVEY, ALEXANDER HEROLD, GEOFFREY MACARTNEY, MICHA MEIER, DAVID MILLER, SHYAM MUDAMBI, STEFANO NOVELLO, BRUNO PEREZ, EMMANUEL VAN ROSSUM, JOACHIM SCHIMPF, KISH SHEN, PERIKLIS ANDREAS TSAHAGEAS und DOMINIQUE HENRY DE VILLENEUVE: *ECL^{i}PS^e User Manual. Release 5#10*. http://eclipse.crosscoreop.com/doc/tutorial.pdf, 2006. Zuletzt besucht am 20.11.2006.

6. APT, KRZYSZTOF R.: *Principles of Constraint Programming*. Cambridge University Press, 2003.

7. APT, KRZYSZTOF R. und ANDREA SCHAERF: *The Alma Project, or How First-Order Logic Can Help Us in Imperative Programming*. In: OLDEROG, ERNST-RÜDIGER und BERNHARD STEFFEN (Herausgeber): *Correct System Design*, Band 1710 der Reihe *Lecture Notes in Computer Science*, Seiten 89–113. Springer-Verlag, 1999.

8. BAKER, ANDREW B.: *The Hazards of Fancy Backtracking*. In: *Proceedings of the Twelfth National Conference on Artificial Intelligence – AAAI'94*, Seiten 288–293, 1994.

9. BAPTISTE, PHILIPPE, CLAUDE LE PAPE und WIM NUIJTEN: *Constraint-Based Scheduling*. Nummer 39 in *International Series in Operations Research & Management Science*. Kluwer Academic Publishers, 2001.

10. BARNIER, NICOLAS und PASCAL BRISSET: *Graph Coloring for Air Traffic Flow Management*. In: *Proceedings of the Fourth International Workshop on Integration of AI and OR Techniques in Constraint Programming for Combinatorical Optimization Problems (CP-AI-OR 2002)*, Seiten 133–147, 2002.

11. BARTÁK, ROMAN: *On-Line Guide to Constraint Programming*. http://ktiml. mff.cuni.cz/~bartak/constraints/, 1998. Zuletzt besucht am 26.10.2006.

12. BARTÁK, ROMAN: *Practical Constraints: A Tutorial on Modelling with Constraints*. In: FIGWER, J. (Herausgeber): *Proceedings of the 5th Workshop on Constraint Programming for Decision and Control (CPDC 2003)*, Gliwice, 2003.

13. BARTH, PETER und ALEXANDER BOCKMAYR: *Finite Domain and Cutting Plane Techniques in CLP(PB)*. In: STERLING, LEON (Herausgeber): *Logic Programming, Proceedings of the Twelfth International Conference on Logic Programming, ICLP 1995*, Seiten 133–147, Tokyo, Japan, Juni 1995. Association of Logic Programming (ALP), The MIT Press.

14. BELDICEANU, NICOLAS und MATS CARLSSON: *Sweep as a Generic Pruning Technique Applied to the Non-overlapping Rectangles Constraint*. In: WALSH, TOBY (Herausgeber): *Principles and Practice of Constraint Programming – CP 2001. 7th International Conference, CP 2001, Paphos, Cyprus, November/December 2001, Proceedings*, Band 2239 der Reihe *Lecture Notes in Computer Science*, Seiten 377–391. Springer-Verlag, 2001.

15. BELDICEANU, NICOLAS und EVELYNE CONTJEAN: *Introducing Global Constraints in CHIP*. Mathematical and Computer Modelling, 12:97–123, 1994.

16. BENHAMOU, FRÉDÉRIC: *Interval Constraint Logic Programming*. In: PODELSKI, ANDREAS (Herausgeber): *Constraint Programming: Basics and Trends. Châtillon Spring School 1994*, Band 910 der Reihe *Lecture Notes in Computer Science*, Seiten 1–21. Springer-Verlag, 1995.

17. BESSIÉRE, CHRISTIAN: *Arc-Consistency and Arc-Consistency Again*. Artificial Intelligence, 65(1):179–190, 1994.

18. BESSIÉRE, CHRISTIAN, EUGENE C. FREUDER und JEAN-CHARLES RÉGIN: *Using Constraint Metaknowledge to Reduce Arc Consistency Computation*. Artificial Intelligence, 107(1):125–148, 1999.

19. BLIEK, CHRISTIAN: *Generalizing Partial Order and Dynamic Backtracking*. In: *Proceedings of the Fifth National Conference on Artificial Intelligence – AAAI'98*, Seiten 319–325, 1998.

20. BORNING, ALAN, RICHARD ANDERSON und BJØRN FREEMAN-BENSON: *The Indigo Algorithm*. Technischer Bericht TR 96-05-01, Department of Computer Science and Engineering, University of Washington, July 1996.

21. BORNING, ALAN, BJØRN FREEMAN-BENSON und MOLLY WILSON: *Constraint Hierarchies*. Lisp and Symbolic Computation, 5(3):223–270, September 1992.

22. *Branch-and-Bound*. http://de.wikipedia.org/wiki/Branch-and-Bound. Zuletzt besucht am 10.11.2006.

23. BRATKO, IVAN: *Prolog Programming for Artificial Intelligence*. Addison-Wesley Longman, 3. Auflage, 2001.

24. BRISSET, PASCAL und NICOLAS BARNIER: *FaCiLe: A Functional Constraint Library*. In: HANUS, MICHEAL et al. [66], Seiten 7–22.

25. CABALLERO, RAFAEL und JAIME SÁNCHEZ (HRSG.): $\mathcal{TOY}$. A Multiparadigm Declarative Language. Version 2.2.3. Universidad Complutense de Madrid, Juli 2006.

26. CASEAU, YVES und FRANÇOIS LABURTHE: Improved CLP Scheduling with Task Intervals. In: HENTENRYCK, PASCAL VAN (Herausgeber): Proceedings of the Eleventh International Conference on Logic Programming, ICLP'94, Seiten 369–383. The MIT Press, 1994.

27. CHAKRAVARTY, MANUEL M.T., YIKE GUO, MARTIN KÖHLER und HENDRIK C. R. LOCK: GOFFIN: Higher-Order Functions Meet Concurrent Constraints. Science of Computer Programming, 30(1-2):157–199, 1998.

28. CHOI, CHIU WO, WARWICK HARVEY, JIMMY HO-MAN LEE und PETER J. STUCKEY: Finite Domain Bounds Consistency Revisited. In: 19th Australian Joint Conference on Artificial Intelligence, Band 4304 der Reihe Lecture Notes in Artificial Intelligence. Springer-Verlag, 2006.

29. CLARK, KEITH L. und STEVE GREGORY: Parlog: Parallel Programming in Logic. ACM Transactions on Programming Languages and Systems, 8(1):1–49, 1986.

30. CLOCKSIN, WILLIAM F. und CHRISTOPHER S. MELLISH: Programming in Prolog. Using the ISO Standard. Springer-Verlag, 5. Auflage, 2003.

31. COLMERAUER, ALAIN: Naive Solving of Non-linear Constraints. In: BENHAMOU, FREDERIC und ALAIN COLMERAUER (Herausgeber): Constraint Logic Programming. Selected Research, Seiten 89–112. The MIT Press, 1993.

32. DAKIN, ROBERT J.: A Tree-Search Algorithm for Mixed Integer Programming Problems. The Computer Journal, 8(3):250–254, 1965.

33. DANTZIG, GEORGE B. und B. CURTIS EAVES: Fourier-Motzkin Elimination and Its Dual. Journal of Combinatorial Theory, Series A, 14(3):288–297, 1973.

34. DINCBAS, MEHMET, PASCAL VAN HENTENRYCK, HELMUT SIMONIS, ABDERRAHMANE AGGOUN, THOMAS GRAF und FRANÇOISE BERTHIER: The Constraint Logic Programming Language CHIP. In: Proceedings of the International Conference on Fifth Generation Computer Systems (FGCS-88), Seiten 693–702. ICOT, 1988.

35. DOMSCHKE, WOLFGANG und ANDREAS DREXL: Einführung in Operations Research. Springer-Verlag, 6. Auflage, 2005.

36. DOTPlan – Das Online-Teilnehmerbuchungs- und -planungssystem. http://dotplan.first.fraunhofer.de. Zuletzt besucht am 16.10.2006.

37. DUCK, GREGORY J., PETER J. STUCKEY, MARÍA GARCÍA DE LA BANDA und CHRISTIAN HOLZBAUR: The Refined Operational Semantics of Constraint Handling Rules. In: DEMOEN, BART und VLADIMIR LIFSCHITZ (Herausgeber): Proceedings of the 20th International Conference on Logic Programming, ICLP 2004, Band 3132 der Reihe Lecture Notes in Computer Science, Seiten 90–104. Springer-Verlag, September 2004.

38. EHRIG, HARTMUT, BERD MAHR, FELIX CORNELIUS, MARTIN GROSSE-RHODE und PHILLIPP ZEITZ: Mathematisch-struktuelle Grundlagen der Informatik. Springer-Verlag, 1999.

39. FISHER, H. und GERALD L. THOMPSON: Probabilistic Learning Combinations of Local Job-Shop Scheduling Rules. In: MUTH, JOHN F. und GERALD L. THOMPSON (Herausgeber): Industrial Scheduling, Seiten 225–251. Prentice Hall, Englewood Cliffs, New Jersey, 1963.

40. FLENER, PIERRE, ALAN M. FRISCH, BRAHIM HNICH, ZEYNEP KIZILTAN, IAN MIGUEL und JUSTIN PEARSON: *Breaking Row and Column Symmetries in Matrix Models*. In: *Principles and Practice of Constraint Programming – CP 2002. 8th International Conference, CP 2002, Ithaca, NY, USA, September 9–13, 2002, Proceedings*, Band 2470 der Reihe *Lecture Notes in Computer Science*, Seiten 462–477. Springer-Verlag, 2002.

41. FLENER, PIERRE und JUSTIN PEARSON (Herausgeber): *Proceedings of the 2nd International Workshop on Symmetry in Constraint Satisfaction Problems (symcon'02)*, 2002.

42. FRANK, STEPHAN, PETRA HOFSTEDT, PETER PEPPER und DIRK RECKMANN: *Solution Strategies for Multi-domain Constraint Logic Programs*. In: *Sixth International Andrei Ershov Memorial Conference, Perspectives of System Informatics*, Band 4378 der Reihe *Lecture Notes in Computer Science*. Springer-Verlag, 2006.

43. FREEMAN-BENSON, BJØRN N.: *Constraint Imperative Programming*. Doktorarbeit, University of Washington, Department of Computer Science and Engineering, 1991.

44. FRISCH, ALAN M., CHRISTOPHER JEFFERSON und IAN MIGUEL: *Symmetry-breaking as a Prelude to Implied Constraints: A Constraint Modelling Pattern*. Research Reports of the APES Group, University of Strathclyde Glasgow, Scotland, UK, 2004.

45. FRÜHWIRTH, THOM: *Constraint Handling Rules*. In: PODELSKI, ANDREAS (Herausgeber): *Constraint Programming: Basics and Trends. Châtillon Spring School 1994*, Band 910 der Reihe *Lecture Notes in Computer Science*, Seiten 90–107. Springer-Verlag, 1995.

46. FRÜHWIRTH, THOM: *Theory and Practice of Constraint Handling Rules*. The Journal of Logic Programming, 37:95–138, 1998.

47. FRÜHWIRTH, THOM und SLIM ABDENNADHER: *Constraint-Programmierung*. Springer-Verlag, 1997.

48. FRÜHWIRTH, THOM und SLIM ABDENNADHER: *Constraint Systems and Solvers for Constraint Programming*. In: BARTÁK, ROMAN (Herausgeber): *Archives of Control Sciences (ACS)*. Silesian University of Technology, Gliwice, Poland, 2006.

49. FRÜHWIRTH, THOM und PASCAL BRISSET: *ECL^{i}PS^e 3.5.1 Extensions User Manual*, Kapitel Constraint Handling Rules. ECRC, München, Dezember 1995.

50. FRÜHWIRTH, THOM und PASCAL BRISSET: *ECL^{i}PS^e 3.5.3 Extensions User Manual*, Kapitel The CHR Library, Version 2. ECRC, München, Januar 1996.

51. FRÜHWIRTH, THOM, ALEXANDER HEROLD, VOLKER KÜCHENHOFF, THIERRY LE PROVOST, PIERRE LIM, ERIC MONFROY und MARK WALLACE: *Constraint Logic Programming. An Informal Introduction*. Technischer Bericht ECRC-93-5, European Computer-Industry Research Centre, München, 1993.

52. FRÜHWIRTH, THOM und CHRISTIAN HOLZBAUR: *Source-to-Source Transformation for a Class of Expressive Rules*. In: BUCCAFURRI, FRANCESCO (Herausgeber): *2003 Joint Conference on Declarative Programming, AGP-2003, Reggio Calabria, Italy, September 3-5, 2003*, Seiten 386–397, 2003.

53. GINSBERG, MATTHEW L.: *Dynamic Backtracking*. Journal of Artificial Intelligence Research, 1:25–46, 1993.

54. GINSBERG, MATTHEW L. und DAVIS A. MCALLESTER: *GSAT and Dynamic Backtracking*. In: DOYLE, JON, ERIK SANDEWALL und PIETRO TORASSO (Herausgeber): *Proceedings of the 4th International Conference on Principles of*

Knowledge Representation and Reasoning, Seiten 226–237. Morgan Kaufmann, San Francisco, California, Mai 1994.

55. *Solomon W. Golomb.* http://commsci.usc.edu/faculty/golomb.html. Zuletzt besucht am 12.10.2006.

56. *Optimale Golomb-Lineale.*   http://www.research.ibm.com/people/s/shearer/gropt.html. Zuletzt besucht am 12.10.2006.

57. GOSLING, JAMES, KEN ARNOLD und DAVID HOLMES: *The Java Programming Language.* Addison-Wesley, 4. Auflage, August 2005.

58. GRABMÜLLER, MARTIN: *Constraint Imperative Programming.* Diplomarbeit, Technische Universität Berlin, 2003.

59. GRABMÜLLER, MARTIN: *Multiparadigmen-Programmiersprachen.* Technischer Bericht 2003-15, *Forschungsberichte der Fakultät IV – Elektrotechnik und Informatik*, Technische Universität Berlin, Oktober 2003.

60. GRABMÜLLER, MARTIN und PETRA HOFSTEDT: *Turtle: A Constraint Imperative Programming Language.* In: COENEN, FRANS, ALUN PREECE und ANN MACINTOSH (Herausgeber): *Twenty-third SGAI International Conference on Innovative Techniques and Applications of Artificial Intelligence*, Nummer XX in *Research and Development in Intelligent Systems*. Springer-Verlag, 2003.

61. GREGORY, STEVE: *Parallel Logic Programming in Parlog.* Addison-Wesley, 1987.

62. HALL, PHILLIP: *On Representatives of Subsets.* Journal of the London Mathematical Society, 10:26–30, 1935.

63. HANUS, MICHAEL: *Implementierung logischer Programmiersprachen.* Lehr- und Forschungsgebiet Informatik II, Rheinisch Westfälische Technische Hochschule Aachen, 1997. Skript zur Vorlesung.

64. HANUS, MICHAEL, SERGIO ANTOY, BERND BRASSEL, HERBERT KUCHEN, FRANCISCO J. LÓPEZ-FRAGUAS, WOLFGANG LUX, JUAN JOSÉ MORENO-NAVARRO und FRANK STEINER: *Curry. An Integrated Functional Logic Language. Version 0.8.2*, März 2006.

65. HANUS, MICHAEL, PETRA HOFSTEDT, ARMIN WOLF, SLIM ABDENNADHER, THOM FRÜHWIRTH und ARNAUD LALLOUET (Herausgeber): *MultiCPL'03: Second International Workshop on Multiparadigm Constraint Programming Languages and RCoRP'03: Fifth International Workshop on Rule-Based Constraint Reasoning and Programming*, Kinsale, Ireland, 2003.

66. HANUS, MICHEAL, PETRA HOFSTEDT, SLIM ABDENNADHER, THOM FRÜHWIRTH und ARMIN WOLF (Herausgeber): *MultiCPL'02: Workshop on Multiparadigm Constraint Programming Languages and RCoRP'02: Fourth Workshop on Rule-Based Constraint Reasoning and Programming*, Cornell University, Ithaca, NY, USA, 2002.

67. HENTENRYCK, PASCAL VAN: *Constraint Satisfaction in Logic Programming.* The MIT Press, Cambridge (Mass.), 1989.

68. HENTENRYCK, PASCAL VAN, YVES DEVILLE und CHOH-MAN TENG: *A Generic Arc-Consistency Algorithm and its Specializations.* Artificial Intelligence, 57(2-3):291–321, 1992.

69. HENTENRYCK, PASCAL VAN, LAURENT MICHEL und FRÉDÉRIC BENHAMOU: *Newton. Constraint Programming over Nonlinear Constraints.* Science of Computer Programming, 30(1-2):83–118, 1998.

70. HENTENRYCK, PASCAL VAN und THIERRY LE PROVOST: *Incremental Search in Constraint Logic Programming.* New Generation Computing, 9(3 & 4):257–275, 1991.

71. HICKEY, TIMOTHY J., QUN JU und MAARTEN H. VAN EMDEN: *Interval Arithmetic: From Principles to Implementation.* Journal of the ACM, 48(5):1038–1068, September 2001.

72. HOCHE, MATTHIAS, HENRY MÜLLER, HANS SCHLENKER und ARMIN WOLF: *firstcs - A Pure Java Constraint Programming Engine.* In: HANUS, MICHAEL, PETRA HOFSTEDT und ARMIN WOLF (Herausgeber): *2nd International Workshop on Multiparadigm Constraint Programming Languages - MultiCPL'03*, 29th September 2003. http://uebb.cs.tu-berlin.de/MultiCPL03/Proceedings.MultiCPL03.RCoRP03.pdf.

73. HOEVE, WILLEM-JAN VAN: *The Alldifferent Constraint: A Survey.* In: *Proceedings of the Sixth Annual Workshop of the ERCIM Working Group on Constraints*, Prague, Czech, 2001.

74. HOEVE, WILLEM-JAN VAN: *The Alldifferent Constraint: A Systematic Overview.* submitted manuscript, extended version of [73], 2005.

75. HOFSTEDT, PETRA: *Cooperation and Coordination of Constraint Solvers.* Doktorarbeit, Technische Universität Dresden, 2001.

76. HOFSTEDT, PETRA und OLAF KRZIKALLA: *TURTLE++- A CIP-Library for C++.* In: UMEDA, MASANOBU, ARMIN WOLF, OSKAR BARTENSTEIN, ULRICH GESKE, DIETMAR SEIPEL und OSAMU TAKATA (Herausgeber): *16th International Conference on Applications of Declarative Programming and Knowledge Management - INAP 2005*, Band 4369 der Reihe *Lecture Notes in Computer Science*, Seiten 12–24. Springer-Verlag, 2006.

77. HOFSTEDT, PETRA und PETER PEPPER: *Integration of Declarative and Constraint Programming.* Theory and Practice of Logic Programming (TPLP). Special Issue on Multiparadigm Languages and Constraint Programming, 2007. Im Druck.

78. HOLZBAUR, CHRISTIAN und THOM FRÜHWIRTH: *Compiling Constraint Handling Rules.* In: APT, KRZYSZTOF, PHILIPPE CODOGNET und ERIC MONFROY (Herausgeber): *Proceedings of the 3rd ERCIM/COMPULOG Workshop on Constraints*, 1998.

79. HOLZBAUR, CHRISTIAN und THOM FRÜHWIRTH: *Compiling Constraint Handling Rules into Prolog with Attributed Variables.* In: NADATHUR, GOPALAN (Herausgeber): *Proceedings of the International Conference on Principles and Practice of Declarative Programming (PPDP'99)*, Band 1702 der Reihe *Lecture Notes in Computer Science*, Seiten 117–133. Springer-Verlag, September 1999.

80. HOLZBAUR, CHRISTIAN und THOM FRÜHWIRTH: *A Prolog Constraint Handling Rules Compiler and Runtime System.* Journal of Applied Artificial Intelligence, 14(4), 2000.

81. HÖLZL, MATTHIAS M.: *Constraint-Functional Programming based on Generic Functions.* In: HANUS, MICHEAL et al. [66], Seiten 23–42.

82. *ILOG Scheduler.* http://www.ilog.com/products/scheduler/. Zuletzt besucht am 09.11.2006.

83. *ILOG Solver.* http://www.ilog.com/products/solver/. Zuletzt besucht am 02.08.2006.

84. IMBERT, JEAN-LOUIS und PASCAL VAN HENTENRYCK: *Efficient Handling of Disequations in CLP over Linear Rational Arithmetic.* Technischer Bericht CS-91-23, Brown University, 1991.

85. IMBERT, JEAN-LOUIS und PASCAL VAN HENTENRYCK: *On the Handling of Disequations in CLP over Linear Rational Arithmetic.* In: BENHAMOU, FRÉDÉRIC

und ALAIN COLMERAUER (Herausgeber): *Constraint Logic Programming. Selected Research*, Seiten 49–72. The MIT Press, 1993.

86. *Implied Constraints Project.* http://www.cs.york.ac.uk/aig/projects/implied/. Zuletzt besucht am 13.10.2006.

87. JAFFAR, JOXAN, JEAN-LOUIS LASSEZ und JOHN W. LLOYD: *Completeness of the Negation as Failure Rule.* In: *Proceedings of the 8th International Joint Conference on Artificial Intelligence – IJCAI*, Seiten 500–506, 1983.

88. JAFFAR, JOXAN, MICHAEL J. MAHER, KIM MARRIOTT und PETER J. STUCKEY: *The Semantics of Constraint Logic Programs.* Journal of Logic Programming, 37:1–46, 1998.

89. JAFFAR, JOXAN und MICHEAL J. MAHER: *Constraint Logic Programming: A Survey.* Journal of Logic Programming, 19&20:503–581, 1994.

90. JAFFAR, JOXAN, SPIRO MICHAYLOV, PETER STUCKEY und ROLAND H.C. YAP: *The CLP(R) Language and System.* Technischer Bericht, IBM Research Division, T.J. Watson Research Center, Yorktown Heights, NY, 1990.

91. JANSON, SVERKER: *AKL: A Multiparadigm Programming Language Based on a Concurrent Constraint Framework.* Doktorarbeit, Uppsala University, Computing Science Department, 1994.

92. JUSSIEN, NARENDRA: *E-Constraints: Explanation-Based Constraint Programming.* In: *Proceedings of the CP 2001 Workshop on User Interaction in Constraint Satisfaction*, 2001. (also available as research report 01-05-INFO, École des Mines de Nantes, 2001).

93. JUSSIEN, NARENDRA, ROMUALD DEBRUYNE und PATRICE BOIZUMAULT: *Maintaining Arc-Consistency within Dynamic Backtracking.* In: DECHTER, RINA (Herausgeber): *Principles and Practice of Constraint Programming – CP 2000. 6th International Conference, CP 2000, Singapore, September 18–21, 2000, Proceedings*, Band 1894 der Reihe *Lecture Notes in Computer Science*, Seiten 249–261. Springer-Verlag, September 2000.

94. KIZILTAN, ZEYNEP: *Symmetry Breaking Ordering Constraints.* Doktorarbeit, Uppsala University, Sweden, 2004.

95. *Koalog Constraint Solver (v3.0) Tutorial.* http://www.koalog.com/resources/doc/jcs-tutorial.pdf, 2005. Zuletzt besucht am 02.08.2006.

96. KOBAYASHI, NORIO, MIRCEA MARIN, TETSUO IDA und ZHANBIN CHE: *Open CFLP: An Open System for Collaborative Constraint Functional Logic Programming.* In: *11th International Workshop on Functional and (Constraint) Logic Programming – WFLP 2002*, Seiten 229–232, Grado, Italy, 2002.

97. KRZIKALLA, OLAF: *Constraint Imperative Programming with C++.* In: HANUS, MICHAEL, PETRA HOFSTEDT, ARMIN WOLF, SLIM ABDENNADHER, THOM FRÜHWIRTH und ARNAUD LALLOUET (Herausgeber): *2nd International Workshop on Multiparadigm Constraint Programming Languages – MultiCPL'03*, Seiten 55–66, 2003.

98. LAND, A. H. und A. G. DOIG: *An Automatic Method of Solving Discrete Programming Problems.* Econometrica, 28:497–520, 1960.

99. LOPEZ, GUS, BJØRN FREEMAN-BENSON und ALAN BORNING: *Kaleidoscope: A Constraint Imperative Programming Language.* In: MAYOH, BRIAN, ENN TYUNGU und JAAN PENJAM (Herausgeber): *Constraint Programming*, Band 131 der Reihe *NATO ASI Series F: Computer and System Sciences*. Springer-Verlag, 1994.

100. LOPEZ-ORTIZ, ALEJANDRO, CLAUDE-GUY QUIMPER, JOHN TROMP und PETER VAN BEEK: *A Fast and Simple Algorithm for Bounds Consistency of the*

Alldifferent Constraint. In: *Proceedings of the 18th International Joint Conference on Artificial Intelligence*, Seiten 245–250, Acapulco, Mexico, August 2003.

101. MACKWORTH, ALAN K.: *Consistency in Networks of Relations.* Artificial Intelligence, 8:99–118, 1977.

102. MACKWORTH, ALAN K. und EUGENE C. FREUDER: *The Complexity of Some Polynomial Network Consistency Algorithms for Constraint Satisfaction Problems.* Artificial Intelligence, 25(1):65–74, 1985.

103. MAHER, MICHAEL J.: *Logic Semantics for a Class of Committed-Choice Programs.* In: LASSEZ, JEAN-LOUIS (Herausgeber): *4th International Conference on Logic Programming*, Seiten 858–876. The MIT Press, 1987.

104. MAROS, ISTVÁN: *Computational Techniques of the Simplex Method.* Kluwer Academic Publishers, 2003.

105. MARRIOTT, KIM und PETER J. STUCKEY: *Programming with Constraints: An Introduction.* The MIT Press, 1998.

106. MEHLHORN, KURT: *Constraint Programming and Graph Algorithms.* In: MONTANARI, UGO, JOSÉ D. P. ROLIM und EMO WELZL (Herausgeber): *Automata, Languages and Programming, 27th International Colloquium, ICALP 2000, Geneva, Switzerland, July 9-15, 2000, Proceedings*, Band 1853 der Reihe *Lecture Notes in Computer Science*, Seiten 571–575. Springer-Verlag, 2000. Siehe auch http://www.mpi-sb.mpg.de/~mehlhorn/ftp/ICALP2000.pdf.

107. MEHLHORN, KURT und SVEN THIEL: *Faster Algorithms for Bound-Consistency of the Sortedness and the Alldifferent Constraint.* In: DECHTER, RINA (Herausgeber): *Principles and Practice of Constraint Programming – CP 2000. 6th International Conference, CP 2000, Singapore, September 18-21, 2000, Proceedings*, Band 1894 der Reihe *Lecture Notes in Computer Science*, Seiten 306–319. Springer-Verlag, 2000.

108. MENJU, SATOSHI, KÔ SAKAI, YOSUKE SATO und AKIRA AIBA: *A Study on Boolean Constraint Solvers.* In: BENHAMOU, FRÉDÉRIC und ALAIN COLMERAUER (Herausgeber): *Constraint Logic Programming: Selected Research*, Seiten 253–268. The MIT Press, London, 1993.

109. MERCIER, LUC und PASCAL VAN HENTENRYCK: *Edge Finding for Cumulative Scheduling.* http://www.cs.brown.edu/people/pvh/ef2.pdf, 6 Juli 2005.

110. MOHR, ROGER und THOMAS C. HENDERSON: *Arc and Path Consistency Revisited.* Artificial Intelligence, 28(2):225–233, 1986.

111. MONFROY, ERIC: *A Survey of Non-Linear Solvers.* Technischer Bericht ECRC-93-4, European Computer-Industry Research Centre, München, 1993.

112. MÜLLER, HENRY: *Analyse und Entwicklung von intelligenten abhängigkeitsgesteuerten Suchverfahren für einen Java-basierten Constraintlöser.* Diplomarbeit, Technische Universität Berlin, 2004.

113. MUÑOZ-HERNÁNDEZ, SUSANA, JOSÉ MANUEL GÓMEZ-PÉREZ und PETRA HOFSTEDT (Herausgeber): *WLPE 2004: 14th Workshop on Logic Programming Environments and MultiCPL 2004: Third Workshop on Multiparadigm Constraint Programming Languages*, Saint-Malo, France, 2004.

114. MÜLLER, MARTIN, TOBIAS MÜLLER und PETER VAN ROY: *Multiparadigm Programming in Oz.* In: SMITH, DONALD, OLIVIER RIDOUX und PETER VAN ROY (Herausgeber): *Visions for the Future of Logic Programming*, Portland, Oregon, USA, 1995. A Workshop in Association with ILPS'95.

115. NADEL, BERNARD A.: *Constraint Satisfaction Algorithms.* Computational Intelligence, 5:188–224, 1989.

116. NILSSON, ULF und JAN MALUSZYNSKI: *Logic, Programming and Prolog.* John Wiley & Sons Ltd., 2. Auflage, 1995.

117. PAPADIMITRIOU, CHRISTOS H. und KENNETH STEIGLITZ: *Combinatorial Optimization: Algorithms and Complexity.* Prentice-Hall, 1982.

118. PEPPER, PETER und PETRA HOFSTEDT: *Funktionale Programmierung: Sprachdesign und Programmiertechnik.* Springer-Verlag, 2006.

119. PERLIN, MARK: *Arc Consistency for Factorable Relations.* Artificial Intelligence, 53(2-3):329–342, 1992.

120. PIEHLER, JOACHIM: *Einführung in die lineare Optimierung.* Verlag Harri Deutsch, 1964.

121. PROSSER, PATRICK: *Hybrid Algorithms for the Constraint Satisfaction Problem.* Computational Intelligence, 9(3):268–299, 1993.

122. PROSSER, PATRICK: *MAC-CBJ: Maintaining Arc Consistency with Conflict-Directed Backjumping.* Research Report, Department of Computer Science, University of Strathclyde, Glasgow G1 1XH, Scotland, Mai 1995.

123. PUGET, JEAN-FRANÇOIS: *A Fast Algorithm for the Bound Consistency of Alldiff Constraints.* In: *Proceedings of the Fifteenth National Conference on Artificial Intelligence an Tenth Innovative Applications of Artificial Intelligence Conference (AAAI/IAAI 98)*, Seiten 359–366, Madison, Wisconsin, USA, Juli 1998. AAAI Press / The MIT Press.

124. RÉGIN, JEAN-CHARLES: *A Filtering Algorithm for Constraints of Difference in CSPs.* In: *Proceedings of the National Conference on Artificial Intelligence*, Seiten 362–367, 1994.

125. RÉGIN, JEAN-CHARLES: *Minimization of the Number of Breaks in Sports Scheduling Problems Using Constraint Programming.* In: FREUDER, EUGENE C. und RICK J. WALLACE (Herausgeber): *Constraint Programming and Large Scale Discrete Optimization*, Band 57 der Reihe *DIMACS Series in Discrete Mathematics and Theoretical Computer Science*, Seiten 115–130, Providence, 2001. American Mathematical Society.

126. ROBERTSON, NEIL, DANIEL P. SANDERS, PAUL SEYMOUR und ROBIN THOMAS: *A New Proof of the Four-Colour Theorem.* Electronic Research Announcements of the American Mathematical Society, 2(1):17–25, 1996.

127. ROBINSON, JOHN ALAN: *A Machine-Oriented Logic based on the Resolution Principle.* Journal of the ACM, 12(1):23–41, 1965.

128. SADEH, NORMAN und MARK S. FOX: *Variable and Value Ordering Heuristics for the Job Shop Scheduling Constraint Satisfaction Problem.* Artificial Intelligence, 86(1):1–41, 1996.

129. SARASWAT, VIJAY A.: *Concurrent Constraint Programming.* The MIT Press, 1993.

130. SARASWAT, VIJAY A. und MARTIN C. RINARD: *Concurrent Constraint Programming.* In: *Seventeenth Annual ACM Symposium on Principles of Programming Languages – POPL*, Seiten 232–245, 1990.

131. SCHÖNING, UWE: *Logik für Informatiker.* Spektrum Akademischer Verlag, 5. Auflage, 2000.

132. SCHULTE, CHRISTIAN und PETER J. STUCKEY: *When Do Bounds and Domain Propagation Lead to the Same Search Space.* ACM Transactions on Programming Languages and Systems (TOPLAS), 27(3):388–425, Mai 2005.

133. SCHUTT, ANDREAS, ARMIN WOLF und GUNNAR SCHRADER: *Not-First and Not-Last Detection for Cumulative Scheduling in $\mathcal{O}(n^3 \log n)$.* In: *Declarative*

Programming for Knowledge Management – 16th International Conference on Applications of Declarative Programming and Knowledge Management, INAP 2005, Fukuoka, Japan, October 22-24, 2005. Revised Selected Papers, Band 4369 der Reihe *Lecture Notes in Artificial Intelligence*. Springer-Verlag, Dezember 2006.

134. SHAPIRO, EHUD Y.: *A Subset of Concurrent Prolog and Its Interpreter.* Technischer Bericht TR-003, Institute for New Generation Computer Technology (ICOT), Tokyo, 1983.

135. SHAPIRO, EHUD Y.: *Concurrent Prolog: A Progress Report.* IEEE Computer, 19(8):44–58, August 1986.

136. SHAPIRO, EHUD Y.: *The Family of Concurrent Logic Programming Languages.* ACM Computing Surveys, 21(3):413–510, 1989.

137. SHAPIRO, EHUD Y. und LEON STERLING: *The Art of Prolog. Advanced Programming Techniques.* The MIT Press, 2. Auflage, 1994.

138. *SICStus Prolog User's Manual. Release 4.0.0 beta 2*, Juni 2006. Swedish Institute of Computer Science. Kista, Schweden.

139. SMITH, BARBARA M., KOSTAS STERGIOU und TOBY WALSH: *Modelling the Golomb Ruler Problem.* In: *Sixteenth International Joint Conference on Artificial Intelligence (IJCAI 99), Workshop on Non Binary Constraints*, Stockholm, August 1999.

140. SMITH, BARBARA M., KOSTAS STERGIOU und TOBY WALSH: *Using Auxiliary Variables and Implied Constraints to Model Non-Binary Problems.* In: *Proceedings of the National Conference of the American Association for Artifical Intelligence (AAAI-00)*, Seiten 182–187, Austin, Texas, 2000.

141. SMOLKA, GERT, MARTIN HENZ und JÖRG WÜRTZ: *Object-Oriented Concurrent Constraint Programming in Oz.* In: SARASWAT, VIJAY und PASCAL VAN HENTENRYCK (Herausgeber): *Principles and Practice of Constraint Programming*, Kapitel 2. The MIT Press, 1995.

142. SOSIC, ROK und JUN GU: *Efficient Local Search with Conflict Minimization – A Case Study of the n-Queens Problem.* IEEE Transactions on Knowledge and Data Engineering, 6(5):661–668, Oktober 1994.

143. STELLMACH, TIM: *Sudoku.* `http://commons.wikimedia.org/wiki/Image:Sudoku-by-L2G-20050714.svg`. Zuletzt besucht am 7.10.2006.

144. STRIEGNITZ, JÖRG und KEI DAVIS (Herausgeber): *Multiparadigm Programming 2003: Joint Proceedings of the 3rd International Workshop on Multiparadigm Programming with Object-Oriented Languages (MPOOL'03) and the 1st International Workshop on Declarative Programming in the Context of Object-Oriented Languages (PD-COOL'03)*, Band 27 der Reihe *NIC Series*, John-von-Neumann Institut für Computing, July 2005.

145. TSANG, EDWARD: *Foundations of Constraint Satisfaction.* Academic Press, 1993. `http://cswww.essex.ac.uk/CSP/edward/FCS.html`.

146. TSANG, EDWARD, JOHN FORD, PATRICK MILLS, RICHARD BRADWELL, RICHARD WILLIAM und PAUL SCOTT: *ZDC-Rostering: A Personnel Scheduling System Based On Constraint Programming.* Technischer Bericht 406, University of Essex, Colchester, UK, 2004.

147. *The TURTLE++-Library.* `http://people.freenet.de/turtle++/`. Zuletzt besucht am 03.08.2006.

148. *TURTLE – A Constraint Imperative Programming Language.* `http://uebb.cs.tu-berlin.de/~magr/turtle/turtle.en.html`. Zuletzt besucht am 03.08.2006.

149. UEDA, KAZUNORI: *Guarded Horn Clauses*. Doktorarbeit, University of Tokyo, 1986.

150. UEDA, KAZUNORI: *Guarded Horn Clauses*. In: SHAPIRO, EHUD Y. (Herausgeber): *Concurrent Prolog: Collected Papers*, Series in Logic Programming, Seiten 140–156. The MIT Press, 1987.

151. ULLENBOOM, CHRISTIAN: *Java ist auch eine Insel — Programmieren mit der Java Standard Edition Version 5*. Galileo Computing, 5. Auflage, 2006.

152. VERFAILLIE, GÉRHARD und THOMAS SCHIEX: *Dynamic Backtracking for Dynamic Constraint Satisfaction Problems*. In: SCHIEX, THOMAS und CHRISTIAN BESSIÉRE (Herausgeber): *ECAI'94 Workshop on Constraint Satisfaction Issues Raised by Practical Applications*, Seiten 1–8, Amsterdam, The Netherlands, August 1994.

153. VILÍM, PETR: $O(n \log n)$ *Filtering Algorithms for Unary Resource Constraint*. In: *Proceedings of the International Conference on Integration of AI and OR Techniques in Constraint Programming for Combinatorical Optimisation Problems – CP-AI-OR 2004*, Band 3011 der Reihe *Lecture Notes in Computer Science*, Seiten 335–347, Nice, France, April 2004. Springer-Verlag.

154. VILÍM, PETR: *Computing Explanations for the Unary Resource Constraint*. In: ROMAN BARTÁK, MICHELA MILANO (Herausgeber): *Integration of AI and OR Techniques in Constraint Programming for Combinatorial Optimization Problems: Second International Conference, CP-AI-OR 2005*, Band 3524 der Reihe *Lecture Notes in Computer Science*, Seiten 396–409. Springer-Verlag, Mai 2005.

155. VILÍM, PETR, ROMAN BARTÁK und ONDŘEJ ČEPEK: *Unary Resource Constraint with Optional Activities*. In: WALLACE, MARK (Herausgeber): *Principles and Practice of Constraint Programming – CP 2004. 10th International Conference, CP 2004, Toronto, Canada, September 27 – October 2004*, Band 3258 der Reihe *Lecture Notes in Computer Science*, Seiten 62–76. Springer-Verlag, September 2004.

156. WALSH, TOBY: *Constraint Patterns*. In: ROSSI, FRANCESCA (Herausgeber): *Principles and Practice of Constraint Programming – CP 2003. 9th International Conference, CP 2003, Kinsale, Ireland, September 29 – October 3, 2003, Proceedings*, Band 2833 der Reihe *Lecture Notes in Computer Science*, Seiten 53–64. Springer-Verlag, 2003.

157. WEISWEBER, WILHELM: *Logische Programmierung in der Praxis*. International Thomson Publishing, 1997.

158. WOLF, ARMIN: *Adaptive Constraintverarbeitung mit Constraint-Handling-Rules: Ein allgemeiner Ansatz zur Lösung dynamischer Constraint-Probleme*. Doktorarbeit, Technische Universität Berlin, 1999.

159. WOLF, ARMIN: *Projection in Adaptive Constraint Handling*. In: APT, KRZYSZTOF R., ANTONIS C. KAKAS, ERIC MONFROY und FRANCESCA ROSSI (Herausgeber): *New Trends in Constraints: Joint ERCIM/Compulog Net Workshop, Paphos, Cyprus, October 1999. Selected Papers*, Band 1865 der Reihe *Lecture Notes in Artificial Intelligence*, Seiten 318–338. Springer-Verlag, 2000.

160. WOLF, ARMIN: *Adaptive Constraint Handling with CHR in Java*. In: WALSH, TOBY (Herausgeber): *Principles and Practice of Constraint Programming – CP 2001. 7th International Conference, CP 2001, Paphos, Cyprus, November/December 2001, Proceedings*, Band 2239 der Reihe *Lecture Notes in Computer Science*, Seiten 256–270. Springer-Verlag, 2001.

161. WOLF, ARMIN: *Better Propagation for Non-Preemptive Single-Resource Constraint Problems.* In: FALTINGS, BOI, ADRIAN PETCU, FRANÇOIS FAGES und FRANCESCA ROSSI (Herausgeber): *Recent Advances in Constraints, Joint ERCIM/CoLogNET International Workshop on Constraint Solving and Constraint Logic Programming, CSCLP 2004, Lausanne, Switzerland, June 23-25, 2004, Revised Selected and Invited Papers*, Band 3419 der Reihe *Lecture Notes in Artificial Intelligence*, Seiten 201–215. Springer-Verlag, März 2005.

162. WOLF, ARMIN: *Intelligent Search Strategies Based on Adaptive Constraint Handling Rules.* Theory and Practice of Logic Programming, 5(4–5):567–594, 2005. Print ISSN: 1471-0684.

163. WOLF, ARMIN und GUNNAR SCHRADER: $\mathcal{O}(n^3 \log n)$ *Overload Checking for the Cumulative Constraint and Its Application.* In: *Declarative Programming for Knowledge Management – 16th International Conference on Applications of Declarative Programming and Knowledge Management, INAP 2005, Fukuoka, Japan, October 22-24, 2005. Revised Selected Papers*, Band 4369 der Reihe *Lecture Notes in Artificial Intelligence*. Springer-Verlag, Dezember 2006.

164. ZHANG, JIAN; ZHANG, HANTAO: *Combining Local Search and Backtracking Techniques for Constraint Satisfaction.* In: *13th National Conference on Artificial Intelligence, AAAI 96. Part 1 (of 2)*, Seiten 369–374, 1996.

Index

Printed in the United States
By Bookmasters